LA FRANCE

LE ROYAUME-UNI

LA MER DU NORD

L'ALLEMAGNE (f.)

LA BELGIQUE

la Wallonie

LE LUXEMBOURG

LA MANCHE

Dunkerque
Calais
Boulogne
Lille
NORD-PAS-DE-CALAIS

Dieppe
Amiens
Charleville-Mézières
PICARDIE

Cherbourg
Le Havre
HAUTE-NORMANDIE
Rouen
la Seine
ÎLE-DE-FRANCE
Reims
Verdun
CHAMPAGNE-ARDENNE
Metz
LORRAINE

Caen
Versailles
Paris
Nancy
Strasbourg
ALSACE

St. Malo
le Mont-St. Michel
BASSE-NORMANDIE
Chartres
Fontainebleau
Troyes
la Seine
LES VOSGES
Colmar

Brest
BRETAGNE
Rennes
Le Mans
CENTRE
Orléans
la Loire
BOURGOGNE
FRANCHE-COMTÉ

Blois
Tours
la Loire
Dijon
Besançon
LA SUISSE

la Loire
Angers
LIMOUSIN
Bourges

Nantes
PAYS DE LA LOIRE
la Saône
LE JURA

Poitiers
AUVERGNE
RHÔNE-ALPES
le Val d'Aoste

L'OCÉAN ATLANTIQUE (m.)
La Rochelle

POITOU-CHARENTES
Limoges
Clermont-Ferrand
Lyon
le Rhône
L'ITALIE (f.)

Grenoble

Bordeaux
Rocamadour
LE MASSIF CENTRAL
LES ALPES

AQUITAINE

la Garonne
Moissac
le Rhône
PROVENCE-ALPES-CÔTE D'AZUR
Nice

Albi
Avignon
Cannes

MIDI-PYRÉNÉES
Nîmes
Montpellier
Arles
Aix-en-Provence
MONACO (f.)

Biarritz
Toulouse
Marseille

LE PAYS BASQUE
Carcassonne
LANGUEDOC-ROUSSILLON

Lourdes
LES PYRÉNÉES (f.pl.)

L'ESPAGNE (f.)
Perpignan

la CORSE

L'ANDORRE (f.)

LA MER MÉDITERRANÉE

Élévation en mètres

2000+
500–2000
200–500
0–200

Niveau de mer

la SARDAIGNE

0   25   50   75   100 MILLES

0   50   100   150 KILOMÈTRES

À VOUS!

The Global French Experience

• • •

AN INTRODUCTORY COURSE / ENHANCED SECOND EDITION

Véronique Anover
California State University, San Marcos

Theresa A. Antes
University of Florida

HEINLE
CENGAGE Learning·

Australia • Brazil • Japan • Korea • Mexico • Singapore • Spain • United Kingdom • United States

HEINLE
CENGAGE Learning

À vous!: The Global French Experience, Enhanced Second Edition
Véronique Anover, Theresa A. Antes

VP, Editor-in-Chief: PJ Boardman

Publisher: Beth Kramer

Acquisitions Editor: Nicole Morinon

Editorial Assistant: Gregory Madan

Senior Media Editor: Morgen Murphy

Marketing Brand Manager: Ben Rivera

Marketing Program Manager: Courtney Wolstoncroft

Senior Content Project Manager: Esther Marshall

Art Director: Linda Jurras

Manufacturing Buyer: Betsy Donaghey

Senior Rights Acquisition Specialist, Images: Jennifer Meyer Dare

Rights Acquisition Specialist: Jessica Elias

Production Service/Compositor: PreMediaGlobal

Cover/Text Designer: Carol Maglitta/One Visual Mind

Cover Image: Jeremy Woodhouse/Getty Images; Aurelie and Morgan David de Lossy/ Cultura/Corbis

For product information and technology assistance, contact us at
Cengage Learning Customer & Sales Support, 1-800-354-9706

For permission to use material from this text or product, submit all requests online at **cengage.com/permissions**.
Further permissions questions can be emailed to
permissionrequest@cengage.com

Library of Congress Control Number: 2010930900

ISBN-13: 978-1-133-61101-1

ISBN-10: 1-133-61101-X

Loose Leaf Edition

ISBN-13: 978-1-133-963685-5

ISBN-10: 1-133-93685-7

Heinle
20 Channel Center Street
Boston, MA 02210
USA

Cengage Learning is a leading provider of customized learning solutions with office locations around the globe, including Singapore, the United Kingdom, Australia, Mexico, Brazil, and Japan. Locate your local office at:
international.cengage.com/region

Cengage Learning products are represented in Canada by Nelson Education, Ltd.

For your course and learning solutions, visit **www.cengage.com**.

Purchase any of our products at your local college store or at our preferred online store **www.cengagebrain.com**.

Printed in the United States of America
1 2 3 4 5 6 7 16 15 14 13 12

Table of Contents

Scope and Sequence

	VOCABULARY	STRUCTURES	CULTURE
CHAPITRE 1: Qui es-tu?	Basic conversational expressions (4) Introductions (16) Making plans (16)	1. The alphabet (9) 2. **Tu** vs. **vous** (7) 3. Numbers 0-69 (18) 4. The verb **être** (21)	Greetings and good-byes in Francophone countries (12) The university system in France (24)
CHAPITRE 2: Je suis comme je suis	Describing yourself and others (34) Talking about your personality (34) Daily activities; professions, pets (51)	1. Negation (37) 2. The verb **avoir** (42) 3. Adjective agreement and placement (45) 4. Regular **-er** verbs (54) 5. Indefinite articles (56)	Portrait of the French and Francophones (49)

À l'aventure! La Guadeloupe (64-66)

	VOCABULARY	STRUCTURES	CULTURE
CHAPITRE 3: Ma famille et mes amis	Talking about leisure activities (69) Family members (83) Days of the week and months of the year (88)	1. Yes/no questions (77) 2. Definite articles (72) 3. Possessive adjectives (85) 4. **On** and **il y a** (90) 5. Numbers 70–1,000,000 (92)	The French and their pets (79) Mother's Day in the Central Africa (95)
CHAPITRE 4: Mon appartement 	Describing an apartment or house (105) Prepositions (116) Household chores; the weather (122)	1. The verb **aller à** and the near future (108) 2. Regular **-ir** verbs (111) 3. Prepositions and contractions with definite articles (118) 4. The verb **faire** (125) 5. Telling time (127)	Comparison of housing in the United States and France (114)

À l'aventure! La Wallonie (136-138)

	VOCABULARY	STRUCTURES	CULTURE
CHAPITRE 13: Ma vie branchée! 	Computers, the Internet, and other technology (403) Extreme sports and other hobbies (414) Fitness (426)	1. The verbs **connaître** and **savoir** (406) 2. The future tense (418) 3. Stress pronouns (422) 4. Indirect object pronouns (428) 5. Multiple object pronouns in a sentence (432)	The Internet in Africa (411) The French and soccer (435)
CHAPITRE 14: Mon bien-être et ma santé 	Health, including common illnesses and remedies (443) Impersonal expressions (444) Expressing emotions (457) Expressing volition, doubt, certainty (457)	1. The present subjunctive (446) 2. The subjunctive of irregular verbs (449) 3. Subjunctive vs. infinitives (460) 4. The subjunctive with expressions of emotion and volition (462) 5. The subjunctive with expressions of doubt (465)	How the French attain well-being (453) Traditional medicine in Africa (469)

À l'aventure! La Province de Québec (474-476)

To the Student

We hope you will enjoy using and learning from *À vous!* **Enhanced Second Edition**. In addition to your student textbook, the *À vous!* program offers a variety of components to help you get the most out of your Introductory French course. Whether you learn best from conversations and working with groups, from reading or writing, or from using multimedia components, *À vous!* can help you learn effectively and, hopefully, help you have fun in the process!

Below are the components available to you as part of the *À vous!* Enhanced Second Edition program.

Student Components

Student Textbook

The **Student Textbook** contains the information and activities that you will need for in-class use. It is divided into fourteen core chapters, each containing vocabulary and grammar presentations, listening practice, cultural information, and plenty of vocabulary and grammar practice activities. Reading selections and writing practice are featured in alternating chapters. The back of the book contains valuable reference sections, including French-English and English-French glossaries, verb charts, and a vocabulary list of classroom-related terms.

Text Audio Program

In your book, this icon refers you to the **Text Audio Program**, available in MP3 format on the Premium Website. The audio program contains recordings of the **Passage** dialogues from each chapter, as well as the listening **segments** for the **À l'écoute!** exercises. Your instructor may play the audio during class time or assign the listening activities to be done outside of class.

Student Activities Manual (SAM)

The **Student Activities Manual (SAM)** is intended as a way for you to get extra practice outside of class. It contains both workbook (written practice of the grammar and vocabulary presented in the Student Textbook) and lab manual (listening and pronunciation practice) components.

SAM Audio Program

The **SAM Audio Program**, also available in MP3 format on the Premium Website, contains the pronunciation and listening practice that corresponds to the listening portions of the **Student Activities Manual.** The **SAM Audio Program** is meant for you to use outside of class or at the language lab.

Video Program

The video that accompanies *À vous!* consists of four segments that incorporate vocabulary, structures, and cultural material from various chapters of the textbook. It follows the daily lives of four college roommates, each from a different Francophone country or region (France, Belgium, Morocco, and Quebec). The focal point of each episode is the preparation of a recipe, which corresponds to those featured in four of the **À l'aventure!** sections of the book, and, in the process, the roommates share their experiences with and insights into their respective cultures.

iLrn™ Heinle Learning Center

The iLrn™ Heinle Learning Center includes an audio- and video-enhanced eBook, assignable textbook activities, companion videos with pre- and post-viewing activities, partnered voice-recorded activities, an online workbook and lab manual with audio, interactive enrichment activities, and a diagnostic study tool to help you prepare for exams.

Heinle eSAM powered by Quia™ (Online Student Activities Manual)

Your instructor may choose to use an electronic version of the **Student Activities Manual.** It allows you to complete the same practice as presented in the print version, but in a computerized format that provides immediate feedback for many exercises. The audio corresponding to the lab exercises is also included.

Premium Website

This icon directs you to supplementary material found on the Premium Website for *À vous!*, located at **www.cengagebrain.com.** There you will find the following resources:

- **Text Audio Program,** available in MP3 format;
- **SAM Audio Program,** available in MP3 format;
- **Video clips,** to accompany the video activities;
- **Chapter quizzes,** designed to help you practice chapter vocabulary and grammar and to assess your own progress via immediate feedback;
- **Audio-enhanced flashcards,** for additional practice learning chapter vocabulary;
- **Grammar tutorials,** visual presentations of the more challenging grammar structures;
- **Grammar podcasts,** audio presentations of pronunciation and grammar structures;
- **Web search activities,** designed to give you further practice of chapter vocabulary and grammar structures and enhance your cultural knowledge through exploration of authentic French-language websites;
- **Interactive games,** including crossword puzzles and concentration activities;
- *À vous* **iTunes™ Playlist,** a complete list of French and Francophone songs to accompany the *À vous!* program;
- **Google Earth™ Coordinates,** to help you locate the French speaking countries of the world;
- **Chapter glossary,** recordings of all chapter vocabulary.

Acknowledgments

Perhaps the best (and worst) part of writing an **Enhanced Second Edition** of a textbook is that you have a chance to critically reexamine and improve the first edition. It is during this process that you realize, if they haven't already been pointed out to you, the imprecisions, typos, and other flaws that managed, despite the best editing and proof-reading in the world, to insert themselves into the previous edition.

We therefore come to the enhanced second edition grateful to the entire editorial staff at Heinle, Cengage Learning for their amazing guidance through the revision process. Nicole Morinon, Senior Acquisitions Editor, Mayanne Wright, Development Editor, Cat Thomson, Developmental Editor, and Beth Kramer, Publisher, for their continued support of this project.

We are also indebted to many colleagues around the country who have offered invaluable help in the production of *À vous!* **Enhanced Second Edition**, from providing feedback on the first edition to reading and commenting on sample chapters of the new edition. *Merci beaucoup!* We acknowledge:

Eileen M. Angelini, *Canisius College*
Mary Angelo, *School of the Art Institute of Chicago*
Elizabeth Angresano, *College of Idaho*
Renée Arnold, *Kapiolani Community College*
Frank Attoun, *College of the Desert*
Sonia Badenas, *Andrews University*
Jody Ballah, *University of Cincinnati – Raymond Walters College*
Devan Baty, *Cornell College*
Renée Benson, *Pima Community College – Downtown, Northwest*
Inès Bucknam, *Modesto Junior College*
Lori Crawford-Dixon, *Holy Cross College*
Wade Edwards, *Longwood University*
Katie Golsan, *University of the Pacific*
Cheryl Hansen, *Weber State University*
Judith Jeon-Chapman, *Worcester State College*
Warren Johnson, *Arkansas State University*
Erin Joyce, *Baker University*
Barbara Kruger, *Finger Lakes Community College*
Monika Laskowski-Caujolle, *Santa Barbara City College*
Jacek Lerych, *Grays Harbor College*
Tamara Lindner, *University of Louisiana – Lafayette*
Jane Lippman – *University of Texas – Austin*
Chantal R. Maher, *Palomar College*
Sharla Martin, *University of Texas – Arlington*
Carolyn Martin Woolard, *Milligan College*
Keith Moser, *Mississippi State University*
Eva Norling, *Bellevue College*
Patricia Scarampi, *Lake Forest College*
Pierre Schmitz, *San Antonio College*
Sanford W. Shaw, *Covenant College*
Jennifer Shotwell, *Randolph-Macon College*

Jan Solberg, *Kalamazoo College*
Kathryn Stewart-Hoffmann, *Oakland Community College*
Jean-Jacques Taty, *Howard University*
Adriana Tufenkjian, *Moorpark College*
Lynni Weibezahl, *University of Nevada – Reno*
Brett Wells, *University of Pittsburgh*
Larry Wineland, *Messiah College*

ACTFL Focus Group Participants

Eileen M. Angelini, *Canisius College*
Geraldine A. Blattner, *Florida Atlantic University*
Carl Blyth, *University of Texas – Austin*
Krista S. Chambless, *University of Alabama – Birmingham*
Rosalie Cheatham, *University of Arkansas – Little Rock*
Bette G. Hirsch, *Cabrillo College*
Hannelore Jarausch, *University of North Carolina – Chapel Hill*
Brian G. Kennelly, *California Polytechnic State University – San Luis Obispo*
Marina Peters-Newell, *University of New Mexico*
Virginie Pouzet-Duzer, *Pomona College*
Benedicte Pia Sohier, *University of Wyoming*
Bernadette Takano, *University of Oklahoma – Norman*

Virtual Focus Group Participants

Tania DeClerck, *Ventura College*
Suzanne Hendrickson, *University of Missouri – St. Louis*
Chantal R. Maher, *Palomar College*
Elizabeth A. Martin, *California State University – San Bernardino*
Robert McCready, *Harding University*
Francoise Sullivan, *Tulsa Community College*
Sandra Trapani, *University of Missouri – St. Louis*

Theresa's acknowledgments

I have to begin by thanking, first of all, the students and graduate teaching assistants at the University of Florida. Your feedback on the first edition of *À vous!* has helped us tremendously in the revision process, and we are eternally grateful for your help, your comments, and most especially, your patience, as we worked to improve the first edition. To those language-teaching professionals (i.e., graduate students) who work under my supervision, I am especially grateful—I know that it is not always easy to tell your supervisor that you've spotted an error, or that an activity is somehow flawed. You have managed to do so with grace, however, and I do firmly believe that the enhanced second edition of *À vous!* is greatly improved because of your help and support. Next, my thanks go to my family, who continue to support me in all my writing endeavors; without your support, there would be no reason to write. Finally, I give heartfelt thanks once again to Véronique Anover, (is there such a thing as an author soul-mate?), and to Bernadette Cesar-Lee and Marion Geiger. Writing is a true pleasure when surrounded by a "dream team"! I hope that we'll have the pleasure of collaborating on many more ventures!

I dedicate this second edition to the memory of my grandparents.

T.A.A.

Véronique's acknowledgments

À vous! **Enhanced Second Edition** has been written with our students in mind. We have written *À vous!* for you and we hope that you will enjoy your textbook as much as we enjoyed writing it. I am extremely thankful to my dear French students at California State University San Marcos for their suggestions for this new edition. Both Dr. Theresa Antes and I have done our best to incorporate the comments you shared with me in the classroom in the **Enhanced Second Edition** of *À vous!* Thank you also to all my students who patiently posed for the new pictures that appear in this edition. All of you look great!

I am extremely fortunate to be working "hand in hand" (or should I say "mouse in mouse!" as we are miles away from each other) with my wonderful co-author, colleague and friend, Theresa Antes. I would like to thank Theresa for her great sense of humor, her patience and optimism, and her bright insight. It is easy to work with someone such as Theresa who is an expert in her field (Applied Linguistics) and who is a passionate educator and instructor. *Theresa, c'est un privilège et un honneur de travailler avec toi.*

I am indebted to my friends (Stéphane, Sandrine, Ana, and Nathalie to name a few) as well as my family for sharing with me the pictures we needed for *À vous!*, and for allowing me to take pictures of them as well. *Vous êtes tous des stars!*

Last but not least, I would like to express my deepest and heartfelt gratitude to my beloved husband and son for all the sacrifices they had to endure so that I could spend time away from them to work on *À vous!*

C'est «à toi», mon cher fils que je dédie cette seconde édition, mon petit garçon tri-culturel, à qui j'espère savoir transmettre l'amour des langues, et surtout du français, ta langue maternelle.

V.A.

Vidéothèque

Épisode un

Avant de visionner

1. D'où venez-vous?

2. Quel temps est-ce qu'il fait en été chez vous? en hiver?

3. Comment est-ce qu'on dit bonjour chez vous?

4. Quelles sont vos activités préférées?

5. Est-ce que vous avez des colocataires?

6. Si oui, est-ce que vous passez beaucoup de temps avec eux? Que faites-vous ensemble? Sinon, avec qui est-ce que vous passez du temps? Qu'est-ce que vous faites pour vous amuser?

Pendant le visionnage

1. D'où sont les quatre colocataires? Associez chaque personne à sa ville natale.

_____ Zoé	a. Aix-en-Provence
_____ Catherine	b. Paris
_____ Rachid	c. Bruxelles
_____ Sylvain	d. Québec

2. Combien de bises est-ce qu'on se donne à Bruxelles?

   a. 1   b. 2   c. 3   d. 4

3. Quel temps fait-il en Provence en été?

   a. Il pleut.   c. Il fait du soleil.

   b. Il fait chaud.   d. Il fait froid.

   Et à Bruxelles en hiver?

   a. Il pleut.   c. Il fait du soleil.

   b. Il fait chaud.   d. Il fait froid.

All video stills are © Cengage Learning.

4. Comment est-ce qu'on se dit bonjour chez Catherine?

    a. On se donne la bise.   b. On s'embrasse.   c. On se serre la main.

5. Quelle langue est-ce qu'elle parle?

    a. le canadien   b. le français   c. le joual

6. Complétez le tableau ci-dessous avec les activités préférées des colocataires.

Colocataire	Activité(s) Préférée(s)
Rachid	
Catherine	
Sylvain	
Zoé	

7. Combien de chambres est-ce qu'il y a dans l'appartement?

8. Quelles autres pièces est-ce qu'il y a?

9. Comment est la cuisine, selon Rachid?

10. Qui étudie quoi? Associez la spécialisation à la bonne personne.

    _____ Zoé   a. le marketing

    _____ Sylvain   b. l'hôtellerie

    _____ Rachid   c. la littérature américaine

    _____ Catherine   d. la psychologie

11. Qu'est-ce que Zoé prépare à manger?

12. Quelle est la réaction des colocataires?

Après avoir visionné

Faites une description d'un(e) des colocataires. Comment est-il/elle du point de vue physique? Qu'est-ce qu'il/elle aime faire? Donnez autant de (as many) détails que possible.

Épisode deux

Avant de visionner

1. Quand vous organisez une soirée, quelles sont les différentes tâches ménagères que vous devez faire pour vous préparer?

2. Si vous avez déjà organisé une soirée avec des amis, qui a fait quel travail? Quelles sont les tâches que vous aimez faire? Est-ce qu'il y a des tâches que vous détestez? Pourquoi?

3. Comment peut-on vous convaincre de faire quelque chose que vous n'avez pas envie de faire? (en vous offrant un lecteur MP3? en vous présentant à une fille / un garçon? autre chose?)

4. Est-ce que vous savez faire la cuisine? Quelles sont vos spécialités?

Pendant le visionnage

1. Selon sa chanson, qu'est-ce que Sylvain va faire avec les melons?

2. Est-ce qu'il s'est réveillé tôt ou tard ce matin? Pourquoi?

3. Catherine et Zoé parlent d'un magasin de vêtements. Où est-ce qu'il se trouve?

4. Qu'est-ce qu'elles y ont acheté?

   Zoé:

   Catherine:

5. Zoé, Catherine et Rachid veulent faire une soirée à la maison, mais Sylvain ne veut pas. Pourquoi?

6. Pourquoi est-ce qu'il accepte finalement de le faire?

7. Qui va faire quoi pour préparer la soirée? Associez chaque personne au travail qu'il/elle propose.

_____ Zoé   a. la cuisine

_____ Sylvain   b. le menu

_____ Rachid   c. les courses

_____ Catherine   d. le ménage

8. Qu'est-ce qu'ils vont manger?

_____ entrée   a. soupe de melon à la menthe

_____ plat principal   b. salade verte

_____ légume   c. poulet rôti

_____ autres   d. tapenade d'olives

_____ dessert   e. tomates provençales

                         f. plateau de fromage

9. Où est-ce que Sylvain a appris à cuisiner?

Après avoir visionné

Avec un(e) partenaire, imaginez le dialogue entre Sylvain et "Alice."
Qu'est-ce qu'elle va lui dire à propos du menu et des plats qu'il a préparés?
De quoi pourraient-ils *(could they)* parler?

Épisode trois

Avant de visionner

1. Où aimeriez-vous voyager, si vous aviez beaucoup d'argent? Pourquoi?

2. Où serait votre poste idéal? Pourquoi? Que penseriez-vous de travailler à Hawaii?

3. Avez-vous fait des bêtises quand vous étiez adolescent(e)? Quoi, exactement?

4. Quels conseils donneriez-vous à un adolescent qui commence à faire des bêtises typiques?

Pendant le visionnage

1. Qu'est-ce que Sylvain a acheté pour Rachid?

   a. un oignon   b. du gingembre   c. de l'agneau

2. Pourquoi est-ce que Rachid n'en a pas acheté lui-même?

3. Qu'est-ce que Rachid demande à Sylvain de faire?

4. La recette du tajine d'agneau que prépare Rachid est de qui?

   a. la mère de Rachid   c. la grand-mère de Rachid

   b. la famille de Rachid   d. la tante algérienne de Rachid

5. D'où est la mère de Rachid?

6. Quelle était l'occupation de la mère de Rachid?

7. Où est-ce que Rachid a passé son enfance? Quel âge avait-il quand sa famille a déménagé en France?

8. Où est-ce que Rachid voyagerait, s'il pouvait?

   a. en Europe   c. en Tunisie seulement

   b. dans tous les pays   d. à Tunis
      du monde

9. Quelles sont les bonnes nouvelles de Catherine?

10. Vrai ou faux?

   a. L'entretien de Catherine s'est bien passé.

   b. Catherine était nerveuse.

   c. Catherine était calme et détendue.

   d. Catherine a répondu à toutes les questions de son interlocuteur.

11. Est-ce qu'elle veut absolument ce poste? Pourquoi ou pourquoi pas?

12. Pourquoi est-ce que la tante de Zoé a écrit à Zoé?

13. Qui a fait quelle bêtise? Cochez (✓) pour indiquer la personne qui a fait la bêtise indiquée.

Bêtise	Cousine de Zoé	Sylvain	Zoé	Rachid	Catherine	Les 4 colocs
Faire le mur						
Aller en boîte de nuit						
Voler des chocolats						
Servir de la nourriture pour chiens à sa sœur						
Prendre la voiture sans permission / avoir un accident						
Faire des bêtises						

Après avoir visionné

1. Expliquez en anglais ce que les expressions de la mère de Rachid veulent dire.

   «Tu travailles pour vivre, tu ne vis pas pour travailler.»

   «Plus ça change, plus c'est pareil.»

   «Le tajine, c'est comme la vie; quand on mélange un peu de tout, c'est toujours délicieux.»

2. Êtes-vous d'accord avec la mère de Rachid, en général? Pourquoi ou pourquoi pas?

3. Est-ce que votre mère ou votre père vous a donné des conseils comme la mère de Rachid? Qu'est-ce qu'il/elle vous a dit?

Épisode quatre

Avant de visionner

1. Est-ce que vous faites des économies pour vous offrir quelque chose en particulier? Pour quoi, exactement?

2. Avez-vous déjà voyagé en Europe? Si oui, quelles villes et quels monuments est-ce que vous avez visités? Sinon, qu'est-ce que vous aimeriez visiter?

3. Est-ce qu'il est important pour vous que vos amis se souviennent de votre anniversaire? Comment aimez-vous fêter votre anniversaire?

Pendant le visionnage

1. Qu'est-ce que Catherine se dit dans la cuisine?

   a. J'ai neuf choses à faire!   c. Je ne veux pas le faire!

   b. Je n'ai rien à faire!   d. Joyeux anniversaire!

2. Pourquoi est-ce que Rachid s'est inscrit au club de fitness?

3. Qu'est-ce que l'entraîneur lui a conseillé de faire?

4. Pourquoi est-ce que Catherine ne peut pas s'inscrire au club?

5. Pour quelle raison est-ce que Catherine fait des économies?

6. Zoé a pris rendez-vous pour le week-end: pour aller où?

7. Est-ce que Catherine va avec elle? Pourquoi ou pourquoi pas?

8. Pourquoi est-ce que Catherine n'accepte pas de faire du deltaplane avec Sylvain?

   a. Elle en a déjà fait.   c. Elle a peur.

   b. Elle n'a pas assez d'argent.   d. Elle préfère lire des livres.

9. Qu'est-ce qu'elle offre à Rachid, Zoé et Sylvain? Qu'est-ce qu'ils répondent?

   Rachid:

   Zoé:

   Sylvain:

10. Qu'est-ce que les amis offrent à Catherine pour son anniversaire?

Après avoir visionné

Avec un(e) partenaire, imaginez le dialogue entre Rachid, Zoé et Sylvain dans le salon, juste avant d'entrer dans la cuisine avec le gâteau d'anniversaire pour Catherine. Qu'est-ce qu'ils se sont dit?

Qui es-tu?

In this chapter, you will learn basic greetings in French, as well as how to introduce yourself, how to ask how someone is and what city they are from, and how to give someone your phone number or address. You will also learn important differences between American and Francophone cultures, and the effects that they have on everyday language (for example, the way we greet peers versus people of a different age or social class).

La classe de français

Courtesy of Véronique Anover and Theresa A. Antes

VOCABULARY

- Asking someone's name
- Saying hello and good-bye
- Asking how someone is
- Introducing yourself and others
- Exchanging telephone numbers
- Asking if someone is free
- Talking about time of day

STRUCTURES

- The alphabet
- **Tu** vs. **vous**
- Numbers 0–69
- The verb **être**

CULTURE

- Greetings and good-byes in various Francophone countries
- The university system in France

iLrn

🔊 Audio

🌐 www.cengagebrain.com

RESSOURCES

Passage 1

1. Au début du semestre, en cours de philosophie

CAROLINE:	Bonjour. Je m'appelle Caroline. Et toi? Comment tu t'appelles?
MATHIEU:	Je m'appelle Mathieu. Et voici Clémence.
CAROLINE:	Salut, Clémence. Comment vas-tu?
CLÉMENCE:	Bonjour, Caroline. Je vais bien, merci. Et toi, ça va?
CAROLINE:	Oui, ça va.
MATHIEU:	Voilà le professeur, Monsieur Grandjean.
CLÉMENCE:	Chhhut... le cours commence.

2. Le professeur se présente et fait l'appel

MONSIEUR GRANDJEAN:	Bonjour. Je suis le professeur Grandjean. Je suis prof de philosophie, et je suis content de travailler avec vous ce semestre. Je vais faire l'appel; levez le doigt, s'il vous plaît. Caroline Aband?
CAROLINE:	Présente.
MONSIEUR GRANDJEAN:	Très bien. Bonjour, Mademoiselle. Claire Lambert? Claire Lambert? L-A-M-B-E-R-T? Lambert, Claire? Non? OK. Mathieu Beauclair?
MATHIEU:	Présent, Monsieur.

3. À la fin du cours

MATHIEU:	Au revoir, Caroline. À demain.
CAROLINE:	Au revoir, Mathieu. Ciao, Clémence. À plus!
CLÉMENCE:	À bientôt!

4. Après le cours

CLÉMENCE:	Bonjour, Professeur Grandjean. Comment allez-vous?
MONSIEUR GRANDJEAN:	Bien, merci. Et vous, Mademoiselle... euh... rappelez-moi[1]... Comment vous appelez-vous?
CLÉMENCE:	Je suis Clémence Toussaint. Je suis dans votre cours de philosophie.
MONSIEUR GRANDJEAN:	Ah, oui, Mademoiselle Toussaint. Excusez-moi! Voici ma collègue, la professeure Mansour.
CLÉMENCE:	Enchantée, Madame!
PROFESSEURE MANSOUR:	Enchantée, Mademoiselle.

Vous avez bien compris?

A. Give a one-sentence summary of what is happening in each of the preceding mini-dialogues.

B. Answer the following questions about the mini-dialogues. In some cases, more than one response is possible; list all that you find.

1. How can you say *hello* or *hi* to someone in French?

2. How do you ask someone what his/her name is? How do you respond to this question? Did you notice that the students use a different question than the professor uses? Why do you think this might be the case?

3. In the mini-dialogues, there are three ways to ask how someone is. Can you find them? What do you think the differences between them might be?

4. How do you say *please* in French?

5. How can you say *good-bye* in French? List all the expressions that you find in these dialogues. What do you think the differences are between these expressions?

6. How do you say *It's nice to meet you* in French?

[1]remind me

→ Mon vocabulaire ←

Salutations

There are two ways to say hello in French:

Bonjour.   *Hello. (used with anyone)*
Salut.   *Hi. (used in informal situations, with close friends and peers)*

StockLite/Shutterstock.com

To say good-bye you can choose from many expressions:

Au revoir.   *Good-bye.*
À bientôt.   *See you soon.*
À demain.   *See you tomorrow.*
À plus. / À plus tard. *See you later.*
À tout à l'heure.   *See you in a while.*
Ciao.   *See you.*
Salut.   *Bye.*

Présentations

To introduce yourself, say:

Je m'appelle... (Bernard,   *My name is . . .*
   Christelle, etc.)

Je suis...   *I am . . .*

To ask a peer his/her name, you can say:

Comment tu t'appelles? / Comment t'appelles-tu?[1]	*What is your name?*
Qui es-tu?	*Who are you?*
Tu es... ?	*Are you . . . ?*

To ask a nonpeer (e.g., a professor, a person older than you) his/her name, say:

Comment vous appelez-vous?	*What is your name?*
Qui êtes-vous?	*Who are you?*
Vous êtes... ?	*Are you . . . ?*

As you approach someone you do not know, choose from the following expressions:

Excusez-moi.	*Excuse me.*
Pardonnez-moi.	*Pardon me.*
Pardon, Madame / Monsieur / Mademoiselle.	*Excuse me, ma'am / sir / young lady.*

To greet a person whom you have just met:

Enchanté. (*if you're a man*) / Enchantée. (*if you're a woman*)	*It's nice to meet you.*

Questions personnelles

To ask a peer how he/she is and to answer that question, choose from:

Comment vas-tu?	*How are you?*
Je vais bien, et toi?	*I'm doing well, and you? I'm good, and you?*
Très bien, merci.	*Very good/well, thank you.*
Comment ça va?	*How's it going?*
Ça va bien.	*It's going well.*
Ça va pas mal.	*It's going all right.*
Ça peut aller.	*It could be better.*
Ça va?	*Is it going okay? Is everything okay?*
Ça va.	*It's going okay.*
Comme ci comme ça.	*So-so.*

To ask a nonpeer how he/she is and to respond, you can say:

Comment allez-vous?	*How are you?*
Je vais bien, merci.	*I'm doing well, thank you.*
(Je vais) pas mal.	*Not bad.*

[1]Both expressions mean *What is your name?* The first one is most common, while the second one is used in more formal situations, such as writing.

À vous!

A. Petits dialogues. Indicate if the following conversations are logical or not.

1. —Salut, Nina.　　　　　　　　　　　_____ logique　　_____ pas logique
   —Comme ci comme ça.

2. —Comment tu t'appelles?　　　　　　_____ logique　　_____ pas logique
   —Très bien, merci.

3. —Bonjour, Céline!　　　　　　　　　_____ logique　　_____ pas logique
   —Salut, Paul. Ça va?

4. —Comment allez-vous?　　　　　　　_____ logique　　_____ pas logique
   —Merci.

5. —À bientôt!　　　　　　　　　　　　_____ logique　　_____ pas logique
   —À demain.

6. —Comment t'appelles-tu?　　　　　　_____ logique　　_____ pas logique
   —Je m'appelle Delphine.

7. —Comment ça va?　　　　　　　　　_____ logique　　_____ pas logique
   —Ça peut aller.

8. —Excusez-moi, Madame.　　　　　　_____ logique　　_____ pas logique
      Vous êtes Catherine Deneuve?
   —Je vais bien merci.

9. —Qui êtes-vous?　　　　　　　　　_____ logique　　_____ pas logique
   —Je m'appelle Jean-Luc Picon.

10. —Je m'appelle Bruno.　　　　　　　_____ logique　　_____ pas logique
    —Enchanté.

B. Présentations. Complete the following dialogues in a logical manner.
(There may be more than one logical expression; choose any that is logical in
the context.)

1. —Bonjour, je _____ David.
   —Bonjour, David, _____?
   —Ça peut aller, merci.

2. —Je m'appelle Ahmed et toi, _____?
   —Je m'appelle Céline.

3. —Au revoir, Leïla!
   — _____, Patrick.

4. —Jean-Marc, c'est Brigitte.
   —Bonjour, Brigitte, _____!
   — _____, Jean-Marc!

5. —Excusez-moi, Mademoiselle, _____?
   —Je _____ Joséphine Laurent. Et vous, Monsieur?

6. —À demain, Marie-Claire!
   — _____, Marc!

STRUCTURE ⬚1

Les pronoms *je*, *tu* et *vous*

Tu is informal and singular. Use **tu** to address:

- someone you know well
- a peer

Vous is the singular formal form and the plural form. Use **vous** to address:

- someone you don't know or to whom you wish to show respect
- someone in a position of authority
- more than one person

Je m'appelle Céline.

Tu es Laurent? Comment vas-**tu**? *(classmate)*

Bonjour, Madame Mansour. Comment allez-**vous**? *(professor)*

Vous êtes Clémence et Mathieu? *(two classmates)*

> You have seen three subject pronouns so far: **je, tu,** and **vous.** Subject pronouns replace nouns and perform the action of verbs. **Je** means *I,* and **tu** and **vous** both mean *you.*

⚑ VÉRIFIEZ votre compréhension

Now go back to the *Passage 1* dialogues at the beginning of the chapter (pp. 2–3). On a separate sheet of paper, list each use of **tu** and **vous,** and explain, for each one, why the speaker chose that pronoun. For each instance of **vous,** tell whether it is used to address one person formally or to address a group of people.

Pratiquons!

A. *Tu* ou *vous*? Indicate whether you would use **tu** or **vous** with the following persons.

1.

2.

3.

4.

5.

6.

7.

8.

B. Voilà Caroline! In each of the following sentences, Clémence is speaking with Mathieu. Imagine that Caroline joins the conversation. Change the sentences to reflect the form that Clémence would use if she were speaking with both Mathieu and Caroline. If no change is necessary, explain why not.

1. Comment t'appelles-tu?
2. Comment vas-tu?
3. Bonjour!
4. À bientôt!
5. Qui es-tu?
6. Comment ça va?

STRUCTURE 2

CD 1
Track 6

L'alphabet français

There are 26 characters in the French alphabet. Listen to the In-Text Audio for the correct pronunciation of each one.

A	a	J	ji	S	esse
B	bé	K	ka	T	té
C	cé	L	elle	U	u
D	dé	M	emme	V	vé
E	euh	N	enne	W	double vé
F	effe	O	o	X	iks
G	gé	P	pé	Y	i grec
H	hache	Q	ku	Z	zèd
I	i	R	erre		

Diacritical marks (accents) are considered part of a word's spelling. They are:

´	accent aigu	é =	euh accent aigu
`	accent grave	à =	a accent grave
^	accent circonflexe	ô =	o accent circonflexe
¨	tréma	ï =	i tréma
ç	cédille	ç =	c cédille

The **cédille** is used only with the letter *c* so that it is pronounced like an *s* instead of a *k*.

Here are some more useful words for spelling aloud:

apostrophe *apostrophe*
point *period*
point d'exclamation *exclamation mark*

point d'interrogation *question mark*
trait d'union *dash, hyphen*
virgule *comma*

À l'écoute!

CD 1
Track 7

Mes initiales. Listen to the following sentences, and indicate the initials that you hear.

> **MODÈLE:** You hear: Mes initiales? C'est T.A.
>
> ____✓____ T.A. _____ T.E.
>
> You write: *T.A.*

1. _____ G.V.   _____ J.V.   6. _____ R.B.   _____ E.B.
2. _____ I.M.   _____ E.M.   7. _____ W.J.   _____ V.J.
3. _____ C.R.   _____ S.R.   8. _____ X.L.   _____ I.L.
4. _____ H.T.   _____ A.T.   9. _____ M.E.   _____ M.I.
5. _____ J.P.   _____ G.P.   10. _____ Y.C.   _____ I.C.

Pratiquons!

A. Qui êtes-vous? Comment ça s'épelle? *(How do you spell that?)*
Introduce yourself to your classmate. Spell out your name for him/her, so he/she can write it down.

> **MODÈLE:** —*Je m'appelle Cathy Blume. Ça s'épelle C-A-T-H-Y B-L-U-M-E.*
> —*Bonjour, Cathy. Je m'appelle Patrick Frèrebeau. Ça s'épelle P-A-T-R-I-C-K F-R-E-accent grave-R-E-B-E-A-U.*

B. Le mot secret. Taking turns with a partner, select a word or expression from the following list. Spell it out for your partner, who must write it down without looking, and then pronounce it out loud. Continue, alternating words, until you have spelled them all out.

> **MODÈLE:** —Le mot secret (L'expression secrète) s'épelle: J-E-nouveau mot-M-apostrophe-A-P-P-E-L-L-E.
> —Ah, c'est «je m'appelle».
> —Oui, c'est ça!

1. bientôt
2. pardon
3. ça va comme ci, comme ça
5. excusez-moi
4. bonjour
6. très bien

C. Des célébrités. Choose your favorite celebrity for each of the following categories. Spell the names out to your neighbor to see if he/she can guess who they are.

> **MODÈLE:** —Mon acteur préféré s'appelle: J-A-M-I-E-nouveau mot-F-O-X-X
> —Il s'appelle Jamie Foxx?
> —Oui, c'est ça!

1. acteur / actrice
2. auteur / poète
3. réalisateur *(movie director)*
4. présentateur de télévision *(news anchor)*
5. athlète
6. professeur
7. chanteur *(singer)*

À vous de parler!

 A. Présentations. Greet five classmates, doing the following:

- Say hello, tell them your name, and ask them their name.
- Ask how they are; tell them how you are.
- Say good-bye. Use a variety of expressions.

Then greet your professor, and ask him/her how he/she is. *Pay attention to the expressions and pronouns you use for a peer versus those you use for your professor.*

> **MODÈLE:** —Salut! Je m'appelle Philippe. Et toi, comment tu t'appelles?
> —Bonjour, Philippe. Je suis Robert. Comment ça va?
> —Ça va bien, merci! Au revoir, Robert.
> —Au revoir, Philippe!

B. Conversations. Form groups of three or four, and introduce yourself to your classmates. Ask each classmate how to spell his/her name, and write it down. Continue the conversation.

> **MODÈLE:** —Bonjour, je m'appelle Karine Blondeau. Et toi?
> —Je m'appelle Raïsa Haj.
> —Raïsa Haj. Comment ça s'épelle?
> —Raïsa: R-A-I tréma-S-A Haj: H-A-J. Et Karine, comment ça s'épelle?
> —Karine: K-A-R-I-N-E Blondeau: B-L-O-N-D-E-A-U.
> —Enchantée, Karine. Comment vas-tu?
> —Je vais bien, merci. Et toi, ça va?
> —Ça va pas mal, merci.

Courtesy of Véronique Anover and Theresa A. Antes

Les Baux de Provence is a medieval village located in the south of France. Imaginez des questions logiques entre ces étudiants.

> **Petit lexique utile (Useful lexical terms)**
>
> **s'embrasser** = to kiss on the cheeks or the mouth
>
> **un bisou ou un baiser** = a kiss on either the cheek or the mouth
>
> **une bise, un bisou sur la joue** = a light kiss on the cheek
>
> **un baiser sur la bouche** = a kiss on the mouth
> Attention! Never say **baiser** without **un** before it when you want to say a *kiss!* **Baiser** by itself means *to have intercourse* in slang! Since we are talking about slang, do you know how the French say *to give someone a French kiss?* They say **rouler un patin** or **rouler une pelle,** literally, *to spin the wheel of a roller skate* or *to spin a shovel!* Finally, to say *to shake hands* in French, we say **se serrer la main** (literally, *to squeeze each other's hand*).

Les francophones se saluent comme ça

The use of personal space differs widely from one culture to another. In general, personal space is not as restricted in the Francophone cultures as it is in the United States. Body contact occurs much more often in the Francophone world. Nevertheless, there are differences in typical greetings throughout the Francophone world.

Les Tunisiens: In Tunisia, people greet each other differently depending on whether they come from the capital, Tunis, or from a small town or village. In Tunis, friends and family members kiss each other on both cheeks when saying hello and good-bye: men kiss both men and women, and women also kiss women and men. This is called **faire la bise** in French, and it is not at all romantic. In small towns and villages in Tunisia, greetings are essentially the same except that after kissing on both cheeks, Tunisians hug each other for a long time. If Tunisians have just been introduced to each other, they shake hands; this is true for both men and women.

Courtesy of Véronique Anover and Theresa A. Antes

Les Canadiens: In Canada, French Canadian friends hug each other like Americans do. In some families, relatives kiss each other on both cheeks. Men who are related tend to shake hands when greeting one another. When meeting for the first time, both men and women shake hands.

Les Belges, les Suisses et les Français: The way Belgian, Swiss, and French people greet each other among friends and family members is very similar. In all three countries, men and women kiss each other on the cheek. **La bise** is exchanged between women, between men and women, and occasionally between male family members. In general, however, men tend to shake hands when greeting one another.

The main distinction between greetings in Belgium, Switzerland, and France lies in the number of kisses exchanged. Belgians tend to give three kisses, Parisians two (but people in the South of France give up to five kisses!), and the Swiss two. They rarely hug, unless it is a romantic long hug followed or preceded by a kiss on the mouth!

Courtesy of Véronique Anover and Theresa A. Antes

When meeting for the first time, people in all three countries usually shake hands, but women will occasionally exchange **la bise**—this is especially true if a woman is introducing one close friend to another close friend and it is assumed that they will also share a friendship.

When leaving, people once again kiss one another on the cheek. In fact, it is considered rude not to say good-bye to each person individually!

Courtesy of Véronique Anover and Theresa A. Antes

👥 Réfléchissons!

With a partner, discuss the following questions. When you have finished, share your responses with the whole class to see if you are all in agreement.

1. How do American friends and family members greet one another? Do you kiss and hug family members when greeting them? Do you do so in public, or only at home? What about among your friends? Are there differences depending on whether the person that you are greeting is a man or a woman?

2. How do you greet someone that you are meeting for the first time? Would you ever hug or kiss that person? Under what circumstances?

3. List all the differences that you can think of in typical greetings between Americans and between people in the Francophone groups listed in the reading.

4. Francophone speakers often have a different sense of personal space than Americans. When talking to each other they tend to stand quite close. What is the sense of personal space like in your country? Are you uncomfortable when someone is too close to you? Why?

CD 1
Track 8

Passage 2

Au restaurant universitaire

SOPHIE:	Ah! Mathieu, Caroline et Clémence—bonjour! Comment allez-vous?
MATHIEU, CAROLINE ET CLÉMENCE:	Salut, Sophie, ça va bien, et toi?
SOPHIE:	Moi, ça va super bien! Je vous présente Nathalie et Éric. Ils sont de Bruxelles.
CLÉMENCE:	Bonjour, je suis Clémence. Et moi aussi je suis de Bruxelles!
CAROLINE:	Et moi, c'est Caroline, et voilà Mathieu.
NATHALIE ET ÉRIC:	Bonjour, tout le monde![1]
SOPHIE:	Vous êtes libres ce week-end? Je fais une fête chez moi samedi.[2]
CLÉMENCE:	Génial! J'adore danser!
ÉRIC:	Moi aussi!
MATHIEU:	Dis, Sophie, quel est ton numéro de mobile?
SOPHIE:	C'est le 06.18.43.67.12. À samedi!

[1]Hello everyone!   [2]I am having a party at my place on Saturday.

Vous avez bien compris?

A. Comment dit-on? Answer the following questions about the preceding dialogue. In some cases, more than one response is possible; list all that you find.

1. Based on the drawings, what body language accompanies greetings in French? How do women greet other women? And how do men greet one another?

2. How did the students above ask *Are you free (to do something)?*

3. How did the students in the dialogue ask for a friend's telephone number?

4. How did the students in the dialogue respond?

5. In previous dialogues we have seen different ways to say good-bye. What is another way used in this dialogue? What do you think this expression means?

6. How did the students in the dialogue say *they are from*?

B. Présentations. Now let's go one step further! Fill in the blanks (in French!) according to the dialogue.

1. Une expression pour présenter des amis: _____

2. Sophie fait une _____ samedi.

3. Clémence adore _____. Éric adore _____ aussi.

4. Le numéro de mobile de Sophie c'est le _____.

5. Clémence est de _____, et Éric et Nathalie sont de _____ aussi!

Mon vocabulaire

Présentations

To introduce people to someone you call **tu:**

> Je te présente _____ (et _____). (Et voilà _____.)
> (Michel...), c'est _____.

To introduce people to someone you call **vous:**

> Je vous présente _____ (et _____). (Et voilà _____.)
> (Madame Leclair), c'est _____.

To introduce yourself and tell what city you are from:

> Je m'appelle...
> Je suis...
> Moi, c'est...
> Je suis de... (Marseille)

To indicate what city one person is from:

> Il est/elle est de... (Paris)

To indicate what city two or more people are from:

> Ils/elles sont de... (Genève)

Des projets

To ask if someone is free to do something:

For someone you call **tu:**	Tu es libre...?
For someone you call **vous:**	Vous êtes libre...?
For a group of people:	Vous êtes libres?

To talk about time:

ce matin	*this morning*
ce soir	*this evening*
ce week-end	*this weekend*
aujourd'hui	*today*

To ask someone for his/her telephone number:

For a person you call **tu:**	Quel est ton numéro de téléphone / de mobile?
For a person you call **vous:**	Quel est votre numéro de téléphone / de mobile?
To answer:	C'est le...

À vous!

A. Que dit-on? *(What do we say?)* Consider the following situations, and indicate if the speaker would most likely use **je te présente** or **je vous présente** to make the introduction.

1. student introducing his girlfriend to his parents
2. student introducing her best friend to her roommate
3. student introducing three apartment-mates to her father
4. student introducing his father to his professor
5. you introducing your parents to the president of the university

B. Finissons la conversation! *(Let's finish the conversation!)* Complete the following dialogues in a logical way. Then, compare your responses with those of a partner.

1.   CHRISTINE: Bonjour, Joël. Comment vas-tu?

              JOËL: _____, et toi?

     CHRISTINE: Je vais bien, merci. Joël, _____ Lucie.

                      Lucie, c'est Joël. Il _____ Lyon.

              JOËL: Bonjour, Lucie.

            LUCIE: Enchantée, Joël. Moi aussi je _____

                      _____ Lyon!

     CHRISTINE: Vous _____ ce week-end? Allons *(Let's go)* au cinéma.

   JOËL ET LUCIE: Oui, bonne idée!

2.   SIMON: Excusez-moi, Monsieur Leclair. _____

                      _____ Madame Amon.

MONSIEUR LECLAIR: Bonjour, Madame. _____

   MADAME AMON: _____, Monsieur.

                      _____?

MONSIEUR LECLAIR: Je vais très bien, merci.

C. Ton profil. You are in France studying abroad for a year and you would like to make friends. Create your profile in Netlog™, the French version of Facebook™. Complete the following sentences with your information.

1. Je m'appelle _____.
2. Je suis de _____.
3. Mon numéro de téléphone c'est le _____.
4. J'adore _____. *(to dance)*
5. Je suis toujours _____ *(free/available)* pour danser!
6. À _____!

STRUCTURE 3

Les nombres de 0 à 30

Here are the numbers in French from 0 to 30. Memorize the spelling of each number and practice its pronunciation.

0	zéro	10	dix	20	vingt
1	un	11	onze	21	vingt et un
2	deux	12	douze	22	vingt-deux
3	trois	13	treize	23	vingt-trois
4	quatre	14	quatorze	24	vingt-quatre
5	cinq	15	quinze	25	vingt-cinq
6	six	16	seize	26	vingt-six
7	sept	17	dix-sept	27	vingt-sept
8	huit	18	dix-huit	28	vingt-huit
9	neuf	19	dix-neuf	29	vingt-neuf
				30	trente

VÉRIFIEZ votre compréhension

Much of language learning is paying attention to patterns that are repeated. What patterns can you find in the numbers 1–30 in French? In what ways are they similar to or different from the corresponding English numbers?

À l'écoute!

Écoutez bien! Listen to the following sentences, and indicate the number that is used in each one.

MODÈLE: You hear:

—Mathieu, tu as combien de cousins?

—*J'en ai sept.*

("Matthew, how many cousins do you have?"
"I have seven [of them].")

You answer: __✓__ 7   _____ 17

1. _____ 6   _____ 16   5. _____ 4   _____ 14
2. _____ 2   _____ 12   6. _____ 12   _____ 10
3. _____ 13   _____ 3   7. _____ 16   _____ 6
4. _____ 9   _____ 2   8. _____ 30   _____ 13

Pratiquons!

A. C'est combien? *(How much is it?)* With a partner, take turns asking and telling how much the following items cost, using the prices that you see on the tags. Follow the model.

MODÈLE: —C'est combien?
—C'est dix-huit euros.

18 €

1. **4** Francs Suisses
2. **22** DIRHAMS
3. **16** Dinars
4. **9 €**
5. **12 €**
6. **21** FRANCS SUISSES
7. **30 €**
8. **17** DIRHAMS

> **Le saviez-vous?**
> In France, Monaco, Belgium, and Luxembourg, as well as throughout most of the European Union, the common currency is the euro (€). In Switzerland, however, the Swiss franc **(le franc suisse)** is used. In Morocco the currency is the dirham, and in Tunisia the dinar.

B. Ça coûte... *(That costs . . .)* Imagine that you are shopping, and you have decided to pay by check. Your instructor will give you a number. Write down the numbers in letters *and* in numbers, the way you would on an American check.

MODÈLE: Your instructor says: Ça coûte 23 euros.
You write: **23** on the first line and **vingt-trois** on the second line.

1. BANQUE DE PARIS — Payez contre ce chèque non endossable *cinq euros* € 5
2. BANQUE DE PARIS — Payez contre ce chèque non endossable *treize* € 13
3. BANQUE DE PARIS — Payez contre ce chèque non endossable *vingt en un euros* € 21
4. BANQUE DE PARIS — Payez contre ce chèque non endossable *trente-huit euros* € 38

5. BANQUE DE PARIS — Payez contre ce chèque non endossable *soixante-neuf* € 69

6. BANQUE DE PARIS — Payez contre ce chèque non endossable €

STRUCTURE 4

Les nombres de 31 à 69

The numbers 31–69 follow the same pattern as the numbers 20–30.

30	trente	40	quarante	50	cinquante	60	soixante
31	trente et un	41	quarante et un	51	cinquante et un	61	soixante et un
32	trente-deux	42	quarante-deux	52	cinquante-deux	62	soixante-deux
33	trente-trois	43	quarante-trois	53	cinquante-trois	63	soixante-trois
34	trente-quatre	44	quarante-quatre	54	cinquante-quatre	64	soixante-quatre
35	trente-cinq	45	quarante-cinq	55	cinquante-cinq	65	soixante-cinq
36	trente-six	46	quarante-six	56	cinquante-six	66	soixante-six
37	trente-sept	47	quarante-sept	57	cinquante-sept	67	soixante-sept
38	trente-huit	48	quarante-huit	58	cinquante-huit	68	soixante-huit
39	trente-neuf	49	quarante-neuf	59	cinquante-neuf	69	soixante-neuf

Pratiquons!

A. Un examen d'arithmétique. (A math test.) Do the math! Use the appropriate French expressions, as in the models.

> **MODÈLES:** 18 + 7 *Dix-huit* **plus** *sept* **font** *vingt-cinq.*
>
> 42 − 12 *Quarante-deux* **moins** *douze* **font** *trente.*

1. 32 + 26
2. 49 + 14
3. 28 + 33

4. 57 − 51
5. 64 − 30
6. 69 − 41

B. Et en France, c'est combien? With a classmate look at the average prices below in France and the United States and tell the prices out loud to each other.

	En France	Aux États-Unis
1. Un croissant:	0,60 centimes d'euros	$1.50
2. Café Sumatra (Starbucks):	5€ 50 (Paris)	$10.65 (NY)
3. Un CD:	22€ 40	$14.38
4. Un lecteur DVD (Samsung):	52€	$37
5. Shampooing Kérastase (l'Oréal):	11€ 45	$32
6. Crème Clinique (Séphora):	55€ 10	$48.60

STRUCTURE 5

Les pronoms sujets et le verbe *être*

Être is the infinitive form of the verb *to be*. The *infinitive* of a verb doesn't correspond to any particular subject, doesn't have a time frame, and doesn't vary in form. In English it is usually preceded by *to*.

🌐 Grammar Tutorials

To use most verbs, you make them correspond with the subject and tense (time frame). This is called *conjugating*. Subjects may be nouns or pronouns. Here are the subject pronouns and the present tense forms of **être**:

être	*to be*		
je suis	*I am*	**nous sommes**	*we are*
tu es	*you are (fam)*	**vous êtes**	*you are (for, pl)*
il / elle / on est	*he / she / one is; we are*	**ils / elles sont**	*they (masc or mixed) / they (fem) are*

- Note that the subject pronoun **on** can mean *one* or *we*, although it is only conjugated in the singular third person.

    On est content dans la classe de français.
    One is happy in French class.
    We are happy in French class.

- The pronoun **ils** refers to a group of all males or a mixed group of males and females. The pronoun **elles** refers only to females.

    Charlotte, Juliette et Vincent sont français. **Ils** sont sympathiques.
    Charlotte, Juliette, and Vincent are French. They are nice.

    Et Catherine et Anne? Oui, **elles** sont sympathiques aussi.
    And Catherine and Anne? Yes, they are nice too.

- Use **être de** to say what city you are from. If the city begins with a vowel sound, use **être d'**.

    Tu **es de** Québec?   *You are from Quebec City?*
    Je **suis d'**Abidjan.   *I am from Abidjan.*

VÉRIFIEZ votre compréhension

1. Go back to the *Passage 2* section on page 14 and indicate who is telling where they are from. How do they say it?
2. Why does Sophie use the subject pronoun "ils" to say where Nathalie and Éric are from? What subject pronoun would she have used if she had been talking about Nathalie? And about Éric?

 ## À l'écoute!

CD 1
Track 13

> **Petits Tuyaux! Listening for detail.** In the next listening activity you will be asked to differentiate singular subjects from plural subjects in sentences where the verb **être** is used. As you may remember, the plural "s" at the end of a word is not pronounced in French (except when a verb starts with a vowel and you hear the liaison between **ils/elles** and the verb: **ils adorent -/il-z-adorent/**). Instead of listening for the sound "s" at the end of a word, pay attention to the verb conjugation.
>
> | **Singular** | **Plural** |
> |---|---|
> | suis, es, est, êtes | sommes, êtes, sont |
>
> In some instances, it is impossible to distinguish between a plural and a singular, for example, ***vous êtes libres?*** We can see from the "s" on **libres** that it is plural, but we cannot hear that "s" phonetically. In a case like this, you'll need context to help you determine if *vous* refers to one person or several.

Singulier ou pluriel? Listen to the following sentences. Choose S if the sentence is about one person, P if it is about more than one person, and ? if you can't tell. Attention! Sometimes you cannot distinguish singular and plural phonetically.

MODÈLE: You hear: *Je suis d'Alger.*
You check: ___✓___ S _____ P _____?

iLrn Complete the diagnostic tests to check your knowledge of the vocabulary and grammar structures presented in this chapter.

1. _____ S _____ P _____?   5. _____ S _____ P _____?
2. _____ S _____ P _____?   6. _____ S _____ P _____?
3. _____ S _____ P _____?   7. _____ S _____ P _____?
4. _____ S _____ P _____?   8. _____ S _____ P _____?

Pratiquons!

Je peux conjuguer! (*I can conjugate!*) Complete the following sentences with the correct form of the verb **être**. Then make the substitutions indicated in parentheses.

1. *Je* _____ de Paris. (tu / il / vous)
2. *Vous* _____ libre ce soir? (tu / elle)
3. *Ils* n(e) _____ pas de Toulouse. (elle / je / tu)
4. *Nous* _____ de Québec. (elles / vous / il)
5. *Elle* n(e) _____ pas de Port-au-Prince. (je / nous / ils)
6. *Tu* _____ libre ce week-end? (vous / elles)

À vous de parler!

 A. Contacts. Go around the class and introduce yourself to five classmates. Ask them how they are doing. Tell them how you are doing. Get their first names (**prénoms**) and phone numbers and write them down. If you do not know how to spell a name, ask your classmates to spell it out for you: **Comment ça s'épelle?** Say *good-bye, see you later, see you soon,* etc. Finally, read each telephone number out loud. The person whose phone number you just read will say **«Allô? Bonjour!»**

1. Prénom _____ Numéro de téléphone _____
2. Prénom _____ Numéro de téléphone _____
3. Prénom _____ Numéro de téléphone _____
4. Prénom _____ Numéro de téléphone _____
5. Prénom _____ Numéro de téléphone _____

 B. Je te présente... Based on the information you gathered in activity A, introduce several of your classmates to other classmates and to your teacher.

- Use a variety of expressions to introduce one another.
- Use a French gesture when being introduced (i.e., shake hands, kiss, etc., as you feel is appropriate).

> **MODÈLE:** —*Daniel, je te présente Robert.*
> —*Bonjour, Robert. Enchanté.*
> —*Enchanté. Voilà Suzanne.*
> —*Bonjour, Suzanne.*
> —*Enchantée!*

C. Jeu de rôles. (Role play.) In groups of three, create a role-play dialogue in which you each adopt a specific role (student[s], professor[s], colleague[s], etc.).

- Greet and introduce one another and have a basic conversation.
- Pay specific attention to the different forms of the expressions that you use, depending on whether you would call one another **tu** or **vous.**
- Try to use a variety of expressions, to make your dialogue as interesting as possible.

> **MODÈLE:** —*Professeur Micah, je suis Caroline Richard. Et voici Paul Trudeau.*
> —*Bonjour!*
> —*Bonjour, Professeur Micah. Comment allez-vous?*
> —*Bien, merci. Et vous, comment allez-vous?*
> —*Je vais très bien, merci. À demain, Monsieur—je suis dans votre classe!*
> —*Très bien! À demain!*

Les universités en France sont comme ça!

Universities in France resemble those in the United States in many ways, but differ substantially in other ways. Students in France who wish to study at the university level must pass **le bac** (the **baccalauréat** exam) in high school. A passing score on this exam gives them admission to any university of their choice; otherwise, admission is not allowed. In this way, admission is more restricted than in the United States, where no national standards exist. (Individual universities in the United States determine their own admission policies, often based on SAT or ACT scores, but also have policies to admit students who have not taken such exams.) In France, not only is **le bac** required, but there are different exams based on the intended major of the student. There is a **bac-sciences,** for those who want to major in the natural sciences, and a **bac-lettres,** for those wanting to major in the humanities or social sciences, for example. The exam that a student takes determines which major(s) he/she will be allowed to pursue at the university level.

The French university system has undergone important changes in the last several years in order to make its degrees conform with those granted by other European universities. Under the new system, students from other European Union countries can study in France and obtain the equivalent of a diploma from their own country, and vice versa. In 2005 the French university system adopted the LMD reform. LMD stands for **Licence** (a three-year degree), **Master** (a five-year degree), and **Doctorat** (a six- to nine-year degree).

In France, the cost of a college education is much lower than in the United States for several reasons. First, all universities are controlled by the national government, and tuition is the same at all. Because the French government pays for many social services (through taxes paid by their citizens), university fees are very low, consisting of only a small "per credit" fee for each course taken. There is no competition between private and public universities, and no fees other than those for the classes that the student is taking. Every student enrolled in a university gets health insurance.

Student life is also different in substantial ways in France. All universities have dormitories (**la cité universitaire** or **la cité U**) and cafeterias (**la cafét, le restaurant universitaire,** or **le resto U**), but many students choose to attend the university that is closest to their home, and therefore continue to live at home with their families. Those who live in dormitories tend to stay there through the week, and then go home on the weekend. For these reasons, in addition to the fact that many of the universities are located in urban areas, campuses as we know them in the United States generally do not exist in France. Buildings are usually grouped in the same general area of town, but are intermixed with local businesses and residential areas. In this way, the university is not set apart from the town in which it is located, but is an integral part of it. Finally, intramural and club sports are popular at most universities, but there are no interuniversity sports—students are at the university to study, and sports have no prominence. Students find other reasons to come together—concerts, lectures, discussions at the local café—rather than gathering around a weekend football game!

© Louis Jeanmart

With all these differences, how can we say that French universities are similar to their American counterparts? They offer courses in many disciplines, preparing students for professional careers of all sorts. They bring together students from many different ethnicities, social classes, nationalities, and backgrounds, both those with a family tradition of attending college and those who are the first generation in their family to earn a college degree. And perhaps most importantly, they provide a natural setting for conferences, concerts, poetry readings, debates, and the like, and in this way serve as a major cultural magnet for the town in which they are located, which often derives much of its identity from the college located there.

Réfléchissons!

Answer the following questions based on the cultural reading.

1. What is your opinion of a national standardized exam that is mandatory for admission to college? Does this help to assure quality among the universities in the country, or does it limit access? Would you be in favor of such an exam in the United States?

2. What do you think of a national educational system that covers *all* educational levels, from preschool through college? Are there advantages that you can think of to not having private and public universities? What about disadvantages?

3. Are you surprised that there are no interuniversity sports in France (or in Europe, for that matter)? How would your university change if it had only club sports?

4. Imagine that you have decided to study abroad for a semester. What similarities do you think you would find between students in France and yourself? What differences?

À vous de lire!

A. Stratégies. Before reading, you should determine what your purpose for reading is, as this will change the way that you read. There are many ways that we can read: we can skim a passage to determine if it meets our interests, we can scan it to see if it has particular information that we are looking for, or we can read it in depth for complete understanding. Before you start to read, look at the activities provided with the reading passage to see what your goal is. If you are supposed to skim for general comprehension or scan for specific information, but you try to read for complete understanding, you may experience a frustration that was not intended! Likewise, if you only scan an article but the questions require complete comprehension, you may be unable to answer them. Determine your purpose before reading, and then read as necessary with that purpose in mind.

© Cengage Learning

B. Avant de lire. The readings in this section come from the official websites of several French universities. Before reading, answer the following questions, then move on to activity C.

1. Have you ever looked at the official website for your university? If so, what type of information did you find? Indicate which of the items on the following list were included on your university website. (If you have not looked, try to guess what information might be included.)

   _____ Types of courses offered   _____ Date of sessions

   _____ Information about the town   _____ Student opinions

   _____ Photos of students   _____ Photos of professors

   _____ Degrees offered   _____ Student grades

   _____ Links to area newspapers   _____ Samples of exams

   _____ Dates of exams   _____ Sporting events

2. When and why do you read your university's website? What kind of information are you generally looking for? Why would you consult *another* university's website?

3. Who do you think the target audience for university websites is? Do they serve more than one potential audience? In what ways?

4. Look at the ad for the Sorbonne on page 28. It lists four different sessions: **Session d'*automne*, session d'*hiver*, session de *printemps*,** and **session d'*été*.** What do you think the difference is between these sessions? (Hint: Let your knowledge of English guide you!)

5. In the Sorbonne ad, what other unfamiliar words can you figure out the meaning of, based on your knowledge of vocabulary from this chapter and of English?

C. Lisons! Read the following websites in stages, answering the following questions. There will be many words that you have not yet seen; concentrate on figuring out what you can, using words that you saw in this chapter, words that resemble English words (we call these *cognates*), and words that you can figure out from the context. The rest will take care of itself!

1. First, *skim* each website briefly to understand the general nature of its message. Write the item(s) that best represent(s) the information included, and the intended audience.

   a. **La Sorbonne**

   Information included:

   _____ Types of courses offered

   _____ Information about Paris

   _____ Information about student housing

   _____ Admission requirements

   _____ Specializations of the university

   _____ Dates of sessions

   Intended audience:

   _____ Parents of students

   _____ International students

   _____ French students

   b. **Université de Nantes**

   Information included:

   _____ Types of courses offered

   _____ Information about Nantes

   _____ Information about student housing

   _____ Admission requirements

   _____ Specializations of the university

   _____ Dates of sessions

   Intended audience:

   _____ Parents of students

   _____ International students

   _____ French students

   c. **Université Montpellier 1**

   Information included:

   _____ Types of courses offered

   _____ Information about Montpellier

   _____ Information about student housing

   _____ Admission requirements

   _____ Specializations of the university

   _____ Dates of sessions

   Intended audience:

   _____ Parents of students

   _____ International students

   _____ French students

2. Now *scan* each website for more specific information, answering the questions that follow.

   a. What exactly would you study if you went to the Sorbonne to do the program presented on this web page? What courses would you take? When would those courses take place?

   b. The website for the Université de Nantes mentions a "Formation continue" and a "Université permanente" in two places. Given the information that appears with them (the mention of "auditeurs," for example), what do you think these items refer to?

   c. For whom would the Université Montpellier 1 not be a good choice (i.e., what majors are you not likely to find there, based on the specializations listed on this web page)?

   d. If you wanted to study sports and sports medicine, which of these universities would be your best choice?

   e. The Université Montpellier 1 lists **santé** as one of their areas of specialization. What do you think this term might mean, based on the information that follows it on the Université Montpellier 1 website?

iStockphoto.com/Arpad Benedek

Cours de Civilisation Française de la Sorbonne

Les cours

Les Cours de Civilisation Française de la Sorbonne s'adressent aux étudiants étrangers[1]. Ils incluent des «cours pratiques» de grammaire, de la phonétique en laboratoire et des conférences de civilisation française.

EXAMENS à la fin de chaque session:

☛ CERTIFICATS—DIPLÔMES

Activités annexes: visites de musées, excursions

☛ DATES ET HEURES DE COURS

Session d'automne
Dates: de septembre à décembre
Inscriptions: début septembre
Heures des cours:
Grammaire, phonétique: l'après-midi
Conférences: 12h–13h

Session d'hiver

Dates: d'octobre à janvier
Inscriptions: fin septembre
Heures des cours:
Grammaire, phonétique: matin ou après-midi au choix; + cours du soir.

Conférences: matin ou après-midi selon niveau.

☛ CONDITIONS D'ADMISSION

* 18 ans minimum
* Équivalence officielle du Baccalauréat français
* Visa de long séjour pour les pays hors Union européenne (faire une «demande de préinscription» par internet)

Session de printemps
Dates: de février à mai
Inscriptions: fin janvier
Heures des cours:
Grammaire, phonétique: matin ou après-midi au choix; + cours du soir
Conférences: matin ou après-midi selon niveau

Session d'été

Dates: entre juin et septembre 4, 6, 8 ou 11 semaines
Inscriptions: 1 semaine avant chaque session
Heures des cours: Grammaire, phonétique: le matin
Conférences: l'après-midi.

☛ PROGRAMMES DÉTAILLÉS ET TARIFS SUR LE SITE www.ccfs-sorbonne.fr

L'Université de Nantes

Pôle majeur d'enseignement supérieur et de recherche du Grand Ouest, l'Université de Nantes est l'une des grandes universités pluridisciplinaires françaises. Elle se développe dans un territoire attractif ayant une expansion économique et démographique forte et continue depuis deux décennies. Implantée à Nantes, Saint-Nazare et La Roche-sur-Yon, elle accueille 90% des étudiants sur le site de Nantes, 6e ville de France située sur l'estuaire de la Loire à une cinquantaine de kilomètres du littoral atlantique et à deux heures de Paris.

Une université de dimension européenne

45 200 étudiants parmi lesquels:

* 33 700 en formation initiale dont 3 360 étudiants étrangers
* 11 500 auditeurs de la Formation continue et de l'Université permanente

3 000 personnels et 1 400 personnels contractuels pour la formation et la recherche

[1]internationaux

Données 2009

21 centres de formation initiale et de recherche parmi lesquels:

- 11 facultés et unités de formation et de recherche (UFR)
- 8 instituts
- 1 école d'ingénieurs
- 1 observatoire des sciences de l'Univers
- 1 centre de formation continue
- 1 université permanente ouverte à tout public

Université Montpellier 1

Forte d'une longue tradition en matière médicale et juridique, l'Université Montpellier 1 a su préserver ses caractéristiques tout en s'ouvrant au monde du XXIᵉ siècle. Université pluridisciplinaire, ce sont les UFR (Unités de formation et recherche) et Instituts regroupant une à plusieurs disciplines fondamentales qui organisent les enseignements autour de trois axes principaux:

Autour de l'axe droit, économie, gestion et administration, se regroupent:
- l'UFR de Droit
- l'UFR d'Administration Économique et Sociale (AES)
- l'UFR de Sciences Économiques
- l'Institut Supérieur de l'Entreprise de Montpellier (ISEM)
- l'Institut de Préparation à l'Administration Générale (IPAG)

Autour de l'axe santé, se regroupent:
- l'UFR de Médecine
- l'UFR d'Odontologie
- l'UFR de Sciences Pharmaceutiques et Biologiques

Autour de l'axe sport, s'est développée jusqu'ici:
- l'UFR Sciences et Techniques des Activités Physiques et Sportives (STAPS)

D. Après la lecture. Answer the questions that follow, based on the information that you learned while reading.

1. Think back to the information that you predicted would appear on a university website. Do these sites provide that information, in general? In what ways did they provide or not provide what you expected to find?

2. Based on your own interests, would one of these programs appeal to you more than others? Which one, and why?

3. How do these universities compare to American universities, based on what you read? In what ways are they different?

4. What parts of American university life are not represented on these web pages? Why do you think this is the case? (Is it because they are not part of French university life, or are they simply not mentioned on this page?)

5. What percentage of these sites would you say that you were able to read in French? Does this surprise you?

Lexique 🔊

The vocabulary terms are recorded and available on the Premium website: www.cengagebrain.com

Salutations *Greetings and good-byes*

À bientôt.	*See you soon.*	Au revoir.	*Good-bye.*
À demain.	*See you tomorrow.*	Bonjour.	*Hello.*
À plus. / À plus tard.	*See you later.*	Ciao.	*See you.*
À tout à l'heure.	*See you in a while.*	Salut.	*Hi. / Bye. (informal)*

Présentations *Introductions*

Comment tu t'appelles? / Comment t'appelles-tu?	*What is your name? (informal)*	Qui êtes-vous?	*Who are you? (formal)*
		Tu es... ?	*Are you . . . ?*
Comment vous appelez-vous?	*What is your name? (formal)*	Je te présente...	*This is . . . (informal) (literally: I present . . . to you.)*
Enchanté. / Enchantée.	*It's nice to meet you. (masculine/ feminine)*	Je vous présente...	*This is . . . (formal) (literally: I present . . . to you.)*
Excusez-moi.	*Excuse me.*	(Madame Leclair), c'est...	*(Mrs. Leclair), this is . . .*
Je m'appelle...	*My name is . . .*	et voilà...	*and here is . . .*
Je suis...	*I am . . .*	Vous êtes... ?	*Are you . . . ?*
Moi, c'est...	*Me, my name is . . . / Me, I am . . .*	Je suis de... (Marseille)	*I am from . . . (Marseilles)*
Pardon, Madame / Monsieur / Mademoiselle.	*Excuse me, ma'am / sir / young lady.*	Il est/elle est de... (Paris)	*He/she is from . . . (Paris)*
Pardonnez-moi.	*Pardon me.*	Ils/elles sont de... (Genève)	*They are from . . . (Geneva)*
Qui es-tu?	*Who are you? (informal)*		

Questions personnelles *Personal questions*

Ça va?	*Is it going okay? Is everything okay?*	Je vais bien, merci.	*I'm doing well, thank you.*
Ça va.	*It's going okay.*	(Je vais) pas mal.	*Not bad.*
Comme ci comme ça.	*So-so.*	Comment vas-tu?	*How are you?*
Comment ça va?	*How is it going?*	Je vais bien, et toi?	*I'm doing well, and you? / I'm good, and you?*
Ça va bien.	*It's going well.*		
Ça va pas mal.	*It's going all right.*	Très bien, merci.	*Very good/well, thank you.*
Ça peut aller.	*It could be better.*		
Comment allez-vous?	*How are you?*		

Des projets *Plans*

aujourd'hui	*today*	Quel est votre numéro de téléphone / de mobile?	*What's your phone number? (formal)*	Vous êtes libre?	*Are you free? (formal, singular)*
ce matin	*this morning*				
ce soir	*this evening*			Vous êtes libres?	*Are you free? (plural)*
ce week-end	*this weekend*	C'est le...	*It's . . .*		
Quel est ton numéro de téléphone / de mobile?	*What's your phone number? (informal)*	Tu es libre?	*Are you free? (informal)*		

30 trente • À vous!

Je suis comme je suis

In this chapter, you will learn how to describe yourself and others. You will also talk about your daily activities, your professions, and your pets.

Courtesy of Véronique Anover and Theresa A. Antes

VOCABULARY

- Describing yourself and others
- Talking about your personality
- Talking about daily activities, professions, and pets

STRUCTURES

- Negation
- The verb **avoir**
- Adjective agreement and placement
- Regular **-er** verbs
- Indefinite articles

CULTURE

- A portrait of the French and Francophones

iLrn

🔊 Audio

🌐 www.cengagebrain.com

RESSOURCES

Passage 1

Je suis...

In this chapter you will learn how to describe yourself and others and to talk about your hobbies, your pets, and your work. First, meet the following people and Boulotte (the dog) as they describe themselves to you.

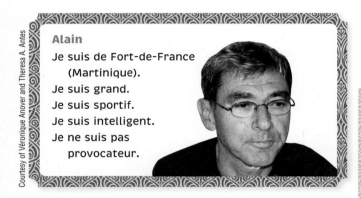

Alain

Je suis de Fort-de-France (Martinique).
Je suis grand.
Je suis sportif.
Je suis intelligent.
Je ne suis pas provocateur.

Courtesy of Véronique Anover and Theresa A. Antes

Bébé Alex

Je suis de Bordeaux (France).
Je suis tout petit.
Je ne suis pas grand.
Je suis content.
Je suis amusant.
Je suis mignon!

Courtesy of Véronique Anover and Theresa A. Antes

Rhaimona

Je suis de Moorea (Tahiti).
Je suis petite.
Je suis sympathique.
Je suis sociable.
Je suis intelligente.

Courtesy of Véronique Anover and Theresa A. Antes

Lucien

Je suis de Pointe-à-Pitre (Guadeloupe).
Je suis grand.
Je suis sympathique.
Je suis beau.
Je suis optimiste.

Courtesy of Véronique Anover and Theresa A. Antes

Yolanda

Je suis de Montréal (Canada).
Je suis grande.
Je suis sportive.
Je suis contente.
Je suis courageuse et amusante.

Courtesy of Véronique Anover and Theresa A. Antes

Boulotte

Je suis de Toulouse (France).
Je suis forte.
Je ne suis pas timide.
Je suis poilue.
Je suis courageuse.

Courtesy of Véronique Anover and Theresa A. Antes

Vous avez bien compris?

Complete the following sentences based on the preceding descriptions. Since more than one response is possible in some cases, choose a logical one.

1. Yolanda: Je suis _____ et *(and)* je suis
   _____.

2. Lucien: Je suis _____.

3. Alex: Je suis _____ petit. Je ne suis pas
   _____.

4. Boulotte: Je suis _____.

5. Alain: Je suis _____. Je suis de _____.

6. Rhaimona: Je suis _____ et je _____
   _____ Moorea.

CD 1
Track 14
(cont.)

Now, Alain wants you to meet his friends, Anou and Gérard. He is describing them to you.

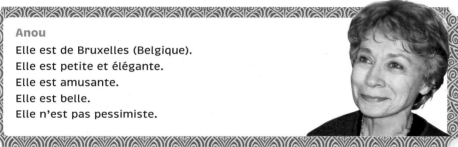

Anou
Elle est de Bruxelles (Belgique).
Elle est petite et élégante.
Elle est amusante.
Elle est belle.
Elle n'est pas pessimiste.

Courtesy of Véronique Anover and Theresa A. Antes

Gérard
Il est de Québec (Canada).
Il est grand.
Il est optimiste.
Il est sociable.
Il est gentil.

Courtesy of Véronique Anover and Theresa A. Antes

Vous avez bien compris?

Vrai ou faux? (*True or false?*) Indicate whether the following statements about Anou and Gérard are **vrai** or **faux**. Correct the sentences that are not true.

1. Gérard n'est pas sociable. _____ vrai _____ faux

2. Anou est grande. _____ vrai _____ faux

3. Anou n'est pas élégante. _____ vrai _____ faux

4. Gérard est pessimiste. _____ vrai _____ faux

5. Gérard est grand. _____ vrai _____ faux

6. Gérard n'est pas gentil. _____ vrai _____ faux

7. Anou est pessimiste. _____ vrai _____ faux

8. Anou est belle. _____ vrai _____ faux

→ Mon vocabulaire ←

Les adjectifs descriptifs (1)

Following is a list of physical and emotional descriptors. Some of these words you are already familiar with from the descriptions in **Passage 1;** others will be new to you. Can you guess the meaning of the new words? Many of them are cognates, which means they are very similar to their English equivalents. You will find translations next to the words that are not cognates.

The following adjectives are the same in their masculine and feminine forms.

optimiste	riche		triste	*sad*
pessimiste	pauvre	*poor*	timide	
sociable	sympa(thique)	*friendly*	jeune	*young*
stupide	antipathique	*unfriendly*	mince	*thin*

The following adjectives are spelled differently in their masculine and feminine forms.

To talk about a male:	To talk about a female:	
beau	belle	
laid	laide	*ugly*
mignon	mignonne	*cute*
grand	grande	*tall, big*
petit	petite	
(tout) petit	(toute) petite	
vieux	vieille	*old*
sportif	sportive	
élégant	élégante	
bavard	bavarde	*talkative*
content	contente	*happy*
gentil	gentille	*nice*
méchant	méchante	*mean*
intelligent	intelligente	
courageux	courageuse	
poilu	poilue	*hairy*
fort	forte	*strong*
amusant	amusante	
ennuyeux	ennuyeuse	*boring*
provocateur	provocatrice	
joli	jolie	*pretty*
gros	grosse	*overweight*
paresseux	paresseuse	*lazy*

À vous!

A. Comment sont-ils? *(What are they like?)* Choose from the list provided the adjectives that best characterize the following famous personalities.

1.  Tom Cruise. Il est... (timide / mince / petit / sympa / élégant / beau / amusant / fort / intelligent / laid /mignon / méchant)

2. Larry King. Il est... (riche / amusant / bavard / beau / poilu / intelligent / petit / élégant / laid / ennuyeux / vieux)

3.  Oprah Winfrey. Elle est... (mince / très riche / optimiste /belle / amusante / élégante / intelligente / bavarde /sympathique)

4. Yao Ming. Il est... (paresseux / gros / fort / laid / sportif / pauvre / grand / beau / mince / ennuyeux / amusant)

5.  Michael Moore. Il est... (amusant / intelligent / provocateur / mince / courageux / élégant / beau / petit / optimiste)

6. Julia Roberts. Elle est... (jolie / timide / sympathique / vieille / élégante / laide / mince / petite / ennuyeuse / jeune)

7. Céline Dion. Elle est... (ennuyeuse / gentille / belle / intelligente / amusante / pauvre / mince / poilue / jeune).

Now, compare the characteristics you gave to each one of the preceding celebrities with your classmates. Are you in agreement with your classmates?

B. Trouvez-les. *(Find them.)* First, look at the following drawings. Then, describe them to your classmate without following the numerical order in which they appear. Your classmate will tell you which drawing you are describing.

1.

2.

3.

4.

5.

6.

C. Et toi, tu es comment? *(And you, what are you like?)* Find out how your classmate views himself/herself. Your classmate will start his/her answers by saying **Je suis...** *(I am . . .).*

MODÈLE: Tu es riche?

Non! Je suis pauvre! / Oui! Je suis très riche!

1. Tu es optimiste?
2. Tu es grand(e)?
3. Tu es méchant(e)?
4. Tu es intelligent(e)?
5. Tu es ennuyeux (ennuyeuse)?
6. Tu es provocateur (provocatrice)?
7. Tu es content(e)?
8. Tu es bavard(e)?

Now, share your partner's answers with the class to find out the following information.

1. Qui est le plus grand / la plus grande *(the tallest)* de la classe? C'est *(It is)...*
2. Qui est le plus provocateur / la plus provocatrice de la classe? C'est...
3. Qui est le plus optimiste / la plus optimiste de la classe? C'est...
4. Qui est le plus content / la plus contente de la classe? C'est...

STRUCTURE 1

La négation: *ne... pas / n' ... pas*

 Grammar Tutorials

In *Chapter 1,* you learned how to conjugate **être** and use it in a sentence. To make a sentence negative, place **ne... pas** around the conjugated verb.

Je **ne** suis **pas** Clément. Je suis Patrice.   *I'm not Clément. I'm Patrice.*
Nous **ne** sommes **pas** de Paris.   *We're not from Paris.*

Ne becomes **n'** before a vowel sound.

Tu **n'**es **pas** optimiste.   *You are not optimistic.*
Elle **n'**est **pas** riche.   *She's not rich.*

⚑ VÉRIFIEZ votre compréhension

1. Go back to the ***Passage 1*** section and pick out the negative sentences. Explain how the negative is formed in each case.
2. How would you negate the sentences that describe Gérard?

Elle n'est pas méchante.

Il n'est pas gros.

Pratiquons!

A. Corrections. Your friend makes erroneous statements about the following people. Correct him/her using the negative. Follow the model.

> **MODÈLE:** Oprah Winfrey est de Miami. (Chicago)
> *Non, elle n'est pas de Miami, elle est de Chicago.*

1. Céline Dion est de Paris. (Montréal)
2. Janet et Jermaine Jackson sont de Chicago. (Gary [Indiana])
3. Michael J. Fox est très grand. (petit)
4. Miley Cyrus est vieille. (jeune)
5. Nous sommes antipathiques. (sociables)
6. Vous êtes de Nice. (??)

B. Oui ou non. Say if the descriptions match the pictures or not. Correct the wrong descriptions. Follow the model.

> **MODÈLE:** Il est gentil.
> You say: *Mais non! Il n'est pas gentil. Il est méchant!*

1.

Il est mince.

2.

Nous sommes timides.

3.

Marc et Bernard sont pauvres. *ils sont*

4.

Thomas est content.

5.

Ils sont ennuyeux.

6.

Sylvie et Corinne sont jeunes.

7.

Simon est gros.

CD 1
Track 15

Passage 2

Descriptions

Now, some of the people you met previously are talking about their own physical features. They are describing themselves to you.

Bébé Alex
J'ai les cheveux châtains[1]
et très courts.
J'ai les yeux bleus.
J'ai quatre dents[2].

Rhaimona
J'ai les cheveux noirs et lisses.
J'ai les yeux verts.
J'ai les cheveux
longs.

Lucien
J'ai les yeux noirs.
J'ai les cheveux mi-longs
et frisés.

Yolanda
J'ai les cheveux blonds
et courts.
J'ai les yeux bleus.

Anou
Elle a les cheveux
blonds, courts et
un peu[3] bouclés.
Elle a les yeux bleus.

Gérard
Il a les cheveux lisses
et gris.
Il a les yeux noirs.

Vous avez bien compris?

Qui est-ce? (*Who is it?*) Write the name of the person(s) who is (are) making the following statements about their physical appearance.

1. J'ai les cheveux très courts.
2. J'ai les cheveux frisés.
3. J'ai les cheveux mi-longs.
4. J'ai les cheveux gris.
5. J'ai les yeux verts.
6. J'ai les yeux bleus.

[1] The adjective **châtain** is always *masculine*. It is invariable in gender, i.e., it never adds an **-e**. However, it agrees in number with the noun: **les cheveux châtains**.   [2] *teeth*   [3] *a little bit*

→ Mon vocabulaire ←

Les adjectifs descriptifs (2)

Here are some adjectives for describing hair and eye color.

Les cheveux

bruns

noirs

roux

Les yeux

bleus

noirs

verts

marron[1]

Les couleurs en général

bleu(e)

blanc(he)

jaune

marron[2]

rouge

noir(e)

crème

gris(e)

rose

vert(e)

violet(te)

orange

beige

[1] The adjective **marron** is always masculine. It is invariable, i.e., it never adds an **-e** or an **-s**, no matter the gender or number of the noun it is modifying.   [2] Reminder: when talking about hair color, use **brun** for brown.

À vous!

A. Cheveux et yeux. Look at the following people and decide which adjectives from the *Passage 2* and *Mon vocabulaire* sections fit them best.

MODÈLE: Stéphane a...

Stéphane a les cheveux châtains et les yeux marron.

1. Alexandre a...

2. Marie-Louise a...

3. Laura a...

4. Éric a...

B. Devinez! (Guess!) Take turns describing one of your classmates to the class. The class will guess which student has been described.

MODÈLE: *Il a les cheveux longs et blonds. Il a les yeux bleus. Il est très sympa et très beau!*

C. De quelle couleur est-ce? (What color is it?) The following items are known for their characteristic colors. Give the color, in French, of each of the items mentioned, paying attention to the gender and number of each.

1. Les yeux d'Elizabeth Taylor. Ils sont ___violete___.
2. Les poils d'un tigre. Ils sont ___noir___ et ___orange___.
3. Les roses. Elles sont ___rose___, ___jaune___ ou ___rouge___.
4. Le drapeau (*flag*) américain. Il est ___rouge___, ___bleu___ et ___blanc___.
5. Les éléphants. Ils sont ___gris___.

STRUCTURE 2

CD 1
Track 16

Le verbe *avoir*

avoir *to have*			
j'ai	*I have*	nous **avons**	*we have*
tu **as**	*you have*	vous **avez**	*you have*
il / elle / on **a**	*he / she / one has (we have)*	ils / elles **ont**	*they have*

- You can use **avoir** to talk about parts of the body.

  Marc **a** les yeux bleus.　　　　　*Marc has blue eyes.*

- To make a form of **avoir** negative, use **n'... pas.**

  Marc **n'**a **pas** les yeux marron.　　*Marc doesn't have brown eyes.*

Note: The subject pronoun **je** becomes **j'** before **ai.**

◀ VÉRIFIEZ votre compréhension

1. Go back to the ***Passage 2*** section on p. 39 and read the descriptions again. How does Yolanda say *I have blue eyes*?
2. How does Lucien say about Anou that *she has short blond hair*?

C'est au Maroc *(Morocco)* ou en Côte d'Ivoire *(Ivory Coast)*?

Rohan/Stone/Getty Images

◀)) À l'écoute!

> **Petits Tuyaux!** **Determining Word Boundaries.** One of the hardest things about learning to listen in a foreign language is determining where one word ends and another starts. Remember the old childhood rhyme "*I scream - you scream - we all scream for ice cream!*"? Children love that so much because *I scream* and *ice cream* sound almost identical.
>
> This is especially problematic in a language like French because it has a feature called *liaison*, which means that if a word begins with a vowel, the consonant from the word before it is going to carry over.
>
> You saw that in the last chapter with expressions like **Comment allez-vous?** where the 't' from **comment** is pronounced with **allez**. As you do the first activity, read along while you listen, paying careful attention to how the words are pronounced, and how they run together in French. Then close your eyes and listen several more times, trying to pick out the individual words that you know until you can understand what you hear without reading it at the same time.

Les verbes *être* et *avoir*. Distinguishing between the pronunciation of **être** and **avoir** can be difficult. It takes lots of practice listening not to confuse them. Repeat the following sentences and phrases.

Tu es gentil.	Tu as les cheveux courts.
Tu es	Tu as
Il est grand.	Elle a les yeux noirs.
Il est	Elle a
Elles sont contentes.	Elles ont les cheveux bouclés.
Elles sont	Elles ont

Now, indicate the phrases that you hear.

1. _____ Tu es   _____ Tu as
2. _____ Ils ont   _____ Ils sont
3. _____ Elle a   _____ Elle est
4. _____ Il est   _____ Il a
5. _____ Elles sont   _____ Elles ont

Courtesy of Véronique Anover and Theresa A. Antes

Le ballon est rouge et petit; le garçon est grand et il a les cheveux très longs! C'est vrai? Non? Pourquoi?

Pratiquons!

A. Qui a quoi? (Who has what?) Match each subject in the left column with an appropriate sentence completion in the right column. Make sure that the verb form agrees with the subject.

1. Frédéric
2. Les étudiants
3. Je (J')
4. Nous
5. Tu
6. Vous

a. ai les yeux marron.
b. avez les yeux noirs.
c. a les cheveux bouclés.
d. ont les cheveux roux.
e. as les cheveux très courts.
f. avons les yeux bleus.

B. Descriptions. Look at the following photos. For each one, first tell what kind of hair the person does *not* have, and then go on to describe the person's hair. Next, do the same thing for the person's eyes.

MODÈLE: Stéphane

Stéphane n'a pas les cheveux frisés; il a les cheveux lisses.

Il n'a pas les yeux verts; il a les yeux marron.

1. Laura

2. Alexandre

3. Éric

4. Marie-Louise

STRUCTURE 3

L'accord et la place des adjectifs

 Grammar Tutorials

L'accord féminin / masculin des adjectifs

- Adjectives in French agree in gender (masculine / feminine) with the nouns they modify. If a masculine adjective ends in a consonant, add **-e** to make it feminine.

  Marc est intelligent et bavard. Patricia est intelligent**e** et bavard**e** aussi.

- If a masculine adjective already ends in **-e**, leave it as is.

  David est jeun**e** et sympa(thiqu**e**). Caroline est jeun**e** et sympa(thiqu**e**) aussi.

- Some adjectives undergo a spelling change in the feminine form; however, they usually follow a pattern. Here are a few:

	Masculine	Feminine
-f → -ve	actif	active
-eux → -euse	ennuyeux	ennuyeuse
-teur → -trice	provocateur	provocatrice
-il → -ille	gentil	gentille
-on → -onne	mignon	mignonne
-en → -enne	canadien	canadienne
-os → -osse	gros	grosse
-g → -gue	long	longue

- Some adjectives, however, are simply irregular and have a completely different feminine form. Here are a few:

Masculine	Feminine
beau	belle
blanc	blanche
roux	rousse
vieux	vieille

L'accord singulier / pluriel des adjectifs

- Adjectives in French also agree in number (singular / plural) with the nouns they modify. For most adjectives, add **-s** to make them plural.

  Marc et Louis sont intelligent**s**. Patricia et Anne sont intelligente**s** aussi.

- If the adjective already ends in **-s,** or if it ends in **-x,** add nothing.

  Patrick est gros et il a les cheveux[1] gris. Marc et Vince sont gros et ils ont les cheveux gris.

  Pascal est courageux. Dominique et David sont courageux aussi.

---

[1]**Note:** Nouns in French, like the body parts you've learned, also have gender and number, and the articles, such as **les,** that accompany them must also agree.

- If the adjective ends in **-eau**, add **-x**: **beau → beaux**.

  Thibault est beau. Marc et Antoine sont très beaux aussi.

- Three adjectives of color **(crème, marron, orange)** are invariable; they don't change forms to agree in either gender or number.

  Anne a les yeux **marron.**

La place des adjectifs

- Most adjectives in French follow the nouns they modify.

  J'ai les cheveux **noirs** et **courts.**   Il a les yeux **bleus.**

- A few common and short adjectives precede the noun. Memorize them. Here are a few you already know:

  beau(x) / belle(s) joli(e) petit(e)(s)
  grand(e)(s)   jeune(s) vieux / vieille(s)

  Mme Fontaine est une **belle** femme. *Mrs. Fontaine is a beautiful woman.*
  Antoine a un **petit** chien.   *Antoine has a little dog.*

- When the masculine, singular adjective **beau** and the masculine singular adjective **vieux** precede a noun beginning with a vowel sound, they undergo a spelling change: **bel, vieil.**

  un **bel** homme *a good-looking man* un **vieil** homme *an old man*
  J'ai **les** cheveux *(m., pl.)* long**s.**

You'll learn more about articles later on in this chapter and in Chapter 3. For now, consider them as part of the vocabulary expression.

⚐ VÉRIFIEZ votre compréhension

1. Go back to the ***Passage 1*** section on p. 32 and find two adjectives that have the same form in the feminine and the masculine. Then find two adjectives that are spelled differently in the masculine and the feminine.

2. How would you write in French *she is courageous, she is cute, they* **(ils)** *are boring*, and *they* **(ils)** *are old?*

CD 1
Tracks
19–20

🔊 À l'écoute!

A. Féminin ou masculin? Listen to the following sentences, and indicate whether the subject of each one is feminine (F) or masculine (M), or if it could be either or could represent a mixed group (F&M). Indicate the correct answer.

> **MODÈLE:**   You hear: *Je suis gentille.*
> You check: **F** (for feminine).

1. __X__ F _____ M _____ F&M   6. __X__ F _____ M _____ F&M
2. _____ F _____ M __X__ F&M   7. _____ F __X__ M _____ F&M
3. _____ F _____ M __X__ F&M   8. _____ F _____ M __X__ F&M
4. _____ F __X__ M _____ F&M   9. _____ F __X__ M _____ F&M
5. _____ F __▓__ M __X__ F&M   10. __X__ F _____ M _____ F&M

B. Singulier ou pluriel? Listen to the following sentences. If the sentence is about one person, write S for singular. If it is about more than one person, write P for plural. Write a question mark if you can't tell. **Attention!** Sometimes you cannot distinguish singular and plural phonetically.

> **MODÈLE:**   You hear: *Je suis petite.*
> You check: **S** (for singular).

1. __X__ S _____ P _____ ?   6. _____ S __X__ P _____ ?
2. _____ S __X__ P _____ ?   7. _____ S _____ P __X__ ?
3. _____ S __X__ P _____ ?   8. __X__ S _____ P _____ ?
4. __X__ S _____ P _____ ?   9. __X__ S _____ P _____ ?
5. _____ S __X__ P _____ ?   10. __X__ S _____ P _____ ?

Pratiquons!

A. Descriptions approfondies. (*Expanded descriptions.*) The following drawings each have a description that could be made more complete. Add the adjective(s) in parentheses, paying attention to both the placement and the form, to make the description complete. Follow the model.

> **MODÈLE:**
>
>
>
> Sophie et Caroline ont les cheveux roux. (joli)
> *Sophie et Caroline ont de¹ jolis cheveux roux.*
>
> *· put de when it is plural & before*

1.	2.	3.	4.	5.

1. Jennifer a les cheveux tressés (*braided*). (long)

2. Pascal et Dominique ont les cheveux courts. (frisé)

3. Coralie et Chloé sont deux étudiantes. (jeune)

4. David a une guitare (f.). (beau)

5. Folco a les yeux noirs. (petit)

4. David a une belle guitare.   *5. Folco a de petits yeux noirs.*

¹ For reasons that will be explained later, the article **les** changes to **de** here. When learning a foreign language, don't be overly concerned with details such as these. Concentrate instead on the topic at hand—in this case, the adjective.

1. Jennifer a ~~les~~ de longs cheveux ~~longs et~~ tressés.

2. Pascal et Dominique ont les cheveux courts et frisé.

3. Coralie et Chloé sont deux jeunes étudiantes.

B. Descriptions. Look at the pictures and describe the hair and eye color of each person. Use the appropriate form of the verb **avoir.**

MODÈLE: Elle *Elle a les cheveux lisses et les yeux noirs.*
Elle a les cheveux châtains.

1. Nous

2. Je

3. Elle

4. Il/Elle

5. Tu

6. Vous

À vous de parler!

 A. Devinez! (Guess!) Describe a celebrity without saying his/her name. (Talk about height, personality, hair, and eyes.) Ask your classmates to guess who it is.

B. Cherchons... (Let's look for . . .) Find classmates who fit the following descriptions. Write their names on a separate sheet of paper. Report back to the class on whom you found. Then talk a little bit about each student, mentioning his or her physical appearance and personality.

MODÈLE: You see: *Une étudiante avec (with) les cheveux bruns et très courts.*
You say: *Juliette a les cheveux bruns et très courts. Elle est sympathique et intelligente. Elle est très belle aussi!*

1. Une étudiante avec de jolis cheveux blonds.

2. Une étudiante avec les yeux verts.

3. Un étudiant avec de jolis yeux bleus.

4. Une étudiante avec les cheveux roux.

5. Un étudiant ou une étudiante avec les cheveux bouclés.

6. Un jeune étudiant bavard.

7. Un étudiant et une étudiante amusants.

8. Un étudiant timide.

Portrait personnel

On a separate sheet of paper, write a short paragraph describing the classmate seated next to you. Talk about his or her physical features and personality. How do you compare with your classmate?

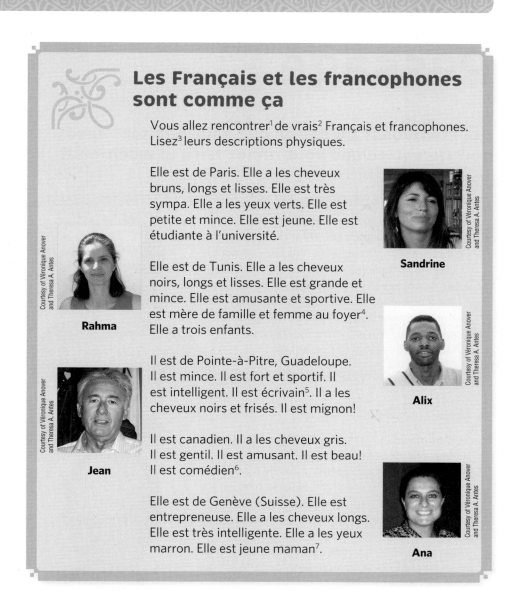

Les Français et les francophones sont comme ça

Vous allez rencontrer[1] de vrais[2] Français et francophones. Lisez[3] leurs descriptions physiques.

Elle est de Paris. Elle a les cheveux bruns, longs et lisses. Elle est très sympa. Elle a les yeux verts. Elle est petite et mince. Elle est jeune. Elle est étudiante à l'université.

Sandrine

Elle est de Tunis. Elle a les cheveux noirs, longs et lisses. Elle est grande et mince. Elle est amusante et sportive. Elle est mère de famille et femme au foyer[4]. Elle a trois enfants.

Rahma

Il est de Pointe-à-Pitre, Guadeloupe. Il est mince. Il est fort et sportif. Il est intelligent. Il est écrivain[5]. Il a les cheveux noirs et frisés. Il est mignon!

Alix

Il est canadien. Il a les cheveux gris. Il est gentil. Il est amusant. Il est beau! Il est comédien[6].

Jean

Elle est de Genève (Suisse). Elle est entrepreneuse. Elle a les cheveux longs. Elle est très intelligente. Elle a les yeux marron. Elle est jeune maman[7].

Ana

Réfléchissons!

1. What are the Americans that you know like? Are they very different from the French/Francophone people that you just met? Explain your answer.

2. Do you have a stereotypical image of the French and Francophone people? When you think about a man/woman from France, what image comes to your mind? And a man/woman from Morocco or Tunisia? How about someone from the French Caribbean (Martinique, Guadeloupe)? Did the people you just met conform to the images you had in mind? How do you think that the French/Francophone people view Americans? What is the stereotypical image they may have? Why is it or is it not a good idea to stereotype?

[1]*You are going to meet* [2]*real* [3]*Read* [4]*housewife* [5]*writer* [6]*actor* [7]*young mother*

Passage 3

Qui êtes-vous? Où est-ce que vous habitez? Avec qui? Qu'est-ce que vous aimez faire le week-end?

Je m'appelle Yolanda. Je suis mariée.
J'habite une maison à Montréal avec ma famille.
Le week-end, nous regardons la télé, ou nous
jouons au Monopoly.
Nous ne voyageons pas souvent, mais de temps
en temps nous aimons aller à Toronto.
Je suis entrepreneuse, et je travaille dans
un bureau. Je parle français, anglais
et espagnol.

Je suis médecin. Je m'appelle Roland Gaillard.
Je travaille dans un hôpital à Paris.
Normalement, je commence à 7 h du matin, et je
termine à 18 h. C'est une journée très longue!
Je suis marié, mais je n'ai pas d'enfants.
Le week-end, ma femme et moi, nous jouons au
tennis.
Nous voyageons souvent aussi–nous aimons visiter
la Belgique et le Luxembourg, parce que nous
avons de la famille là-bas.

Je m'appelle Lucien.
Je suis étudiant à l'université de Bordeaux.
J'ai une fiancée. Elle s'appelle Pascale. Elle est
belle et dynamique!
J'étudie beaucoup, mais je ne travaille pas.
Je n'ai pas beaucoup d'argent, donc, je ne
mange jamais[1] au restaurant.
J'habite dans une cité universitaire. Ma cham-
bre est petite, mais confortable.
Le soir, j'écoute de la musique. J'aime surtout
le rock classique.

[1]never

Je m'appelle Claire. Je suis divorcée, avec deux enfants.
Je suis pilote chez Air France, donc je voyage souvent!
Mes enfants et moi, nous habitons à Grenoble.
Nous cherchons un nouvel appartement—notre
    appartement est trop petit.
Mes enfants aiment jouer au football, et ils aiment
    aussi regarder les sports à la télévision.
Le week-end, nous mangeons chez mes parents.
    Ils habitent à Grenoble aussi.
Nous avons un chien. Il s'appelle Marcel.

Vous avez bien compris?

Answer the following questions with a word or two. In some cases, more than one response may be correct.

1. Qui habite dans un appartement?
2. Qui n'est pas marié?
3. Qui aime regarder la télé?
4. Comment s'appelle la personne qui ne mange pas au restaurant?
5. Quelle est la profession de Roland? Et de Yolanda?
6. Où est-ce que Yolanda habite? Et Lucien?
7. Qu'est-ce que Claire cherche?
8. Quelle est la musique préférée de Lucien?
9. Quel est le sport préféré de Roland?

> **Mots utiles**
> **qui** = who
> **où** = where
> **qu'est-ce que** = what
> **quel(le)** = which/what

Based on the first sentence on the street sign, **J'aime mon quartier,** what does **je ramasse** mean? The fine is 457 euros. How does that compare with the fine in your country? Are there signs like this one in your country?

→ Mon vocabulaire ←

Les activités, les professions, les animaux domestiques

Pour parler des professions

un/une pilote	un médecin / une femme médecin
un/une dentiste	un vendeur / une vendeuse
un/une architecte	un étudiant / une étudiante
un/une secrétaire	un professeur / une professeure
un/une juge	un assistant / une assistante
un avocat / une avocate	un entrepreneur / une entrepreneuse
un technicien / une technicienne	un ingénieur / une ingénieure
un policier / une policière	

Pour parler de vos activités

Verbes apparentés

adorer	commencer	danser	détester	préférer
préparer	regarder	téléphoner à	terminer	voyager

Verbes non-apparentés

chercher   trouver

Elle cherche son portable. Elle trouve son portable.

jouer-pratiquer

Ils jouent au football. Ils pratiquent le football.

appeler[1]   parler

Marc appelle Sophie. Marc et Sophie parlent au téléphone.

chanter   écouter   fumer

Ils écoutent de la musique, ils chantent, et ils fument.

[1]This verb (*to call*) is similar to the verb **s'appeler** (*to be called, to be named*). You saw some forms of **s'appeler** in Chapter 1. This type of verb is called a pronominal verb, because it uses an additional pronoun, in addition to the subject pronoun. We'll see the full conjugation of these verbs in a later chapter.

acheter   travailler

habiter   manger   étudier

La femme achète un CD. L'homme travaille.

Ils habitent un appartement. Sami et Ana mangent; Karine étudie.

Pour parler de vos animaux

un chien

un chat

un hamster

un lapin

un poisson rouge

un cochon d'Inde

un oiseau

À vous!

A. Activités. Look at the following nouns, and tell which verb you associate with each. (Note that verbs in French don't need a preposition, unless specifically listed: for example, **jouer à**.)

> **MODÈLE:** la radio
> *écouter la radio*

1. la télévision
2. une pizza
3. français

4. une chanson *(a song)*
5. une cigarette
6. les chiens

B. Les professions. Indicate who performs the following activities. List as many professions as you can think of.

> **MODÈLE:** travailler au tribunal *(courthouse)*
> *Un(e) juge, un(e) avocat(e), un(e) secrétaire, un policier/une policière*

1. travailler sur le campus
2. préparer des projets importants
3. travailler dans un hôpital

4. voyager souvent
5. travailler le week-end

C. Les animaux domestiques. Determine the best pet for someone with the following living arrangements.

1. un petit appartement
2. une chambre *(room)* à l'université
3. une maison *(house)*

4. une maison et trois petits enfants
5. un appartement spacieux
6. un énorme jardin *(yard, garden)*

Grammar Tutorials

CD 1
Track 25

STRUCTURE

Les verbes en *-er*

You have learned how to conjugate two verbs: **être** and **avoir.** Both these verbs are *irregular* because each form is different. *Regular* verbs follow a predictable pattern. The most common type of regular verb group in French has infinitives ending in **-er.**

- All infinitives are made up of a *stem* and an *ending*. To conjugate an **-er** verb, drop the **-er** ending of the infinitive and add the ending that corresponds to the subject to the resulting stem. The present tense endings for **-er** verbs are in boldface below.

chanter *(to sing)*	
je chant**e**	nous chant**ons**
tu chant**es**	vous chant**ez**
il / elle / on chant**e**	ils / elles chant**ent**

- The present tense can be expressed in three ways in English. French uses only one form for all three ways. Context will help you determine what the speaker means.

I sing.	
I am singing.	Je chante.
I do sing.	

- To make a verb negative, place **ne (n')** and **pas** around the conjugated form.

Elle danse.	She dances.
Elle **ne** danse **pas.**	She doesn't dance.
Nous aimons Paris.	We like Paris.
Nous **n'**aimons **pas** Paris.	We don't like Paris.

Quelques verbes à changements orthographiques

- A few verbs in the present tense have regular endings, but undergo spelling changes in their stem. These are called *stem-changing* verbs. The verbs **appeler, préférer,** and **acheter** are all stem-changing verbs. The spelling change occurs in all forms but **nous** and **vous.** This makes the paradigm look like a boot.

appeler	(to call)	préférer	(to prefer)
j'appelle	nous appelons	je préfère	nous préférons
tu appelles	vous appelez	tu préfères	vous préférez
il / elle / on appelle	ils / elles appellent	il / elle / on préfère	ils / elles préfèrent

acheter	(to buy)
j'achète	nous achetons
tu achètes	vous achetez
il / elle / on achète	ils / elles achètent

- Verbs that end in -**cer** and -**ger,** like **commencer** *(to begin)* and **manger** *(to eat)* have a spelling change in the **nous** form. The **c** becomes **ç** in verbs ending in -**cer** and **e** is added after the **g** in verbs ending in -**ger.**

vous commen**c**ez BUT nous commen**ç**ons vous man**g**ez BUT nous man**ge**ons

Verbe + infinitif

Like English, when there are two or more verbs in a clause, the first verb is conjugated and the verbs that immediately follow it are in the infinitive.

J'**aime** danser et chanter.   *I like to dance and sing.*

To make the sentence negative, add **ne (n')** and **pas** around the conjugated verb.

Elle **n'**aime **pas** voyager en Europe.   *She doesn't like to travel in Europe.*

▶ VÉRIFIEZ votre compréhension

1. Return to the *Passage 3* section on page 50, where Yolanda, Lucien, Roland, and Claire introduce themselves. Which **-er** verbs do they use to talk about their activities? List them and explain the subject pronoun and ending used with each.

2. Are there any stem-changing verbs used by these four people? Which ones? What stem is used?

3. Do you see any *verb + infinitive* combinations? What do these verbs express?

Pratiquons!

A. Des activités. Complete each sentence with the correct form of the given verb. Then repeat the sentence, replacing the original subject with each subject or subject pronoun in parentheses.

1. *jouer:* Lucien _____ au football le week-end. (ils / vous / je)
2. *fumer:* Elle ne _____ pas. (tu / nous / on)
3. *voyager:* Ils _____ souvent à Paris. (je / vous / elle)
4. *adorer:* Philippe _____ travailler à la banque. (tu / on / elles)
5. *habiter:* Tu _____ sur le campus? (il / vous / ils / je)
6. *acheter:* Vous _____ souvent des chewing-gums. (tu / elle / nous)
7. *appeler:* J(e)' _____ le technicien. (nous/ tu/ ils)

B. Mes préférences. Using the verbs **aimer, adorer, préférer,** and **détester,** create sentences to explain the likes and dislikes of the following people.

> **MODÈLE:** Moi / manger au fast-food
> *Je déteste manger au fast-food.* **ou** *J'adore manger au fast-food.*

1. Moi / préparer un examen
2. Mon professeur / parler anglais en classe
3. Mes parents / voyager
4. Moi / habiter sur le campus
5. Mon professeur / travailler à l'université
6. Mes parents / appeler ma famille au téléphone
7. Mes amis / fumer
8. Mon chien / manger les insectes

CD 1
Track 26

STRUCTURE 5

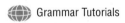 Grammar Tutorials

Les articles indéfinis: *un, une, des*

In the above exercises, you used *nouns* and *indefinite articles* to talk about professions and pets: **un étudiant / une étudiante, un chien, des poissons rouges.**

- In French all nouns have gender (masculine / feminine), not just people. For example, **un lapin** *(a rabbit)* is a masculine noun and **une tortue** *(a turtle)* is a feminine noun, regardless of whether the rabbit and turtle are male or female. When you learn a vocabulary word, you need to learn its gender.

- Indefinite articles are used before nouns that have not been mentioned before and are new to a conversation. They correspond roughly to *a, an,* or *some* in English. Like adjectives, they agree in gender and number with the nouns they precede. Use **un** *(a, an)* with masculine singular nouns, **une** *(a, an)* with feminine singular nouns, and **des** *(some)* with all plural nouns.

	Singular	Plural
Masculine	**un** assistant	**des** assistants
Feminine	**une** assistante	**des** assistantes

- Nouns in French rarely appear without an article. In English, sometimes the indefinte article is omitted in the plural; it is always used in French, however.

  J'ai **des** enfants.   *I have children.*

- **Un, une,** and **des** change to **de** or **d'** after many negated verbs.

  J'ai **un** chien.   Je n'ai pas **de** chien.

  Nous avons **des** poissons rouges.   Nous n'avons pas **de** poissons rouges.

- When stating a profession with the verb **être**, the indefinite article is generally not used.

  Je suis étudiant.   Elle est dentiste.

However, if an adjective modifies the profession, the indefinite article *is* used, and the pronouns **il(s)** and **elle(s)** become **ce (c').**

  Je suis **un** étudiant sérieux.
  C'est **une** dentiste excellente.
  Ce sont **des** professeurs intéressants.

Le saviez-vous?

Do you know what **je t'aime** means? And **je t'adore**? What about **je t'aime un peu, beaucoup, passionnément, à la folie, pas du tout**? Is there a saying like this one in English? What is the English translation and in which context do you say it?

🚩 VÉRIFIEZ votre compréhension

1. Return to the statements made by Lucien, Roland, Yolanda, and Claire in the **Passage 3** section, and point out the indefinite articles that they use. Can you explain why they have used an indefinite article (the equivalent of *a, an,* or *some*) in each of these cases?
2. Write down their professions. Do they use an indefinite article to describe what they do? Why or why not?

CD 1
Track 27

À l'écoute!

Un, une ou des? Listen to the sentences, and indicate whether each noun being described is masculine, feminine, or plural.

1. _____ masculine   _____ feminine   _____ plural
2. _____ masculine   _____ feminine   _____ plural
3. _____ masculine   _____ feminine   _____ plural
4. _____ masculine   _____ feminine   _____ plural
5. _____ masculine   _____ feminine   _____ plural
6. _____ masculine   _____ feminine   _____ plural

Pratiquons!

A. Au centre commercial. You and your friends are going to the mall. Tell what each person buys, according to the subject (pronoun) given. Use the correct form of the verb **acheter** and an indefinite article with a noun. (We've given you the noun if necessary.) Follow the model.

MODÈLE:  Je / DVD (m.)
J'achète un DVD.

1. Marc

2. Je

3. Marie-Claire

4. Nous / billets de cinéma

5. Stéphanie et Richard / livres

B. Des professions. Give the profession of each person listed, choosing from the following options: médecin, professeur, étudiant, pilote, architecte, ingénieur, entrepreneur(-euse), juge.

MODÈLE: Andy Taylor (Il habite à Mayberry.)
Il est agent de police.

1. Gregory House
2. I. M. Pei
3. Sonia Sotomayor
4. Gustave Eiffel
5. Amelia Earhart
6. Donald Trump
7. vous
8. Dr. Richard Feynman

 Complete the diagnostic tests to check your knowledge of the vocabulary and grammar structures presented in this chapter.

C. Des détails. Redo activity B, adding an adjective to each of your descriptions.

MODÈLE: Andy Taylor
C'est un agent de police sympathique.

À vous de parler!

 A. Une entrevue. With a classmate, ask and answer questions based on the cues. Vary the ways in which you form your questions. Record your partner's responses so you can report them to the entire class.

> **MODÈLE:** avoir un chat
>
> —*Est-ce que tu as un chat?*
>
> —*Oui, j'ai un chat. / Non, je n'ai pas de chat.*

1. avoir un(e) fiancé(e)
2. regarder souvent la télévision
3. manger un sandwich en classe
4. fumer une pipe
5. préparer un examen important
6. avoir un animal domestique
7. écouter des concerts à la radio
8. chanter des opéras
9. ?

B. Portrait personnel. Write a brief description of your partner based on his/her answers to the questions in activity A and any others that you may have asked him/her. In addition, give your own answers to the questions.

> **MODÈLE:** *Mathieu a un chien, mais moi, je n'ai pas de chien. Il fume, mais je ne fume pas.*

 C. Un sondage. (A survey.) In groups of four or five, ask your classmates questions based on the following cues. Make sure that each classmate answers each question, so that you can establish percentages for the class as a whole when you have finished.

1. avoir un chien / un chat
2. préférer danser / chanter
3. regarder souvent des films / la télévision
4. préférer voyager / travailler
5. fumer
6. parler une autre langue (le français, l'espagnol,... ?)
7. étudier une autre langue
8. travailler

 D. Des comparaisons. Compare your class's responses to those of another class (your teacher will provide you with these). How does your class compare to the other class? With your classmates, establish several comparisons. Are you more alike or more different from the other class? On which points do you differ?

> **MODÈLE:** *Les étudiants dans l'autre classe préfèrent danser, mais nous préférons chanter...*

Il s'appelle Rémi. Comment est-il physiquement? Il est français, canadien, belge ou suisse?

Les Français sont comme ça

How can we describe the typical French person? It is as hard to describe a typical French person as it is to describe a typical American. Throughout this chapter, you have seen the faces of many different speakers of French. While these speakers come from many countries throughout the world, the face of a "typical" French man or woman is no less diverse. Currently, there are approximately 64 million inhabitants in France, of whom about 11 million live in the Paris metropolitan region. The other inhabitants live in smaller urban regions (such as Lyon and Toulouse) and in truly rural villages throughout the French mainland. The density of the French population thus ranges from a staggering 20,000 inhabitants per square kilometer in Paris to only 10 in the mountainous regions, resulting, as you can imagine, in vastly different lifestyles!

Continental France has witnessed waves of immigration for more than 150 years, first from European neighbors seeking work in France (especially Portuguese, Italians, Greeks, Armenians, Russians, and Spaniards), and then people from former colonies (Moroccans, Tunisians, Algerians, Senegalese, Vietnamese, etc.) who came seeking educational and work opportunities. The result of these various waves of immigration is that currently one of every four French inhabitants can claim to have foreign roots.[1] This again changes the "face" of France, making it increasingly more difficult to describe a typical French man or woman.

The arrival of immigrants from various parts of the world has also had a profound effect on French society. Although fifty years ago the country claimed to be overwhelmingly Catholic, the last several decades have seen an important growth in other religions, with Islam now representing the second religion of France, with an estimated 4–5 million followers.[2] At the same time, Buddhism, Judaism, and a number of other religions are represented on French soil and help to shape the French experience.

So what does the typical French person look like? He/she is tall *and* short, dark- *and* light-skinned, with blond, brunette, *and* black hair, and eyes of every possible color. He/she leads a city *or* a country life, and attends religious services regularly, occasionally, *or* not at all. In other words, he/she closely resembles his/her American cousins!

Réfléchissons!

1. What does it mean to be French in the 21st century?

2. In what ways does the French experience parallel the American experience?

[1] Ministère des Affaires étrangères
[2] *Time Europe*, 12 Juin, 2000. Vol. 155, No. 23

À vous d'écrire!

Now that you know some French, you have decided to enter into e-mail communication with a native French speaker. Your first step is to write to your new key pal and introduce yourself to him/her. In this first note, you'll want to tell your key pal who you are, where you're from, what you're like (both physically and generally), what activities you participate in on a regular basis, what pets you have, etc. Follow the steps below to write this first note.

Elle s'appelle Laurie. Comment est-elle physiquement? Elle est française ou américaine?

A. Stratégies. One of the most important things to remember when writing in a foreign language is to use the language that you know how to use, rather than trying to express yourself as you would in your native language. While these sentences may seem very simplistic to start with, they will be much more comprehensible than sentences you attempt to create with words or grammar that you have not yet learned.

Additionally, remember that when you write, you generally have a specific person or audience in mind, and this determines the style of language and degree of familiarity that you use. Consider your audience for this particular activity: To whom are you writing? For what purpose? What form of address would you use to ask this person about himself/herself?

B. Organisons-nous! *(Let's get organized!)* What are the types of information that you want to include in your note to your key pal? Make a quick outline of your self-description on a separate sheet of paper. (Think in general categories only for the moment, jotting a few words down in English.)

C. Pensons-y! *(Let's think about it!)* For each of the following categories, list some of the words and phrases in French that you would use to describe yourself.

Apparence physique	**Activités**
Personnalité	**Animaux domestiques**
Profession	

Now, using those words and phrases, start to write some complete sentences in French. How are these words incorporated into sentences in French? What verbs do they generally appear with, and how are these verbs conjugated?

D. Révisons. Look back over the sentences that you have just created.

• Are they phrased as a native speaker of French would phrase them? (Look back at the examples in the chapter if you are unsure.)

• Have you conjugated the verbs in your sentences according to the subject pronouns that you used?

• Have you made sure to use the correct form of the adjectives and articles?

Make any corrections that you need to, and add any additional sentences that you feel are necessary to describe yourself.

E. Écrivons! Now that you have several sentences that you are happy with, organize them into a coherent paragraph. How would you introduce yourself to your key pal in a way that includes all this material? Write your paragraph on your sheet of paper. You can begin with **Salut!** and end with **Amitiés,**...

Lexique 🔊

Les adjectifs descriptifs *Descriptive adjectives*

amusant / amusante	*amusing, funny*	mignon / mignonne	*cute*
antipathique	*unfriendly*	mince	*thin*
bavard / bavarde	*talkative*	optimiste	*optimistic*
beau / belle	*handsome / beautiful*	pessimiste	*pessimistic*
content / contente	*happy*	petit / petite	*short, small*
courageux / courageuse	*courageous, brave*	poilu / poilue	*hairy*
élégant / élégante	*elegant*	pauvre	*poor*
ennuyeux / ennuyeuse	*boring*	provocateur / provocatrice	*provocative*
fort / forte	*strong*	riche	*rich*
gentil / gentille	*nice*	sociable	*outgoing*
grand / grande	*tall, big*	sportif / sportive	*athletic*
gros / grosse	*big, fat*	stupide	*stupid*
intelligent / intelligente	*intelligent*	sympathique	*friendly*
jeune	*young*	timide	*timid, shy*
joli / jolie	*pretty*	tout petit / toute petite	*very little*
laid / laide	*ugly*	triste	*sad*
méchant / méchante	*mean*	vieux / vieille	*old*

Les cheveux *Hair*

blonds	*blond*	gris	*gray*
bouclés	*curly*	lisses	*straight*
bruns	*brown*	longs	*long*
châtains	*light brown*	mi-longs	*shoulder-length*
courts	*short*	noirs	*dark*
frisés	*very curly*	roux	*red*

Les yeux *Eyes*

bleus	*blue*	marron	*brown*
noirs	*dark*	verts	*green*

Les couleurs *Colors*

beige	*beige*	noir / noire	*black*
blanc / blanche	*white*	orange	*orange*
bleu / bleue	*blue*	rose	*pink*
crème	*cream*	rouge	*red*
gris / grise	*gray*	vert / verte	*green*
jaune	*yellow*	violet / violette	*purple*
marron	*chestnut brown*		

Verbes *Verbs*

acheter	*to buy*	commencer	*to begin*
aimer	*to like, to love*	danser	*to dance*
adorer	*to adore*	détester	*to hate*
appeler	*to call*	écouter	*to listen to*
avoir	*to have, to own*	étudier	*to study*
chanter	*to sing*	fumer	*to smoke*
chercher	*to look for*	habiter	*to live*

jouer à	*to play a game or sport*	préparer	*to prepare*
manger	*to eat*	regarder	*to watch*
parler	*to speak*	téléphoner à	*to telephone*
pratiquer	*to practice, to participate in*	terminer	*to finish*
		travailler	*to work*
préférer	*to prefer*	trouver	*to find*
		voyager	*to travel*

Les animaux domestiques *Pets*

un chat	*cat*	un lapin	*rabbit*
un chien	*dog*	un oiseau	*bird*
un cochon d'Inde	*guinea pig*	un poisson rouge	*goldfish*
un hamster	*hamster*		

Les professions *Professions*

un/une architecte	*architect*
un assistant / une assistante	*assistant*
un avocat / une avocate	*lawyer*
un/une dentiste	*dentist*
un entrepreneur / une entrepreneuse	*businessman / businesswoman*
un étudiant / une étudiante	*student*
un ingénieur / une ingénieure	*engineer*
un/une juge	*judge*
un médecin / une femme médecin	*doctor*
un/une pilote	*pilot*
un policier / une policière	*police officer*
un professeur / une professeure	*professor*
un/une secrétaire	*secretary*
un technicien / une technicienne	*technician*
un vendeur / une vendeuse	*salesperson*

La Guadeloupe

🌐 Visit La Guadeloupe on Google Earth!

À vous de découvrir!

La Guadeloupe est une île située dans les Caraïbes, découverte par Christophe Colomb et colonisée par la France. Elle est un département français depuis[1] 1946. Sa capitale économique, Pointe-à-Pitre, doit[2] son nom au pêcheur[3] hollandais qui l'occupait[4] au 18e siècle[5]—Pitre a construit sa maison sur une pointe favorable de l'île, et bientôt, les autres pêcheurs l'ont suivi[6] à la «Pointe à Pitre».

Pointe-à-Pitre est maintenant le centre économique de la Guadeloupe, avec une population d'approximativement 21.000 habitants. La ville est célèbre pour son art, son histoire et, surtout, son marché aux épices[7].

(Information taken from: http://www.ville-pointeapitre.fr/)

Avez-vous compris?

1. Guadeloupe is a French department. What do you think that means for its citizens, in terms of the language that they speak, their government, their health care system, etc.?

2. Explain how Pointe-à-Pitre got its name. Do you know of other cities with interesting stories behind their names?

[1]since [2]owes [3]fisherman [4]occupied it [5]century [6]followed him [7]spices

À vous d'apprécier!

Explorations gastronomiques

Quand vous voyagez, est-ce que vous aimez manger les spécialités régionales? En Guadeloupe, la cuisine est relativement simple—on utilise principalement les produits locaux. Pour préparer l'ananas[1] grillé, il est nécessaire d'avoir deux ingrédients: des tranches[2] d'ananas et de la noix de coco[3]. Vous huilez[4] un gril chaud[5] et vous ajoutez[6] les tranches d'ananas. Attendez cinq minutes et ensuite, ajoutez la noix de coco, et mangez cela tiède. Voilà!

© Bon Appetit / Alamy

Explorations artistiques

Claudie Ogier est une artiste guadeloupéenne. Faites une description de sa peinture *Marchande de fruits et poissons*.

Comment est la femme? Est-ce qu'elle est grande ou petite? Grosse ou mince? Elle a les cheveux comment? Elle est sociable ou timide, à votre avis[7]?Quelles couleurs est-ce qu'il y a dans cette peinture?

À votre avis, comment est l'artiste? Est-ce qu'elle est contente ou triste? Provocatrice ou conservatrice? Optimiste ou pessimiste? Jeune ou vieille? Expliquez vos réponses.

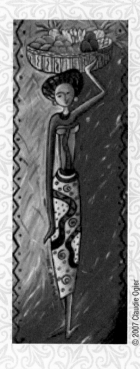

© 2007 Claudie Ogier

[1]pineapple [2]slices [3]coconut [4]oil [5]hot [6]add [7]in your opinion

À vous de réagir!

1. Who is Nathaly Coualy? Where will her show be taking place?

2. What information about her nationality is included in this poster? How does this correspond to what you learned about the origins of many Francophone speakers in Chapter 2?

3. Based on this poster, what do you imagine her one-woman play to be like? Explain your answer.

With permission of Nathaly Coualy

Mon blog

Courtesy of Véronique Anover and Theresa A. Antes

Bonjour! Je m'appelle Lucien et je suis de Pointe-à-Pitre, Guadeloupe. Pour le moment, je suis étudiant et j'habite à Bordeaux, en France, mais ma famille est toujours[1] en Guadeloupe. Je téléphone à ma famille le week-end et je retourne à Pointe-à-Pitre en été[2]. Nous parlons français et créole à la maison.

Je suis sociable et dynamique. J'aime danser et chanter, et j'adore le rock classique. J'ai une fiancée qui est très dynamique aussi. Le week-end, nous jouons au tennis et nous regardons des films. Nous étudions aussi, bien sûr!

Je cherche des amis dans le monde entier[3]. Et toi, comment es-tu? Qu'est-ce que tu aimes faire? Qu'est-ce que tu étudies? Réponds-moi!

À vous de décider: Le français pour quoi faire? 🌐

What brings you to this French class? Why did you choose French over the other foreign languages that are offered at your college or university? Do you expect to use the skills that you'll gain in this class in your future travels or in your job? Go to the *À vous* online resources to meet Brynn, a student of French and a college senior. She would like to share with you why she decided to study French, how she is using it daily, and how she plans to use it in the future. ✈

Courtesy of Véronique Anover and Theresa A. Antes

[1]still [2]in the summer [3]entire world

Ma famille et mes amis

Andresr/Shutterstock.com

In this chapter, you will learn how to talk about your favorite sports and leisure activities, how to describe your family, and how to ask and answer basic questions. You will learn the numbers from 70 to 1,000,000, and you will learn how to talk about where you and your family live and what you like to do.

VOCABULARY

- Talking about leisure activities
- Family members
- The days of the week
- The months of the year

STRUCTURES

- Questions with **est-ce que** and **n'est-ce pas**
- Definite articles
- Possessive adjectives
- **On** and **il y a**
- Numbers from 70 to 1,000,000

CULTURE

- French pets as members of the family
- Mother's Day in Central Africa

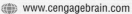

iLrn

◀)) Audio

🌐 www.cengagebrain.com

RESSOURCES

Passage 1

CD 1
Track 28

Mes préférences

In Chapter 2 you met a few French and Francophone people. Now they are going to tell you about their favorite (and least favorite) sports and leisure activities.

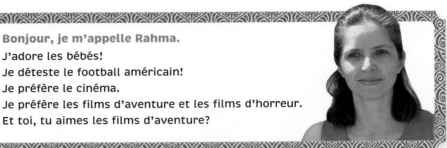

Bonjour, je m'appelle Rahma.

J'adore les bébés!
Je déteste le football américain!
Je préfère le cinéma.
Je préfère les films d'aventure et les films d'horreur.
Et toi, tu aimes les films d'aventure?

Courtesy of Véronique Anover and Theresa A. Antes

Bonjour. Je m'appelle Jean.

Je suis sportif et très actif.
J'aime le football américain.
Le football américain, c'est passionnant, n'est-ce pas?
J'aime les pièces de théâtre.
J'aime les films romantiques.

Courtesy of Véronique Anover and Theresa A. Antes

Salut! Je m'appelle Alix.

Je n'aime pas les films romantiques.
Je suis intelligent et sympathique.
J'aime le tennis, mais je n'aime pas le base-ball.
J'adore le rock.
Tu aimes le rock? Est-ce que tu danses bien?

Courtesy of Véronique Anover and Theresa A. Antes

Vous avez bien compris?

Tell which people in the *Passage 1* section have the following likes and dislikes.

1. Cette (*This*) personne n'aime pas le base-ball. _Alix n'aime pas les baseball._
2. Cette personne adore les bébés. _Rahma_
3. Cette personne aime les films romantiques. _Jean_
4. Cette personne aime les pièces de théâtre. _Jean_
5. Cette personne n'aime pas le football américain. _Rahma_
6. Cette personne est sportive. _Jean_
7. Cette personne adore le rock. _Alix_

→ Mon vocabulaire ←

Les sports et les passe-temps

le football / un match
de football[1]

le football américain

le basket

le volley

le tennis

le rugby

l'athlétisme (m.)[2]

la musculation

le yoga

le karaté

le base-ball

la natation

le judo

le golf

le surf

le canoë

[1]To talk about the sport, use 'le football;' a game is 'un match.'
[2]This abbreviation indicates the gender (masculine or feminine) of a noun beginning with a vowel.

Les films

les comédies (f.)
les comédies romantiques
les comédies musicales
les films (m.) d'aventure
les films d'horreur
les thrillers (m.)

les films dramatiques
les films de science-fiction
les films policiers
les films de guerre *(war movies)*
les westerns (m.)
les films historiques

Le théâtre

les pièces (f.) (comiques,
    dramatiques)
l'opéra (m.)
les comédies musicales

le théâtre classique
le théâtre moderne
les pièces de théâtre musicales

La musique

la musique classique
le rock
le jazz
le rap
le hip-hop
la musique électronique (l'électro)

le rock indépendant (le rock indé)
la (musique) techno
la country
le reggae
le concert

À l'opéra. Est-ce que vous aimez l'opéra ou est-ce que vous préférez le cinéma ou le théâtre?

À vous!

A. Titres de films. Following is a list of movie titles. Guess the English title, and name the genre to which each belongs.

> **MODÈLE:** L'Exorciste
>
> *The Exorcist / film d'horreur*

1. *27 Robes* 27 Dresses / Les films de guerre
2. *Troie* Troy / film historique · d'aventure
3. *Le Silence des agneaux* Silence of the Lambs / thriller
4. *2001: L'Odyssée de l'espace* Space Odyssey / film de science-fiction
5. *Marley et moi* Marley & Me / comédies
6. *Il faut sauver le soldat Ryan* Saving private ryan / film de guerre
7. *La Nuit au musée* Night at the museum / comédie
8. *Le Patriote* The Patriot / film de guerre · film historique

B. Goûts personnels. *(Personal tastes.)* Complete the following sentences, choosing appropriate words to describe yourself and others, as indicated.

1. J'aime _____, (musique) mais je n'aime pas _____ (musique).
2. J'adore _____. (les sports)
3. Je déteste _____. (les films)
4. Mon passe-temps préféré, c'est _____.
5. Les étudiants de mon université aiment _____. (les sports)
6. Les étudiants de mon université aiment _____. (les films)

C. Moi et mes goûts. *(Me and my tastes.)* Using adjectives and pastimes that you learned in this chapter, describe yourself to the class.

> **MODÈLE:** *J'aime les comédies et les films dramatiques, mais je n'aime pas le base-ball. J'adore le théâtre, et je déteste les films d'horreur. Mon passe-temps préféré, c'est le yoga. Je suis sociable et amusant(e). Je ne suis pas très sportif/sportive.*

Courtesy of Véronique Anover and Theresa A. Antes

Il s'appelle Yassine. Est-ce qu'il est sportif? Quelle sorte de musique est-ce qu'il écoute? Quel genre de film préfère-t-il?

CD 1
Track 29

STRUCTURE 1

Les articles définis et le genre des noms

Les articles définis

In the previous exercise, you used definite articles with different activities: **J'adore *les* sports.** The definite articles **le, la, l'** and **les** all translate as *the,* and like indefinite articles, agree in number and gender with the nouns they precede.

	Singular		Plural	
Masculine	le	le judo	les	les films
	l' (before a vowel)	l'opéra		
Feminine	la	la musique	les	les pieces
	l' (before a vowel)	l'aventure		

- Definite articles are used **a)** to indicate a general category or all members of a group, or **b)** to refer to a specific noun or one that is / can be assumed as part of the conversation.

General category / All members of a group	Specific noun / Part of the conversation
J'aime **le** football.	Il aime **la** fille aux yeux bleus.
Ils détestent **les** comédies musicales.	Tu as **les** DVD?

- French always uses the defninite article in the situations mentioned above. However, in English, the article *the* is not used when referring to a general category or all members of a group.

Nous adorons **le** rock.   *We adore rock.*
Ils aiment **les** thrillers.   *They like thrillers.*

Le genre des noms

You learned in *Chapter 2* that all nouns in French have gender, even when they do not refer to people. You have also learned that other parts of speech, like adjectives and articles, must agree with nouns in number and gender. You will have to memorize the gender of each noun you learn, but there are some general rules to help you.

- When referring to people and animals, gender usually corresponds to biological sex.

  un dentiste   **une** dentiste

- Words borrowed from another language are usually masculine.

  le judo   **le** baseball

- Words ending with a particular spelling may also indicate gender.

Typically masculine endings	Typically feminine endings
-age: courage, entourage	**-ation:** natation, nation
-ard: foulard, placard	**ance / -ence:** adolescence, enfance
eau: bureau, chapeau	**esse:** maîtresse, vitesse
-er/-ier: boucher, chocolatier	**-ette:** bicyclette, toilettes
-et: billet, buffet	**eur(e):** (abstract nouns) couleur, heure
-eur: (concrete nouns) professeur, réfrigérateur	**-ie:** comédie, tragédie
-in: cousin, matin	**-ine:** cantine, cousine
-isme: athlétisme, communisme	**-ité:** célébrité, identité
-ment: appartement, département	

 VÉRIFIEZ votre compréhension

1. Go back to the **Passage 1** section (p. 68) and read the text one more time.
2. How does Jean say what he likes?
3. How does Alix say what he does not like? Can you tell if the noun in the sentence is feminine or masculine just from the article? Why or why not?

◀)) À l'écoute!

CD 1
Tracks
30–31

Petits tuyaux! Unlike the activity in Chapter 2, where you were listening for key words, the following activities ask you to listen for one specific detail: the difference between singular and plural in the first activity, or masculine and feminine in the second.

As you listen, isolate the part of the speech that will help you determine that difference, and concentrate only on that element, ignoring the items that aren't important for this task.

Remember that when you listen, you don't have to understand everything. The most important point is to determine your goal for listening and to home in on that aspect. Sometimes it's a key word or phrase; in this case it's a discrete element such as the form of an article that will help you determine the gender or number of a noun.

A. Singulier ou pluriel? Listen and indicate which noun you hear, the singular or the plural one. Remember that the only distinction between singular and plural is in the pronunciation of the definite article.

1. _PS_ la comédie   _P_ les comédies
2. _S_ le théâtre   _P_ les théâtres
3. _S_ la pièce   _P_ les pièces
4. _S_ le film d'aventure   _P_ les films d'aventure
5. _S_ le match   _P_ les matchs
6. _S_ le sport   _P_ les sports

B. Masculin ou féminin? Listen to the sentences, and indicate whether each noun that you hear is masculine, feminine, or of a gender undeterminable from the article.

1. _____ masc.   _X_ fem.   _____ ?
2. _X_ masc.   _____ fem.   _____ ?
3. _____ masc.   _____ fem.   _X_ ?
4. _X_ masc.   _____ fem.   _____ ?
5. _____ masc.   _____ fem.   _X_ ?

Pratiquons!

A. Préférences. Rahma is going to talk about her likes and dislikes as well as those of her friends. Complete the sentences with the appropriate definite articles. If the definite article is **l'** or **les,** indicate whether the noun is masculine or feminine.

J'aime (1) ___le___ base-ball, mais je n'aime pas (2) ___le___ football américain. Mes amis aiment tous (3) ___les___ sports: (4) ___le___ tennis, (5) ___le___ golf, (6) ___la___ natation et (7) ___la___ musculation. Ils aiment beaucoup *(a lot)* (8) ___les___ comédies musicales et moi aussi. J'aime beaucoup (9) ___la___ musique, spécialement (10) ___l'___ opéra et (11) ___le___ jazz. Mes amis détestent (12) ___l'___opéra. C'est dommage *(too bad)*!

B. Descriptions et préférences. Based on the descriptions given, complete the sentences in a logical way.

> **MODÈLE:** Marianne est grande. Elle préfère *le basket.*

1. Juliette est paresseuse. Elle n'aime pas ___les sports.___
2. Armelle est très intelligente. Elle adore ___la musique classique.___
3. Arnaud adore les sports individuels. Il aime ___l'athlétisme.___
4. Thierry est très fort. Il aime ___la musculation.___
5. Robert est un vieil homme. Il n'aime pas ___le yoga.___
6. Nathalie est jeune. Elle adore ___le rap___
7. Jean-Jacques préfère les sports d'équipe *(team sports)*. Il aime ___le football américain___
8. Claire aime regarder les films. Elle n'aime pas ___les sports.___

C. Préférences et activités. Use the given verbs to tell the likes or dislikes of the person indicated. Then tell how often the person does the activity using the adverbs **souvent, quelquefois,** or **rarement.**

> **MODÈLE:** moi: aimer / regarder film(s) d'aventure
> *J'aime **les** films d'aventure. Je regarde souvent **un** film.*

1. moi: aimer / écouter concert(s) de rock
2. nous: préférer / regarder comédie(s)
3. mes parents: détester / ne...pas regarder match(s) de football américain
4. moi: préférer / avoir chien(s)
5. Philippe: détester / ne...pas avoir chat(s)
6. Mes amis: adorer / regarder westerns

> **Mots utiles**
> Adverbs in French are placed after the verb they describe. The following are adverbs:
>
> **souvent** = often
> **quelquefois** = sometimes
> **rarement** = rarely.

À vous de parler!

A. Un entretien. (*An interview.*) Interview a partner to find out what pastimes he/she enjoys. Share your favorite pastimes with him/her also.

1. Tu aimes les sports? Moi, j'aime _regarde les sports_ mais je n'aime pas _jouer sports_.
2. Comme films, je préfère _les comédies romantiques_. Et toi?
3. Tu préfères la musique électronique ou le hip-hop? _Je préfère la musique électronique._
4. Tu préfères le théâtre classique ou le théâtre moderne? _Je préfère le théâtre classique._
5. Je déteste _la country_. J'adore _le pop_. Et toi?
6. Tu préfères Justin Timberlake ou Beyoncé? Moi, j'aime _Justin Timberlake_
7. Comme actrice, je préfère _Jennifer Lawrence_ parce qu'elle (*because she*) est _amusante_. Et toi?
8. Comme acteur, je préfère _Dylan O'brien_ parce qu'il est _bou_. Et toi?

Do you and your partner have a lot in common? Tell the class what preferences you have in common as well as the ones you don't share.

B. Qui est-ce? (*Who is it?*) Create a description of someone in your class. Using vocabulary from Chapters 2 and 3, talk about his/her personality and what he/she looks like. Your classmates will try to guess who you are talking about.

MODÈLE: *Cette personne est grande et blonde. Elle aime le cinéma, mais elle n'aime pas les films d'horreur. Elle préfère le rock et elle déteste la musique classique.*

Jupiter Images

Elle s'appelle Estelle. Imaginez ses passe-temps préférés.

STRUCTURE 2

Les questions avec réponse affirmative (oui) ou négative (non)

 Grammar Tutorials

There are several ways to ask questions that can be answered with a yes or no.

- The most frequent way is to use rising intonation. Statements in French have falling intonation.

  Tu téléphones souvent à ta famille?   *Do you phone your family often?*

  Il cherche un appartement?   *Is he looking for an apartment?*

- Another way to ask a yes/no question is to place **est-ce que** at the beginning of the sentence. **Est-ce que** becomes **est-ce qu'** before a vowel sound. **Est-ce que** has no equivalent in English; it simply signals a question.

  Est-ce que tu téléphones souvent à ta famille?   *Do you phone your family often?*

  Est-ce qu'il cherche un appartement?   *Is he looking for an apartment?*

- If you expect an affirmative answer, you can add the "tag expression" **n'est-ce pas?** or **non?** to the end of the statement. This is the equivalent of *right?* in English.

  Tu téléphones souvent à ta famille, **n'est-ce pas**?   *You phone your family often, right?*

  Il cherche un appartement, **non**?   *He is looking for an apartment, right?*

- A fourth way to ask a yes/no question is to invert the subject and verb. This is considered more formal and you will often see it used in written language or in certain fixed expressions. You should learn to recognize it.

  Téléphones-tu souvent à ta famille?   **Parlez-vous** souvent au téléphone?

VÉRIFIEZ votre compréhension

Go back to the *Passage 1* section at the beginning of this chapter (p. 68), and underline all the questions that you find. Explain how they are formed. Think back to the expressions that you learned in Chapters 1 and 2 as well. Which of those questions are formed with inversion? Which ones with **est-ce que**? Which ones with simple intonation?

◀))) À l'écoute!

CD 1
Track 32

Phrase déclarative ou interrogative? Listen, and indicate whether each sentence you hear is a declarative statement or a question.

1. _____ statement   _____ question
2. _____ statement   _____ question
3. _____ statement   _____ question
4. _____ statement   _____ question
5. _____ statement   _____ question
6. _____ statement   _____ question
7. _____ statement   _____ question
8. _____ statement   _____ question
9. _____ statement   _____ question
10. _____ statement   _____ question

Pratiquons!

A. Des questions. You work for the campus newspaper, and you have been asked to interview students at your university for an article about student life. Use the verbs and activities listed to form questions to ask your interviewees.

Using intonation
1. chanter bien
2. étudier le week-end
3. parler chinois *(Chinese)*
4. écouter souvent de la musique classique
5. aimer voyager
6. ?

Using est-ce que
7. manger au restaurant
8. travailler
9. habiter un appartement
10. jouer au football / au tennis
11. préférer parler français ou anglais
12. ?

Using n'est-ce pas
13. étudier le français
14. regarder la télévision
15. terminer toujours tes devoirs *(always finish your homework)*
16. ne... pas / fumer
17. détester travailler le week-end
18. ?

 B. Les interviews. Now ask a partner the questions that you created in Activity A, noting his/her answers carefully. Share his/her answers with the class.

> ### *Portrait personnel*

Write a short description of the person you interviewed in Activity B, using the information that he/she gave you. You don't need to include all the information; simply use what you find the most interesting.

Les Français aiment leurs chiens comme ça

In Chapter 2 you learned how to talk about your pets—did you list them as members of your family in this chapter? In France, dogs are very important to family life. Many families have a dog, even if they live in a small apartment. What's more, the dog is considered a member of the family and accompanies the family on outings to the park, to the café, or even to the corner bakery to buy bread. Dogs are permitted in the post office, in department stores, in supermarkets, on public transportation, and even in many restaurants. On buses and in the subway, dogs sit on their owners' laps, and in restaurants they wait under the table. Most French people would consider it cruel to leave the dog at home while they went out to have fun!

© Jerry Cooke/CORBIS

While we often think of the poodle as the prototypical French dog, the truth is that the French love all varieties of dogs, even large dogs. German shepherds, for example, are a favorite, and are owned by people living in large houses as well as small Parisian apartments. In previous years, in many of the large cities in France, there were so many dogs that the cities hired people with the specific job of keeping the sidewalks clean. These employees rode around on small motorcycles with vacuums attached, to clean up after the dogs. Lately, however, many cities are taking a different approach. Paris has imposed fines of up to 183€ for people who don't clean up after their dogs! In the United States we say that dogs are man's best friend; in France it's true to say that "les Français sont les meilleurs amis des chiens!"

Réfléchissons!

1. Do you have a dog? If so, what role does that dog play in your life? How do you think the American view of dogs compares to the French view? Would you be shocked to see a dog in a park? In a restaurant? In a supermarket? Why or why not?

2. The French take their dogs everywhere. In your opinion, are they going too far? How are dogs treated differently in your country? Do you object to seeing dogs in certain places? Where and why?

3. What would you say is the typical American pet for those who live in the city? In the suburbs? And in the country?

4. Is there a stereotypical American dog? If so, what is it? Compare your response to those of your classmates.

CD 1
Track 33

Passage 2

La famille de Claudine

Claudine Dupuis has brought her family photo album to show you. She is going to tell you a little bit about the members of her family.

Bonjour! Je m'appelle Claudine Dupuis et je suis de Genève. J'ai une grande famille: on est cinq, bon[1], six avec Filou! Commençons par mes parents. J'adore mes parents!

Claudine
Moi, je suis étudiante aussi. J'étudie la chimie pour être pharmacienne.

Valérie
Papa est ingénieur et maman est médecin. Mon père et ma mère sont très intelligents.

Cyrille

Raphaël
Mon frère Serge est barman. Il n'étudie pas.

Delphine
Ma sœur jumelle Delphine est étudiante en mathématiques.

Filou
Mon chien Filou est très intelligent: il n'étudie pas et il ne travaille pas!

Now that you have met Claudine's immediate family—**la famille proche**—she is going to tell you about the rest of her family. She will start with the paternal side—**la famille paternelle.**

Ma famille paternelle est super!

[1] well

Papi Marcel

Papi Marcel fume une pipe. Tous les matins, mon grand-père achète le journal et une baguette. C'est le papi parfait! Il adore son petit-fils, Raphaël, et ses petites-filles.

Mamie Germaine

Mamie Germaine est une excellente cuisinière. Sa mousse au chocolat est mon dessert préféré!

Charlotte et Thierry

Tonton Thierry est très amusant. Mon oncle travaille à la télévision pour la chaîne M6. Il est directeur de publicité. Sa femme, tatie Charlotte, est moderne et jeune. Ma tante voyage souvent: elle est entrepreneuse. Mon oncle et ma tante ont une fille. Leur fille s'appelle Isabelle.

Isabelle

Ma cousine, Isabelle (on l'appelle[1] Zaza!) est très moderne aussi[2]. Elle est fille unique[3]. Elle étudie au lycée Jules Ferry.

Finally, Claudine is going to show you the maternal side of her family—**la famille maternelle.**
Ma famille maternelle est originale! Il y a trois membres dans ma famille maternelle.

Angèle

Ma grand-mère est divorcée. Elle habite à Québec. Elle parle anglais parfaitement. Mamie est professeur de mathématiques à l'université Laval. Mamie préfère Delphine parce qu'elle étudie les mathématiques! Elle a une autre fille, Monique, mais elle n'a pas de fils.

Monique

Ma tante Monique est célibataire. Elle n'est pas mariée. Elle n'est pas fiancée. Elle a un petit ami[4]. Son petit ami, **Amed**, est journaliste. Amed parle arabe et français.

---

[1]we call her   [2]also   [3]an only child   [4]boyfriend

Vous avez bien compris?

A. Tell if the following sentences are true (**vrai**) or false (**faux**). Correct the false sentences.

1.	Le père de Claudine est ingénieur.	Vrai	Faux
2.	L'oncle de Claudine fume la pipe.	Vrai	Faux
3.	La grand-mère de Claudine est divorcée.	Vrai	Faux
4.	La cousine de Claudine est fille unique.	Vrai	Faux
5.	Là tante de Claudine travaille à la télévision.	Vrai	Faux
6.	Le frère de Claudine étudie la chimie.	Vrai	Faux
7.	La tante de Claudine est célibataire.	Vrai	Faux

B. Complete the following sentences about Claudine's family.

1. Tante Charlotte est *(profession)* _____.
2. Delphine, la sœur de Claudine, est étudiante en _____.
3. Zaza, la cousine de Claudine, est fille _____.
4. Delphine et Claudine sont *(twins)* _____.
5. La mère de Claudine s'appelle _____.
6. Claudine a un frère: *(name)* _____.
7. La grand-mère maternelle de Claudine habite à _____.

Courtesy of Véronique Anover and Theresa A. Antes

Un mariage. Quel âge (approximativement) ont cette femme et son mari? Quels membres de la famille sont toujours présents à un mariage?

→ Mon vocabulaire ←

La famille

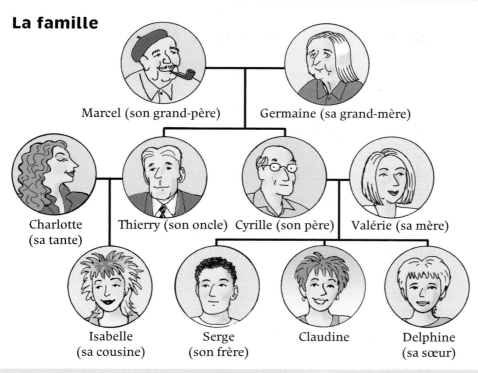

Marcel (son grand-père)   Germaine (sa grand-mère)

Charlotte (sa tante)   Thierry (son oncle)   Cyrille (son père)   Valérie (sa mère)

Isabelle (sa cousine)   Serge (son frère)   Claudine   Delphine (sa sœur)

Autres membres de la famille proche (*Other close family members*)

le mari	*husband*
la femme	*wife*
les enfants *(m. / f.)*	*children*
la fille	*daughter*
le fils	*son*
les frères *(m.)* jumeaux	*twin brothers*
les sœurs *(f.)* jumelles	*twin sisters*
le cousin / la cousine	
la nièce	
le neveu	
le petit ami / la petite amie	*boyfriend/girlfriend*

Membres de la famille par alliance (*Family members through marriage*)

le beau-père	*stepfather / father-in-law*
la belle-mère	*stepmother / mother-in-law*
le beau-frère	*brother-in-law*
la belle-sœur	*sister-in-law*
le demi-frère	*half brother / stepbrother*
la demi-sœur	*half-sister / stepsister*
être... adopté(e)	
divorcé(e)	
fiancé(e)	
marié(e)	
séparé(e)	
célibataire	*single*
amoureux / amoureuse	*in love*

À vous!

A. Liens parentaux. Complete the following definitions regarding family members.

1. Le mari de ma mère, c'est mon _père/ beau-père_
2. La femme de mon oncle, c'est ma _tante_
3. Les filles de mes oncles, ce sont mes _cousines_
4. Les fils de mes parents, ce sont mes _frères_
5. La fille de mon frère est ma _nièce_
6. J'ai un mari, je suis _mariée_

B. Ma famille. Choose the descriptions that best describe your family.

1. Ma famille paternelle / maternelle est (grande, petite, super, ennuyeuse, amusante,...).
2. Ma famille est constituée de (deux, trois, quatre, cinq...personnes).
3. J'ai (un[e], deux...) sœur(s) / frère(s).
4. Ma mère (travaille pour... / ne travaille pas, habite à..., parle espagnol / français...).
5. Mon père (aime les films..., adore le basket/le foot/le tennis..., déteste le rock/le rap...).
6. De toute ma famille, je préfère mon / ma (frère, sœur, père, mère, grand-père, grand-mère...).

 C. Ta famille. Among your classmates, find students with the following family situations. Write the names of the students for each situation. Ask the follow-up questions in parentheses to get more details.

Trouvez...

1. un étudiant ou *(or)* une étudiante qui est fils / fille unique (Tu aimes être fils / fille unique?)
2. un étudiant ou une étudiante qui est marié(e) (À qui?)
3. un étudiant ou une étudiante qui a un enfant (Il / Elle s'appelle comment?)
4. un étudiant ou une étudiante qui a une mère entrepreneuse (Elle travaille où *[where]*?)
5. un étudiant ou une étudiante qui a un père ingénieur (Il travaille où?)
6. un étudiant ou une étudiante qui a plus de *(more than)* quatre frères ou sœurs (Ils s'appellent comment?)
7. un étudiant ou une étudiante qui a un demi-frère ou une demi-sœur (Il / Elle est gentil(le)?)

Portrait personnel

Now report your findings from Activity C to the class! Be sure to include a variety of information about a number of your classmates.

MODÈLE: *Rob n'est pas fils unique. Jen est mariée; son mari s'appelle Marc...*

STRUCTURE 3

Le possessif

Les adjectifs possessifs

🌐 Grammar Tutorials

Possessive adjectives agree in number and gender with the nouns they modify (the object "possessed"). Here are the forms:

	Masculine singular	Feminine singular	Feminine singular before a vowel sound	Masculine and feminine plural
my	mon	ma	mon	Mes
your	ton	ta	ton	tes
his/her/one's	son	sa	son	ses
your	votre	votre	votre	vos
our	notre	notre	notre	nos
their	leur	leur	leur	leurs

- The possessive adjectives for *my*, *your* (fam.), and *his/her/one's* use different forms for masculine singular, feminine singular and plural nouns.

  Mon père est vieux.　　　　*My father is old.*
  Ma mère est jeune.　　　　*My mother is young.*
  Mes parents sont très actifs.　*My parents are very active.*

- Note that for feminine singular nouns beginning with a vowel sound, the masculine forms **mon, ton,** and **son** are used.

  ta meilleure amie　　BUT　　**ton** amie

- **Son, sa,** and **ses** can mean either *his, her* or *one's.* The context will tell you what it means.

  C'est la famille de Céline.　　*This is Céline's family.*
  Pierre est **son** oncle.　　　　*Pierre is **her** uncle.*

- **Votre, notre,** and **leur** use the same form for feminine and masculine singular nouns.

  Votre sœur et **votre** frère　　*Your brother and sister are*
  sont beaux!　　　　　　　　　*goodlooking!*

Le possessif avec de

Another way to express possession is to use this formula: *object possessed* + **de** + *possessor.* This is the equivalent of using 's in English and can be used to clarify possession.

  C'est le fils d'Alain.　　　　*That's Alain's son.*

 VÉRIFIEZ votre compréhension

1. Go back to the illustration in the *Passage 2* section on page 80, in which Claudine is showing her family album. Identify the possessive adjectives, then say whether each one is masculine singular, feminine singular, or plural. For example: **Mon frère Serge est barman.** Why does Claudine use **mon** and not **ma?** With which noun does **mon** agree?

2. Do the same for the first illustration on page 81 (Claudine's paternal family). For example, ask yourself why it is **Leur fille s'appelle Isabelle** (talking about **oncle Thierry** and **tante Charlotte**).

3. Can you predict how you would say *my father* or *my mother* in French? What about *my aunt* or *my uncle?* Will the form of *my* change depending on whether you are male or female? Why or why not?

🔊 À l'écoute!

CD 1
Track 34

Un ou plusieurs? Listen to the sentences in the In-Text Audio, and indicate whether the possessive adjective you hear is singular or plural.

1. _____ singular   __X__ plural
2. _____ singular   __X__ plural
3. __X__ singular   _____ plural
4. _____ singular   __X__ plural
5. __X__ singular   _____ plural
6. _____ singular   __X__ plural
7. __X__ singular   _____ plural
8. _____ singular   __X__ plural
9. __X__ singular   _____ plural
10. _____ singular   __X__ plural

Pratiquons!

A. Des familles. Some French speakers are describing their families. Complete the sentences with the correct possessive adjectives.

ANNE: «Il y a cinq membres dans (1) __ma__ famille: (2) __mon__ père, (3) __ma__ mère et (4) __mes__ deux sœurs. (5) __mes__ parents sont suisses. Toute (6) __notre__ (our) famille habite à Genève. Et vous, Jean-Jacques et Marie-Do, où est-ce que (7) __vos__ (your) parents habitent?»

JEAN-JACQUES: «(8) __nos__ (Our) familles sont très différentes. Les parents de Marie-Do sont divorcés. (9) __sa__ (Her) mère habite à Lyon et (10) __son__ (her) père habite à Marseille. (11) __leurs__ (Their) trois filles sont des triplées!»

MARIE-DO: «La famille de Jean-Jacques est très unie *(united)*. (12) __ses__ (His) parents sont mariés depuis trente ans. Jean-Jacques est (13) __leur__ (their) fils unique. Il a de la chance *(He's lucky)* d'avoir une petite famille unie!»

 B. Vous vous souvenez? *(Do you remember?)* With a classmate, try—without looking at the text!—to answer the following questions about Claudine's family. Use possessive adjectives in your answers. Then, go back to the text to check how good your memory was!

1. Comment est le grand-père paternel de Claudine? __son__ grand-père est ~~papi maraca~~ parfait

2. Comment est la grand-mère maternelle de Claudine? __sa__ grand-mère est ~~anglais~~ divorcée.

3. Comment s'appellent l'oncle et la tante paternels de Claudine? __son__ oncle paternel s'appelle Thierry et __sa__ tante paternelle s'appelle Charlotte.

4. Quel est le nom de la fille de l'oncle et de la tante paternels de Claudine? __leur__ fille s'appelle Isabelle.

5. Qu'étudie la sœur jumelle de Claudine? __sa__ sœur étudie mathématiques.

86 quatre-vingt-six • À vous!

C. Vos amis. With a classmate, talk about your friends: your best friend, your childhood friends, your friends at the university. Talk about your enemies too! Don't forget to use a possessive adjective with each noun, and to conjugate the verbs according to the subject indicated.

Suggestions: être sympa / marié(e) / célibataire / étudiant(e) / blond(e) / grand(e) / gentil(le) / adopté(e) / intelligent(e) / amusant(e) / méchant(e) / laid(e) / ennuyeux(-euse) / stupide,

avoir une sœur / un frère / trois cousins / un chien / un enfant

travailler à...

habiter à...

1. meilleur(e) ami(e)
2. ami d'enfance
3. amie d'enfance
4. amis à l'université
5. ennemi(e)

Portrait personnel

With the information that your classmate shared with you in Activity C, write a short paragraph describing his/her best friend, his/her childhood friend, his/her friends at the university, and his/her enemy.

Quels sont les membres de cette famille? Est-ce que les enfants sont jumeaux? Un des parents est américain et l'autre français. Est-ce que la mère est française ou américaine? Et le père? De quelle nationalité sont vos parents?

→ Mon vocabulaire ←

Les jours de la semaine et les mois de l'année

Voilà les mois de l'année en français. *(Here are the months in French.)*

janvier	avril	juillet	octobre
février	mai	août	novembre
mars	juin	septembre	décembre

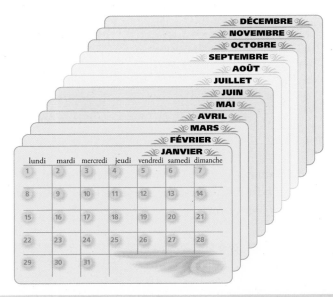

Claudine est curieuse! Regardez le calendrier et lisez les questions de Claudine.

Claudine wants to know when your birthday is.

CLAUDINE: Quelle est la date de ton anniversaire?

VOUS: Mon anniversaire c'est le 2 août, et toi?

Now she wants to know what today's date is.

CLAUDINE: Quelle est la date aujourd'hui?

VOUS: Nous sommes le 30 septembre.

If she had wanted to know what day of the week it was, she would have asked:

CLAUDINE: On est quel jour aujourd'hui?

VOUS: On est mardi.

For the month, she would have said:

CLAUDINE: On est quel mois?

VOUS: On est en janvier.

Finally, Claudine asks you what you watch on TV every Thursday evening.

CLAUDINE: Qu'est-ce que tu regardes le jeudi soir à la télé?

VOUS: Je regarde CSI le jeudi soir.

À vous!

A. Que fait Cyrille Dupuis? *(What is Cyrille Dupuis doing?)* Look at Cyrille Dupuis's planner and tell what he is doing on the following days.

1. mercredi 5 octobre: Il _____.
2. vendredi 7 octobre: Il _____.
3. samedi 8 octobre: Il _____.
4. dimanche 9 octobre (regarder): Il _____.

B. Comment dit-on… ? *(How do you say . . . ?)* Which questions would you ask to obtain the following information?

1. Today's date: _____
2. What day today is: _____
3. Someone's birthday: _____
4. What TV program someone watches on a particular day of the week (the same day every week): _____
5. What month it is now: _____

C. Et après? *(And after?)* Complete the following sequence of months.

octobre, _____, décembre, _____, _____, _____, avril, mai, _____, _____, _____, septembre

Voici l'agenda électronique[1] de Cyrille Dupuis (le père de Claudine), ingénieur chez Citroën.

[1] electronic planner

STRUCTURE 4

Le pronom *on* et l'expression *il y a*

Le pronom *on*

The subject pronoun **on** is used:

- to express generalities

On mange bien en France.	*One eats/People eat well in France.*
Comment dit-**on** «book» en français?	*How do you/does one say book in French?*

- to say *we* in informal situations

Mes amis et moi, **on** danse beaucoup le samedi soir.	*My friends and I, we dance a lot on Saturday evenings.*
On n'aime pas les devoirs!	*We don't like homework!*

On has begun to replace **nous** in informal speech in France. Remember, it is conjugated in the third person, like **il** and **elle.**

L'expression *il y a*

- The expression **il y a** is used to state that something exists or to express quantity. Its English equivalent is *there is* or *there are.*

Il y a un chien dans la classe.	*There is a dog in the class.*
Il y a des étudiants sur le campus.	*There are students on campus.*
Il y a 28 jours en février.	*There are 28 days in the month of February.*

- The negative of **il y a** is **il *n'*y a *pas*.** If an indefinite article (**un, une, des**) follows, it becomes **de.**

  Il y a **des** étudiants sur le campus. → Il **n'**y a **pas d'**étudiants sur le campus.

- If the negative of **il y a** is followed by a number, do not use **de.**

  Il y a **30** étudiants dans la classe. → Il **n'y a pas 30** étudiants dans la classe.

- To ask a question, use rising intonation or **est-ce qu'** before **il y a.**

Il y a un chat dans la classe?	*Is there a cat in the class?*
Est-ce qu'il y a un chat dans la classe?	

⚑ VÉRIFIEZ votre compréhension

Go back to the *Passage 2* section on pages 80–81. Find sentences in which **on** and **il y a** are used, and think about their usage in each case. For example, in the first sentence, Claudine says **On est cinq dans ma famille.** Does **on** here mean *one, people,* or *we?*

Pratiquons!

A. Dans la classe de français. Are the following statements **vrai** (true) or **faux** (false)?

1. On chante en classe. _____ vrai _____ faux
2. On parle anglais en classe. _____ vrai _____ faux
3. On ne fume pas en classe. _____ vrai _____ faux
4. On mange en classe. _____ vrai _____ faux
5. On n'écoute pas le professeur en classe. _____ vrai _____ faux
6. Il y a trois professeurs dans la classe. _____ vrai _____ faux
7. Il n'y a pas de fenêtres (*windows*) dans la salle de classe. _____ vrai _____ faux

B. Mes amis et moi, on... Tell the class what you do with your friends on the following days. Start your sentences with **Mes amis et moi, on....**

1. jeudi
2. vendredi
3. (*every*) samedi
4. dimanche
5. (*every*) mercredi
6. lundi

Courtesy of Véronique Anover and Theresa A. Antes

Une journée typique à Montréal. Ces personnes habitent et travaillent à Montréal. Le week-end pour s'amuser elles mangent au restaurant et elles regardent des films et des pièces de théâtre. Et vous, où est-ce que vous habitez? Est-ce que vous travaillez? Qu'est-ce que vous faites le week-end pour vous amuser?

STRUCTURE 5

Les nombres de 70 à 1 000 000

70	soixante-dix	80	quatre-vingts
71	soixante et onze	81	quatre-vingt-un
72	soixante-douze	82	quatre-vingt-deux
73	soixante-treize	83	quatre-vingt-trois
74	soixante-quatorze	*etcetera* --------------------	
75	soixante-quinze	90	quatre-vingt-dix
76	soixante-seize	91	quatre-vingt-onze
77	soixante-dix-sept	92	quatre-vingt-douze
78	soixante-dix-huit	*etcetera* --------------------	
79	soixante-dix-neuf		

100	cent	1 000	mille
100	cent un	1 578	mille cinq cent soixante-dix-huit
200	deux cents	2 000	deux mille

1 000 000	un million
1 794 865	un million sept cent quatre-vingt-quatorze huit cent soixante-cinq

Patterns and spelling rules

- Note the pattern of numbers 70–99:

  70 = 60 + 10   80 = 4 x 20   90 = 80 + 10

- For numbers ending in 1, from 21 to 61, **et** is used. **Et** is not used for numbers from 81 to 101, nor for 1 001 or 1 000 001.

  21 vingt **et** un   BUT   81 quatre-vingt-un
  61 soixante **et** un   101 cent un

- **Vingt** and **cent** do not have an **s** when followed by another number. **Cent** by itself also does not take an **s**.

  80 quatre-vingt**s**   BUT   87 quatre-vingt-sept
  400 quatre cent**s**   BUT   405 quatre cent cinq

- **Mille** never takes an **s**: 2 000 = **deux mille**, 3 130 = **trois mille cent trente.**

- The word **million** is a noun and takes an **s** in the plural: **un million, deux million*s*, cinq million*s*.**

- **Cent, mille,** and **million** plus another number have no hyphen:

  162 cent soixante-deux
  1 343 mille trois cent quarante-trois
  1 300 522 un million trois cent mille cinq cent vingt-deux

Reading dates

- Read all figures as a complete number:

  1792 mille sept cent quatre-vingt-douze
  2014 deux mille quatorze

- Or, for years between 1700 and 1999, read in two components:

  1792 dix-sept cent quatre-vingt-douze

Pratiquons!

A. C'est loin d'ici? (Is that far from here?) Claudine and her family are planning a short vacation. Following the model, read the number of kilometers between the following cities.

MODÈLE: Genève / Paris: 409

Genève est à quatre cent neuf kilomètres de Paris.

1. Genève / New York: 6 209
2. Genève / Londres: 755
3. Genève / Nice: 299
4. Genève / Bern: 170
5. Genève / Buenos Aires: 11 080
6. Genève / Rome: 684

B. C'était quand, ça? (When was that?) Read the following important historical dates.

(iLrn) Complete the diagnostic tests to check your knowledge of the vocabulary and grammar structures presented in this chapter.

MODÈLE: La date de naissance *(birth)* d'Albert Einstein: March 14, 1879

La date de naissance d'Albert Einstein, c'est le quatorze mars, mille huit cent soixante-dix-neuf.

1. La date de l'arrivée du Mayflower à Plymouth: November 21, 1620   *vingt et un novembre mille six cent vingt*
2. La date de la mort *(death)* de Mère Teresa: September 5, 1997
3. La date du mariage de Abraham Lincoln et Mary Todd: November 4, 1842
4. La date de la première exploration sur la lune *(moon)*: July 20, 1969
5. La date du grand tsunami en Asie: December 26, 2004

Courtesy of Véronique Anover and Theresa A. Antes

La Place Vauquelin à Montréal. Quelles dates est-ce que vous trouvez sur le panneau ci-dessus? Lisez-les en français.

À vous de parler!

 A. Les présentations. Bring in a picture of your family, and introduce your family to the class. Use Claudine's text on pages 80–81 as a reference if necessary.

 B. Des dates importantes. First, ask your classmates what the most important date in their lives is and how they celebrate it.

Questions: Quelle est la date la plus importante de ta vie? Comment est-ce que tu célèbres cette date?

Now, look at the special days and/or holidays that the French and the Canadians celebrate. How do you think that they celebrate them? Match the days with the dates.

la fête de la Saint-Valentin	le 29 janvier
la fête des pères	le 24 juin
le Carnaval de Québec	le 2 février
la Chandeleur	le troisième dimanche de juin
la fête des mères	le 14 février
la Fête Nationale du Québec	le dernier dimanche de mai

C. Des personnes uniques. Circulate amongst your classmates to find one person to fit each of the following categories. The first person to find a different name for each item below wins!

1. sa mère est professeure
2. son père est architecte
3. il est fils unique
4. elle a deux sœurs
5. sa tante est divorcée
6. son oncle est célibataire
7. son cousin / sa cousine est fiancé(e)
8. son anniversaire est en janvier
9. il a dix-neuf ans
10. elle a vingt et un ans
11. il a un frère jumeau
12. son grand-père a plus de *(more than)* quatre-vingts ans

Mots utiles

mon anniversaire de mariage

mon anniversaire

mes fiançailles *(engagement)*

la naissance de mon fils / ma fille

mon voyage à...

la rupture avec mon petit ami / ma petite amie

En Centrafrique la fête des mères, c'est comme ça

La République Centrafricaine est située entre le Soudan à l'est, le Tchad au nord, le Cameroun à l'ouest et la République démocratique du Congo au sud[1]. Les Centrafricains parlent sängö et français. La capitale est Bangui. La fête des mères en Centrafrique n'est pas une fête familiale. Les mères se réunissent[2] entre elles et célèbrent cette fête ensemble dans un bar ou dans un restaurant. Les hommes ne sont pas invités et les enfants non plus[3].

©Abdou Yaro

Réfléchissons!

1. How is Mother's Day celebrated in your country? What do you think of the way women from the Central African Republic celebrate Mother's Day? Do you think it is a good idea? Why?

2. Do you celebrate Mother's Day? How?

3. Should Mother's Day be celebrated at all? Do you believe that Mother's Day is purely a commercial holiday? Or do you think that mothers should be honored every day, not only on a special occasion one day a year?

Courtesy of Véronique Anover and Theresa A. Antes

Courtesy of Véronique Anover and Theresa A. Antes

Une borie. Voici deux photos d'une borie*, une ancienne maison que l'on trouve en Provence (dans le sud de la France). Quelle est la relation probable entre ces trois femmes?

[1]south   [2]get together   [3]neither

***Bories** were built in the Middle Ages by shepherds living in the south of France. They all have the same unusual shape because they were built without mortar—gravity has held them together for nearly a thousand years! Many are still very safe; this one is used as an art studio by the oldest woman in the photos, Claude Astrachan, who is a well-known sculptor in France.

A. Stratégies. Look at the title of the reading on page 97 and try to guess which topics might be mentioned in the text. Ask yourself the following questions: What type of information can I expect to find in this text? What is the text going to talk about? What words or expressions pertaining to the family from the vocabulary in this chapter will I probably see in this text?

B. Avant de lire. Read the numbered, bold-faced category headers in the first paragraph, and define what each category (1–6) refers to, without reading the explanations that follow each one. Write your definitions/translations on a sheet of paper.

1. _____   4. _____

2. _____   5. _____

3. _____   6. _____

The second paragraph mentions a **médaille d'honneur de la famille nombreuse.**

To whom do you think such an award would be given? Why?

Scan the fourth paragraph, and write a list of the family members that are mentioned. Next, search for key words that would explain their role. Finally, using the context in this paragraph, try to guess the meaning of **crèches** (or **garderies**).

C. Lisons! Now read the passage more thoroughly, and then answer the questions that follow.

Courtesy of Véronique Anover and Theresa A. Antes

Voici une famille française contemporaine. Décrivez les membres de cette famille. Est-ce que votre famille est semblable ou différente? Comment (how)?

La famille française contemporaine

Il y a plusieurs[1] types de familles en France:

1) **La famille monoparentale.** Un seul parent élève[2] les enfants. En général, c'est la mère qui s'occupe des enfants.

2) **Les unions libres.** Le couple n'est pas marié. La naissance[3] d'un enfant ne change pas la situation.

3) **La famille recomposée.** Existe après un divorce ou une séparation. Dans la famille il y a des demi-frères ou des demi-sœurs, une belle-mère ou un beau-père.

4) **Les couples mixtes.** Un des époux appartient à une autre race.

5) **Les couples modernes.** La femme travaille et le mari aussi. Les deux conjoints contribuent financièrement aux dépenses[4] familiales. En général, ces couples élèvent les enfants ensemble.

6) **Les couples traditionnels.** La femme ne travaille pas, elle reste au foyer et s'occupe des enfants.

La natalité est en hausse[5] en France depuis plusieurs années: la moyenne[6] est de plus de deux enfants, un record dans l'Union européenne. En 1920 le gouvernement crée «la médaille d'honneur de la famille nombreuse» pour récompenser les familles avec quatre enfants ou plus[7] qui élèvent «dignement» leurs enfants. De plus, les familles avec plus de deux enfants peuvent demander une «Carte Famille Nombreuse» qui leur donne des tarifs réduits pour le train, le cinéma, etc. Cependant[8], les mariages diminuent et les divorces augmentent. Dans les grandes villes les mariages se terminent fréquemment en divorce: un mariage sur deux[9]. L'homme se marie en moyenne à 31 ans et la femme à 29 ans.

Quand les enfants sont petits (de un à trois ans), ce sont parfois les grands-parents qui s'occupent de leurs petits-enfants. Les grands-parents constituent un support important pour l'éducation des enfants. Pour les personnes qui n'ont pas leur famille (les grands-parents, par exemple) à proximité[10], les crèches, les assistantes maternelles ou les garderies sont une option possible. Elles sont subventionnées par l'État et les tarifs dépendent du revenu des parents.

Les jeunes adultes habitent chez leurs parents jusqu'à ce qu'ils[11] trouvent un travail stable et une indépendance financière ou jusqu'au jour de leur mariage. En moyenne, ils habitent chez leurs parents jusqu'à l'âge de 25 ans.

Monkey Business Images/Shutterstock.com

---

[1]several [2]raises [3]birth [4]expenses [5]rising [6]average [7]more [8]however [9]one out of two
[10]near [11]until they

D. Après la lecture. Answer the following questions about the reading.

1. Dans la famille monoparentale, qui est responsable des enfants le plus souvent *(the most often)*?

2. Dans les couples modernes, qui s'occupe *(takes care of)* des enfants?

3. Est-ce que la natalité augmente *(is rising)* en France? Combien d'enfants est-ce que les couples ont?

4. Est-ce que les divorces diminuent? Où est-ce qu'il y a surtout *(especially)* des divorces?

5. Est-ce que le rôle des grands-parents est important? Pourquoi?

6. Quelles sont les deux possibilités pour la garde des enfants à l'extérieur des familles?

7. Quand est-ce que les jeunes adultes deviennent *(become)* complètement indépendants?

Donnez votre opinion personnelle aux questions 8–11 :

8. En France, le métissage (le mariage entre races différentes) est commun. Est-ce qu'il y a beaucoup de couples mixtes aux États-Unis? Où est-ce qu'on trouve les mariages mixtes, en général?

9. Est-ce que les couples pratiquent l'union libre aux États-Unis? Les mariages diminuent-ils ou augmentent-ils?

10. Aux États-Unis, est-ce que le rôle de la famille proche est similaire à celui de la famille proche en France? Est-ce que les crèches sont chères? Et les assistantes maternelles?

11. Quelle est votre opinion sur le fait que les jeunes Français habitent avec leurs parents jusqu'à l'âge de 25 ans en moyenne? Est-ce similaire dans votre pays? Habitez-vous chez vos parents? Pourquoi?

Lexique

Les sports et les passe-temps *Sports and pastimes*

l'athlétisme *(m.)*	*track and field*	un match	*a game*
le base-ball	*baseball*	la musculation	*weightlifting*
le basket	*basketball*	la natation	*swimming*
le canoë	*canoeing*	le rugby	*rugby*
le football/le foot	*soccer*	le surf	*surfing*
le football américain	*football*	le tennis	*tennis*
le golf	*golf*	le volley	*volleyball*
le judo	*judo*	le yoga	*yoga*
le karaté	*karate*		

Les films *Movies*

les comédies *(f.)*	*comedies*
les comédies *(f.)* musicales	*musical comedies*
les comédies *(f.)* romantiques	*romantic comedies*
les films *(m.)* d'aventure	*adventure movies*
les films *(m.)* d'horreur	*horror movies*
les films *(m.)* de guerre	*war movies*
les films *(m.)* de science-fiction	*science-fiction movies*
les films *(m.)* dramatiques	*dramas*
les films *(m.)* historiques	*historical movies*
les films *(m.)* policiers	*detective films*
les thrillers *(m.)*	*thrillers*
les westerns *(m.)*	*westerns*

Le théâtre *Theater*

les comédies *(f.)* musicales	*musical comedies*
l'opéra *(m.)*	*opera*
les pièces *(f.)* comiques	*comic plays*
les pièces *(f.)* dramatiques	*drama*
les pièces *(f.)* musicales	*musicals*
le théâtre classique	*classic theater*
le théâtre moderne	*modern theater*

La musique *Music*

un concert	*concert*	la (musique) techno	*techno music*
la country	*country*	le rap	*rap*
le hip-hop	*hip-hop*	le reggae	*reggae*
le jazz	*jazz*	le rock	*rock*
la musique classique	*classical music*	le rock indé(pendant)	*indie music*
la musique électronique (l'électro)	*electronic music*		

Expressions verbales *Verbal expressions*

être...adopté(e)	*to be adopted*	...amoureux(-euse)	*in love*
...célibataire	*single*	...divorcé(e)	*divorced*
...fiancé(e)	*engaged*	...marié(e)	*married*
...séparé(e)	*separated*		

La famille *The family*

Membres de la famille proche *Close family members*

le cousin / la cousine (*masc. / fem.*)	*cousin*	le mari	*husband*
		la mère	*mother*
		le neveu	*nephew*
l'enfant (*m./f.*)	*child*	la nièce	*niece*
la femme	*wife*	l'oncle (*m.*)	*uncle*
la fille	*daughter*	le père	*father*
le fils	*son*	un petit ami / une petite amie	*boyfriend / girlfriend*
le frère	*brother*		
les frères (*m. pl.*) jumeaux	*twin brothers*	la sœur	*sister*
		les sœurs (*f. pl.*) jumelles	*twin sisters*
la grand-mère	*grandmother*		
le grand-père	*grandfather*	la tante	*aunt*

Membres de la famille par alliance *Family members through marriage*

le beau-père	*stepfather; father-in-law*
le beau-frère	*brother-in-law*
la belle-mère	*stepmother; mother-in-law*
la belle-sœur	*sister-in-law*
le demi-frère	*stepbrother; half brother*
la demi-sœur	*stepsister; half sister*

Les jours de la semaine *Days of the week*

lundi	*Monday*	vendredi	*Friday*
mardi	*Tuesday*	samedi	*Saturday*
mercredi	*Wednesday*	dimanche	*Sunday*
jeudi	*Thursday*		

Les mois de l'année *Months of the year*

janvier	*January*	juillet	*July*
février	*February*	août	*August*
mars	*March*	septembre	*September*
avril	*April*	octobre	*October*
mai	*May*	novembre	*November*
juin	*June*	décembre	*December*

Mon appartement

In this chapter, you will learn what sort of homes the French and other Francophones live in. You will get a look at apartment living in Geneva, Switzerland. You will also learn how to run errands and talk about the weather.

Kheng Guan Toh/Shutterstock.com

VOCABULARY

- Describing the rooms in an apartment or a house
- Describing the furniture in a house
- Talking about household chores
- Talking about the weather

STRUCTURES

- The verb **aller (à)** and the near future
- Regular verbs ending in **-ir**
- Prepositions and contractions with definite articles
- The verb **faire**
- Telling time

CULTURE

- Differences and similarities between housing in the United States and in France

iLrn
Audio
www.cengagebrain.com

RESSOURCES

Passage 1

L'appartement d'Aurélie

Today, Aurélie Marquis is going to show you her apartment in Geneva, Switzerland. You should feel special given that the Swiss, like the French and the Belgians, usually do not show their homes—not even to their friends. Friends stay in the living room or in the dining area. Neither the hostess nor the host will offer a guided tour of the house!

Bienvenue chez moi[1]! Je m'appelle Aurélie Marquis et tu vas visiter[2] mon appartement à Genève en Suisse. Mon appartement a quatre pièces[3]. Mon immeuble[4] a cinq étages[5]. J'habite au troisième étage. J'habite toute seule: je n'ai pas de colocataire[6]. On y va[7]?

la porte

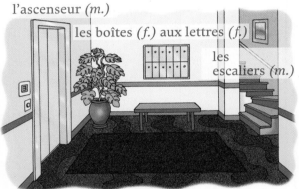

l'ascenseur *(m.)*

les boîtes *(f.)* aux lettres *(f.)*

les escaliers *(m.)*

Voilà la porte de mon immeuble. Nous n'avons pas de concierge. Je suis locataire[8] et mon loyer[9] est assez cher: mille francs suisses par mois. C'est normal, j'habite à Genève, en Suisse!

Nous allons monter en ascenseur, d'accord? Les escaliers, c'est trop fatigant!

[1]Welcome to my place!   [2]You're going to visit   [3]rooms   [4]building   [5]floors   [6]roommate
[7]Shall we go?   [8]tenant   [9]rent

Nous allons entrer dans mon appartement par la cuisine. Ma cuisine est toute petite (c'est une kitchenette), mais elle est très pratique. J'ai un four à micro-ondes, un four[1], un réfrigérateur, un évier[2], une cuisinière[3] et un lave-linge. Tu aimes ma cuisine? Je choisis avec soin[4] les choses que j'achète, parce qu'elle est si petite!

Ensuite, tu vas voir[5] le salon et la salle à manger. J'aime mon salon parce qu'il est très lumineux[6]. J'ai deux grandes fenêtres[7] et un balcon qui donne sur la rue[8]. Mon sofa est très confortable. J'ai aussi un fauteuil[9]. Voilà ma chaîne hi-fi (elle est super!) et mon téléviseur. Ma salle à manger est très simple: un tapis[10], une table et deux chaises.

[1]oven [2]kitchen sink [3]stove [4]carefully [5]you are going to see [6]sunny [7]windows [8]overlooking the street [9]armchair [10]rug

Maintenant, nous allons aller dans ma chambre. Tu vas aimer ma chambre! Elle est petite mais elle a une grande fenêtre qui donne sur un parc J'ai un lit[1], bien sûr, et aussi un ordinateur et un bureau. Normalement, je finis mes devoirs[2], et puis[3], je vais sur Internet!

Pour finir, tu vas voir la salle de bains. Il n'y a pas de fenêtre. Il y a une douche[4] mais il n'y a pas de baignoire[5]. Il y a un lavabo[6] et un miroir. Les toilettes sont séparées.

Tu aimes mon appartement? Il est chouette[7], non?

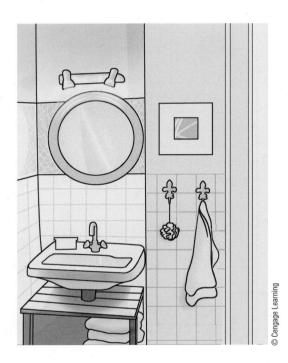

Vous avez bien compris?

Read the following statements about Aurélie's apartment and tell whether each statement is **vrai** or **faux**. Correct the false statements.

1. La chambre d'Aurélie a une petite fenêtre. _____ vrai _____ faux

2. Dans la cuisine d'Aurélie il n'y a pas de lave-linge. _____ vrai _____ faux

3. Aurélie a une baignoire dans la salle de bains. _____ vrai _____ faux

4. Dans le salon, Aurélie a un sofa et deux fenêtres. _____ vrai _____ faux

5. Dans la salle à manger, il y a cinq chaises. _____ vrai _____ faux

6. Il y a un tapis dans la chambre. _____ vrai _____ faux

7. Les toilettes ne sont pas dans la salle de bains. _____ vrai _____ faux

8. L'appartement d'Aurélie est cher. _____ vrai _____ faux

[1]bed [2]homework [3]then [4]shower [5]bathtub [6]bathroom sink [7]cool; nice

→ Mon vocabulaire ←

Le logement et la maison

la salle de séjour

le premier étage

la chambre

la salle de bains

le rez-de-chaussée

la cuisine

la salle à manger

le salon

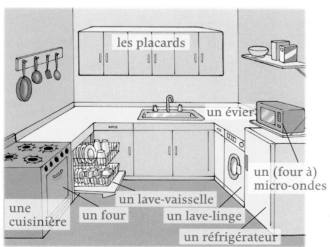

les placards

un évier

une cuisinière

un four

un lave-vaisselle

un lave-linge

un (four à) micro-ondes

un réfrigérateur

Dans la cuisine

un buffet

une table

une chaise

Dans la salle à manger

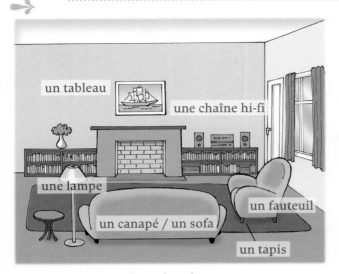

un tableau

une chaîne hi-fi

une lampe

un canapé / un sofa

un fauteuil

un tapis

Dans le salon

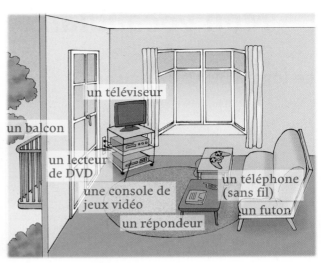

un téléviseur

un balcon

un lecteur de DVD

une console de jeux vidéo

un répondeur

un téléphone (sans fil)

un futon

Dans la salle de séjour

les rideaux

un placard

une armoire

une fenêtre

un ordinateur

un bureau

une commode

un lit

une table de nuit

Dans la chambre

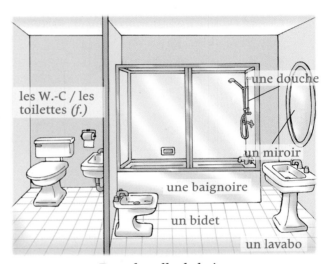

une douche

les W.-C / les toilettes (f.)

un miroir

une baignoire

un bidet

un lavabo

Dans la salle de bains

À vous!

A. Où se trouve... ? (Where is . . . ?) Indicate in which rooms the following items can be found in Aurélie's house.

> **MODÈLE:** un lave-vaisselle
>
> *Il y a un lave-vaisselle dans la cuisine.*

1. une baignoire
2. une commode
3. un évier
4. un répondeur
5. un lit
6. une armoire
7. un fauteuil
8. un four
9. un tableau
10. un buffet

B. Où fais-tu... ? (Where do you do . . . ?) Indicate in which rooms you do the following things. Use complete sentences.

> **MODÈLE:** manger
>
> *Je mange dans la cuisine ou dans la salle à manger.*

1. regarder un film
2. écouter de la musique
3. parler au téléphone
4. travailler sur l'ordinateur
5. étudier
6. préparer le dîner

 C. Ce que je possède. (What I own.) Tell a classmate what things you have in each of the following rooms. Then reverse roles. Who has the most things?

1. la cuisine
2. la chambre
3. le salon
4. la salle de bains

Now, look at the picture of the bedroom of Aurélie Marquis' little brother, Thomas. What do you see in Thomas' bedroom?

© Cengage Learning

🔊 STRUCTURE ①

 Grammar Tutorials

Le futur proche *(the near future)* et *aller à*

Le futur proche

- You have already used the verb **aller** *(to go)* to talk about how you are.
  —Comment ça va?   *How's it going?*
  —Ça va bien.   *It's going well.*

Aller is an irregular verb. Here are the conjugations.

aller *(to go)*	
je **vais**	nous **allons**
tu **vas**	vous **allez**
il / elle / on **va**	ils / elles **vont**

- When reading Aurélie's text, you saw conjugations of **aller** followed by an infinitive; for example, **tu vas visiter** *(you are going to visit)*. This structure expresses what will happen in the near future. To form the near future, use:

  a conjugation of **aller** + *infinitive*

  Nous **allons manger** au restaurant.   *We are going to eat at the restaurant.*

- To make a sentence negative, place **ne** and **pas** around the conjugation of **aller**.
  Je vais commencer mes   →   Je **ne** vais **pas** commencer mes
  devoirs ce soir.   devoirs ce soir.
  I'm going to begin my homework   *I'm not going to begin my homework*
  tonight.   *tonight.*

- To ask a question, place **est-ce que** at the beginning of the sentence.

  Est-ce que vous allez chercher le CD de Feist?

Aller à

- The verb **aller** is also used to say where you are going. When followed by a specific location, the preposition **à** follows the form of **aller**.
  Je **vais à** la maison.   *I'm going home (to the house).*
  Tu **vas à** l'université.   *You are going to the university.*

- When **à** is followed by the masculine definite article **le**, it contracts to **au**. When followed by the plural definite article **les**, it contracts to **aux**. There is no contraction with **la** or **l'**.

à	+	la	=	à la
à	+	l'	=	à l'
à	+	le	=	au
à	+	les	=	aux

  Je vais **à la** maison   *I'm going home (to the house).*
  Tu vas **à l'**université.   *You are going to the university.*
  Chloé va **au** cinéma.   *Chloé is going to the movies.*
  Céline et David vont **aux** concerts   *Céline and David go to Coldplay*
  de Coldplay.   *concerts.*

- Two common expressions with **aller** are:
  Allons-y!   *Let's go!*   **On y va?**   *Shall we go?*
  You can use them to invite someone to go somewhere.

◀ VÉRIFIEZ votre compréhension

1. Go back to the *Passage 1* section on pp. 102–104 and find where Aurélie uses the expression **allons-y** or **on y va.** Why does she use it? In what context?
2. Reread Aurélie's description of her apartment one more time to see the use of the near future (**aller** + infinitive) in context. Write down each example of the near future that you find.

CD 1
Track 38

À l'écoute!

> **Petits tuyaux!** **Determining when an action happens.** In French, as in English, to determine when an action happens, you will often need to listen to the entire sentence. This is because verb tenses are often composed of more than one word. In the same way that we make a distinction in English between *I eat, I'm going to eat, I ate, I was eating,* and so on, you'll see that in French expressing these types of thoughts sometimes requires more than one word as well.
>
> In Chapter 2, you saw the present tense: **je mange** (I eat / I do eat / I am eating). In this chapter, you were introduced to the near future: **je vais manger** (I am going to eat). When listening for the meaning of a sentence, remember to listen for all of the verbs, otherwise you may miss an important part of the speaker's message!

Présent ou futur proche? Listen to the following sentences, and tell if the action expressed is in the present or the near future.

1. present _____   near future __X__
2. present _____   near future __X__
3. present __X__   near future _____
4. present _____   near future __X__
5. present __X__   near future _____
6. present __X__   near future _____

Pratiquons!

A. Demain matin. *(Tomorrow morning.)* Lucien is going to tell you what he and his friend Alain are going to do tomorrow morning. Complete each blank in the paragraph with the correct form of the verb **aller.**

Demain, je (1) ___vais___ manger le petit déjeuner sur le balcon.
Je (2) ___vais___ contempler les palmiers et la mer *(sea).*
Mon copain Alain (3) ___va___ téléphoner à 10 heures. Alain et moi, nous (4) ___allons___ aller au parc faire du jogging.
Ensuite, nous (5) ___allons___ chercher le pain *(bread)* et nous (6) ___allons___ acheter le journal. Les vendeurs *(sellers)* de journaux (7) ___vont___ commenter les derniers événements *(events)* politiques. Finalement, je (8) ___vais___ rentrer chez moi *(to my house)* et Alain (9) ___va___ aller chez lui *(to his house).*

B. Dans quelques années. (In a few years.) Tell what these celebrities are going to do, using the expressions provided. Answer in the affirmative or the negative.

> **MODÈLE:** John Travolta / être président des États-Unis
>
> *Dans quelques années, John Travolta va être président des États-Unis. / Dans quelques années, John Travolta ne va pas être président des États-Unis.*

1. Nicole Kidman / gagner un autre Oscar
2. Madonna / avoir un quatrième enfant
3. Jodie Foster et John Travolta / habiter à la Maison Blanche ensemble *(together)*
4. Brad Pitt / sortir avec *(to go out with)* Lindsay Lohan
5. Steven Spielberg / filmer *E.T. 2*
6. Jon Stewart et Beyoncé / chanter ensemble sur un nouveau CD

C. Pas maintenant! (Not now!) Ask a classmate if he/she is going to do the following things. Your classmate is going to answer with a complete sentence, using **pas… maintenant** *(now)*. Follow the model.

> **MODÈLE:** écouter le prof
>
> —*Est-ce que tu vas écouter le prof?*
> —*Je ne vais pas écouter le prof maintenant!*

1. étudier la leçon de français
2. travailler sur l'ordinateur
3. regarder le DVD de *À vous!*
4. parler au prof
5. jouer sur la console
6. aller au laboratoire de langues

D. Le livreur. (The delivery person.) A client has ordered some furniture and appliances to be delivered to his house. You are **le livreur (la livreuse)** and are calling to update your client. Use the near future to say which item you are going to deliver **(livrer)** and when.

> **MODÈLE:** 15 minutes
>
> *Je vais livrer la table dans quinze minutes.*

Je vais livrer le lave-linge
1. 25 minutes
dans vingt-cinq minutes.

Je vais livrer le tapis dans
2. 16 minutes
seize minutes.

Je vais livrer quarante
3. 40 minutes

Je vais livrer la commode
4. 5 minutes
dans cinq minutes.

5. 38 minutes
Je vais livrer les tables de nuit dans trente-huit minutes.

CD 1
Track 39

STRUCTURE 2

Les verbes réguliers en -*ir*

 Grammar Tutorials

In Chapters 2 and 3 you learned about regular and stem-changing verbs ending in **-er**. A second group of regular verbs in French end in **-ir**. To conjugate these verbs, drop the **-ir** of the infinitive and add the appropriate ending.

finir (to finish)	
je finis	nous finissons
tu finis	vous finissez
il / elle / on finit	ils / elles finissent

The following **-ir** verbs are also regular.

bâtir *to build*	punir *to punish*
choisir *to choose*	réussir (à) *to succeed in, to pass (a test)*
obéir (à) *to obey*	salir *to dirty*

- To to ask a question or make an **-ir** verb negative, follow the same rules as for other verbs.

    —**Est-ce que** tu punis ton chien?   *Do you punish your dog?*
    —Non, je **ne** punis **pas** mon chien.   *No, I don't punish my dog.*

- The verb **obéir** uses the preposition **à** when followed by a noun.

    Alex obéit **à sa mère.**   *Alex obeys his mother.*

- The verb **réussir** uses the preposition **à** when followed by an inifinitve. It does not use **à** when followed by a noun.

    Je réussis **à finir** mes devoirs.   BUT   Je réussis mes examens.

Attention!

When making a form of **réussir** or **obéir** negative, the **ne** and **pas** directly precede and follow the verb form. The preposition **à** follows **pas.**

Les enfants **n'**obéissent **pas** à   *The children don't obey their parents.*
   leurs parents.

Remember that **à + le = au** and **à + les = aux.**

Est-ce que les étudiants obéissent **aux** professeurs?
J'obéis **au** prof de français!

VÉRIFIEZ votre compréhension

1. Go back to the **Passage 1** section on pp. 102–104. Which **-ir** verbs does Aurélie use? What are their infinitives?
2. If Aurélie had been using the **nous** form of these verbs instead of the **je** form, how would these verbs be conjugated?

Chapitre 4   Structure 2 · cent onze   **111**

Pratiquons!

A. Dans mon quartier. Tell what the following people in your neighborhood do. Complete each sentence with the correct form of the verb in parentheses.

1. Tous les matins, les enfants (finir) _finissent_ leurs devoirs.
2. Mon voisin (punir) _punis_ son chat quand il est sur la table.
3. Tu (bâtir) _bâtis_ une nouvelle maison très moderne à côté de mon appartement.
4. Au parc, la petite fille (obéir) n'_obéit_ pas à son père.
5. Vous (choisir) _choisissez_ un bon vin pour le dîner.
6. Mes amis et moi, nous (salir) _salissons_ la cuisine quand on prépare le dîner.
7. Mon colocataire (finir) _finis_ ses devoirs dans le salon devant la télé!
8. Je (réussir) enfin _réussis_ à faire des crêpes!

B. Je suis étonné(e)! (I'm stunned!) Your classmate just can't believe what you are telling him/her. Compose a sentence based on the cue. Your partner will reply by repeating the sentence in the **tu** form and by saying, "**je suis étonné(e)!**"

> MODÈLE: je / finir les activités dans le cahier
>
> —*Je finis les activités dans le cahier.*
>
> —*Tu finis les activités dans le cahier... je suis étonné(e)!*

1. je / finir les devoirs pour le cours de français
2. je / choisir des cours difficiles ce semestre
3. mes amis / ne... pas / salir mon salon quand il y a une fête
4. ma petite sœur (mon petit frère) / obéir à mes parents toujours
5. mes parents / punir mes amis aussi
6. mes amis et moi, nous / réussir à obtenir / un score parfait au jeu *Rock Band*!

C. Oh, vraiment? (Oh, really?) Go back to Activity B, and ask your classmate to tell you the truth about each statement. Reverse roles. Follow the model.

> MODÈLE: Toi: *Est-ce que tu finis vraiment les activités dans le cahier?*
>
> Ton/Ta partenaire: *Oui, je finis vraiment les activités dans le cahier. / Pas vraiment, je ne finis pas les activités dans le cahier.*

À vous de parler!

A. Votre maison / appartement. Your new in-laws are calling from abroad. They have not seen your new home yet. However, they are very curious and they want to know what your new house/apartment is like. Describe it to them and tell them what you have in each room, answering their questions in detail.

Possible questions from the in-laws: What is your bedroom like? Do you have two beds or one bed? What is your kitchen like? Do you have two bathrooms or one? etc.

> **MODÈLE:** —*Comment est votre chambre?*
> —*Notre chambre est…*

B. Le voyant / La voyante. *(The fortune-teller.)* You are a famous fortune-teller. Two clients have come to you to find out what the future holds for them. Using the near future, make predictions based on your clients' questions.

Possible questions: Am I going to live in Paris? Am I going to work? Am I going to get married **(me marier)?** Am I going to have children? etc.

> **MODÈLE:** —*Est-ce que je vais terminer mes études?*
> —*Oui, vous allez terminer dans dix ans!*

C. La nouvelle collection! You and your friends have been hired as designers at Roche Bobois, the very prestigious French furniture store. You are in charge of designing the new collection for their catalog, in particular living rooms and bedrooms. Write a short description of the furniture pieces and the furnishings (such as rugs, paintings, etc.) as well as the price for each item. Create this new collection by drawing or cutting pictures from a catalog of the rooms that you and your friends have designed, and show them to the class. Which ones would you buy?

What do you imagine the apartments inside this building would look like?

Les Européens habitent comme ça

En Europe francophone (c'est-à-dire en France, en Belgique, à Monaco, au Luxembourg et en Suisse), il est très commun d'habiter en centre-ville. Les Européens aiment bien leurs villes, et beaucoup de personnes préfèrent habiter dans un appartement en ville, plutôt que[1] d'habiter dans les banlieues[2]. Les vieux bâtiments sont surtout recherchés[3]; ce qui[4] est nouveau et moderne est beaucoup moins désirable. Les maisons dans le centre-ville sont assez rares; il y a surtout des appartements. Il n'est pas rare pour les familles qui habitent dans un appartement en ville d'avoir aussi une maison de vacances à la campagne[5]; comme ça ils peuvent quitter[6] la ville de temps en temps.

Dans les banlieues, c'est très différent. On trouve beaucoup de nouvelles maisons individuelles, et des immeubles modernes avec beaucoup d'appartements. Le problème, c'est qu'on n'a pas l'avantage d'habiter près[7] des magasins et des restaurants, et le trajet[8] pour aller au travail est plus long. Pour cette raison, les logements dans les banlieues sont moins chers[9] que les logements au centre-ville. C'est aussi dans les banlieues où l'on trouve les HLM—les habitations à loyer modéré[10]—pour les personnes aux revenus modestes.

Courtesy of Véronique Anover and Theresa A. Antes

Réfléchissons!

Compare housing in the United States and in Europe by answering the following questions.

1. What differences do you see between living downtown and living in the suburbs in the United States and in Europe? What are considered the advantages and disadvantages of each in the two cultures?

2. In the United States, where is subsidized housing generally located? And in Europe? What does this say about how these locations are perceived in the two cultures?

3. Can you think of any American towns where living downtown is as prized as it is in Europe? Why do you think this is the case?

4. Do you know many people with vacation homes? If not, what do the people you know do for vacation instead?

[1]rather than [2]suburbs [3]especially sought after [4] that which [5]in the country
[6] can leave [7]near [8]commute [9]less expensive [10]subsidized housing

Passage 2

Retournons à l'appartement d'Aurélie

Dans l'appartement d'Aurélie, il y a quatre pièces: une cuisine, un salon, une salle à manger, une chambre et une salle de bains. Il y a aussi des toilettes, bien sûr! Regardons ces pièces ensemble… Dans la cuisine, il y a une cuisinière avec un four. La cuisinière est entre[1] le réfrigérateur et l'évier. (Le réfrigérateur est à gauche[2] de la cuisinière, et l'évier est à droite[3] de la cuisinière.) Au-dessus[4] de la cuisinière, il y a un four à micro-ondes. Dans le coin[5], il y a un lave-linge.

À côté de[6] la cuisine, il y a le salon avec un sofa mais il n'y a pas de fauteuil. Devant[7] le sofa il y a une table basse, et sous[8] la table basse, il y a un tapis. À gauche du sofa, il y a une lampe. Dans le coin, Aurélie a un téléviseur, avec une console de jeux vidéo et un lecteur de DVD. Elle a aussi une chaîne hi-fi. Derrière[9] le sofa, il y a une grande fenêtre, donc, c'est une pièce très lumineuse. À droite du sofa, il y a une table et quatre chaises. Il y a un grand tapis sous la table.

Derrière le salon, il y a une chambre. Aurélie aime bien sa chambre; elle est calme et accueillante[10]. Dans sa chambre, elle a un grand lit. À côté du lit, il y a une table de nuit, et en face[11] du lit, il y a un bureau. Sur[12] le bureau, il y a un ordinateur.

Pour finir, il y a la salle de bains. Elle est très petite, mais il y a l'essentiel— un lavabo et une douche. Au-dessus du lavabo, il y a un miroir. Les toilettes sont à côté de la salle de bains. Dans[13] les toilettes, il y a les W.-C et un lavabo.

[1]between　　[2]to the left of　　[3]to the right of　　[4]Above　　[5]corner　　[6]Next to　　[7]In front of
[8]under　　[9]Behind　　[10]cozy　　[11]facing　　[12]On　　[13]In

Vous avez bien compris?

Describe Aurélie's apartment using an appropriate word or expression.

1. À côté du sofa il y a _____ et devant le sofa il y a
   _____.

2. Dans la cuisine, il y a l'essentiel: un _____, un
   _____ et l'_____. Le micro-ondes est
   _____ de la cuisinière.

3. Pour se détendre (to relax) dans le salon, Aurélie a un _____,
   une _____ de jeux vidéo et une _____.

→ Mon vocabulaire ←

Les prépositions

à côté de	beside, next to	dans	in
à droite de	to the right of	derrière	behind, in back of
à gauche de	to the left of	devant	in front of
au-dessus de	above, over	entre	between
en face de	across from, facing	sous	under
près de	close to	sur	on
loin de	far from		

À vous!

A. C'est logique? Mme Foufou is very extravagant and the way she has furnished her house is somewhat unusual. Read the description of the rooms in her house and indicate *normal* if the lay out and placement of the furniture makes sense or *pas normal* if it does not make sense.

1. Dans la cuisine, il y a une petite douche pour le chien.
   normal ~~pas normal~~

2. Dans la cuisine, il y a un réfrigérateur, un évier et une cuisinière aussi.
   ~~normal~~ pas normal

3. Dans le salon, il y a un fauteuil et une table de nuit.
   normal ~~pas normal~~

4. Dans le salon, il y a aussi un tapis et des rideaux.
   ~~normal~~ pas normal

5. Dans la chambre, il n'y a pas de lit, mais il y a un sofa.
   normal ~~pas normal~~

6. Dans la salle de bains, il y a un ordinateur à côté du lavabo.
   normal ~~pas normal~~

7. Dans la salle de bains, il y a un miroir.
   ~~normal~~ pas normal

8. Dans la salle à manger, il y une grande table et six chaises.
   ~~normal~~ pas normal

B. Le studio de Lucien. Look at the floor plan of Lucien's studio, and say whether the following statements are **vrai** *(true)* or **faux** *(false)*. Correct the false statements.

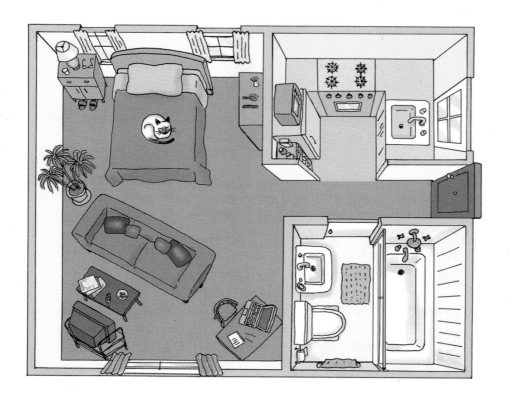

1. Dans l'appartement de Lucien, il y a deux lits. _____ vrai _X_ faux Il y a un lit.
2. La commode est entre le lit et la cuisine. _X_ vrai _____ faux
3. Il n'y a pas de table dans la cuisine de Lucien. _X_ vrai _____ faux
4. La table basse est derrière le sofa. _____ vrai _X_ faux ·Elle est entre le sofa et la téléviseur.
5. Le bureau est à côté de la porte. _____ vrai _X_ faux. Le bureau est dans le coin.
6. Le téléviseur est dans le coin du salon. _X_ vrai _X_ faux
7. Le four à micro-ondes est sous le réfrigérateur. _____ vrai _X_ faux ~~Pull~~ Il est sur le réfrigérateur.
8. Le lit est près du sofa. _____ vrai _____ faux

C. C'est où chez vous? *(Where is it in your house?)* Using the prepositions from this chapter, answer the following questions about your own room or house.

1. Où est votre ordinateur?
2. Est-ce que votre table de nuit est à gauche ou à droite de votre lit?
3. Est-ce que votre four à micro-ondes est près de la table ou loin de la table?
4. Qu'est-ce qu'il y a *(What is there)* derrière votre canapé?
5. Où sont les tapis?
6. Qu'est-ce qu'il y a en face de votre bureau? Et sur votre bureau?

STRUCTURE 3

 Grammar Tutorials

Quelques prépositions de lieux et les contractions avec *de*

- When describing where something is located in relationship to something else, a preposition is used. Prepositions may consist of one or more words. Compare these sentences below.

Dans mon apartement, le sofa est **à côté d'**un fauteuil.	*In my apartment, the sofa is **beside** an armchair.*
Sous le sofa, il y a un tapis.	*Under the sofa, there is a rug.*
Devant le sofa, il y a un téléviseur.	*In front of the sofa, there is a television.*

- Notice that many of the prepositions in *Mon vocabulaire* on p. 00 end in **de**. These prepositions use **de** when followed by a noun, but they can also stand alone.

La salle de bain est **à gauche de** la chambre.	*The bathroom is to the left of the bedroom.*

BUT

La salle de bain est **à gauche**.	*The bathroom is to the left.*

- The one-word prepositions (**dans, derrière, devant, entre, sous, sur**) are never followed by **de**.

Le fauteuil est **devant** la lampe.	*The armchair is front of the lamp.*

- When **de** is followed by **le** or **les** it contracts.

de	+	la	=	de la
de	+	l'	=	de l'
de	+	le	=	du
de	+	les	=	des

Le lit est à côté **de la** table.	*The bed is next to the table.*
Le lit est à côté **de l'**armoire.	*The bed is next to the armoire.*
Le lit est à côté **du** téléviseur.	*The bed is next to the television.*
Le lit est à côté **des** chaises.	*The bed is next to the chairs.*

VÉRIFIEZ votre compréhension

Go back to the description of Aurélie's apartment in the **Passage 2** section (p. 115), and underline all the prepositions that you find. Then answer the following questions.

1. What do these words and phrases mean in English?
2. Which prepositions take **de?** Why?
3. Has there been a contraction with the definite article? Why or why not?
4. Which prepositions do not take **de?**

Pratiquons!

A. Où sont-ils? Look at Lucien's apartment and answer the following questions. Some questions may have several possible answers.

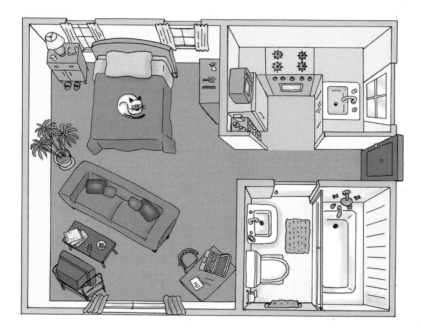

1. Combien de fenêtres est-ce qu'il y a dans l'appartement de Lucien?
2. Qu'est-ce qu'il y a dans la cuisine?
3. Est-ce que le four à micro-ondes est sur le réfrigérateur ou sous le réfrigérateur?
4. Où est l'ordinateur?
5. Où est le lit?
6. Est-ce que la table basse est devant le sofa ou derrière le sofa?
7. Où sont les placards?
8. Où est la porte *(door)*?

B. Architectes. You are an architect, and you are talking to a client over the phone about a remodeling job. Ask your client the following questions so that you can draw a layout of his/her rooms, with furniture and appliances in place. When you are finished, reverse roles. Did the drawings come close to your actual houses or apartments?

1. Est-ce que vous habitez dans une grande maison ou une petite maison? Où? Habitez-vous dans un appartement? Où? À quel étage?

2. Combien de pièces avez-vous? Où sont les pièces? La cuisine? Le salon? La salle à manger? Les toilettes? etc.

3. Qu'est-ce qu'il y a dans chaque pièce? Où sont placés les meubles *(furniture)*?

4. Est-ce que vous avez un bureau? Où est-il? Qu'est-ce que vous avez sur votre bureau?

Portrait personnel

Have you heard enough about the apartment or house of one of your classmates to describe it? Choose a classmate whose house or apartment you remember and describe it. (You may use the drawings you made in Activity B, *Architectes*.) If you do not remember your partner's house or apartment, ask him/her some questions before beginning to write.

Courtesy of Véronique Anover and Theresa A. Antes

How are the public restrooms in your country different from the one you see in this picture? How are they indicated? Are they indicated on a street sign?

© Cengage Learning

Passage 3

Activités pendant le week-end

Le week-end, Aurélie retourne chez ses parents. Toute la famille est là, et tout le monde[1] travaille. Le matin, il fait beau mais pas trop chaud, donc vers[2] huit heures[3] son père, Michel, travaille dans le jardin. Il aime bien faire du jardinage. Le reste de la famille aime dormir[4] un peu plus tard[5]. Ils commencent à travailler vers dix heures. La sœur d'Aurélie, Agnès, fait la lessive et son frère, David, fait le repassage. David regarde la télé pendant qu'il travaille. Les jumelles, Léa et Andréa, font la vaisselle. La mère d'Aurélie, Cécile, est en train de peindre[6] la maison. Elle déteste faire du jardinage, mais elle adore faire du bricolage[7]. Et Aurélie? Qu'est-ce qu'elle va faire? Elle va travailler à l'intérieur. Elle va passer l'aspirateur[8] et elle va faire le ménage. Le soir, vers six heures et demie, elle va faire la cuisine; c'est elle qui prépare le dîner ce soir!

Vous avez bien compris?

Answer the following questions in French.

1. Qu'est-ce qu'Aurélie va faire aujourd'hui?

2. Que fait David pendant qu'il travaille?

3. Que font les jumelles?

4. Qui fait du jardinage?

5. Qui ne va certainement pas faire de jardinage? Pourquoi pas?

6. D'après vous *(In your opinion),* comment dit-on «faire le ménage» en anglais?

[1]everyone   [2]around   [3]8:00 am   [4]sleep   [5]later   [6]to paint   [7]to do repair work
[8]run the vacuum cleaner

→ Mon vocabulaire ←

Travaux ménagers

faire la cuisine

faire les courses *(f.)*

faire le linge / faire la lessive

faire le ménage

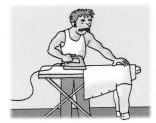
faire le repassage

faire la vaisselle

faire du bricolage

faire du jardinage

passer l' aspirateur *(m.)*

faire les valises *(f.)*

faire les vitres *(f.)*

faire un gâteau

Expressions de temps

Quel temps fait-il?

Il fait beau.

Il fait chaud.

Il fait froid.

Il fait frais.

Il fait du vent.

Il fait du soleil.

Il neige.

Il pleut.

Les saisons

l'été *(m.)*

le printemps

l'automne *(m.)*

l'hiver *(m.)*

À vous!

A. Que faites-vous? For each of the following situations, tell which of the activities listed in the *Mon vocabulaire* section is important to do or not to do.

> **MODÈLE:** avant l'arrivée de tes parents
> *Avant l'arrivée de mes parents, il est important de...*
> *faire la vaisselle, faire la lessive, passer l'aspirateur.*

Expressions utiles

faire un voyage (*to take a trip*)

faire les devoirs (*to do homework*)

faire un gâteau (*to make a cake*)

1. pour fêter (*to celebrate*) l'anniversaire d'un ami chez vous (*at your place*) (il est important de...)
2. avant d'aller en cours
3. pour nettoyer (*clean*) la maison
4. pour travailler à l'extérieur
5. pour aller en vacances

 B. Quel temps fait-il? Tell the class what the weather is like in the city or town you come from for each of the following seasons. When you have finished, vote on whose hometown has the best weather **(le meilleur climat).**

1. Je suis de ___Mira Mesa___.
2. En hiver, il ___fait frais___.
3. En été, il ___fait du soleil___.
4. Au printemps, il ___fait frais___.
5. En automne, il ___fait chaud___.
6. La saison que je préfère, c'est le ___été___ parce que ___de temps___.
7. La ville de ___San Diego___ a le meilleur climat.

 C. Qui fait le travail? Ask a classmate the following questions about household chores. Then, answer his/her questions. Who does all the work at home?

1. Qui fait le ménage chez toi? Quand?
2. Qui fait la cuisine d'habitude? Quelle est la spécialité de la maison?
3. Qui fait la lessive? Quel jour de la semaine?
4. Qui fait les courses? Où? Quand?
5. Qui fait le repassage? Quand?
6. Qui fait du bricolage? Pourquoi?

CD 1
Track 42

STRUCTURE 4

 Grammar Tutorials

Le verbe *faire*

The verb **faire** *(to do, to make)* is irregular in the present tense.

faire	
je **fais**	nous **faisons**
tu **fais**	vous **faites**
il / elle /on **fait**	ils / elles **font**

Je **fais** mes devoirs.   *I'm doing / I do my homework.*
Il **fait** un gâteau.   *He's making / He makes a cake.*

- **Faire** is used in a number of idiomatic expressions. This means that they can't be literally translated into English.

Nous **faisons un voyage.**   *We're taking a trip.*
Je **fais la vaisselle.**   *I'm washing (doing) the dishes.*
Ils **font du jardinage.**   *They garden / do the gardening.*

- **Faire** is used in many expressions to describe the weather. These expressions are conjugated in the third person singular.

Il fait beau.   *It's nice outside.*
Il fait du soleil.   *It's sunny.*

Note: Two common weather expressions do not use **faire**, but **pleuvoir** *(to rain)* and **neiger** *(to snow)* instead.

Il pleut.   *It's raining. / It rains.*
Il neige.   *It's snowing. / It snows.*

VÉRIFIEZ votre compréhension

Reread the description of the weekend activities of Aurélie and her family on p. 121. Then answer the following questions.

1. What idiomatic expressions contain **faire?** What do these expressions mean?
2. Are there any weather expressions with **faire?** If so, how is it conjugated, and why?
3. What other verbs are used? Are they regular or irregular verbs?

Pratiquons!

A. Que font ces personnes? Look at the drawings and tell what each person is doing. Then rewrite your sentences, substituting the subject pronouns in parentheses. Pay specific attention to the form of the verb.

1.

Il... (Je / Vous / On)

Il fait la vaisselle.

2.

Ils... (Tu / Nous / Vous)

Ils font un voyage.

3.

Elle... (Elles / Je / On)

Elle fait du bricolage.

4.

Ils... (Vous / Nous / Elle)

Ils font du jardinage.

B. Quel temps fait-il à... ? Ask and answer the following questions with a partner. There may be more than one appropriate answer; give as many as you can.

1. Quel temps fait-il à Houston en été?
2. Quel temps fait-il à Québec en hiver?
3. Quel temps fait-il à Seattle en mars?
4. Quel temps fait-il à Atlanta en automne?
5. Quel temps fait-il à Dakar (au Sénégal) en juillet?
6. Quel temps fait-il dans ta ville en janvier?

C. À la recherche d'un «oui»! Interview your classmates to find someone who does each of the following. Do not use the same classmate for more than one **oui** answer.

Trouvez une personne qui...

1. aime faire la vaisselle.
2. aime faire du jogging.
3. va faire la lessive aujourd'hui.
4. finit toujours ses devoirs.
5. fait ses devoirs le samedi.
6. va faire des courses après le cours.
7. n'aime pas l'été.
8. adore l'hiver.
9. habite près de l'université.
10. travaille loin de l'université.

STRUCTURE 5

L'heure

Les journées d'Aurélie sont très chargée. Elle va en cours à huit heures et quart du matin.

À midi, elle retourne à la maison. Elle déjeune *(has lunch),* et elle fait la vaisselle. À deux heures et demie de l'après-midi, elle va au travail.

Vers sept heures du soir, elle dîne avec des amis. Elle prend *(takes)* le bus de huit heures vingt pour retourner chez elle.

- To tell time on the hour, use the formula:

  Il est + *number* + **heure(s).**

1 h 00	Il est une heure.	*It's one o'clock.*
10 h 00	Il est dix heures.	*It's ten o'clock.*

Notice that there is no **s** on **heure** when it follows **une**.

- To say it's noon and midnight, use:

  Il est midi. *It's noon.*   Il est minuit. *It's midnight.*

- To tell time to up to 30 minutes past the hour, use:

Il est	+	number	+	heure(s)	+	number of minutes
						et quart (quarter past)
						et demi(e) (half past)

2 h 10	Il est deux heures dix.
9 h 15	Il est neuf heures et quart.
1 h 30	Il est une heure et demie.
12 h 30	Il est midi et demi.

- To tell time 30 minutes before the hour, use:

Il est	+	number	+	heure(s)	+	moins	number of minutes
							le quart (quarter until)

6 h 55	Il est sept heures moins cinq.
3 h 45	Il est quatre heures moins le quart.

- Other time expressions include:

à ... heures	*at ... o'clock.*
du matin	*in the morning*
de l'après-midi	*in the afternoon*
du soir	*in the evening*

VÉRIFIEZ votre compréhension

1. How is *noon* expressed in French?
2. What does Aurélie do at **huit heures et quart du matin?** And **at deux heures et demie de l'après-midi?**
3. At what time does she take the bus?

Pratiquons!

A. La journée de Cécile Marquis. You've seen Aurélie Marquis's day. Now, say at what time her mother completes her activities.

> **MODÈLE:** 9 h 30, aller au travail
> *À neuf heures et demie du matin, Cécile va au travail.*

1. 10 h 10, parler avec le patron *(boss)*
2. 10 h 40, aller à la poste
3. 11 h 15, retourner au bureau
4. entre 12 h et 1 h 30, déjeuner
5. 2 h 30, assister à *(attend)* une réunion
6. 4 h 20, téléphoner à un client

B. À quelle heure est-ce que tu... ? Interview a partner to find out what time he/she does the following things.

MODÈLE: arriver à l'université

À quelle heure est-ce que tu arrives à l'université?

1. déjeuner
2. rencontrer *(meet up with)* tes amis
3. aller en cours de français
4. faire tes devoirs
5. retourner chez toi
6. regarder ton émission préférée à la télé

Portrait personnel

Write a description of your partner's day. When does he/she do each activity? How does this compare to your own day?

C. Quelle heure est-il? *(What time is it?)* Restate the time, using the 24-hour clock.

MODÈLE: 9 h 50 du soir

Il est vingt et une heures cinquante.

1. 6 h 30 du matin
2. 10 h 20 du soir
3. 1 h 15 de l'après-midi
4. 3 h 10 de l'après-midi
5. 7 h 08 du matin
6. 11 h 35 du soir

Now, tell a classmate what you do at the above times.

MODÈLE: À 6 h 30 je commence la journée.

Trains au départ

Départ	Destination		Train n°	Voie
8 h 16	LYON –PART-DIEU	*ter*	17702	2
8 h 46	PARIS –LYON	TGV 1 - 2 CLASSE	6194	
9 h 01	CERBERE	SUPPRIME	76409	
9 h 48	MARSEILLE	*ter*	17703	
10 h 05	LYON –PART-DIEU	*ter*	17430	
10 h 07	MONTPELLIER	SUPPRIME	76411	
10 h 29	STRASBOURG METZ	TRAIN GRANDES LIGNES	4340	
10 h 32	MIRAMAS	TGV 1 - 2 CLASSE	6191	

Le saviez-vous?

In French-speaking countries, the 24-hour clock is used much more frequently than in the United States. We tend to think of this as "official" or "military" time, but other cultures use the 24-hour clock as a way of making clear whether an activity is scheduled for the morning or the afternoon. It is used for train and bus schedules, TV guides, movie and concert announcements, appointments, and class meetings. To convert from conventional time to official time, simply add 12 to the P.M. hours: 8:00 A.M. remains **huit heures,** but 8:00 P.M. becomes **vingt heures.** When using the 24-hour clock, the expressions **midi, minuit, quart,** and **demie** are not used, and minutes to the hour are not expressed: 4 h 55 is **quatre heures cinquante-cinq** (and not **cinq heures moins cinq,** as in conventional time).

iLrn Complete the diagnostic tests to check your knowledge of the vocabulary and grammar structures presented in this chapter.

À vous de parler!

A. Décorateur d'intérieur. You are an interior designer. Two roommates ask you to help them decorate their empty house. Look at their floor plan and decorate one room at a time. Decide with them on the furniture and appliances. You might also talk about the colors of the walls and the furniture (sofas, curtains, rugs, etc.). Once you are done, show the newly designed house to the class. The class will vote on their favorite.

B. L'agent immobilier. You and some classmates have decided to rent an apartment together in Paris. In groups of three or four, decide what kind of apartment you are going to rent (how many rooms, etc.). Explain to your real estate agent (your teacher) what your needs are; he/she will provide you with options. When you have chosen an apartment, discuss together how you will furnish it. Then, decide with your roommates who is going to do which housekeeping chores. When you have finished, explain your choices to the rest of the class. Each member of the group should speak at least once during this presentation.

C. La météo. *(The weather forecast.)* You work for the French TV station, TV5. One of you is a meteorologist who will use the map of France to forecast the weather in the near future. The other is a journalist who makes comments on the weather. Let the class decide who has the best newscast.

MODÈLE: Meteorologist: *Il va pleuvoir à Paris samedi.*

Journalist: *Alors, nous n'allons pas aller au parc!*

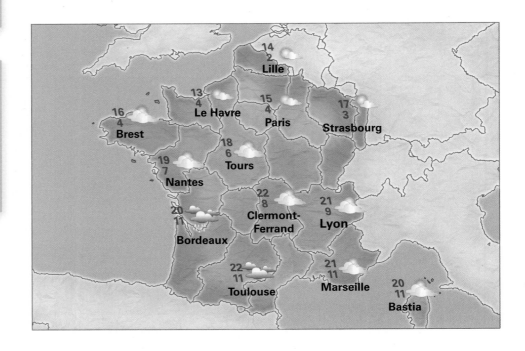

Les Québécois s'amusent comme ça en hiver

Au Québec, il fait très froid en hiver et il neige beaucoup. Malgré cela[1], les Québécois ne restent pas à l'intérieur pendant toute cette saison! Ils aiment beaucoup les sports d'hiver, et ils sortent[2] souvent pour faire du ski ou du patin à glace[3]. Pour célébrer cette belle saison, ils

ont aussi un carnaval d'hiver chaque année. Le carnaval dure deux semaines en janvier et en février, et il y a beaucoup d'activités très variées pour toute la famille. Les activités les plus populaires sont les défilés[4], les promenades en traîneau à chien[5], les sculptures sur glace, les courses en canoë[6] et les courses d'attelages de chiens[7]. Il y a aussi une maison de glace et un grand bonhomme de neige[8]. Tout le monde sort pour s'amuser à l'extérieur—il fait froid, mais beau, et normalement il fait du soleil. Après, on retourne à la maison fatigué, mais de très bonne humeur. C'est vrai que l'hiver est rude[9] au Québec, mais cela ne veut pas dire[10] que l'on ne peut pas[11] s'amuser!

Réfléchissons!

1. Why do you think the people of Quebec stage a winter carnival each year? What is its real purpose?

2. Do you live now, or have you ever lived, in a place where the climate is particularly severe? How do people adapt to it?

3. Can you think of any festivals that are similar to the Quebecois winter carnival in purpose? What happens at these festivals? What do they celebrate? What would people from other climates think of these activities?

4. What is the main outdoor activity in the city where you live? When does it take place? What would people from other cultures think of this activity?

[1]in spite of this   [2]go out   [3]ice skating   [4]parades   [5]dogsled   [6]ice-canoe races (on snow-covered streets)   [7]dogsled races   [8]snowman   [9]harsh   [10]does not mean   [11]cannot

À vous d'écrire!

You are going to spend a year abroad (choose a city in France, Francophone Europe, Canada, or West Africa). You need to rent a fully furnished apartment for one year, and you are going to write an email in French to a real estate agent who can help you find an apartment.

A. Stratégies. Keep in mind the vocabulary and the expressions that you have just seen in this chapter and in previous chapters. Do not try to translate directly from your own language in order to express your ideas. Use the words that you already know. Pay attention to noun-adjective agreement, spelling, and sentence structure.

It may help you to look at the below pictures of an apartment in France to list all the vocabulary words that you know to describe these pictures. For example, a bedroom with a big bed and a desk; a bathroom with a bathtub and two sinks; a kitchen with a washer and a dish washer; etc.

salon

cuisine

chambre

salle de bains

B. Organisons-nous! First, think about how you would start your message. Decide in which city you are going to be spending a year and in what type of neighborhood you would like to live (for example, near the university, or near a park, etc). Greet the real estate agent in your email and tell him/her the reason you are writing.

Next, consider the type of apartment that you would like to rent, and write a brief description in French. There is no need at this point to write complete sentences. Your description could be as short as "one bedroom with a balcony, two bathrooms, a big kitchen, and a living room."

Courtesy of Véronique Anover and Theresa A. Antes

Would you like to live in a house like this one? Why or why not?

Finally, make a list in French of questions that you would like to ask the real estate agent, such as whether there is certain furniture in the apartment, whether there are roommates **(colocataires)**, etc.

C. Pensons-y! Now that you have decided what type of apartment you are looking for, make a list of the furniture and appliances that you would like to have in each room, and where you would like them to be. Start with **Je voudrais…** *(I would like . . .).*

Kitchen	Living room
Bedroom	Dining room
Bathroom	Additional rooms/features

D. Révisons! Exchange your draft with a classmate. Then check each other's work. Check the spelling of the words as well as the prepositions. Check the way he/she phrased his/her questions. Did he/she make agreements between adjectives and nouns? Does he/she have the correct articles with the nouns? Correct each other's work before you begin Activity E.

E. Écrivons! Now that you have drafted the main ideas that you would like to include in your email, create a coherent paragraph. In order to make your email more personal, tell the real estate agent a little about yourself (your likes and dislikes) and why you are going abroad.

Expressions utiles
Monsieur… / Madame…
Je me permets de vous contacter parce que je…
Bien cordialement,

Lexique ◀))

Le logement *Housing*

un appartement	*apartment*	un(e) locataire	*tenant*
un ascenseur	*elevator*	un loyer	*rent*
une boîte aux lettres	*mailbox*	une maison	*house*
un(e) colocataire	*roommate*	une pièce	*room*
un escalier	*stairs*	un vestibule	*foyer*
un étage	*floor*	un volet	*shutter*
un immeuble	*apartment building*		

La cuisine / La kitchenette *The kitchen / the kitchenette*

une cuisinière	*stove*	un (four à) micro-ondes	*microwave (oven)*
un évier	*sink*	les placards *(m.)*	*kitchen cupboards*
un four	*oven*		
un lave-vaisselle	*dishwasher*	un réfrigérateur	*refrigerator*
un lave-linge	*washing machine*		

Le salon *The living room*

un balcon	*balcony*	une lampe	*lamp*
un canapé	*couch*	un tableau	*painting*
une chaîne hi-fi	*stereo*	un tapis	*rug*
un fauteuil	*armchair*		

La salle de séjour *The family room*

une console de jeux vidéo	*video game system*	un sofa	*sofa*
un futon	*futon*	un téléphone (sans fil)	*(cordless) phone*
un lecteur de DVD	*DVD player*	un téléviseur	*television*
un répondeur	*answering machine*		

La salle à manger *The dining room*

un buffet	*sideboard*	une table	*table*
une chaise	*chair*		

La chambre *The bedroom*

une armoire	*armoire*	un ordinateur	*computer*
un bureau	*desk; office*	un placard	*closet*
une commode	*chest of drawers*	les rideaux *(m.)*	*curtains*
une fenêtre	*window*	une table de nuit	*nightstand*
un lit	*bed*		

La salle de bains *The bathroom*

une baignoire	*bathtub*	un miroir	*mirror*
une douche	*shower*	les W.-C *(m.pl.)/* les toilettes *(f. pl.)*	*toilet, restroom*
un lavabo	*sink*		

Verbes *Verbs*

aller	*to go*	punir	*to punish*
bâtir	*to build*	réussir (à)	*to succeed (in)*
choisir	*to choose*	salir	*to dirty*
finir	*to finish*		
obéir (à)	*to obey*		

Les prépositions *Prepositions*

à côté de	*beside, next to*	en face de	*across from, facing*
au-dessus de	*above, over*		
à droite de	*to the right of*	entre	*between*
à gauche de	*to the left of*	loin de	*far (from)*
dans	*in*	près de	*close (to)*
derrière	*behind, in back of*	sous	*under*
		sur	*on*
devant	*in front of*		

Travaux ménagers *Household chores*

faire du bricolage	*to do repair work*	faire le ménage	*to do the housework*
faire les courses (f.)	*to run errands*		
faire la cuisine	*to cook*	faire le repassage	*to do the ironing*
faire un gâteau	*to make a cake*		
faire du jardinage	*to do the gardening*	faire la vaisselle	*to do the dishes*
		passer l'aspirateur (m.)	*to vacuum*
faire la lessive	*to do the laundry*		

Expressions de temps *Weather expressions*

Il fait beau.	*It's nice out.*	Il fait du vent.	*It's windy.*
Il fait chaud.	*It's warm.*	Il neige.	*It's snowing.*
Il fait frais.	*It's cool.*	l pleut.	*It's raining.*
Il fait froid.	*It's cold.*	Quel temps fait-il?	*What's the weather like?*
Il fait du soleil.	*It's sunny.*		

Les saisons *The seasons*

l'automne (m.)	*autumn*	l'hiver (m.)	*awinter*
l'été (m.)	*summer*	le printemps	*spring*

L'heure *The time*

de l'après midi	*in the afternoon*	et quart	*quarter past*
du matin	*in the morning*	une heure	*an hour/one o'clock*
		midi	*noon*
du soir	*in the evening*	minuit	*midnight*
et demi(e)	*half past/ thirty*	moins le quart	*quarter to*

La Wallonie  Visit La Wallonie on Google Earth!

À vous de découvrir!

DEA PICTURE LIBRARY/age fotostock

Le château de Jehay

Où est la Wallonie? La Wallonie est une région dans le sud de la Belgique. Dans cette région (la commune wallonne ou romane) on parle français, par opposition à la région flamande (au nord) où l'on parle néerlandais. Ces deux régions, aussi appelées communes, sont indépendantes et autonomes. (Elles ont leurs propres parlements.) Les Wallons sont les habitants de la Wallonie. Les villes les plus grandes sont Liège, Charleroi, Sambre et Namur. La capitale de la Wallonie est Namur.

Si vous aimez les châteaux[1], allez visiter le château de Jehay dans la province de Liège, qui date du XVIᵉ siècle[2]. À l'intérieur du château il y a de très beaux meubles (des antiquités), des tableaux, des tapisseries, des porcelaines et des œuvres d'art magnifiques. À l'extérieur, il y a des jardins, des fontaines et de très belles fleurs sur les allées.

Si vous êtes aventuriers, allez visiter le site archéologique de Malagne (une villa gallo-romaine) où vous pourrez[3] revivre l'époque romaine d'il y a 2000 ans!

[1]castles   [2]century   [3]will be able

Avez-vous compris?

Tell if the following statements are true or false (**vrai** ou **faux**) and then explain your answer.

1. La Wallonie est une région indépendante.
2. La Wallonie est une commune romane.
3. On parle français et néerlandais en Wallonie.
4. Le château de Jehay est dans la région flamande.
5. La villa Malagne est une villa (une maison) où habitaient *(lived)* les Romains.

À vous d'apprécier!

Explorations gastronomiques

Voici la recette *(recipe)* traditionnelle de la gaufre liégeoise. Au petit déjeuner, les gaufres sont servies nature *(plain)*, avec du sucre ou de la confiture *(jam)*. Au goûter, les enfants (et les grands!) aiment manger les gaufres avec de la crème chantilly *(whipped cream)* et des fruits. En dessert, on les sert avec de la crème chantilly, de la glace ou du chocolat fondu *(melted)*. Et vous, quand et comment mangez-vous vos gaufres?

Gaufres liégeoises

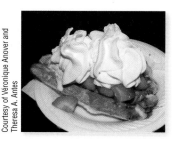

Courtesy of Véronique Anover and Theresa A. Antes

250 grammes de sucre
200 grammes de beurre *(butter)* fondu
500 grammes de farine *(flour)*
20 grammes de levure *(baking powder)*
100 + 100 millilitres de lait
3 jaunes d'œufs *(eggs)*
Une pincée de sel *(salt)*
Mélanger la farine et la levure dans 100 millilitres de lait. Ajouter *(Add)* le beurre, le sucre, les 3 jaunes d'œufs et les 100 millilitres de lait et bien mélanger. Dans le gaufrier *(waffle maker)* déposer 30 grammes de pâte à gaufre *(dough)* et laisser cuire *(cook)* jusqu'à ce que la gaufre soit bien dorée *(golden)*.

Explorations artistiques

Here is a painting from René Magritte (1898–1967), a surrealist artist from Wallonie. The Magritte Museum is in Brussels.

 With a classmate, ask each other the following questions:

1. Tu aimes aller au musée? Lequel *(Which one)* est ton préféré?
2. Préfères-tu l'art réaliste, impressionniste ou surréaliste?

Ceci n'est pas une pipe.

Digital Image © 2009 Museum Associates / LACMA / Art Resource, NY

3. Quel est ton tableau *(painting)* préféré? Et ton artiste préféré?

4. Que veut dire «Ceci n'est pas une pipe»?

5. With your classmate, explain why the artist chose this name for his painting. What point is he trying to make?

👤👤👤 À vous de réagir!

Henri Michaux est un poète et peintre belge, né à Namur en 1899 et décédé à Paris en 1984. Voici une de ses citations *(quotes)* les plus célèbres:

«On n'est pas seul *(alone)* dans sa peau *(skin)*».

1. In groups, give your interpretation of this quote. Then, share your interpretation with the class. Did the class find similar explanations of this quote? Who had the most convincing interpretation?

2. Why do you think this book cover has two pictures of Henri Michaux? Do you see any link between the quote above and this book cover?

Henri Michaux, Jean-Pierre Martin: Gallimard, 2003

Voici la couverture *(book cover)* d'une biographie sur Henri Michaux de Jean-Pierre Martin.

Mon blog

Je suis une mamie moderne… je blogue! (Je suis une blogueuse!!!) Je m'appelle Anou et je suis de Bruxelles. Mes deux filles habitent en Wallonie: une habite à Charleroi et l'autre à Liège. Mon mari et moi nous allons souvent voir nos petits-fils Alexandre et Maximilien. J'ai deux questions pour vous: mon petit-fils, Alexandre, va faire ses études en Californie (à San Francisco). Je cherche une chambre à louer[1] pour mon petit-fils dans un appartement avec des colocataires. Est-ce que vous avez une chambre à louer? Comment est l'appartement? Dans quel quartier? Voici ma deuxième question: mon petit-fils est très sportif. Il adore jouer au foot. Quels sont les sports qu'Alexandre peut faire à San Francisco? Merci chers[2] blogueurs pour vos réponses! ☺

Courtesy of Véronique Anover and Theresa A. Antes

👤👤👤 In groups, answer Anou's questions. Make descriptions as detailed as possible using the vocabulary and expressions that you saw in Chapters 3 and 4.

À vous de décider: Le français pour quoi faire? 🌐

Did you know that French is spoken on five continents, in 56 countries including island groups in both the Atlantic and Pacific Oceans? Visit the *À vous* online resources to find out more about the many different uses of French all around the world. ✈

Courtesy of Véronique Anover and Theresa A. Antes

The Eiffel Tower, in Paris

---

[1]to rent [2]dear

Ma ville

In this chapter, you will learn how to describe city streets and shops, and how to shop at clothing and grocery stores.

Courtesy of Véronique Anover and Theresa A. Antes

VOCABULARY
- Shops and stores
- Food items
- Clothing items
- Urban places such as commercial businesses, streets, and parks

STRUCTURES
- Regular verbs ending in -re
- Partitive articles and expressions of quantity
- The verbs **mettre**, **porter**, and **essayer**
- The pronouns y and en
- The verbs **prendre**, **comprendre**, and **apprendre**

CULTURE
- Brasseries
- Grocery shopping in France

iLrn
◀)) Audio
🌐 www.cengagebrain.com

RESSOURCES

CD 1
Tracks
44–47

Passage 1

On fait les courses

Après les cours à l'université, Aude et Julien vont faire les courses. Leur réfrigérateur est vide![1] Aude a la liste des courses[2] et Julien a le chariot.[3]

Ils font les courses dans une grande surface (c'est-à-dire un supermarché) et ils continuent chez les petits commerçants du quartier.

Julien et Aude vont d'abord[4] au supermarché *Carrefour*.

Courtesy of Véronique Anover and Theresa A. Antes

Au rayon crémerie

AUDE: Bonjour, Monsieur. Je voudrais[5] un morceau de Gruyère et je vais prendre[6] aussi un morceau de Roquefort.

LE CRÉMIER: Très bien! Voilà vos fromages. Et avec ceci?[7]

AUDE: Je vais prendre aussi une douzaine d'œufs.

Courtesy of Véronique Anover and Theresa A. Antes

Au rayon boucherie

JULIEN: Bonjour, Monsieur. Je voudrais un poulet fermier[8] et deux filets de bœuf.

LE BOUCHER: J'ai un beau poulet d'un kilo 200 grammes pour vous et voilà vos deux filets de bœuf. Et avec ceci?

JULIEN: C'est tout, merci.

[1]empty   [2]shopping list   [3]shopping cart   [4]first
[5]I would like   [6]to take / to buy   [7]Anything else?   [8]farm-raised chicken

Au rayon poissonnerie

Il y a beaucoup de monde au rayon poissonnerie, alors Aude attend son tour[1] patiemment.

LA POISSONNIÈRE:	À qui le tour[2] maintenant?
AUDE:	C'est à moi! Bonjour, Madame. Est-ce que vous vendez des moules?
LA POISSONNIÈRE:	Pardon, mais comme il y a beaucoup de monde, je n'entends[3] pas votre question.
AUDE:	Est-ce que vous vendez des moules?
LA POISSONNIÈRE:	Ah! Mais oui! Et elles sont excellentes aujourd'hui.
AUDE:	Parfait! Alors, je voudrais un kilo de moules, s'il vous plaît. Et je voudrais aussi 500 grammes de crevettes.
LA POISSONNIÈRE:	Avec plaisir! Je vais choisir les plus grosses moules et les plus belles crevettes!
AUDE:	Merci, vous êtes très gentille! (*À Julien:*) Julien, ça te dit[4] une bouteille de vin rouge pour accompagner le dîner ce soir?
JULIEN:	Ouais![5] Quelle bonne idée!

Courtesy of Véronique Anover and Theresa A. Antes

À la caisse

AUDE:	Julien, tu mets[6] les provisions dans le chariot? Moi, je vais payer la caissière, d'accord?
JULIEN:	D'accord, ça marche![7]

Courtesy of Véronique Anover and Theresa A. Antes

Aude et Julien vont à la boulangerie du coin.[8]

Courtesy of Véronique Anover and Theresa A. Antes

À la boulangerie

JULIEN ET AUDE:	Bonjour, Madame.
LA BOULANGÈRE:	Bonjour, Messieurs Dames! Que désirez-vous?[9]
JULIEN:	Nous voudrions[10] une baguette, s'il vous plaît.
LA BOULANGÈRE:	La baguette, bien cuite[11] ou pas trop cuite?[12]
JULIEN:	Bien cuite! C'est combien?
LA BOULANGÈRE:	Voilà votre baguette! C'est un euro.

Courtesy of Véronique Anover and Theresa A. Antes

---

[1]waits her turn   [2]Whose turn is it?   [3]hear   [4]What about…?   [5]Yeah!
[6]put   [7]That works (for me)!   [8]on the corner   [9]What would you like?
[10]would like   [11]well-baked   [12]not baked too dark

Vous avez bien compris?

A. First, answer the following questions according to the dialogue.

1. Où est-ce que Julien met ses provisions?

2. Au rayon crémerie, combien de fromages est-ce qu'Aude achète? Et combien d'œufs?

3. Qu'est-ce que Julien achète au rayon boucherie?

4. Comment est-ce que Julien demande au boucher ce qu'il veut?

5. À la caisse, qui va payer? Et que fait Julien?

6. Comment est-ce que Julien et Aude demandent à la boulangère ce qu'ils veulent?

B. Now, answer the following cross-cultural questions from the dialogue.

1. Julien met les provisions dans le chariot. Est-ce qu'aux États-Unis on met les provisions dans le chariot? Et en France, qui met les provisions dans le chariot?

2. Julien demande une baguette bien cuite. Est-ce qu'aux États-Unis on demande aussi des baguettes bien cuites? Pourquoi?

3. Julien et Aude utilisent beaucoup de formules de politesse avec les commerçants. Est-ce qu'on utilise autant de *(as many)* formules de politesse aux États-Unis quand on s'adresse aux commerçants? Pourquoi?

Le rayon des vins dans un supermarché en France. Est-il différent des rayons des vin de votre pays? Pourquoi? Est-ce que vous voyez des vins étrangers ou français? Qu'est-ce qui facilite[1] la sélection des vins?

[1]makes easy

→ Mon vocabulaire ←

Les magasins spécialisés

Quand on va… on achète…

à la boucherie

de la viande et du poulet

à la boulangerie

du pain et des croissants *(m.)*

à la boutique de vêtements

des vêtements *(m.)*

au magasin de chaussures

des chaussures *(f.)*

à la poste

des timbres *(m.)*

à la pharmacie

des médicaments *(m.)*

au grand magasin

de tout!

à l'épicerie

de tout aussi!

à la pâtisserie

des pâtisseries *(f.)*; des gâteaux *(m.)*; des tartes *(f.)*

au bureau *(m.)* de tabac

des cigarettes *(f.)*

à la crémerie

des produits laitiers *(m.)*

à la chocolaterie

des chocolats *(m.)*

Faire les courses (*To run errands*)

les achats *(m.)*	*purchases*
le caissier / la caissière	*cashier*
le chariot	*shopping cart*
une grande surface	*supermarket*
un grand magasin	*a department store*
la liste des courses	*shopping list*
les provisions / les courses *(f.)*	*food supplies*
le rayon boucherie / la boucherie	*meat department / the butchershop*
le rayon crémerie / la fromagerie	*dairy department / the cheese store*
le rayon poissonnerie / la poissonnerie	*seafood department / the fish market*

Les produits alimentaires (*Groceries and produce*)

une baguette (bien cuite / pas trop cuite)	*loaf of French bread (well baked / lightly baked)*
du bœuf *(m.)*	*beef*
des crevettes *(f.)*	*shrimp*
des moules *(f.)*	*mussels*
un poulet fermier	*farm-raised chicken*
du vin rouge *(m.)*	*red wine*
des œufs *(m.)*	*eggs*
des fromages *(m.)*	*cheeses*
des fruits *(m.)*	*fruit*
des légumes *(m.)*	*vegetables*

À vous!

A. Où? Tell where the following items can be purchased.

> **MODÈLE:** des vêtements
>
> *au grand magasin (à la boutique de vêtements)*

1. des médicaments
2. des croissants
3. des timbres
4. de la viande
5. des œufs
6. des crevettes
7. des chaussures

B. Le petit frère curieux! You are about to leave the house to run some errands, but your little brother is very curious! He wants to know where you are going and what you are going to buy. With a classmate, play the role of the little brother and the older sibling.

> **MODÈLE:** the bakery
>
> —*Où vas-tu?*
>
> —*Je vais à la boulangerie.*
>
> —*Que vas-tu acheter?*
>
> —*Je vais acheter du pain.*

1. the butcher
2. the cheese store
3. a department store
4. a clothing store
5. a pastry shop
6. a chocolate shop

CD 1
Track 48

STRUCTURE 1

Les verbes réguliers en -re

Grammar Tutorials

You are already familiar with two groups of regular verbs, those ending in **-er** and in **-ir.** A third group of regular verbs are those ending in **-re.** To conjugate a regular **-re** verb, drop the **-re** from the infinitive and add the appropriate ending.

vendre *(to sell)*	
je vend**s**	nous vend**ons**
tu vend**s**	vous vend**ez**
il / elle / on vend	ils / elles vend**ent**

Here is a list of regular **-re** verbs.

attendre	*to wait (for)*
descendre	*to get down; to go down*
entendre	*to hear*
mordre	*to bite (into)*
perdre	*to lose*
rendre	*to return, give back*
rendre visite à	*to visit (a person)*
répondre (à)	*to answer*

- The verb **répondre** takes the preposition **à** when followed by a noun.

  Je réponds **au** téléphone.   *I answer the phone.*
  Vous répondez **à** votre professeur.   *You answer your professor.*

- When **répondre** is followed by an adverb (*correctly, quickly,* etc.), the preposition **à** is not needed.

  Tu réponds **correctement.**   *You respond correctly.*
  Nous répondons **rapidement.**   *We respond quickly.*

Note, however, that if a noun follows the adverb, the preposition **à** is used.

  Ils répondent **mal aux** questions.   *They respond incorrectly to the questions.*

VÉRIFIEZ votre compréhension

1. Can you give the conjugation of **perdre** in the present tense?
2. Go back to the *Passage 1* dialogues (pp. 140–141) and find all the **-re** verbs. Think about their endings and ask yourself these questions: Who or what is the subject? Why do some verbs have an **s** at the end? Why do others not have an **s**? Why does one of the **-re** verbs end in **-ez**? Who or what is the subject of this verb?

À l'écoute!

CD 1
Tracks 49–50

> **Petits Tuyaux!** In the next listening activity you will be asked to distinguish between the singular and the plural forms of the verbs ending in **-re** that you just learned in **Structure 1**. Keep in mind that the **"d"** sound is not pronounced when it is used in a singular form: **je ven[ds]**. In this case you will hear **je vends [vã]**. However when these verbs are conjugated in their plural forms the sound **"d"** is pronounced: **nous ren<u>d</u>ons; vous atten<u>d</u>ez; ils mor<u>d</u>ent.**

A. Qui parle? Listen to the sentence fragments and complete the sentences by indicating the correct subject.

1. _____ il   _____ ils
2. _____ nous   _____ vous
3. _____ il   _____ ils
4. _____ ils   _____ nous
5. _____ ils   _____ nous
6. _____ il   _____ ils
7. _____ vous   _____ tu

> **Petits Tuyaux!** In the next listening activity you will be asked to identify the verbs **entendre** or **attendre** in isolated sentences. These two verbs have very similar pronunciations. One way to distinguish them is by paying particular attention to the nasal sound **"en"** in **entendre** versus the oral sound **"a"** in **attendre.** Of course in a conversation where these two verbs are used, the context will help you distinguish them a little more easily.

B. Le verbe correct. Is the speaker using **entendre** or **attendre?** Indicate the sentence you hear.

1. _____ J'attends l'autobus.   _____ J'entends l'autobus.
2. _____ Nous entendons les enfants.   _____ Nous attendons les enfants.
3. _____ Tu entends le prof.   _____ Tu attends le prof.
4. _____ Il attend sa femme.   _____ Il entend sa femme.
5. _____ Vous attendez le train.   _____ Vous entendez le train.

Pratiquons!

A. La bijouterie Bijoux-Bijoux. *(The Jewelry store Jewel-Jewel.)* Write the correct form of each verb in parentheses.

Ma famille et moi, nous avons une bijouterie qui s'appelle Bijoux-Bijoux. Nous (1) _____ (vendre) des bijoux très chers et très beaux! Nos clients sont toujours satisfaits—ils ne (2) _____ (rendre) pas les bijoux qu'ils achètent chez nous. Si un client (3) _____ (perdre) un bijou, nous pouvons fabriquer *(we can make)* un autre bijou identique. Pour vérifier l'authenticité d'un diamant, je (4) _____ (mordre) le diamant très fort. Et vous, quand vous achetez un diamant, est-ce que vous (5) _____ (mordre) la pierre précieuse?

B. Que dit-on? *(What do people say?)* Complete each sentence with the correct form of an **-re** verb that fits the context logically.

1. Quand les étudiants parlent en cours, je (ne... pas) _____ bien le professeur.

2. Quand il y a beaucoup de monde à la poste, vous _____ votre tour patiemment.

3. Quand un étudiant finit son examen, il _____ l'examen au professeur.

4. Quand un chien est méchant, il _____ les enfants.

5. Quand c'est la Saint-Valentin, les supermarchés _____ des chocolats et des cartes romantiques!

C. Entretien. Interview a classmate and find out a little about his or her personality by asking the following questions. When you have finished, complete the **Portrait personnel** that follows.

1. Est-ce que tu perds souvent tes clés *(keys)*? Où? À la maison? À l'université? Dans un lieu public? Dans la voiture *(car)*?

2. Toi et les autres étudiants dans ton cours, est-ce que vous répondez toujours aux questions du professeur de français? Pourquoi? Est-ce que ses questions sont faciles ou difficiles?

3. Est-ce que tu rends visite à tes parents? Souvent? Une fois par semaine? Une fois par mois? Une fois par semestre?

4. Est-ce que tu attends patiemment ou impatiemment ton meilleur ami / ta meilleure amie? Est-ce qu'il/elle est souvent en retard? Combien de temps *(How long)* est-ce que tu attends ton meilleur ami / ta meilleure amie avant de partir *(before leaving)*?

Val Thoermer/Shutterstock.com

Portrait personnel

Write a brief paragraph about your classmate, using some of the adjectives that you learned in earlier chapters and justifying your description with some of the information that you learned in Activity C.

MODÈLE: *Karen est très intelligente, mais elle perd toujours ses clés. C'est amusant!*

STRUCTURE 2

L'article partitif et les expressions de quantité

L'article partitif

Like indefinite articles, partitive articles are used before nouns that have not been mentioned before and are new to a conversation. They translate roughly to *some* or *any* in English. In this chapter, you have seen the partitive article used with food items: **de la viande** (*some meat*) and du pain (*some bread*).

	Singular		Plural	
Masculine	du	du vin	des	des fruits
	de l' (before a vowel)	de l'opéra		
Feminine	de la	de la viande	des	des crevettes
	de l' (before a vowel)	de l'eau		

[1]The article **des** is included here in the list of partitive articles; however, many linguists consider **des** to be a definite article since the nouns it often precedes are nouns that can be counted.

- The partitive article precedes nouns you cannot count (called *mass* or *non-count* nouns)[1].

  du bœuf *some beef*   **du vin** *some wine*   **de l'argent** *some money*

- The partitive article can also precede nouns that refer to ideas, sports, and music.

  de l'intelligence (*some*) **du tennis** *tennis*   **de la musique** *music* intelligence

Note that *some* is not always expressed in English.

- The partitive article is *not* used after verbs expressing likes or dislikes, such as **adorer, aimer, détester,** and **préférer.** Use the definite article instead.

  Éric adore **le** chocolat.   Nathalie déteste **la** viande.

- In negative sentences, replace **du, de l', de la,** and **des** with **de.**

  Je mange souvent **du** poulet. ⟶ Je **ne** mange **pas** souvent **de** poulet.
  I eat chicken often.   *I don't eat chicken often.*

  On a **de l'**eau en bouteille. ⟶ On **n'**achète **pas d'**eau en bouteille.
  We have bottled water.   *We don't have (any) bottled water.*

  Nous achetons **de la** viande. ⟶ Nous **n'**achetons **pas de** viande.
  We're buying (some) meat.   *We're not buying (any) meat.*

  Ils vendent **des** spaghettis. ⟶ Ils **ne** vendent **pas de** spaghettis.
  They sell spaghetti.   *They don't sell spaghetti.*

Les expressions de quantité

To express a certain amount of something, use: *an expression of quantity +* **de** *+ noun.*

  Je mange **une tranche de** pain.   *I am eating a slice of bread.*
  Je voudrais **un kilo de** carottes.   *I would like a kilo of carrots.*
  Nous voudrions **une douzaine d'**œufs.   *We would like a dozen eggs.*

Here are some common expressions of quantity.

assez de	*enough (of)*	**un morceau de**	*a piece of*
beaucoup de	*a lot of*	**un paquet de**	*a package of*
moins de	*less (of)*	**un peu de**	*a little (of)*
pas mal de	*quite a lot of*	**un sac de**	*a sack of*
plus de	*more (of)*	**une boîte de**	*a box of*
un gramme de	*a gram of*	**une bouteille de**	*a bottle of*
un kilo de	*a kilo of*	**une douzaine de**	*a dozen (of)*
un litre de	*a liter of*	**une tranche de**	*a slice of*

- These expressions do not change in the negative.

Catherine achète **beaucoup de** magazines?
Does Catherine buy a lot of magazines?

Non, elle **n'**achète **pas beaucoup de** magazines.
No, she doesn't buy a lot of magazines.

 VÉRIFIEZ votre compréhension

1. Go back to the *Passage 1* dialogues (pp. 140–141) between Aude, Julien, and the clerks. Underline all the partitive articles as well as any expressions of quantity. Think about the meaning of each in its context.

2. Can you explain why Aude says, **un kilo de moules** rather than **un kilo des moules,** since **moules** is a plural noun?

Pratiquons!

A. Combien? Identify the item and the quantity in each drawing. Then, tell where each item can be bought.

MODÈLE:  *Un paquet de cigarettes; On achète un paquet de cigarettes au bureau de tabac.*

1.

2.

3.

4.

5.

6.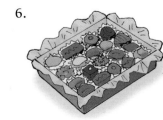

B. Végétariens et carnivores! Based on their lifestyles (vegetarian versus meat eaters), tell if the following people eat the food mentioned. Pay attention to differences in form between the affirmative and the negative.

 MODÈLE: Sandrine est végétarienne. Mange-t-elle de la viande?

*Non, elle ne mange pas **de** viande.*

1. Olivia est végétarienne. Mange-t-elle du poisson?
2. Patrick est carnivore. Mange-t-il du poisson?
3. Mes parents sont carnivores. Mangent-ils des œufs?
4. Yves est végétarien. Mange-t-il du poulet?
5. Michel et Christine sont végétariens. Mangent-ils des croissants?
6. Patricia est carnivore. Mange-t-elle du fromage?

C. Vos préférences. Find out your classmate's personal and gastronomic tastes by asking him/her the following questions. Then, report your classmate's answers to the class.

1. Aimes-tu le vin rouge ou le vin blanc?
2. Préfères-tu le poisson ou la viande?
3. Combien de litres de Coca est-ce que tu bois *(drink)* par semaine?
4. Fumes-tu des cigarettes? Combien de cigarettes ou de paquets par jour?
5. Est-ce que tu achètes beaucoup de chaussures? Où?
6. Est-ce que tu achètes plus de chaussures ou plus de vêtements?
7. Combien de fois par semaine est-ce que tu vas faire tes courses (au supermarché)?

Courtesy of Véronique Anover and Theresa A. Antes

Au marché. Qu'est-ce qu'on peut acheter à ce stand? Est-ce que ce sont des baguettes normales? Pourquoi? Comment est-ce qu'on peut acheter du pain à ce stand?

On fait comme ça dans une brasserie en Suisse[1]

The **brasserie** pictured here is located in Lausanne, Switzerland. A **brasserie** is the equivalent of a brewery. However, European **brasseries** are very different from American breweries. For instance, one may have a drink and/or a meal outside. There are usually tables and chairs placed on the sidewalk. Inside there is a bar and a restaurant. If you choose a seat outside, prices are going to be higher than inside, regardless of what you order. Normally, the Swiss like to sit outside—provided that the weather is nice—so that they can look at the people passing by. They like to talk about them too (the way they are dressed, the way they walk, their hairstyles, with whom they are walking, and so on). There are no refills of any drink: sodas, coffee, or tea, as there are in the United States. And the drinks are served chilled, but without ice. Another difference is that, with the exception of beer, drinks come in one size only—the equivalent of the small size in the United States. At a **brasserie,** customers can choose between draft beer **(une pression** or **un demi[2]),** and bottled beer **(une bière[3]).** Beers can be **blondes, brunes, blanches, rouges, amères,[4]** or **fruitées.[5]** The legal drinking age in Switzerland is 16. Smoking is allowed at 16 as well. However, the legal drinking and smoking age is not as strictly enforced as it is in the United States.[6] Adolescents may drink a little wine at home on very special occasions (such as Christmas). Parents may add a few drops of wine to water for their children to taste.

Courtesy of Véronique Anover and Theresa A. Antes

Réfléchissons!

1. In your country, are prices higher depending on where you sit in a microbrewery or a restaurant (inside, outside, at the bar)?

2. What custom described in this reading surprised you the most? Explain your answer.

3. What do you think about 16 as a legal drinking age? Do you think it is reasonable for an American 18 year old to be able to vote but not to be able to drink legally? Explain your answer.

---

[1]Swiss   [2]Both expressions mean draft beer, but of different sizes.   [3]beer   [4]bitter   [5]flavored with fruit   [6]The cultural difference described in the text also applies to France, where there is no actual legal "drinking" or "smoking" age, but where children under 18 cannot purchase alcohol or cigarettes.

CD 1
Tracks
51–54

Passage 2

Au magasin de vêtements

C'est samedi après-midi et Aude et Julien vont faire les magasins[1] dans une rue piétonne, la rue Sainte-Catherine, à Bordeaux.

AUDE:	Il fait beau aujourd'hui, n'est-ce pas, Julien?
JULIEN:	Oui! L'été arrive!
AUDE:	Je voudrais acheter une jupe,[2] un chemisier[3] blanc et des sandales. Et toi?
JULIEN:	Moi, je voudrais des jeans et un tee-shirt.
AUDE:	On va à Promod? Je suis sûre de trouver un joli chemisier.
JULIEN:	Je préfère un chemisier sexy!
AUDE:	Ne sois pas bête,[4] Julien!

Aude et Julien entrent à Promod.

LA VENDEUSE:	Bonjour! Je peux vous aider?
AUDE:	Oui, je cherche une jupe et un chemisier, taille 38.
JULIEN (À AUDE):	Un chemisier sexy!
AUDE (À JULIEN):	Chut![5] Tu es pénible![6]
LA VENDEUSE:	Pardon, Monsieur, je n'entends pas bien ce que vous dites.[7]
JULIEN (TOUT ROUGE):	Euh, ce n'est rien d'important...
AUDE (À LA VENDEUSE):	Est-ce que je peux essayer[8] ce chemisier blanc, s'il vous plaît?
LA VENDEUSE:	Oui, les cabines d'essayage[9] sont à droite.[10]

Le saviez-vous?

Clothing and shoe sizes in France are different than in the United States.

Women's pants, dresses, blouses

United States	France
2	32
4	34
6	36
8	38
10	40
12	42
14	44

Men's shirts

United States	France
15	38
15 1/2	39
16	40
16 1/2	41
17	42

Women's shoes

United States	France
6	36
7	37
8	38–39
9	40
10	42

Men's shoes

United States	France
8	41
9	42–43
10	44
11	45
12	46

[1]to go shopping [2]skirt [3]blouse [4]Don't be silly! [5]Shh! / Hush! [6]You're a pain!
[7]what you're saying [8]Can I try on. . .? [9]dressing rooms [10]to the right

Dans la cabine d'essayage: Aude met[1] le chemisier. Il est parfait pour elle.

eddie linssen / Alamy

| LA VENDEUSE: | Le chemisier vous va bien?[2] |
| AUDE: | Oui, merci. Il me va parfaitement! Je le prends.[3] |

Aude et Julien sortent[4] de Promod.

AUDE:	Où vas-tu acheter les jeans et le tee-shirt?
JULIEN:	À Célio.
AUDE:	Encore? On y va toujours![5]
JULIEN:	C'est normal. Il y a souvent des soldes[6] et leurs vêtements sont bon marché.

Aude et Julien sortent de Célio, les mains pleines.[7]

AUDE:	J'aime beaucoup nos achats![8]
JULIEN:	Oui, moi aussi! Aude, est-ce que tu voudrais aller à la brasserie[9] Gambetta pour prendre une bière?[10]
AUDE:	Oh, oui! Je veux bien y aller!
JULIEN:	Alors[11] allons-y!

....

Vous avez bien compris?

Tell if the following sentences are true (**vrai**) or false (**faux**) according to the preceding dialogues.

1. Dans une rue piétonne il n'y a pas de voitures.   ———— vrai   ———— faux

2. Il pleut.   ———— vrai   ———— faux

3. Aude voudrait une robe bleue.   ———— vrai   ———— faux

4. Julien voudrait des jeans.   ———— vrai   ———— faux

5. À Célio les vêtements sont bon marché.   ———— vrai   ———— faux

6. Après leurs achats, Aude et Julien vont à la brasserie.   ———— vrai   ———— faux

[1]puts on   [2]Does the blouse fit you well?   [3]I'll take it.   [4]leave   [5]We always go there!   [6]sales
[7]their hands full   [8]purchases   [9]brewery   [10]to have a beer   [11]Then

→ Mon vocabulaire ←

Les vêtements

un chemisier

une chemise

une jupe

une robe

un tee-shirt

un tailleur

un costume

une cravate

une veste

un manteau

un sweat

un short

un pantalon

des chaussettes (f.)

des chaussures (f.)
de sport / des tennis

des bottes (f.)

un maillot de bain

un caleçon

une culotte

un soutien-gorge

une casquette

un survêtement / un jogging

Mode unisexe

un jean / des jeans	des sandales
un pantalon	un short
un pull (-over)	un tee-shirt

Quelques mots et expressions utiles quand on fait des courses

des soldes *(m.)*	*sales*
les cabines *(f.)* d'essayage	*dressing rooms*
C'est combien?	*How much is it?*
C'est (trop) cher.	*It's (too) expensive.*
C'est bon marché.	*It's cheap.*
C'est soldé / en solde.	*It's on sale.*

À vous!

 A. Cherchez bien! For each item, find at least one student in the class who is wearing the following.

1. un pantalon marron
2. une casquette verte
3. des chaussettes blanches
4. un pull rouge
5. des chaussures de sport Nike
6. une robe rouge

 B. Les achats. With a classmate, play the role of a clerk **(le vendeur / la vendeuse)** and a customer **(le client / la cliente)**. The clerk asks the client if he/she needs help and the client tells the clerk what he/she wants (the item pictured).

> **MODÈLE:** Le vendeur / La vendeuse: *Je peux vous aider?*
> Le Client / La Cliente: *Oui, je voudrais une chemise.*

1.

2.

3.

4.

5.

6.

C. Que porte-t-on? (*What do we wear?*) List the clothing items that we can wear for each occasion listed below. Be logical!

1. pour aller à la plage
2. pour aller à l'université
3. pour aller au travail
4. pour aller à une soirée
5. pour aller au centre de fitness
6. pour aller faire les courses

CD 1
Track 55

STRUCTURE 3

Les verbes *mettre, essayer* et *porter*

In the **Passage 2** dialogues, you saw the verbs **mettre** *(to put on)* and **essayer** *(to try on)* in context. Both of these verbs undergo spelling changes to the stem for some forms.

- The verb **mettre** is irregular because the stem of the **je, tu,** and **il / elle / on** forms only has one **t** instead of two. Otherwise, it is conjugated like regular **-re** verbs.

mettre *(to put on)*	
je mets	nous mettons
tu mets	vous mettez
il / elle / on met	ils / elles mettent

Le professeur **met** toujours des vêtements noirs.
Vous **mettez** un pyjama pour dormir?

- The verb **essayer** is conjugated like other regular **-er** verbs, except the **y** changes to **i** in all forms but **nous** and **vous**. This is another "boot" verb.

essayer *(to try on)*	
j'essaie	nous essayons
tu essaies	vous essayez
il / elle / on essaie	ils / elles essaient

Thérèse **essaie** un joli pantalon à Promod.	*Thérèse is trying on some pretty pants at Promod.*
J'**essaie** des sandales au magasin de chaussures.	*I'm trying on some sandles at the shoe store.*

- Another verb often used with **mettre** and **essayer** is **porter** *(to wear; to carry; to bring[1])*. **Porter** is a regular **-er** verb.

Les étudiants **portent** souvent des jeans.	*Students often wear jeans.*
Nous **portons** du vin aux amis.	*We're bringing wine to our friends.*

- The verbs **mettre, essayer,** and **porter** are often followed by a noun with an indefinite or partitive article preceding it. Remember, these articles change to **de** in negative sentences.

—Votre professeur porte **des** jeans?   —Non, il/elle ne porte pas **de** jeans.

 VÉRIFIEZ votre compréhension

1. Go back to the **Passage 2** text (pp. 152–153) and see how **mettre** and **essayer** are used in context. Look at the meaning and the structure of the sentences in which the two verbs appear. Explain the form of each one.

2. Try to explain why **essayer** is left in the infinitive form in the sentence **Est-ce que je peux essayer ce chemisier?**

[1]When **porter** means *to bring,* the preposition *à* is used with it: **Je porte le café *à* ma femme le matin.**

Chapitre 5   Structure 3 • cent cinquante-sept **157**

Pratiquons!

A. Histoire de sandales! Complete the sentences with the correct form of the verb in parentheses.

Marine va au centre commercial aujourd'hui. Comme il fait chaud, elle
(1) _____ (mettre) un short et un tee-shirt. Elle fait du lèche-vitrine.
Elle regarde les magasins de chaussures parce qu'elle adore les chaussures!
Elle découvre des sandales bon marché. Elle entre dans le magasin et elle
(2) _____ (essayer) les sandales. Une autre cliente (3) _____ (essayer) les
mêmes *(same)* sandales. Les sandales de Marine sont trop petites. Zut! Mais, les
sandales de l'autre cliente sont trop grandes! Elles échangent leurs sandales et
elles les *(them)* (4) _____ (mettre). Marine et l'autre cliente sortent *(leave)* du
magasin toutes contentes: elles (5) _____ (porter) leurs sandales!

B. Est-ce que c'est normal? Tell if what the following people wear is normal
or not. Correct the sentences that are not logical. Use a complete sentence using
the verb **mettre**.

> **MODÈLE:** Océane porte un maillot de bain pour aller à l'université.
> *Non! Elle met des jeans et un tee shirt!*

1. Les politiciens portent des jeans pour dîner au restaurant avec le président
   des États-Unis.
2. Mon ami porte un maillot de bain en hiver.
3. Nous portons un survêtement pour aller au mariage de nos amis.
4. Robert porte une jupe pour aller à l'université.
5. Tu portes un costume pour aller danser.

C. Normalement, oui ou non? With a classmate, ask each other the following questions and answer with complete sentences. Who is more logical?

1. Qu'est-ce que tu portes d'habitude pour venir en cours?  *Je porte un jeans et un t-shirt.*
2. Quand *(when)* est-ce que tu portes une casquette?
3. Où *(where)* est-ce que tu achètes tes chaussures d'habitude?
4. Essaies-tu les vêtements avant de les acheter *(before buying them)*?
5. Est-ce que tu mets des chaussettes avec des sandales?
6. Est-ce que tu es un/une fashionista? Pourquoi?

Mots utiles
d'habitude *(usually)*
le week-end
pour venir en cours
pour sortir
pour aller
au restaurant
pour aller danser

> **Portrait personnel**

Describe what you and your partner usually wear to class. Then, draw some
comparisons between the two of you (where each of you buys your shoes, if you
try on clothes before you buy them, etc.).

STRUCTURE 4

Les pronoms y et en

🌐 Grammar Tutorials

Le pronom y

- The pronoun **y** replaces a preposition (except for **de**) followed by a place or thing. It often translates as *there*, but **y** can also translate as preposition + *it*. You will be using **y** only to refer to locations for now. Place **y** before the conjugated verb.

Je vais à **la poste.**	J'y vais.
I'm going to the post office.	*I'm going **there.***
Nous allons **au centre commercial.**	Nous y allons.
We're going to the mall.	*We're going **there.***
Vous entrez **dans la maison.**	Vous y entrez.
You enter the house.	*You enter **there.***

- When the conjugated verb is followed by an infinitive, the pronoun **y** is placed before the infinitive.

Je vais voyager **à Bruxelles.**	Je vais y voyager.
I'm going to travel to Brussels.	*I'm going to travel **there.***
L'infirmière aime travailler **à l'hôpital.**	L'infirmière aime y travailler.
The nurse likes to work at the hospital.	*The nurse likes to work **there.***
Le prof n'aime pas parler anglais **en cours.**	Le prof n'aime pas y parler anglais.
The professor doesn't like to speak English in class.	*The professor doesn't like to speak English **there.***

- In Chapter 4, you learned two expressions with the pronoun **y**. Remember them?

—On y va?	*Shall we go?*
—Oui, allons-y!	*Yes, let's go!*

Le pronom en

- The pronoun **en** often means *some / of it / them*. It replaces the preposition **de** followed by a person or thing. For example, it can replace: *partitive article + noun* and **de** + *noun* following an expression of quantity.

Je mange **du fromage.**	J'**en** mange.
I eat cheese.	*I eat some **(of it).***
Je mange beaucoup **de fromage.**	J'**en** mange beaucoup.
I eat a lot of cheese.	*I eat a lot **of it.***

- The pronoun **en** can also replace a noun when it follows a number.

  Il a cinq livres.
  He has five books.

  Il en a cinq.
  He has five (of them).

- Like the pronoun **y, en** is place before the conjugated verb or before the infinitive when there are two verbs in a clause.

  Je voudrais une douzaine d'œufs.
  I would like a dozen eggs.

  J'en voudrais une douzaine.
  I would like a dozen (of them).

  Tu vas manger des escargots?
  Are you going to eat (some) snails?

  Tu vas en manger?
  Are you going to eat some (of them)?

- When **en** is used with the expression **il y a, en** follows **y.**

  Il y a vingt-deux étudiants en classe.
  There are twenty-two students in class.

  Il y en a vingt-deux.
  There are twenty-two (of them).

VÉRIFIEZ votre compréhension

1. Go back to the *Passage 2* dialogues (pp. 000–000) and find the pronoun **y** each time it appears. What is it replacing? Where does it occur in the sentence? Why does it occur there?

2. How does Julien strike you when he uses the expression **Allons-y!** Is he enthusiastic or not?

3. How would you answer in the affirmative the question **Est-ce que tu manges beaucoup de pain?** using the pronoun **en**? How would you answer in the negative?

Pratiquons!

A. Rectifications. Answer the following questions according to the drawings and photos. Use the pronoun **y** in your answers.

MODÈLE:

Est-ce que Chloé entre dans la salle de bains?

Non, Chloé n'y entre pas. Elle entre dans la cuisine.

1. Est-ce que Pierre mange au restaurant?

2. Est-ce que Jules et Georges regardent un film au cinéma?

3.  Est-ce que Céline va acheter des vêtements à Promod?

4. Est-ce que les étudiants écoutent des CD au laboratoire?

5.  Est-ce que Paul achète du fromage à la crémerie?

6. Est-ce que Julien et Aude vont faire les magasins au centre commercial?

B. Ne répétez pas! Ask and answer the following questions. In your answers, replace the italicized phrase with the pronoun **y** in order to avoid repetition. Pay attention to the placement of the pronoun.

1. Tu aimes danser *en boîte*?
2. À quelle heure *(At what time)* est-ce que tu arrives *en cours de français*?
3. Quand *(When)* vas-tu *au cinéma*?
4. Est-ce que tu vas aller *à la maison* après le cours de français?
5. Est-ce que tu prépares tes devoirs *dans ta chambre*?
6. Est-ce que tu manges *au restaurant* pendant *(during)* la semaine?

C. Qu'est-ce qu'il y a dans le placard? (What's in the cupboard?)
You are helping Cédric prepare his grocery list. He's asking questions and making a list while you check the cupboards. Answer his questions based on the cues below. Use the pronoun **en** in your responses.

> **MODÈLE:** Est-ce que j'ai **des oranges**? (oui)
>
> *Oui, tu **en** as.*

1. Est-ce qu'il y a **des croissants** dans le placard? (oui)
2. J'ai besoin *(I need)* **d'une baguette**? (non)
3. Je dois *(have to)* acheter **du Coca**? (oui)
4. Est-ce que j'ai **du riz** *(rice)*? (non)
5. Il y a **une bouteille de vin**? (oui)
6. Est-ce que j'ai besoin **de chocolat**? (non)
7. Est-ce qu'il y a **beaucoup de pain**? (oui)
8. J'ai **des bananes**? (non)

D. Vous êtes gourmand? With a partner, ask and answer the following questions, using the pronoun **en** in your response. When you have finished, tell if your partner is a **gourmand (quelqu'un qui aime manger)** or a **gourmet (quelqu'un qui aime la bonne cuisine)**.

1. Au supermarché, tu achètes beaucoup ou peu de bonbons *(candy)*?
2. Pour le petit déjeuner, tu manges un croissant ou trois croissants?
3. Pendant la journée, tu préfères un verre de Coca ou un litre de Coca?
4. Tu manges un morceau de fromage ou un fromage entier?
5. Le matin, tu aimes une tasse de café ou une cafetière de café?
6. Pour le déjeuner, tu manges un fruit ou beaucoup de fruits?
7. Pour le dîner, tu manges deux tranches de pizza ou une pizza entière?
8. Pour le dessert, tu préfères un grand gâteau ou une mousse très delicate?

Based on the information that you gathered in Activity D, write a brief paragraph about the eating habits of your classmate. What does he/she eat for breakfast? And lunch? How many sodas does he/she drink? Is your classmate a gourmand or a gourmet?

À vous de parler!

 A. Au supermarché. In groups of three, pretend that you are shopping at a supermarket. Two of you will be the customers and one of you the clerk at the different departments. First, make a list with the food items you need to buy. Then, create a dialogue between the customers and the clerk in the different food departments at the supermarket. (You may use the dialogues at the beginning of the chapter as models.) Make sure that the customers and the clerk greet each other each time.

 B. Au magasin de vêtements. You are going to go shopping at Promod (for women) and/or at Célio (for men). One of you plays the role of the clerk and the other two are the customers. Decide which clothing items you would like to purchase (color, size, price). In the store, the clerk greets the customers and asks if they need help. The customers tell the clerk what they need. Once they find what they want, the customers ask the clerk if they can try on the items. After they try them on, they decide if they are going to buy them.

© Cengage Learning

La nouvelle collection de Célio. Ce sont des vêtements pour homme ou pour femme? Quels vêtements voyez-vous (*do you see*)?

 CD 1 Track 56

STRUCTURE 5

Les verbes *prendre, comprendre et apprendre*

Earlier in this chapter, you learned how to conjugate regular **-re** verbs. There is a second group of **-re** verbs that are irregular and should be memorized separately. This group includes **prendre** *(to take)*, **comprendre** *(to understand)*, and **apprendre** *(to learn)*. All three verbs follow the same pattern. Note the three different verb stems.

prendre *(to take)*	
je **prends**	nous **prenons**
tu **prends**	vous **prenez**
il / elle / on **prend**	ils / elles **prennent**

Nous **prenons** souvent un taxi.	*We often take a taxi.*
Je **comprends** l'espagnol.	*I understand Spanish.*
Ils **apprennent** le français.	*They're learning French.*

- The preposition **à** is used with **apprendre** when it is followed by an infinitive.

Tu apprends **à** parler espagnol?	*You're learning to speak Spanish?*

 VÉRIFIEZ votre compréhension

1. Go back to the *Passage 2* dialogues (pp. 152–153), and find the pronoun **y** each time that it appears. Think about what it is replacing and about its placement in the sentence. (Does it occur before the conjugated verb or before an infinitive? Why?)

2. Look at the use of the expression **Allons-y!** By saying that, how does Julien strike you? Is he enthusiastic about going to the **brasserie** or not?

 ## À l'écoute!

CD 1 Track 57

Listen to the sentences and indicate whether each sentence is about one person or several people.

	one person	several people
1.	_____	_____
2.	_____	_____
3.	_____	_____
4.	_____	_____
5.	_____	_____

Pratiquons!

A. Qu'est-ce qu'ils font? Complete the following sentences with the appropriate form of the verb in parentheses. Then make the substitutions indicated.

(iLrn) Complete the diagnostic tests to check your knowledge of the vocabulary and grammar structures presented in this chapter.

1. *Je* _____ (prendre) le bus pour aller sur le campus.

   Les étudiants / Mes amis et moi / Tu

2. Ce semestre, *il* _____ (apprendre) le japonais.

   vous / je / nous

3. *Tu* _____ (comprendre) toujours le professeur?

   Elles / Vous / Il

4. *Nous* _____ (apprendre) à faire du ski.

   Je / Elle / Ils

5. *Il* _____ (prendre) un taxi ce soir?

   Vous / Nous / Elles

6. Vos amis et vous, vous _____ (comprendre) le français, n'est-ce pas?

   Vos parents / Elle / Tu

B. Quel verbe? Quelle forme? Fill in each blank with the correct form of the appropriate verb. Each verb can be used only once.

avoir   prendre   aimer   comprendre   préférer   aller   apprendre

Quand j(e) (1) _*vais*_ à Paris, j(e) (2)_*prends*_ toujours le métro. C'est rapide et confortable, et j(e) (3) _*aime*_ regarder les autres passagers. Souvent, il y a des étudiants qui (who) (4)_*apprennent / comprend*_ leurs leçons dans le métro! Mais ma mère déteste le métro! Elle n(e) (5) _____ pas le plan (map) et donc elle (6) _*a*_ peur de se perdre (getting lost). Elle (7)_*préfère*_ le bus.

C. Trouve-les! (Find them!) Go around the room to find students who fit the following criteria. Write down their names and report your findings to the class.

1. Trouvez trois étudiants qui comprennent une langue étrangère (foreign language).

2. Trouvez deux étudiants qui apprennent une autre langue en plus du français.

3. Trouvez un étudiant qui ne comprend pas le professeur de français.

4. Trouvez deux étudiants qui prennent le bus quelquefois pour aller en ville.

5. Trouvez un étudiant qui ne prend jamais (never) de taxi.

6. Trouvez un étudiant qui n'apprend pas ses leçons régulièrement!

7. Trouvez deux étudiants qui comprennent bien les films de Woody Allen.

8. Trouvez un étudiant qui prend souvent l'avion (airplane) pour aller en vacances.

lightpoet/Shutterstock.com

On fait les courses comme ça au supermarché en France[1]

When going to the supermarket, the first thing you do is get a shopping cart, right? Well, people do that in France too, but it gets a little tricky! All the shopping carts are tied together by a chain at the supermarket entrance. In order to get a cart, the customer must deposit a coin (one euro) or a token into a coin slot on the cart. This unties the chain and releases the cart. The customer can get the coin back by returning the cart and chaining it up again with the others.

Courtesy of Véronique Anover and Theresa A. Antes

Once inside, customers must weigh their fruits and vegetables before going to the cash register, as the cashier will not weigh them. There are digital scales located throughout the produce department. Each scale has buttons with pictures of each variety of fruit and vegetable available at the store. The customer presses the right button, and a self-adhesive price tag comes out of the scale.

Finally, after customers have paid at the cash register, they must bag their own purchases. And there are no bags given away. Customers must bring their own reusable bags or buy new ones at the cash register. Supermarkets, as well as other stores, stopped using plastic bags a few years ago!

Réfléchissons!

1. Why do you think that the French must deposit a coin in a shopping cart before they can use it? Is it the same in your country? Where do you take and leave the carts?

2. Do you think it is a good idea to weigh your own produce rather than having the cashier weigh it for you? Why or why not? Why do you think that it is done that way in France?

3. Do you like the fact that in the United States someone usually bags your purchases for you? How about the fact that you can have someone put your purchases in your car? What is customer service like in your country?

[1]The information in this section applies to both France and francophone Europe.

À vous de lire!

A. Stratégies. Before reading the passage, skim it very quickly. Underline terms that are familiar to you from this chapter and that you believe will be important for understanding the text. Are there words in the text that you have not yet seen but whose meaning you can guess because they are cognates? Look for words that are repeated in the text such as **commande** and try to guess the meaning by the context. However remember that you don't need to understand every word in order to understand the gist of a text!

B. Avant de lire. Look only at the title and the subtitles. Can you predict what this reading is about? What type of information do you expect to find here? Compare your answers with those of a classmate to see if you have the same ideas about what you will find in this text.

C. Lisons! Read only the first section of the text below, and answer the questions that follow.

Pourquoi faire ses courses en ligne?

Source: La Redoute

Mais la réponse est très simple! Pour aller plus vite! Depuis le confort de votre maison et avec Internet, vous pouvez placez vos commandes avec le cybermarché. Si vous remplissez votre liste d'emplettes[1] sur le site Internet de la grande surface où vous faites vos courses, vous aurez[2] cette liste pour la prochaine fois. Et vous économiserez[3] du temps et de l'argent bien sûr!

1) Que veut dire **«une commande»** en anglais?
2) Qu'est-ce que les clients peuvent établir pour rendre la deuxième visite au cybermarché plus facile?
3) Comment s'appellent aussi les supermarchés en ligne?

[1]purchases [2]will have [3]save time

- Now read the last two sections **(Faites des économies!** and **Faites vos courses quand vous voulez!)**, and answer the questions that follow.

Faites des économies!

Comment peut-on faire des économies? Comme vous ne prenez pas votre voiture (ni l'autobus ou le métro) par conséquent vous économisez en essence[1] (et en temps aussi!) C'est le camion de livraison qui vous livrera[2] votre commande et comme il livre plusieurs commandes dans un même quartier, il réalise aussi une économie en carburant –et c'est un cadeau pour l'environnement!

Faites vos courses quand vous voulez!

Vous voulez faire vos courses à minuit? À midi? Peu importe! Vous pouvez faire vos courses à tout moment 24 heures sur 24 et sept jours sur sept! Évitez[3] également les foules[4] du week-end qui se précipitent le samedi matin au supermarché pour faire leurs courses! Fini le stress! Vous pourrez faire vos achats sans distractions et sans attentes.

1) Comment est-ce que les clients réalisent des économies?

2) Expliquez la dernière phrase «et c'est un cadeau pour l'environnement».

3) Quand est-ce que les clients font leurs courses en ligne?

D. Après la lecture

1. Et vous, faites-vous vos courses en ligne? Pourquoi?

2. Pensez à *(think about)* d'autres avantages que présentent les cybermarchés.

3. Qu'est-ce que vous achetez en ligne d'habitude? Pourquoi?

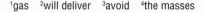

[1]gas [2]will deliver [3]avoid [4]the masses

Lexique

Faire les courses *To run errands*

les achats (m.)	purchases	le rayon boucherie / la boucherie	meat department / the butcher shop
le caissier / la caissière	cashier	le rayon crémerie / la fromagerie	dairy department / cheese store
le chariot	shopping cart	le rayon poissonnerie / la poissonnerie	seafood department / fish market
une grande surface	supermarket		
la liste des courses	shopping list		
les provisions (f.)	food supplies		

Les produits alimentaires *Food items*

une baguette	loaf of French bread	des fruits (m.)	fruit
une baguette bien cuite	well-baked loaf	des légumes (m.)	vegetables
		des moules (f.)	mussels
une baguette pas trop cuite	lightly baked loaf	des œufs (m.)	eggs
		un poulet fermier	farm-raised chicken
du bœuf (m.)	beef	du vin (m.) (blanc / rouge)	wine (white / red)
des crevettes (f.)	shrimp		

Les magasins spécialisés et leurs produits
Specialty stores and their products

la boucherie	butcher shop	des chocolats (m.)	chocolates
de la viande	meat	la pâtisserie	pastry shop
du poulet	chicken	des pâtisseries (f.)	pastries
la boulangerie	bakery	des gâteaux (m.)	cakes
du pain	bread	des tartes (f.)	pies
des croissants (m.)	croissants	la poissonnerie	fish market
la boutique de vêtements	clothing store	du poisson	fish
		des fruits (m.) de mer	seafood
des vêtements (m.)	clothing		
la brasserie	brewery	la poste	post office
une bière	beer	des timbres (m.)	stamps
le magasin de chaussures	shoe store	la pharmacie	pharmacy
		des médicaments (m.)	medicine
des chaussures (f.)	shoes	l'épicerie (f.)	grocery store
la crémerie	cheese store	de tout!	everything!
des fromages (m.)	cheeses	le bureau de tabac	tobacco store
chez le chocolatier	at the chocolate store	des cigarettes (f.)	cigarettes

Les expressions de quantité

assez de	enough (of)	moins de	less (of)
beaucoup de	a lot of	un morceau de	a piece of
une boîte de	a box of	un paquet de	a pack of
une bouteille de	a bottle of	pas mal de	quite a lot of
une douzaine de	a dozen (of)	un peu de	a little
un gramme de	a gram of	plus de	more (of)
un kilo de	a kilo of	un sac de	a bag of
un litre de	a liter of	une tranche de	a slice of

Faire les magasins *To go shopping*

bon marché	*cheap, affordable*
les cabines (f.) d'essayage	*dressing rooms*
une rue piétonne	*pedestrian street*
des soldes (m.)	*sales*

Les vêtements *Clothing*

un caleçon	*man's underwear*	un manteau	*coat*
une casquette	*cap*	un pantalon	*pants*
des chaussettes (f.)	*socks*	un pull (-over)	*pullover, sweater*
des chaussures (f.) de sport	*sneakers*	une robe	*dress*
		des sandales (f.)	*sandals*
une chemise	*man's shirt*	un short	*shorts*
un chemisier	*woman's shirt*	un soutien-gorge	*bra*
un costume	*man's suit*	un survêtement / un jogging	*jogging suit, sweat suit*
une cravate	*tie*		
une culotte	*woman's brief*	un sweat	*sweatshirt*
un jean / des jeans	*jeans*	un tailleur	*woman's suit*
une jupe	*skirt*	un tee-shirt	*T-shirt*
un maillot de bain	*bathing suit*	des tennis (f.)	*tennis shoes*
		une veste	*jacket*

Les verbes en *-re*

attendre	*to wait*	rendre	*to return, to give back*
descendre	*to get down, to go down*	répondre	*to respond, to answer*
entendre	*to hear*		
mordre	*to bite*	vendre	*to sell*
perdre	*to lose*		

Verbes utiles avec les vêtements

essayer	*to try on*	porter	*to wear*
mettre	*to put on*		

Verbes irréguliers en *-re*

apprendre	*to learn*	prendre	*to take*
comprendre	*to understand*		

Quelques expressions utiles quand on fait les courses

À qui le tour maintenant?	*Whose turn is it now?*
C'est bon marché.	*It is cheap.*
C'est (trop) cher.	*It is (too) expensive.*
C'est combien?	*How much is it?*
C'est mon tour.	*It is my turn.*
C'est tout, merci.	*That is all, thank you.*
Et avec ceci?	*Anything else?*
faire du lèche-vitrine	*to go window-shopping*
Je peux vous aider?	*Can I help you?*
Je voudrais...	*I would like . . .*
Nous voudrions...	*We would like . . .*
Que désiriez-vous?	*What would you like?*
C'est soldé / en solde.	*It is on sale.*

Mes goûts gastronomiques

Courtesy of Véronique Anover and Theresa A. Antes

Are you a **gourmand** or a **gourmet**? Do you like food in quantity, or do you prefer fine food for its quality? In this chapter, you will learn the French names of many of the foods that you eat, ways to express how you are feeling (for example, hungry, thirsty, or tired), and ways to express your desires, your capabilities, and your obligations.

VOCABULARY

- Ordering and paying at a restaurant
- Expressing likes and dislikes
- Expressions with **avoir**
- Foods
- Utensils used at the table

STRUCTURES

- The verbs **vouloir, boire, devoir,** and **pouvoir**
- Adverbs
- Review of articles and expressions of quantity
- The interrogative adjective **quel**
- Negative expressions **ne… plus, ne… jamais, ne… rien, ne… personne**

CULTURE

- Types of bread and cheese
- Table manners in France and Francophone Africa

 Audio

 www.cengagebrain.com

RESSOURCES

Passage 1

Au bistro

Le week-end, François et Chloé descendent en ville. Ils font des courses, et ensuite, ils vont au cinéma. Après[1] le film, ils font des projets pour le soir.

FRANÇOIS: Qu'est-ce que tu veux[2] faire maintenant, Chloé?

CHLOÉ: J'ai faim. Allons[3] à ce petit bistro du coin pour prendre un sandwich.

FRANÇOIS: D'accord, mais moi, j'ai envie[4] d'une omelette.

CHLOÉ: Comme tu veux–mais mangeons[5] quelque chose!

Ils s'approchent du restaurant.

CHLOÉ: Regarde, il y a une table en terrasse.

FRANÇOIS: Oh, c'est bien. J'aime bien regarder les passants. Mais est-ce qu'on ne va pas avoir froid?

CHLOÉ: Mais non! Il fait beau ce soir. Allons-y!

À la terrasse du bistro. Ils s'assoient.[6]

FRANÇOIS: J'ai soif![7] Je vais prendre une bière.

CHLOÉ: Pas moi! J'aurais trop sommeil après![8] Je vais prendre une grande bouteille de Perrier.

FRANÇOIS: Comme tu veux! Moi, j'ai envie de boire une bonne bière!

[1]After [2]want [3]let's go [4]I feel like / I want [5]let's eat [6]sit down [7]I'm thirsty [8]would get too sleepy afterward

François et Chloé sont à leur table. Le serveur arrive.

SERVEUR: Bonjour, Messieurs Dames. Est-ce que vous voudriez[1] une boisson pour commencer?

CHLOÉ: Oui. Je voudrais un Perrier pour commencer, mais je voudrais aussi un sandwich au jambon-fromage, s'il vous plaît.

SERVEUR: Très bien. Et Monsieur?

FRANÇOIS: Je vais prendre une bière et une omelette, s'il vous plaît.

SERVEUR: Pour la bière, une pression[2] ou une bouteille?

FRANÇOIS: Une pression.

SERVEUR: D'accord.

Il s'en va[3]... Il revient avec une bouteille d'eau et un verre de bière. François boit sa bière.

CHLOÉ: Tu bois vite,[4] François!

FRANÇOIS: Oui, j'ai très soif. Et toi, tu ne bois pas?

CHLOÉ: Si, mais plus lentement.[5] Avec l'eau gazeuse, je dois boire lentement!

....

Vous avez bien compris?

Answer the following questions by responding **vrai** or **faux.** If the sentence is false, correct it.

1. François et Chloé vont au cinéma après *(after)* le bistro. _____ vrai _____ faux

2. Chloé veut manger un sandwich parce qu'elle a soif. _____ vrai _____ faux

3. François veut manger une omelette. _____ vrai _____ faux

4. François et Chloé s'assoient en terrasse, mais ils ont froid. _____ vrai _____ faux

5. François aime regarder les passants. _____ vrai _____ faux

6. Comme boisson *(drink),* Chloé va prendre une bière. _____ vrai _____ faux

7. François va prendre une bouteille de bière. _____vrai _____ faux

8. Chloé ne boit pas rapidement. _____ vrai _____ faux

[1]would like [2]draft beer [3]he leaves [4]fast [5]more slowly

Mon vocabulaire

Expressions avec *avoir*

Il a faim.

Elle a soif.

Il a chaud.

Ils ont froid.

Elle a sommeil.

Ils ont de la chance.

Il a raison.

Il a tort.

Elle a envie d'une bague *(ring)*.

Son ami a besoin d'argent!

Ils ont peur du chien.

Elle a l'air intéressée, mais il a l'air ennuyé.

Dans un bistro on mange...	Dans un bistro on boit...
un sandwich	un Coca
une pizza	une limonade
des crêpes *(f.)*	un café
une salade	un café noir / un crème (au lait / au petit déjeuner)
une omelette	un exprès
de la soupe	un thé (nature / au citron)
des frites *(f.)*	une bière / une pression
	un vin (rouge / blanc / rosé)
	de l'eau *(f.)* (plate / gazeuse)

À vous!

A. Comment se sentent-ils et que désirent-ils? Give an appropriate expression with **avoir** to describe each situation. (Review the conjugation of the verb **avoir** in Chapter 2.) Sometimes more than one expression is logical—choose one. Don't forget to conjugate the verb appropriately for the subject pronoun.

1. Annie est dans le désert. Il fait 37 degrés Celsius (98 degrés Fahrenheit). Elle __*a chaud*__ .

2. Jérôme et Claire mangent à midi et encore à 8 heures du soir. Avant le dîner, ils __*ont faim*__ .

3. Mes amis et moi désirons aller à la plage ce week-end, mais il n'y a pas de bus. Nous __*avons besoin*__ d'une voiture.

4. Hélène se lève (*gets up*) à 6 heures du matin tous les jours. À 10 heures du soir, elle __*a sommeil*__ .

5. Samuel pense que (*thinks that*) deux plus deux font cinq. Il __*a tort*__ . Moi, je sais que deux plus deux font quatre. J(e) __*a raison*__ .

6. En hiver au Québec, il neige beaucoup. On __*a froid*__ , donc on porte un gros manteau.

7. Marc dort (*sleeps*) de temps en temps en cours. Il __*a l'air*__ ennuyé. Mais, il réussit toujours aux examens. Il __*a de la chance*__ !

8. Souvent quand je fais mes devoirs, j(e) __*ai besoin*__ d'un dictionnaire.

9. Quand je vois un gros chien qui a l'air méchant, j(e) __*ai peur*__ .

B. Qu'est-ce que tu vas prendre? Working with a partner, take turns reading the situation and telling one another what you are going to order (**Je vais prendre...**) depending where you are and the time of the day.

1. Il est 6 heures du soir. Vous avez un peu faim, mais vous allez manger à la maison avec votre famille dans une heure.
2. Il est 2 heures de l'après-midi. Vous êtes en classe. Vous avez soif.
3. Il est 5 heures du soir. Vous êtes à la maison, devant la télé. Vous avez soif, et un peu faim.
4. Il est 3 heures du matin. Vous êtes en boîte de nuit. Vous avez soif, mais vous n'avez pas faim.
5. Il est 10 heures du matin. Vous faites du tennis. Vous avez très soif.
6. Il est midi. Vous êtes sur le campus. Vous avez faim.

STRUCTURE 1

Les verbes *vouloir* et *boire*; révision des articles

Le verb vouloir

The verb **vouloir** *(to want)* is irregular in the present tense. Note the stem-change and endings for **je** and **tu.**

vouloir *(to want)*	
je **veux**	nous **voulons**
tu **veux**	vous **voulez**
il / elle / on **veut**	ils / elles **veulent**

- The verb **vouloir** is usually followed by a noun or a verb.

  Je veux **le nouveau CD** de Phoenix.   *I want the new CD by Phoenex.*
  Je veux **aller** au cinéma ce soir.   *I want to go to the movies tonight.*

- When requesting something, the conditional form of **vouloir** is often used to be polite. You learned two of these forms in Chapter 5: **je voudrais** *(I would like)* and **nous voudrions** *(we would like)*.

  Je **voudrais** un café crème,   *I'd like a coffee with cream please.*
     s'il vous plaît.

The verb boire

The verb **boire** *(to drink)* is also irregular. What pattern do you see?

boire *(to drink)*	
je **bois**	nous **buvons**
tu **bois**	vous **buvez**
il / elle / on **boit**	ils / elles **boivent**

- The verb **prendre** *(to take; to have)* is often used instead of **boire** (and **manger**).

  Je **bois / prends** de l'eau avec   *I'm drinking / having water with*
     mon sandwich.   *my sandwich.*

> **Reminder:** Indefinite and partitive articles change to **de** in the negative: **Je ne veux pas *de* salade.**

Révision des articles

When a noun follows **vouloir, boire,** or **prendre** you must decide which type of article to use.

- With nouns that you can count, use an *indefinite* article.

  Je veux **un** sandwich.   *I want a sandwich.*
  Je bois **un** Coca.   *I'm drinking a Coke.* (a can or bottle of Coke)
  Je veux **une** salade.   *I want a salad.* (a single portion as sold in a restaurant)

- With unspecified amounts of something or nouns you cannot count, use a *partitive* article.

Je prends **du** Coca.	*I'm having (some) Coke.* (some of a bottle or can of Coke)
Je veux **de la** salade.	*I want some salad.* (a serving from a bowl or salad bar)
Je veux **du** sucre dans mon café.	*I want sugar in my coffee.* (sugar cannot be counted)

- When referring to a specific noun, use a *definite* article.

Je voudrais **le** plat du jour.	*I want the daily special.* (a specific noun)
Je veux boire **le** vin que le serveur recommande.	*I want to drink the wine that the waiter recommends.*

VÉRIFIEZ votre compréhension

1. Reread the conversation between François and Chloé (pp. 172–173) and the questions that follow. Note each occurrence of **vouloir** and **boire.** Which form of the verb is used in each instance?
2. What is the object of **vouloir** in each instance? (a noun? a verb?)
3. How would you tanslate the expression **comme tu veux**?
4. What patterns did you see in the verbs **vouloir** and **boire**?

À l'écoute!

CD 1 Track 63

> **Petits Tuyaux!** **Determining Purpose and Focus.** As we've noted in previous chapters, we often listen differently depending on the situation. In an airport, for example, we listen only for flight or gate numbers, ignoring other portions of announcements. At other times, we'll listen to an entire message, trying to glean more complete details. The activity below asks you to determine if the verb in each sentence is in the singular or the plural. Which part(s) of the sentence will help you determine this? Which part(s) of the sentence can you ignore? Determine your purpose and focus in every activity before starting to listen; it will make the task much easier!

Singulier ou pluriel? You will hear a series of sentences using the verbs **vouloir** and **boire**. Note whether each verb is singular or plural.

1. _____ singulier   _____ pluriel
2. _____ singulier   _____ pluriel
3. _____ singulier   _____ pluriel
4. _____ singulier   _____ pluriel
5. _____ singulier   _____ pluriel
6. _____ singulier   _____ pluriel

Pratiquons!

A. Qu'est-ce qu'ils veulent? You are talking about your desires with some friends. Complete the following sentences with the appropriate form of the verb **vouloir** in the present tense. Then substitute the pronouns in parentheses, and redo the sentence.

1. Je _____ une nouvelle voiture. (tu / nous / ils / elle)
2. Ma mère _____ faire un pique-nique ce week-end. (mes parents / vous / je)
3. Mon frère ne _____ pas faire ses devoirs! (les étudiants / je / nous)
4. Toi et moi, nous _____ souvent du chocolat! (toi et tes amis / toi / ma mère)
5. Et vous, qu'est-ce que vous _____?

B. Qu'est-ce qu'on boit? Create sentences with the appropriate form of the verbs **boire** or **prendre,** to tell what the following people drink on various occasions. Vary your responses in order to use both verbs. (If necessary, review the conjugation of the verb **prendre** in Chapter 5 before beginning.)

1. Mon frère / le week-end
2. Mes parents / avec les repas *(meals)*
3. Moi / avant le cours de français
4. Le professeur / après le cours
5. Mes amis et moi / le vendredi soir
6. Les acteurs / la nuit des Oscars

 C. Et toi, qu'est-ce que tu bois? Ask a classmate questions to find out what he/she drinks with the following items. When you have finished, report your answers to the class.

> **MODÈLE:**   avec un dessert
> —*Qu'est-ce que tu bois avec un dessert?*
> —*Avec un dessert, je bois un café.*

1. avec un sandwich
2. avec de la pizza
3. avec un croissant
4. avec une salade
5. avec une omelette
6. avec de la soupe
7. avec des frites
8. avec un dessert

 D. Au restaurant. The following sentences are often heard in French restaurants. Working with a partner, play the roles of a server and a customer. The customer answers the server's question, using the conditional form of the verb **vouloir (je voudrais, nous voudrions)** in order to be polite.

1. Bonjour, Monsieur. Est-ce que vous voudriez une boisson pour commencer?
2. Bonjour, Madame. Vous voulez manger quelque chose?
3. Bonsoir, Messieurs Dames. Que voudriez-vous commander?
4. Bonsoir, Madame. Qu'est-ce que vous voudriez comme boisson?
5. Bonjour, Mesdames. Qu'est-ce que je peux vous servir? *(What can I serve you?)*
6. Bonjour, Mademoiselle. Qu'est-ce que je peux vous apporter *(bring you)*?

STRUCTURE 2

Les adverbes

🌐 Grammar Tutorials

Adverbs generally tell *how* or *how often* something is done. They can modify a verb (*I cook **well***), an adjective (*He is **very** tall*), or another adverb (*I cook **very** well*).

In French, there are short adverbs, which are actually irregular and found more frequently, and regular adverbs, which end in **-ment**.

- Here is a list of short adverbs.

assez	enough; rather	souvent	often
beaucoup	a lot	toujours	always
bien	well	très	very
mal	poorly	trop	too
parfois	sometimes, occasionally	vite	quickly
peut-être	maybe		

Formation of Adverbs

- To form regular adverbs, add **-ment** to the feminine singular form of the corresponding adjective. In English, we add *-ly* to the adjective.

  (lent) lente → lente**ment**   *slow → slowly*
  (silencieux) silencieuse → silencieuse**ment**   *silent → silently*
  (faux) fausse → fausse**ment**   *false → falsely*

- When a masculine adjective ends in a vowel, add **-ment** directly to the masculine form.

  vrai → vraiment   *true → truly; real → really*
  absolu → absolument   *absolute → absolutely*

- When a masculine adjective has more than one syllable and ends in **-ent** or **-ant**, drop the **-nt** and add **mment**.

  prudent → prude**mment**   *careful → carefully*
  constant → consta**mment**   *constant → constamment*

Placement of Adverbs

- When modifying verbs, adverbs in French come after the verb, unlike in English where they come before the verb.

  Je vais **souvent** au supermarché.   *I often go to the supermarket.*
  Je mange **habituellement** chez   *I usually eat at my parents' house.*
    mes parents.

- When modifying adjectives or other adverbs, adverbs come before the adjective or adverb.

  Elle est **très** grande.   *She's very tall.*
  Les étudiants répondent   *The students answer extremely*
    extrêmement vite.   *quickly.*

1. Go back to the conversation between Chloé and François (pp. 172–173). Are there any adverbs in this dialogue? Which ones?
2. Explain how each adverb is formed (is it a simple form, or is it based on an adjective?). What does each adverb modify?
3. Can you explain why the adverbs are positioned where they are?

Pratiquons!

A. Comment le font-ils? (*How do they do it?*) The following sentences give you an indication of their subjects' personalities. Use that adjective to form an adverb, and tell how those people do the activity indicated.

> **MODÈLE:** François est très prudent. Il travaille *prudemment.*

1. Chloé est *intelligente*. Elle étudie _____.
2. Les hommes politiques sont *ambitieux*. Ils travaillent _____.
3. Nous sommes *calmes*. Nous réagissons *(react)* _____.
4. Le prof n'est pas *méchant*. Il ne répond pas _____.
5. Béatrice est une femme très *polie*. Elle répond toujours _____.
6. Mon frère est très *patient*. Il attend _____ son bus le matin.

B. Moi, je le fais comme ça. With a partner, take turns asking and answering the following questions. In your answers, use one of the adverbs provided (or another adverb of your choice). Notice that some questions ask *how*; others ask *when*. When you have finished, report your partner's responses to the class.

Suggested adverbs: bien, mal, souvent, toujours, vite, parfois, lentement, prudemment, sérieusement, rarement, constamment, poliment, patiemment...

1. Quand est-ce que tu regardes la télé?
2. Quand est-ce que tu parles au professeur de français?
3. Comment est-ce que tu réponds au professeur en cours?
4. Quand est-ce que tu vas au cinéma?
5. Comment est-ce que tu travailles?
6. Comment est-ce que tu chantes?
7. Quand est-ce que tu fais des courses?
8. Comment est-ce que tu danses?

Écrivez maintenant une description de votre partenaire, en disant ce que vous avez appris pendant votre conversation dans le activité B. Quel type de personne est-ce? Comment est-ce qu'il/elle travaille? Et danse? Qu'est-ce qu'il/elle ne va probablement pas faire à l'avenir *(future)?* Utilisez des **adjectifs** et des **adverbes** dans votre description.

> **MODÈLE:** *Paul est toujours très occupé. Il travaille beaucoup, et il va rarement au cinéma. Il ne va certainement pas aller au cinéma ce week-end.*

À vous de parler!

 A. Trouvez quelqu'un qui... Circulate around the room, and find someone who can answer **Oui** to one of the following questions. Ask him/her to provide you with details as indicated in parentheses. Once you have found a person who answers **Oui** to a question, you must move on to another person!

Trouvez quelqu'un qui...

1. a soif maintenant. (Demandez-lui *[Ask him/her]* ce qu'il/elle veut boire.)
2. fait habituellement ses devoirs juste après le cours. (Demandez-lui comment il/elle fait ses devoirs: seul[e]? en groupe? rapidement? etc.)
3. veut étudier à la bibliothèque *(library)* cet après-midi. (Demandez-lui pourquoi.)
4. ne boit pas de café. (Demandez-lui pourquoi.)
5. veut absolument voyager en France. (Demandez-lui où et quand.)
6. a sommeil. (Demandez-lui pourquoi.)
7. prend une salade tous les jours. (Demandez-lui où.)
8. parle couramment *(fluently)* une autre langue. (Demandez-lui quelle langue il/elle parle.)

After you have finished, choose three classmates who responded in the affirmative to any three questions and tell the class about them.

> **MODÈLE:** *Rob a très sommeil parce qu'il travaille tard le soir.*

 B. Scénarios. In groups of three or four, create a dialogue for one of the following situations. When you have finished, act out your dialogue for the rest of the class.

1. You and some friends have decided to go out this weekend. Talk about where you each want to go. What do you feel like doing? Why? If you decide to go to a restaurant, what will you eat and drink? If you are going somewhere else, what will you do? What will you do afterward?
2. Role-play the interaction between a server and some customers. Be sure to order both food and drinks.

En France, on mange le pain et le fromage comme ça

Bread and cheese are always present in French cuisine, and they are eaten together. They are the two most common food items that accompany almost every meal: **des tartines** for breakfast, and bread and cheese at lunch and dinner. The French continue the tradition of buying their bread every morning—or at the end of the day on their way home from work—at the **boulangerie.**

Normally, bread brought to the table is already sliced and placed in a basket. It is usually cut with a bread knife, le **couteau à pain,** and not torn apart with the hands. There are different types of bread that are frequently served at the table: **la baguette,** of course, but also **la boule campagnarde,**[1] **la ficelle, la flûte,**[2] or **la couronne,**[3] depending on the occasion.

When cheese is brought to the table—at the end of a meal, right after the salad and before the dessert—it comes on a tray, **le plateau à fromage,**

and there is a wide selection of varieties. Cheese that has already been cut into is normally served when eating among family. At the table, the cheese is often cut with a special knife, **le couteau à fromage,** that comes with the tray. Usually, the cheese tray circulates around the table only once. Therefore, if you are a cheese lover, make sure you help yourself generously! The French like cheese so much that it is very common for them to end a meal with cheese and to eat it as dessert!

Réfléchissons!

1. Is cheese a big component of a meal in your country? When is it eaten? At the beginning of a meal, in the middle, or at the end, as in France?

2. How is cheese eaten in your country? Is it eaten only with bread, as in France?

3. What types of bread do you know? How often do you buy bread? Do you buy it every day, as the French do?

4. What French cheeses do you know? What is your favorite one?

---

[1]**La boule campagnarde** is a round loaf of bread.   [2]**La ficelle** and **la flûte** are very long and thin loaves of bread. **Ficelle** means *a string* and **flûte** *a flute*, like the musical instrument.   [3]**La couronne** means literally *the crown*. It is round, with a hole in the middle.

CD 1
Track 64

Passage 2

Chez le traiteur

Aujourd'hui, Chloé et François ne veulent pas cuisiner et ne veulent pas manger au restaurant, mais ils ont très faim! Alors, ils décident d'aller chez le traiteur[1] pour acheter leur dîner. Avez-vous faim et soif aussi? Voulez-vous accompagner Chloé et François?

Chloé et François regardent les plats proposés, et puis[2] ils décident ce qu'ils veulent manger et boire. Voici ce qu'ils trouvent chez le traiteur aujourd'hui.

Comme entrées et hors-d'œuvre[3] il y a:

du saumon fumé

des tomates (f.) provençales

de la soupe à l'oignon

du pâté de campagne

Chloé et François décident de prendre des tomates provençales. Et vous, quelle[4] entrée est-ce que vous allez prendre?

---

[1]Catering service. In France and Francophone Europe, it is possible to get meals already prepared from a catering service, or to have them delivered.   [2]then   [3]appetizers   [4]which

Ensuite, ils regardent les plats principaux.[1] Il y a beaucoup de choix très appétissants! Ils peuvent choisir:

du poulet rôti ou du porc rôti

des lasagnes *(f.)*

des *(f.)* crêpes fourrées *(stuffed)* au poulet

des boulettes *(f.)* de viande *(f.)*

une quiche ou une tarte salée

François voudrait bien manger du poulet, mais Chloé ne veut pas. Elle déclare qu'ils mangent trop de poulet! Après une longue discussion, ils décident de prendre des boulettes de viande. (Mais la prochaine fois, ils vont peut-être choisir des lasagnes!) Et vous, qu'est-ce que vous avez envie de manger?

Après ça, ils doivent choisir les légumes. Regardons le choix:

des carottes

des asperges *(f.)*

Qu'est-ce que vous pensez qu'ils vont choisir? Chloé adore les carottes, alors c'est ce qu'ils choisissent. Est-ce que vous aimez les carottes?

[1]main courses

Finalement, ils doivent choisir un dessert. C'est ce qu'il y a de plus difficile, parce que tout a l'air délicieux! Regardons avec eux.

un gâteau au chocolat

une crème brûlée

de la glace (au chocolat, à la vanille, à la fraise)

des tartelettes (f.) aux fruits

Quel dessert est-ce que vous allez choisir? François et Chloé ne peuvent pas se décider, donc ils prennent des tartelettes et de la glace à la vanille!

Vous avez bien compris?

Tell if the following sentences are true (**vrai**) or false (**faux**). Correct the false statements.

1. Les tomates provençales sont une entrée. _____ vrai _____ faux
2. Les lasagnes sont des hors-d'œuvre. _____ vrai _____ faux
3. Les carottes sont un légume. _____ vrai _____ faux
4. La glace est un dessert. _____ vrai _____ faux
5. Les boulettes de viande sont une entrée. _____ vrai _____ faux
6. La soupe à l'oignon est un plat principal. _____ vrai _____ faux
7. Le saumon fumé est un plat principal. _____ vrai _____ faux

→ Mon vocabulaire ←

La nourriture

Here is some additional vocabulary related to food.

Les viandes (*f.*), **les poissons** (*m.*) et **les fruits** (*m.*) **de mer**

du bœuf   du thon (grillé)   des crevettes (*f.*)   des huîtres (*f.*)   des coquilles (*f.*) Saint-Jacques

Les féculents (*m.*) (*Starchy foods*)

des pommes (*f.*) de terre   des pâtes (*f.*)   du riz   des haricots (*m.*)   des lentilles (*f.*)

Les légumes (*m.*)

des petits pois (*m.*)   des épinards (*m.*)   des haricots (*m.*) verts   des champignons (*m.*)

du chou-fleur   du céleri   un poivron rouge   du brocoli

Les fruits *(m.)*

une poire une banane un abricot une pomme une orange un citron

une pêche des cerises *(f.)* du raisin un melon une pastèque des fraises *(f.)*

Les condiments *(m.)* **e le sucre**

le sel le poivre le sucre

Les repas (m.) (Meals)	**La carte (The menu)**
Pour…	on prend…
le petit déjeuner *(breakfast)*	des tartines *(f.)* avec du beurre et de la confiture des céréales *(f.)* avec du lait des croissants *(m.)*
le déjeuner *(lunch)*	une salade de la viande ou du poisson des légumes *(m.)* un dessert
le goûter *(afternoon snack)*	un yaourt *(yogurt)* des biscuits *(m.) (cookies)* un fruit
le dîner *(dinner)*	de la soupe du jambon (un sandwich au jambon-fromage) du fromage un fruit

À vous!

A. La liste des provisions. You are going grocery shopping, and you need to organize your list. Place the following food items in the category in which they belong.

1. le poivron rouge
2. la pastèque
3. les moules
4. la pêche
5. le poulet
6. le chou-fleur
7. une tarte
8. l'eau gazeuse
9. le thon
10. le sucre
11. le riz
12. les crevettes

Viandes et volailles (poultry)	Poissons et fruits de mer	Féculents	Légumes

Fruits	Desserts	Condiments	Boissons (beverages)

B. Tes habitudes alimentaires. Ask a classmate the following questions about his or her eating habits. Then, your classmate will ask you the same questions. Report your findings to the class.

1. Qu'est-ce que tu prends d'habitude (usually) pour le petit déjeuner?
2. Combien de cafés est-ce que tu bois par jour?
3. Tu aimes les fruits de mer? Quels fruits de mer? Où est-ce que tu vas pour manger des fruits de mer?
4. Combien de bières est-ce que tu bois par semaine?
5. Est-ce que tu manges souvent des légumes? Quel légume est-ce que tu préfères?
6. Est-ce que tu goûtes (snack) tous les jours? Qu'est-ce que tu prends pour le goûter? Des fruits? Des biscuits salés (crackers)? Du chocolat? Des biscuits?
7. Tu es gourmand(e)? Quel est ton dessert préféré?

BlueOrange Studio/Shutterstock.com

Portrait personnel

Write a description of your partner's eating habits, based on his or her responses in Activity B.

STRUCTURE 3

L'adjectif interrogatif *quel*

 Grammar Tutorials

In Chapter 1, you learned the question **Quel est ton numéro de téléphone?**
This question contains the interrogative adjective **quel,** which can mean *which*
or *what* depending on the context.

- Since **quel** is an adjective, it agrees in gender and number with the noun is
  modifies. Here are the forms.

	Masculine	Feminine
Singular	quel	quelle
Plural	quels	quelles

- **Quel** is always linked to a noun. It is placed either **a)** directly before the noun
  or **b)** is separated from the noun by the verb **être.**

> **Quel + noun + verb phrase**

Quelle viande préférez-vous?	*Which meat do you prefer?*
Quel type de musique est-ce que vous aimez mieux?	*What type of music do you like the best?*

> **Quel + être + noun**

Quelle est la date aujourd'hui?	*What's today's date?*
Quels sont vos sports préférés?	*What are your favorite sports?*

VÉRIFIEZ votre compréhension

Reread the *Passage 2* section (pp. 183–185) where Chloé and François go to
the caterer's. What forms of the interrogative adjective **quel** can you find in
this text? Explain the form of the adjective that you find in each instance—is it
masculine or feminine, singular or plural, and why?

Pratiquons!

A. Quel(le) employé(e)! Your boss is considering hiring a new employee who will have some bilingual duties, and has asked for your help with the interview. In order to make sure that the person speaks French well enough to interact with your clients, you'll ask the following questions. Complete them with the correct form of the adjective **quel,** and then ask them to a partner.

1. _Quel_ est votre numéro de téléphone?
2. _Quelle_ est votre adresse *(f.)*?
3. _Quels_ passe-temps *(m.)* préférez-vous?
4. _Quels_ genres *(m.)* de films est-ce que vous aimez?
5. _Quels_ sports est-ce que vous pratiquez?
6. _Quelle_ sorte *(f.)* de livres aimez-vous?

 B. Habitudes alimentaires. Complete each of the following sentences with the appropriate form of **quel,** then ask a partner the questions.

1. _Quelle_ est ta boisson préférée au petit déjeuner? Et au dîner, _quel_ boissons prends-tu?
2. _Quel_ fruit est-ce que tu préfères? _Quel_ fruits est-ce que tu ne manges jamais *(never)*?
3. Quand tu manges au restaurant, _quel_ est ton plat principal préféré? Et quand tu cuisines?
4. _Quelle_ entrée *(f.)* préfères-tu?
5. _Quels_ sont tes desserts préférés?
6. _Quel_ féculent est-ce que tu manges le plus souvent?

C. Quelles sont les questions? Look at the following answers and determine what the questions are. Use the pronoun **quel** in your questions. Make agreements as necessary.

1. J'écoute souvent du rap. _Quelle musique écoutes-tu souvent?_
2. Nous aimons les films d'aventure. _Quel films aimez-vous?_
3. La ville que je préfère est Avignon.
4. Je prends des cours de français et de japonais.
5. Mon chien s'appelle Marcus.
6. Mon adresse e-mail est eiffel@yahoo.fr.

STRUCTURE ⁴

Les verbes *devoir* et *pouvoir*

The verb **devoir** *(to have to, must)* is conjugated like the verb **boire** you learned earlier in this chapter. The verb **pouvoir** *(to be able to)* is conjugated like **vouloir.** Both verbs are irregular. Note the stem-change in all forms but **nous** and **vous.**

devoir *(to have to, must)*	
je **dois**	nous **devons**
tu **dois**	vous **devez**
il / elle / on **doit**	ils / elles **doivent**

- The verb **devoir** is generally followed by an infinitive.

On **doit** bien **manger** pour bien vivre.	*One must eat well to live well.*
Vous ne **devez** pas **boire** de bière si vous prenez la voiture.	*You shouldn't drink beer if you take your car.*
Je **dois acheter** du lait pour mon fils.	*I should buy milk for my son.*

pouvoir *(to be able to)*	
je **peux**	nous **pouvons**
tu **peux**	vous **pouvez**
il / elle / on **peut**	ils / elles **peuvent**

- Like **devoir,** the verb **pouvoir** is generally followed by an infinitive.

Vous **pouvez** faire un gâteau pour le dessert?	*Can you make a cake for dessert?*
Je ne **peux** pas **préparer** les fruits de mer.	*I can't cook seafood.*
Les étudiants **peuvent manger** beaucoup de pizza!	*Students can eat a lot of pizza!*

 VÉRIFIEZ votre compréhension

1. Go back to the *Structure 1* section (pp. 176–177) and look at the conjugations of the verbs **boire** and **vouloir.** Look for similarities and differences with the conjugations of **devoir** and **pouvoir.**

2. Reread the *Passage 2* section (pp. 183–185) where Chloé and François go to the caterer. What forms of **pouvoir** and **devoir** can you find in that text?

🔊 À l'écoute!

CD 1
Track 66

Une ou plusieurs personnes? You will hear a number of sentences that include the four verbs you have learned in this chapter: **vouloir, boire, devoir,** and **pouvoir.** Indicate whether each sentence is about one person or several people.

1. _____ one person _____ several people
2. _____ one person _____ several people
3. _____ one person _____ several people
4. _____ one person _____ several people
5. _____ one person _____ several people
6. _____ one person _____ several people
7. _____ one person _____ several people
8. _____ one person _____ several people

Pratiquons!

A. Obligations et conséquences. For each sentence beginning in the left column, choose a logical completion from the right column. Write the correct form of the verbs in parentheses.

1. Si tu as soif, tu...
2. Quand vous avez sommeil, vous...
3. Ils sont végétariens: ils ne...
4. Quand nous avons froid, nous...
5. Je suis incapable de cuisiner, je ne...
6. Quand Jules a faim, il...

a. (devoir) mettre une veste.
b. (devoir) vite manger quelque chose.
c. (pouvoir) pas préparer de pâtes!
d. (devoir) boire.
e. (devoir) aller au lit.
f. (pouvoir) pas manger de viande.

B. Que doit-on faire? Answer the following questions, using the verb **devoir** in your answers.

1. Qu'est-ce qu'on doit faire pour avoir beaucoup d'argent?
2. Qu'est-ce que tu dois faire pour être heureux (heureuse)?
3. Combien de fois par mois est-ce que tu dois faire le ménage?
4. Que doit-on faire pour avoir du succès avec les filles / les garçons?
5. Qu'est-ce que les Français doivent faire pour prendre un chariot au supermarché?
6. En Suisse, est-ce qu'on doit avoir 21 ans pour pouvoir boire de l'alcool?

C. Que peut-on faire? Answer the following questions, using the verb **pouvoir** in your answers.

1. Qu'est-ce que tu peux faire si tu ne comprends pas le prof de français?
2. Dans une brasserie, est-ce qu'on peut manger ou seulement *(only)* boire? Qu'est-ce qu'on peut boire dans une brasserie?
3. Est-ce que les Français peuvent voyager avec leurs chiens dans les autobus?
4. Est-ce que les Français peuvent aller au restaurant avec leurs chiens?
5. En général, aux États-Unis, est-ce qu'on peut fumer dans les restaurants?
6. Est-ce qu'on peut manger des crêpes facilement en France? Et aux États-Unis, pouvez-vous manger des crêpes dans tous les restaurants?

 D. Entretien. With a partner, take turns asking and answering the following questions.

1. Qu'est-ce que tu dois faire après le cours de français?
2. Qu'est-ce que tu voudrais faire dans la vie *(life)* que tu ne peux pas faire pour le moment?
3. Peux-tu parler une autre langue? Quelle langue?
4. Qu'est-ce que les étudiants de votre université doivent faire pour bien réussir dans leurs cours?
5. Est-ce que tu peux manger de tout *(everything)*? Es-tu allergique à certains aliments *(foods)*?
6. Où est-ce que tu dois aller demain matin?

Portrait personnel

Using the information that you learned from your partner in Activity D, write a paragraph describing your partner and mentioning some of his or her *desires*, *capabilities*, and *responsibilities*.

Livre des proverbes. Est-ce que vous pouvez trouver la traduction de ces proverbes?[1]

Ce que femme veut, femme peut.	*The end justifies the means.*
Vouloir c'est pouvoir.	*Who can do more can do less.*
Si tu veux la paix, prépare la guerre.	*Give a dog a bad name and hang him.*
Qui peut le plus, peut le moins.	*If you want peace, prepare for war.*
Qui veut la fin, veut les moyens.	*A woman can do whatever she wills.*
Qui veut noyer son chien l'accuse de la rage.	*Where there's a will there's a way.*

[1]Can you translate these proverbs and sayings?

Passage 3

À table!

John rend visite à ses amis français Chloé et François dans leur appartement à Toulouse. John veut aider[1] alors il met la table[2] pour le déjeuner pendant que[3] Chloé finit de faire la cuisine.

JOHN: Chloé, pour la soupe, je mets les assiettes à soupe[4] ou je mets les bols?

CHLOÈ: Tu es marrant! Non, on ne met jamais les bols pour la soupe. Les bols c'est pour le petit déjeuner pour boire du café, du thé ou du chocolat chaud. N'oublie pas les cuillères à soupe et les serviettes,[5] non plus!

JOHN: C'est vrai! Sur la table, j'ai les cuillères à café, mais je n'ai pas encore les cuillères à soupe! J'ai une autre question, Chloé: les cuillères, elles vont à droite ou à gauche de l'assiette?

CHLOÈ: Ah! Ces Américains! Bon, la cuillère à soupe est à droite, à côté du couteau. Comme ça, tu vois?[6] Et la fourchette est à gauche sur la serviette.

JOHN: Je mets les verres à vin?

CHLOÈ: Oui, nous allons boire une bouteille de vin blanc d'Alsace avec le poisson.

JOHN: Tu ne bois pas de vin rouge avec le poisson?

CHLOÈ: Non généralement personne n'en boit[7] avec du poisson. Avec le poisson, normalement, on prend du vin blanc. La table est super jolie. Merci, Johnny! À table![8]

JOHN: De rien, Chloé. Dis, ça sent[9] super bon!

Vous avez bien compris?

Complete the sentences, based on the preceding dialogue.

1. Pour manger de la soupe, on utilise une _____.

2. On met la soupe dans une _____.

3. On mange la viande avec une _____.

4. On coupe *(cuts)* la viande avec un _____.

5. On met le sucre dans le café avec la _____.

6. On boit le vin dans le _____.

7. Généralement, avec le poisson on boit du _____.

8. On s'essuie la bouche *(wipes his/her mouth)* avec la _____.

[1]to help   [2]sets the table   [3]while   [4]Another way to say *soup plate* is **assiette creuse** (literally, a *hollow plate*).   [5]napkins   [6]you see   [7]drinks it   [8]Lunch (dinner) is ready!   [9]That smells (**ça sent bon** = that smells good; **ça sent mauvais** = that smells bad)

→ Mon vocabulaire ←

À table!

un verre à eau
un verre à vin
une tasse à café
un bouquet de fleurs (f.)
une cuillère à café
une assiette[1] (plate)
un pichet (d'eau)
une cuillère à soupe
une serviette
une nappe
un couteau
un tire-bouchon
une fourchette

À vous!

A. Qu'est-ce que c'est? Choose the appropriate item on the right to complete the statement on the left.

1. On boit le café ou le thé au petit déjeuner dans
2. On met l'eau dans D
3. Sous les couverts et la vaisselle[1] il y a E
4. On boit le café au déjeuner ou au dîner dans C
5. On ouvre une bouteille de vin avec B
6. On mange de la viande dans A

   a. une assiette plate.
   b. un tire-bouchon.
   c. une tasse à café.
   d. un pichet.
   e. une nappe.
   f. un bol.

 B. Les bonnes manières à table. Find out how your partner eats. Ask him or her the following questions and then reverse roles.

1. Avec quoi est-ce que tu manges la pizza? Avec les mains (hands) ou avec un couteau et une fourchette?
2. Dans quoi est-ce que tu manges la pizza? Dans des assiettes en papier ou dans le carton où est livrée la pizza (in the box in which the pizza was delivered)?
3. Comment est-ce que tu manges les frites? Avec les mains ou avec une fourchette?
4. D'habitude, est-ce que tu manges à table ou sur le fauteuil devant la télé?
5. Est-ce que tu mets une nappe sur la table? Quand est-ce que tu mets une nappe?
6. Est-ce que tu prends la fourchette avec la main droite ou avec la main gauche pour manger la viande?

[1]For a dessert plate, use **une assiette à dessert**.

STRUCTURE 5

D'autres négations

In French as in English, there are several ways to express negation. Many of these negative expressions in French are used like **ne... pas.**

- **ne...** jamais *(never)*

Elle **ne** fume **jamais.**	*She never smokes.*
Vous **ne** mangez **jamais** de chocolat.	*You never eat chocolate.*

- **ne...** plus *(not anymore, no longer)*

Jean-Claude **ne** joue **plus** au tennis.	*Jean-Claude doesn't play tennis anymore.*
Je **ne** vais **plus** boire de Coca.	*I'm not going to drink Coke anymore.*

- **ne...** pas encore *(not yet)*

Nous **n'**avons **pas encore** faim.	*We're not hungry yet.*

Like English, there are two expressions that can be either the object or the subject of the sentence. These are **ne... rien** *(nothing, not . . . anything)* and **ne... personne** *(no one, not . . . anyone)*. When they are an object, use them like the above expressions. When they are the subject, use the formula: **rien / personne + ne +** *verb in third person singular.*

- **ne... rien** *(nothing, not . . . anything)* / **rien ne** *(nothing)*

Object	Subject
Tu **ne** fais **rien** dans la maison. *You don't do anything around the house.*	**Rien n'**a l'air bon. *Nothing sounds good.*
Nous **n'**allons **rien** acheter chez le traiteur. *We're not going to buy anything at the caterer's.*	**Rien ne** va être difficile dans ce cours. *Nothing is going to be difficult in this course.*

- **Ne... personne** *(not anyone)* / **personne ne** *(no one)*

Object	Subject
Il **n'**aime **personne.** *He doesn't love anyone.*	**Personne ne** parle en classe. *No one talks in class.*
Tu **n'**écoutes **personne.** *You don't listen to anyone.*	**Personne ne** veut faire le ménage. *No one wants to clean the house.*

◀ VÉRIFIEZ votre compréhension

1. Go back to **Passage 3** section (p. 194) and find all the negative expressions other than **ne... pas** that you can. Tell what each means.

2. If you find instances of **personne** or **rien**, tell if they are used as the subject or the object of the sentence. What does this mean for the sentence structure?

Pratiquons!

A. Un vrai gourmand! You're discussing the dietary habits **(les habitudes alimentaires)** of a person with a real sweet tooth. Imagine his/her negative responses to your questions, using expressions other than **ne... pas**.

1. Vous avez **déjà** de bonnes habitudes alimentaires?
2. Qu'est-ce qui *(what)* explique vos habitudes alimentaires?
3. Vous mangez **souvent** du brocoli?
4. Dans votre famille, **qui** prend au moins cinq légumes et cinq fruits par jour?
5. Vous mangez **toujours** dans des restaurants végétariens?

B. Un(e) étudiant(e) pauvre! Your friend has just gone back to school, and doesn't have money to do the things he/she used to do. Imagine his/her negative responses to the following questions, using an expression other than **ne... pas** in each.

1. Tu vas **toujours** au cinéma le week-end?
2. Est-ce que tu vas **souvent** danser avec des amis?
3. Tu invites¹ **des amis** au restaurant?
4. Est-ce que tu achètes **quelque chose** quand tu vas au centre commercial?
5. Tu peux **déjà** gagner de l'argent avec ton diplôme?
6. **Quelqu'un** va payer tes études?

À vous de parler!

A. Ta nouvelle vie. Tell a classmate about changes that you have made in your lifestyle over the years. Mention five things that you no longer do and five things that you never do. Ask your partner some questions, too—he/she may answer in the affirmative or in the negative.

> **MODÈLE:** *Je ne fume plus et je ne mange jamais de viande. Et toi, est-ce que tu manges toujours beaucoup de fruits?*

B. Bon appétit! In groups of three or four, pretend that you are going to a **brasserie.** One of you is the server **(le serveur / la serveuse)** and the others are the customers. You arrive at the **brasserie** (find a name for it!) and you would like to sit outside. Order **(commander)** your food from the menu. You are very hungry and thirsty! Do not forget to leave the tip **(le pourboire)** after the meal, if not already included in the bill. Also, as part of your conversation, talk about the pedestrians that pass by. Mention their looks and what they are wearing. And of course, **bon appétit!**

¹In France, when you invite someone to a restaurant, the expectation is that you will pick up the tab!

On mange comme ça en Afrique

Dans la plupart des pays africains, on n'utilise pas de couverts (des fourchettes, des couteaux, etc.) à table.

Les Africains mangent avec la main droite. Dans les pays musulmans (tels que le Maroc ou l'Algérie), la main gauche ne peut pas toucher la nourriture; elle est réservée à l'hygiène personnelle exclusivement. Avant de mettre la nourriture sur la table, tout le monde se lave les mains dans une assiette creuse qui circule autour de la table et qui contient de l'eau savonneuse.[1]

Quand on apporte la nourriture à table, tout le monde se sert sa portion d'un même récipient.[2] On utilise la main droite (ou on utilise du pain) pour prendre ce qui est dans l'assiette. (Le pain africain est plat—il ressemble plutôt à un pita qu'à une baguette.) Puisqu'on n'a pas d'assiette individuelle, il n'est pas mal vu de jeter les arêtes[3] de poisson par terre pendant qu'on mange. Dans quelques pays africains (le Cameroun, par exemple), les hommes mangent d'abord, les femmes après et les enfants en dernier.

Les plats typiques dans beaucoup de pays africains incluent des lentilles, des arachides[4] et/ou l'igname (f.) un légume qui ressemble beaucoup à une pomme de terre douce. La viande de zèbre est très appréciée dans quelques régions en Afrique, tout comme on apprécie le lapin[5] ou le canard[6] en France. En général, les Africains mangent tout ce qui leur est servi, sans laisser de restes.[7] Tout manger indique que les plats étaient très bons!

Réfléchissons!

1. Dans votre pays, quels aliments est-ce qu'il est acceptable de manger avec les mains?

2. Pour quelles occasions ou pour quels aliments est-ce que tout le monde se sert sa portion d'un même récipient (ou plat) dans votre culture?

3. Est-ce que vous lavez les mains à table dans votre pays? Quand? Pour quels aliments?

4. Est-ce qu'il y a des choses que vous pouvez jeter par terre pendant que vous mangez? Lesquelles?

Courtesy of Véronique Anover and Theresa A. Antes

Le restaurant *Le Vert Galant* se trouve à Amiens, en France. D'après vous, quelles sont ses spécialités? Est-ce que vous voudriez y manger? Pourquoi ou pourquoi pas? Qu'est-ce que vous allez commander?

[1]soapy   [2]serving dish   [3]bones   [4]peanuts   [5]rabbit   [6]duck   [7]leftovers

À *vous d'écrire!*

Imagine that you have recently learned that your family will host an exchange student for a year. He/She will attend the same university as you, and will spend holidays with your family. In order to help the student prepare, you decide to write him/her a letter, in which you explain a little bit about your town and your university. You are going to tell him/her all the essentials, such as what he/she is going to need to bring from home for the year, what he/she will probably want to do and see in the area, what he/she can do on the weekends, what he/she must do to succeed in his/her classes, etc. You are going to tell the student where you live, where you go when you are hungry or thirsty, and where you study. You are going to fill him/her in on all the details, so that there will be no surprises upon his/her arrival!

A. Stratégies. Think about your audience. In Chapter 4, you wrote to a real estate agent; here, you are writing to a classmate. How will your language differ? What expressions might you use to begin and end your letter? With your intended audience in mind, think how you will organize the information in your letter before you begin to write.

B. Organisons-nous! Decide how many sections your letter will have. What are the main things that you want to tell your new classmate? Give each section a one- or two-word title (**ma famille, mon université, le week-end,** etc.), and decide on a logical order for all the sections. On a separate sheet of paper, list your sections in the order that they will appear. (You may use as many sections as you wish.)

C. Pensons-y! Now, for each section heading you listed, jot down some of your thoughts. If you listed **mon université** as a section, for example, what information are you going to include in that section? Write down some of the key vocabulary words that you will need, as well as some partial thoughts to get you started. Focus on the **avoir** expressions, the vocabulary, and the new verbs that you learned in this chapter. Use language that you know to express yourself, rather than translating from English.

D. Écrivons! Write a first draft of your letter. Pay attention to content, making sure that you get all your ideas in and that you have expressed them coherently. Being coherent involves stating your ideas clearly, but also using correct vocabulary and grammar. When you have finished writing, ask yourself the following questions: Have I used the appropriate vocabulary words and spelled them correctly? Have I conjugated verbs as necessary? Do the nouns and adjectives agree? Make any changes necessary to your draft.

E. Révisons! Now that you have written a first draft of your letter, go back over it and look for ways in which you might improve it. Pay attention to organization and coherence, especially. Imagine that you are writing this letter for someone who does not know your family, your town, or your university. Will it make sense to him/her? What details must you provide to make the university scene comprehensible to someone who doesn't know it? Rewrite your letter on a clean sheet of paper, making corrections and additions as necessary. Turn it in when you have finished.

Lexique 🔊

Chez le traiteur *At the caterer's*

Les entrées (f.) et les hors-d'œuvre (m.) *Appetizers*

du pâté de campagne	*pâté*	de la soupe à	*onion soup*	des tomates (f.)	*stuffed and*
du saumon fumé	*smoked salmon*	l'oignon		provençales	*baked tomatoes*

Les plats (m.) principaux *Main courses*

Les viandes (f.) et les volailles (f.) *Meats and poultry*

du bœuf	*beef*	des boulettes (f.)	*meatballs*	du poulet rôti	*roasted*
		de viande		ou du	*chicken or*
				porc rôti	*roasted pork*

Le poisson *Fish*   Les fruits (m.) de mer *Seafood*

du thon (grillé)	*(grilled) tuna*	des coquilles (f.)	*scallops*	des huîtres (f.)	*oysters*
des crevettes (f.)	*shrimp*	Saint-Jacques			

Les légumes (m.) *Vegetables*

des asperges (f.)	*asparagus*	du céleri	*celery*	des haricots (m.)	*green beans*
du brocoli	*broccoli*	des champignons (m.)	*mushrooms*	verts	
des carottes (f.)	*carrots*	du chou-fleur	*cauliflower*	des petits pois (m.)	*peas*
		des épinards (m.)	*spinach*	un poivron rouge	*red pepper*

Les féculents (m.) *Starchy foods*

des céréales (f.)	*cereal*	des lentilles (f.)	*lentils*	du riz	*rice*
des croissants (m.)	*croissants*	des pommes	*potatoes*	des tartines (f.)	*toast (with*
des haricots (m.)	*beans*	de terre		(avec du beurre	*butter*
des lasagnes (f.)	*lasagna*	des pâtes (f.)	*pasta*	et de la confiture)	*and jam)*

Les fruits (m.) *Fruit*

un abricot	*apricot*	des fraises (f.)	*strawberries*	une pêche	*peach*
une banane	*banana*	un melon	*cantaloupe*	une poire	*pear*
des cerises (f.)	*cherries*	une orange	*orange*	une pomme	*apple*
un citron	*lemon*	une pastèque	*watermelon*	du raisin (m.)	*grapes*

Les desserts (m.) *Desserts*

des biscuits (m.)	*cookies*	une glace à la fraise	*strawberry ice cream*	des tartelettes (f.)	*mini-fruit tarts*
une crème brûlée	*crème brulée*			aux fruits	
un gâteau (m.)	*chocolate cake*	une glace à la vanille	*vanilla ice cream*	un yaourt	*a yogurt*
au chocolat					
une glace au chocolat	*chocolate ice cream*				

D'autres choses à manger *Other things to eat*

une crêpe	*crepe*	une quiche, une	*quiche*	un sandwich (au	*(ham and*
des frites (f.)	*French fries*	tarte salée		jambon-fromage)	*cheese)*
une omelette	*omelet*	une salade	*salad*		*sandwich*
une pizza	*a pizza*			de la soupe	*soup*

Les condiments (m.) et le sucre Seasonings and sugar

| le poivre | pepper | le sel | salt | le sucre | sugar |

Les repas (m.) Meals

| le déjeuner | lunch | le goûter | afternoon snack | le petit déjeuner | breakfast |
| le dîner | dinner | | | | |

Les boissons (f.) Beverages

une bière	beer	de l'eau (f.) gazeuse	carbonated water	une pression	draft beer
une bouteille de bière	a beer bottle			un thé au citron	tea with lemon
un café au lait	coffee with milk	de l'eau (f.) plate	still mineral water	un thé nature	plain tea
du lait	milk			le vin (rouge / blanc / rosé)	wine (red / white / blush)
un café crème	espresso with cream	un exprès	espresso		
		une limonade	carbonated lemon-lime soda	un café au lait	coffee with milk
un café (noir)	coffee				
un Coca	Coke				

À table! Lunch/Dinner is ready!

la carte	the menu	une cuillère à café	teaspoon	une serviette	napkin
une assiette	plate	une cuillère à soupe	tablespoon	une tasse à café	coffee cup
une assiette à soupe / creuse	soup bowl	une fourchette	fork	un tire-bouchon	bottle opener
		une nappe	tablecloth	un verre à eau	water glass
un bol	bowl	un pichet d'eau	pitcher of water	un verre à vin	wine glass
un couteau	knife				

Les expressions avec avoir Avoir expressions

avoir l'air	to seem	avoir envie (de)	to want / to feel like	avoir raison	to be right
avoir besoin (de)	to need			avoir soif	to be thirsty
avoir de la chance	to be lucky	avoir faim	to be hungry	avoir sommeil	to be sleepy
avoir chaud	to be hot	avoir froid	to be cold	avoir tort	to be wrong
		avoir peur (de)	to be afraid		

Les adverbes Adverbs

assez	enough	parfois	occasionally, sometimes	constamment	constantly
beaucoup	a lot			trop	too
bien	well	peut-être	maybe, possibly	vite	quickly
mal	poorly, badly			faussement	falsely
toujours	always	souvent	often	vraiment	truly
lentement	slowly	très	very	absolument	absolutely
intelligemment	intelligently	silencieusement	silently	prudemment	prudently

À L'AVENTURE

La Provence  Visit La Provence on Google Earth!

À vous de découvrir!

Les tournesols en Provence

Le terme «la Provence» est utilisé de nos jours pour la région du sud-est de la France, qui s'étend[1] de la Côte d'Azur (Cannes, Nice) à l'est jusqu'à[2] Nîmes et Avignon au centre du pays. Le nom de cette région a surtout une connotation culturelle. Quand on dit «la Provence» on pense aux champs de lavande, de tournesols et à la poterie très célèbre qui est fabriquée dans la région. La Provence est aussi célèbre pour sa cuisine à base de produits frais de la région: l'huile d'olive, le poisson et les fruits de mer, le fromage de chèvre[3] et les fruits et légumes saisonniers. Plusieurs artistes très connus[4] ont habité la Provence—Cézanne, van Gogh, Matisse, Picasso—leurs œuvres reflètent cette région très pittoresque.

Historiquement la Provence, comme la France, a été[5] traditionnellement catholique; le pape a même choisi d'habiter à Avignon pendant de longues périodes au Moyen Âge quand il y avait[6] des perturbations à Rome. De nos jours, l'arrivée d'immigrés venus d'anciennes colonies françaises fait que la Provence se transforme—nous y trouvons maintenant des mosquées à côté des cathédrales et des synagogues. La cuisine change donc aussi—le couscous peut faire partie d'un re-

Le palais des papes à Avignon

[1]extends from   [2]as far as   [3]goat   [4]well-known   [5]was   [6]there were

pas typique de cette région du pays, par exemple. C'est une région qui a beaucoup évolué pendant les siècles et qui va certainement continuer à évoluer dans l'avenir[1]!

Avez-vous compris?

1. Where exactly is Provence? Are there similar regions in the United States where there is a strong cultural connotation attached to a place name?

2. Describe provençal cuisine. What would you expect typical dishes to consist of, based on the reading?

3. How is Provence changing in the twenty-first century? In which aspects of everyday life are these changes most noticeable?

À vous d'apprécier!

Explorations gastronomiques

Quand on pense à la soupe, on pense à un plat chaud; mais la soupe peut aussi être froide. En Provence, on mange beaucoup de soupe aux fruits, comme hors-d'œuvre ou même comme dessert. Les soupes froides sont surtout très populaires en été—quand il fait très chaud, c'est un plat froid et léger.

Soupe de melon à la menthe: pour 4 personnes

Courtesy of Véronique Anover and Theresa A. Antes

1 gros melon à maturité
1 orange
10 cl. de porto (ou moscatel)
2 cuillères à soupe de sucre en poudre
10 cl. de crème fraîche
125 gr. de framboises
quelques tiges[2] de menthe fraîche

Pressez le jus de l'orange. Ouvrez le melon, retirez[3] les graines et les fibres, puis prélevez[4] la chair[5] avec une cuillère. Passez la pulpe au mixeur avec le jus d'orange, le porto et le sucre. Ajoutez à cela la crème, et mixez pour obtenir une bonne consistance veloutée. Mettez cela dans un saladier, et ajoutez deux tiges de menthe lavées et séchées. Laissez la soupe refroidir au réfrigérateur pendant 6 heures. Pour la servir, versez-la dans quatre jolies coupes à dessert, et décorez-la avec quelques framboises et une tige de menthe.

Explorations architecturales et historiques

Dans plusieurs villes en Provence, on trouve des ruines romaines. L'amphithéâtre à Orange est un très bon exemple de ces vestiges. L'amphithéâtre que vous voyez sur cette photo date du premier siècle avant Jésus-Christ, et fait partie de trois amphithéâtres dans le monde qui ont gardé[6] leur mur extérieur intact. Pendant l'antiquité, c'était le site du théâtre drama-tique classique; de nos jours, c'est toujours utilisé pour des spectacles.

Courtesy of Véronique Anover and Theresa A. Antes

L'amphithéâtre d'Orange

[1]future [2]sprigs [3]take out [4]scoop out [5]flesh [6]kept

Quel genre de spectacle est-ce que vous pensez qu'on voit dans ce théâtre? Comment sont les gradins *(seats)*, d'après vous? (Confortables? Trop étroits [*narrow*]?) Quelle sorte de spectacle est-ce que vous préférez?

Clown sans cirque fixe

du 8 au 30 juillet
Theatre de la Place
Tel: 04 91 87 11 33

© Norman Price/Alamy

À vous de réagir!

Regardez l'annonce publicitaire à gauche. Elle vient du festival de théâtre d'Avignon, où, chaque été, on peut voir plus de 660 pièces de théâtre différentes!

1. Vous êtes père ou mère de famille. Pouvez-vous amener vos enfants à cette pièce?
2. Expliquez le titre de cette pièce. Qu'est-ce que vous allez voir, exactement?
3. Qu'est-ce qu'il faut faire pour réserver des places?
4. Allez-vous souvent au théâtre? Est-ce que vous voudriez être à Avignon en été pour voir le festival?

Mon blog

Bonjour chers blogueurs et blogueuses, et bienvenues à mon site—*Il y a de quoi rêver*[1]! Je m'appelle Clarisse, je suis étudiante à **l'Institut Supérieur de l'Entreprise de Montpellier.** Je rêve d'être entrepreneuse un jour, et sur mon blog je présente mes idées (elles changent souvent!) pour une entreprise éventuelle.

Quand je ne suis pas à Montpellier, j'habite à Gordes, une jolie ville perchée en Provence. Comme beaucoup de villes et villages en Provence, ma ville date de l'antiquité, mais je veux introduire des éléments modernes à la vie de tous les jours. Ma dernière idée, c'est de créer une boutique pour les animaux domestiques: je vais avoir un salon de coiffure pour chiens, une «patte-isserie»[2] où je vais vendre des gâteaux pour chats et chiens ainsi que des compléments comme des colliers avec des diamants. Tout le monde aime gâter son petit Foufou ou sa petite Minoue, n'est-ce pas? Écrivez-moi pour me dire ce que vous pensez de mon idée. Est-ce que vous allez venir à ma boutique? Vous avez une meilleure idée?

Courtesy of Véronique Anover and Theresa A. Antes

À vous de décider: Le français pour quoi faire?

Why become proficient in French? That's a question Christian would like to help you answer. Go to the *À vous* online resources to find out how he made use of his language skills to further his studies in Biological and Environmental Engineering! ✈

Courtesy of Véronique Anover and Theresa A. Antes

[1]Something to dream about!   [2]les pattes sont les pieds des animaux

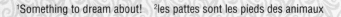

Les infos qui m'entourent

In this chapter, you will learn about the different media that are popular in France and in the Francophone world. You will become familiar with French radio and television stations and with Canadian newspapers and magazines, and will read about new French television programs. You will also learn how to talk about things that happened in the past.

Ekaterina Pokrovsky/Fotolia.com

VOCABULARY
- The media (radio, television, magazines, and newspapers)
- Current events (crime, car accidents, and other newsworthy items)

STRUCTURES
- The **passé composé** (past tense) with **avoir** and **être**
- The **passé composé** in the negative and the interrogative
- The **passé composé** with **y** and **en**
- Placement of adverbs in the **passé composé**
- The verbs **lire, dire,** and **écrire**

CULTURE
- French/Francophone television
- French/Francophone radio stations

iLrn
◀) Audio
🌐 www.cengagebrain.com

RESSOURCES

CD 1
Tracks 68–69

Passage 1

Les médias

> Christophe et Luc vont en voiture[1] à l'université Le Mirail, à Toulouse.
>
> **CHRISTOPHE:** Luc, ça te dit d'écouter [2]un peu de musique?
>
> **LUC:** Ouais! Bonne idée! Je vais mettre NRJ,[3] OK?
>
> **CHRISTOPHE:** D'accord! En plus, c'est l'heure de l'émission[4] L'EuroHot 30 avec le hit-parade des tubes.[5]
>
> **LUC:** C'est vrai! Super! J'aime bien Vincent, l'animateur de l'émission. Il est trop drôle et il passe[6] de la bonne musique.
>
> **CHRISTOPHE:** Oui, tu as raison, il est amusant. On a besoin de rigoler[7] avant notre cours de maths! Aujourd'hui, le prof rend les examens en classe...

Le saviez-vous?

TF1 (Télévision Française 1) is one of the main French television stations, along with France 2, France 3, and M6. There are many other channels, although not as many as in the United States. Some of the most popular are Arte (a Franco-German network that broadcasts documentaries, political debates, programs on social issues, movies, etc.), La 5, Canal + (a cable network that shows mostly movies and sports), iTélé (news channel), W9, Direct8, Canal Jimmy (a trendy cable TV network for a young audience) and TV 5 (a public channel that can be received in the United States via satellite). There are also special interest channels, such as Pink TV, a cable network for the gay community.

> Karim et Yasmina regardent la télévision dans leur salon à Marseille.
>
> **YASMINA:** Karim, ne veux pas regarder encore du foot! En plus, tu as regardé le match hier.[8] On peut changer de chaîne?[9]
>
> **KARIM:** Et quel programme est-ce que tu veux regarder? Des feuilletons[10] interminables?
>
> **YASMINA:** Eh bien non, Monsieur! Je voudrais regarder le journal télévisé sur TF1. À la radio ce matin j'ai entendu que les employés du RER[11] vont faire la grève.[12] Si le RER est en grève, je dois prendre ma voiture pour aller au travail demain.
>
> **KARIM:** D'accord, change de chaîne alors!
>
> **YASMINA:** Je ne peux pas, je n'ai pas la télécommande![13] Comme tu n'arrêtes pas de zapper, la télécommande doit être dans ton fauteuil quelque part![14]

Vous avez bien compris?

Choose the correct completion for each sentence.

1. NRJ est une _____.

   a. station de radio   b. émission de radio

2. *L'EuroHot 30* avec Vincent est une émission _____.

   a. comique   b. de musique

3. Vincent présente _____.

   a. les tubes   b. l'animateur

4. Yasmina veut regarder _____.

   a. des feuilletons   b. le journal télévisé

[1]car [2]what about listening to [3]This radio station is very popular among young people. The name sounds like **énergie**. [4]program [5]hit songs [6]plays/broadcasts [7]to laugh [8]yesterday [9]channel [10]soap operas [11]regional train system in Paris [12]strike [13]remote control [14]somewhere

5. Yasmina veut changer de chaîne pour voir _____.

    a. le RER   b. la situation sur la grève

6. Karim _____ la télécommande.

    a. a   b. n'a pas

→ Mon vocabulaire ←

Les médias (1)

À la télé on peut regarder...

le journal télévisé (le JT)	*the television news*
un feuilleton	*a soap opera*
la météo	*the weather*
une série (télévisée)	*a (television) series*
un documentaire	*a documentary*
des talk-shows *(m.)*	*talk shows*
la télé-réalité	*reality television*
des films *(m.)*	*films*

On peut aussi...

changer de chaîne	*to change channels*
faire du zapping/zapper	*to channel surf*

À la radio on peut écouter...

les informations (les infos) *(f.)*	*the newscast*
les informations routières	*the traffic report*
une émission musicale	*a musical program*
une émission culturelle	*a cultural program*
des tubes *(m.)*	*hit songs*

On peut aussi...

changer de fréquence	*to change radio stations*

À la télé / Sur le petit écran

On TV / On the small screen

À la radio / Sur les ondes...

On the radio / On the airwaves they broadcast . . .

le présentateur (la présentatrice) présente	*the TV anchor presents*
l'animateur (animatrice) anime	*the DJ or the host announces or hosts the show*

on passe / on diffuse...

de la publicité (de la pub)	*advertisements*
un reportage	*a report*
des magazines *(m.)*	*exposés*
un match de foot en direct	*a live soccer game*
des divertissements *(m.)* / des jeux *(m.)*	*TV games*
des dessins animés *(m.)*	*cartoons*
une émission / un programme	*a program*
des téléfilms *(m.)*	*made-for-TV movies*
des sports *(m.)*	*sports*
le hit-parade	*the hit-parade*

À vous!

A. Programmes et émissions. Match each title of a TV or radio program with the category in which it belongs.

1. *Les meilleurs tubes de l'été*
2. *L'actualité mondiale*
3. *Bob, le bricoleur*
4. *Espèces en danger: les éléphants*
5. *Spécial Mozart*
6. *Qui veut gagner des millions?*
7. *Dexter*
8. *Zone interdite: drogue, anorexie, boulimie*

a. une série
b. des dessins animés
c. une émission musicale
d. un documentaire
e. le journal télévisé
f. un magazine
g. le hit parade
h. les divertissements

B. Tes préférences. Ask your classmate the following questions to find out about his/her favorite TV and radio programs. Then reverse roles. Report your findings to the class and compare the results with your classmates.

1. Est-ce que tu regardes des feuilletons? Quel est ton feuilleton préféré?
2. Quand et où écoutes-tu la radio? Dans ta voiture le matin? Le soir à la maison, dans ta chambre?
3. Quelles émissions écoutes-tu à la radio? Le hit parade? Les infos? Les infos routières? Sur quelle fréquence?
4. Quelles émissions est-ce que tu regardes le soir à la télé? Le JT? Des divertissements? Sur quelle(s) chaîne(s)?
5. Quelle est la chaîne télévisée que tu regardes le plus? Pourquoi? Quelle est la chaîne télévisée que tu regardes le moins? Pourquoi?
6. Est-ce que tu zappes souvent? Qui a la télécommande chez toi?

C. Le choix d'une bonne émission. In small groups, answer the following questions. Report your findings to the class and compare your results with your classmates.

1. Comment est-ce que vous choisissez vos émissions de télévision? Est-ce que vous consultez un guide télé, ou est-ce que vous préférez zapper?
2. Si vous consultez un guide, est-ce que vous préférez consulter un magazine ou Internet?
3. Vous achetez un guide toutes les semaines? Quel guide?
4. À part pour le programme de la télé, qu'est-ce qu'il y a dans les guides télé que vous consultez quelquefois? Est-ce qu'il y a des recettes comme dans ce Télé Magazine français?

STRUCTURE 1

Le passé composé avec *avoir*

Grammar Tutorials

In previous chapters, you have learned two verb tenses: the present tense and the near future.

le présent		le futur proche	
J'écoute le prof.	*I listen / am listening / do listen to the professor.*	Je vais écouter le prof.	*I will listen to the professor.*

The **passé composé** is the third tense you will learn. It is used to express an event in the past that has a definite beginning and end. Like the present tense, it has three possible translations in English.

J'ai écouté le professeur.　　　*I listened / I have listened / I did listen to the professor.*

Forming the passé composé

- Verb conjugations in the **passé composé** have three components:

subject　+　auxiliary verb　　　　　+　past participle of the main verb
　　　　　(present tense form of
　　　　　avoir or **être**)

Here are the conjugations for **écouter** *(to listen)*, a regular **-er** verb.

écouter	
j'ai écouté	nous avons écouté
tu as écouté	vous avez écouté
il / elle / on écouté	ils / elles ont écouté

- Every verb has a past participle. Some are regular and some are not. Regular past participles in English end in *-ed*: *I worked a lot.* In French, each regular verb group has a different ending for the past participle.

  1. To form the past participle of **-er** verbs[1], drop the **-er** from the infinitive and add **é.**

  regarder ⟶ regardé　　J'ai **regardé** la télé.　　*I watched TV.*
  manger ⟶ mangé　　Tu as **mangé** un sandwich.　*You ate a sandwich.*

  2. To form the past participle of **-ir** verbs, drop the **r** from the infinitive.

  finir ⟶ fini　　Paul a **fini** ses devoirs.　*Paul finished his homework.*

  choisir ⟶ choisi　　Nous avons **choisi** un bon vin.　*We chose a good wine.*

  3. To form the past participle of **-re** verbs, drop the **-re** from the infinitive and add **u.**

  vendre ⟶ vendu　　J'ai **vendu** mon lave-linge.　*I sold my washing machine.*

  attendre ⟶ attendu　　Elle a **attendu** une heure.　*She waited an hour.*

[1]Many verbs that have spelling or stem-changes in the present tense, do *not* change for the past participle: **acheté, mangé, payé,** etc.

- Some past participles are irregular. You will need to memorize these. Here are a few:

  - **avoir** ⟶ **eu**
    J'ai **eu** zéro à l'examen de maths. *I got a zero on the math exam.*

  - **être** ⟶ **été**
    J'ai **été** en Afrique en 2010. *I was in Africa in 2010.*

  - **faire** ⟶ **fait**
    Nous avons **fait** nos courses *We did our grocery shopping*
    à Carrefour. *at Carrefour.*

  - **apprendre** ⟶ **appris**
    Ils ont **appris** à nager. *They learned to swim.*

  - **comprendre** ⟶ **compris**
    Vous avez **compris** la leçon. *You learned the lesson.*

  - **prendre** ⟶ **pris**
    Tu a **pris** le metro. *You took the metro.*

  - **mettre** ⟶ **mis**
    J'ai **mis** une robe blanche. *I wore a white dress.*

  - **boire** ⟶ **bu**
    J'ai **bu** du champagne. *I drank champagne.*

  - **pouvoir** ⟶ **pu**
    On a **pu** finir les devoirs à temps. *We finished the homework on time.*

  - **voir** ⟶ **vu**
    Ils ont **vu** un bon film hier. *They saw a good movie yesterday.*

  - **vouloir** ⟶ **voulu**
    Le garçon a **voulu** mangé *The boy wanted to eat an ice-cream.*
    une glace.

 VÉRIFIEZ votre compréhension

Go back to the conversation between Karim and Yasmina on page 206. Identify the verbs that are in the **passé composé.** What are the infinitives of those verbs?

Pratiquons!

A. Une soirée à la maison. Do you remember Anou and Jean from Chapter 2? Now you will see what they did last evening. Put the verbs in parentheses in the **passé composé.**

Hier, Jean et Anou (1) ___ont mangé___ (manger) à la maison.
Jean (2) ___a préparé___ (préparer) un poulet rôti. Anou
(3) ___a choisi___ (choisir) un vin rouge pour accompagner la viande.
À table, ils (4) ___ont parlé___ (parler) de leurs prochaines vacances
d'hiver dans les Alpes. Ce n'est pas la première fois qu'ils vont en Suisse. Ils y
(5) ___ont été___ (être) deux fois déjà. Tout en parlant *(While talking)*,
Jean et Anou (6) ___ont bu___ (boire) toute la bouteille de vin! Ils
(7) ___ont pris___ (prendre) du café pour ne pas s'endormir *(in order
not to fall asleep)*. Après le dîner, Anou (8) ___a regardé___ (regarder) sa
série préférée: *Desperate Housewives* avec Felicity Huffman.

B. Qu'est-ce que Jérôme a fait hier? Look at the pictures and tell what Jérôme did yesterday.

1.

Il a acheté du pain.

2.

Il a attendu le bus.

3.

Il a pris le bus.

4.

5.

6.

STRUCTURE 2

La négation et les questions au passé composé

- To make verbs in the **passé composé** negative, place **ne (n')** and **pas** around the auxiliary verb.

  Fatou **n'**a **pas** regardé la télé hier.   *Fatou did not watch TV yesterday.*
  Nous **n'**avons **pas** fini de faire   *We did not finish doing the housework.*
    le ménage.

- Question formation with the **passé composé** is the same as with the present tense.

1. Place **est-ce que** at the beginning of the sentence.
   Est-ce que tu as regardé la météo?   *Did you watch the weather?*

2. For yes/no questions, use rising intonation.

   Tu as acheté une nouvelle voiture?   *You bought a new car?*

3. Use **n'est-ce pas?** or **non?** at the end of the sentence.
   Vous avez parlé au prof, n'est-ce pas?
   Vous avez parlé au prof, non?   *You talked to the professor, right?*

▌ VÉRIFIEZ votre compréhension

Go back to the dialogue on page 206 and change the sentences in the **passé composé** to the negative.

Pratiquons!

A. Non, non! Your classmate is trying to figure out what Franck did yesterday. Answer your classmate's questions in the negative, as in the model.

> **MODÈLE:** acheter une voiture
>
> —*Franck a acheté une voiture?*
> —*Mais non! Hier, Franck n'a pas acheté de voiture!*

1. acheter des CD
2. prendre un avion *(plane)*
3. fumer dans la voiture
4. mettre ses chaussures de sport
5. acheter du vin
6. manger de la glace
7. être en boîte de nuit
8. danser

B. Et toi, qu'est-ce que tu as fait hier? Interview one of your classmates to find out what he/she did yesterday. Then reverse roles.

1. Est-ce que tu as pris ta voiture hier? As-tu écouté la radio dans ta voiture?
2. Est-ce que tu as mangé au restaurant? À la maison? Qu'est-ce que tu as mangé?
3. Est-ce que tu as regardé la télé hier soir ou hier après-midi? Qu'est-ce que tu as regardé?
4. Est-ce que tu as travaillé hier? Où? Combien d'heures?
5. Est-ce que tu as fait du sport? Quel sport? Où?
6. Est-ce que tu as rendu visite à *(visit)* tes amis? Qu'est-ce que vous avez fait? Avez-vous parlé? Écouté de la musique? etc.
7. Est-ce que tu as appelé quelqu'un au téléphone? Qui?
8. Est-ce que tu as acheté quelque chose *(something)* hier? Quoi?

Portrait personnel

Write a paragraph in which you describe the highlights of what your partner did yesterday. Compare your partner's activities with your own.

MODÈLE: *Hier, Sam a fait du sport pendant* (for) *trois heures. Elle a joué au tennis et au volley. Moi, j'ai regardé un film...*

Wangkun Jia/Dreamstime.com

L'Opéra de Montréal.
Préférez-vous aller aux spectacles, les regarder à la télé ou sur DVD/Blue Ray? Pourquoi?

Passage 2

Chez le marchand de journaux

Do you like reading newspapers, weekly magazines, or fashion magazines? The French and other Francophone speakers get their daily news from the newspapers, the TV, and/or the radio. In this section, you are going to see the different newspapers and magazines that people read in the Francophone world.

Vous êtes à Paris chez le marchand de journaux. Regardez comment le vendeur range[1] les journaux et les magazines par catégories.

un magazine people

une revue de mode

un magazine hebdomadaire

[1]arranges

Ce matin, Aline Roger est allée chez le marchand de journaux du coin. Elle a acheté un journal, *Le Figaro*, et une revue de cuisine, *Maxi Cuisine*. Ensuite, elle est entrée dans un café pour lire les journaux et boire un thé au lait. Elle n'a pas pu résister à un croissant encore tout chaud sorti du four.[1] Quel bon petit déjeuner, n'est-ce pas?

un magazine de santé

un (journal) quotidien

....

Vous avez bien compris?

1. Look at the publications that are available at these newsstands. Can you guess from the titles and the covers of the newspapers and magazines what types of periodicals these are? Can you place them into categories in English?

2. With a classmate, name an American newspaper or magazine that is equivalent to each of the following French publications.

   a. *Jeune Afrique*
   b. *Châtelaine*
   c. *Le Figaro*
   d. *Top Santé*
   e. *Paris Match*

[1] hot out of the oven

Les médias (2)

Chez le marchand de journaux

un quotidien	*daily newspaper*
un hebdomadaire	*weekly magazine*
un mensuel	*monthly magazine*
un journal	*newspaper*
une revue de mode	*fashion magazine*
un magazine d'actualité	*news magazine*
un guide des programmes télévisés / un guide télé / un programme télé	*television guide*
la presse people	*entertainment magazines*
un magazine people	*entertainment magazine*
une revue de cuisine	*cooking magazine*
un magazine de santé	*health magazine*
une revue de sport	*sports magazine*

Les professionnels

un(e) journaliste	*journalist*
un(e) photographe	*photographer*
un(e) paparazzi	*paparazzi*

Les lecteurs

un lecteur / une lectrice	*reader*
un abonnement	*magazine/newspaper subscription*
un bulletin d'abonnement / un bon d'abonnement	*subscription form*
un(e) abonné(e)	*subscriber*

© LE SOLEIL, page une, 30 mai 2003

À vous!

A. Magazines et journaux. Give a French and an American title of a newspaper or magazine for each category listed.

1. une revue de mode mensuelle
2. un quotidien
3. une revue de cuisine
4. un magazine de santé
5. un magazine d'actualité hebdomadaire
6. un guide télé hebdomadaire

B. Un abonnement. With a partner, fill out the following subscription forms for the French fashion magazine *Marie Claire* and for the French daily newspaper *Le Monde*.

MARIE CLAIRE ABONNEMENT
B324 – 60732 Sainte-Geneviève Cedex
Téléphone : 03 44 62 52 40 (prix d'un appel local)
Internet : http://abo.marieclaire.fr

**OUI, JE DÉSIRE M'ABONNER POUR 1 AN (12 NUMÉROS) :
23 €* SEULEMENT AU LIEU DE 30 €.**

NOM...PRÉNOM..

ADRESSE...

CODE POSTAL........................VILLE...

PAYS...

❏ Ci-joint mon règlement par chèque à l'ordre de Marie Claire

❏ Je règle par carte bancaire   ❏ Amex   ❏ CB Visa

N° de carte .... Expire le ....

Conformément à la loi « Informatique et Libertés », vous bénéficiez d'un droit d'accès
et de rectification des données vous concernant. Sauf refus écrit de votre part
auprès du Service Abonnement, ces informations pourront être utilisées par des tiers.

(*) Etranger envoi prioritaire : règlement par carte bancaire ou mandat international en €.
Europe : 58 €. Etat-Unis, Canada : 53 €.
Reste du monde : 91 €. DOM : 65 €. TOM : 111 €.   EP 89

Courtesy of Groupe Marie-Claire

OFFRE D'ABONNEMENT SPÉCIALE ÉTÉ Le Monde
À retourner dans une enveloppe affranchie accompagnée de votre règlement à :
Le Monde - Service abonnement - B1200 - 60732 Sainte-Geneviève Cedex - Tél : 0825 000 778
(0,15 € TTC/min)

☑ **Oui,** je souhaite bénéficier de cette offre spéciale été.   91BMQETE
Je m'abonne au *Monde* et au *Monde 2* pour la durée suivante :   Y316

(01) ❏ 1 mois pour 16 € au lieu de 41 €* soit 25 € d'économie
(02) ❏ 2 mois pour 32 € au lieu de 82 €* soit 50 € d'économie
(03) ❏ 3 mois pour 47 € au lieu de 123 €* soit 76 € d'économie

Mes coordonnées :

Nom : .... Prénom : ....

Adresse : ....

Code postal : |__|__|__|__|__| Ville : ....

Tél. : .... E-mail : ....

Mode de paiement :
❏ Chèque bancaire ou postal à l'ordre de la Société éditrice du *Monde*
❏ Carte bancaire : ❏ Visa ❏ MasterCard ❏ American Express

N° : |__|__|__|__| |__|__|__|__| |__|__|__|__| |__|__|__|__|

Expire fin : |__|__| |__|__|

Je note les 3 derniers chiffres du numéro figurant au dos de ma carte,
près de la signature : |__|__|__|

Plus rapide, plus pratique,
abonnez-vous sur : www.lemonde.fr/journal

*Je souhaite recevoir
Le Monde sur mon lieu
de vacances*
(en France métropolitaine uniquement)

Dates : du ...../...../2009
au ...../...../2009 (6 jours minimum)

Adresse : ....

Code postal : ....

Ville : ....

Tél. : ....

E-mail : ....

Ensuite, je recevrai à nouveau le journal
à mon adresse personnelle.
Ou faites votre changement d'adresse
sur www.lemonde.fr/monabo

Date et signature obligatoires :

Offre valable pour un premier abonnement en France métropolitaine jusqu'au 30/09/2009.
Société éditrice du Monde - 80, boulevard Auguste-Blanqui 75707 Paris Cedex 13 - Société par actions simplifiée au capital de 149 017 497 € -
RCS Paris B 433 891 850 - TVA FR 67 433 891 850. Vous vous abonnez au Monde : vos nom, prénom et adresse sont communiqués à nos
services internes et, le cas échéant, à quelques publications partenaires, sauf avis contraire de votre part. Si vous ne souhaitez pas recevoir
de propositions de ces publications, merci de cocher la case ci-contre ❏. *Prix de vente au numéro.

Courtesy Le Monde

Now, compare the prices of these two subscriptions with a subscription for an American fashion or major daily newspaper. Which one is more expensive?

STRUCTURE ③

Le passé composé avec le verbe *être*

In *Structure 2* you learned the **passé composé** with **avoir.** Not all verbs in French use **avoir** as the auxiliary verb to form the **passé composé.** Some verbs use **être.** These generally fall into two groups: verbs of motion and verbs indicating birth and death. You will have to memorize these verbs. To help you, study **La maison d'être** below.

- The **passé composé** with **être** is formed in the same way as the **passé composé** with **avoir.**

  subject + auxiliary verb (conjugation of **être**) + past participle

Here are the past participles of the verbs conjugated with **être.**

Type of verb	Infinitive	Conjugation with past participle	
Verb of motion (coming and going)	aller	il est **allé**	*he went*[1]
	arriver	il est **arrivé**	*he arrived*
	devenir	il est **devenu**	*he became*
	entrer	il est **entré**	*he entered*
	partir	il est **parti**	*he left*
	passer (par)	il est **passé par**	*he went by*
	rentrer	il est **rentré**	*he returned home*
	retourner	il est **retourné**	*he returned*
	revenir	il est **revenu**	*he returned*
	sortir	il est **sorti**	*he went out*
	venir	il est **venu**	*he came*
Verb of (non-)motion (staying)	rester	il est **resté**	*he stayed*

[1]Remember, there are three possible meanings in English for a verb conjugated in the **passé composé;** for example, **il est allé** can mean *he went, he has gone, he did go.* Only one translation appears in the chart. What would the other possible translations be?

²**Il est mort**
can also mean
he is dead.

Verb of motion (going up and down)	**descendre**	il est **descendu**	*he went down*
	monter	il est **monté**	*he went up; he climbed*
	tomber	il est **tombé**	*he fell*
Verb indicating birth or death	**décéder**	il est **décédé**	*he died*
	mourir	il est **mort**	*he died*²
	naître	il est **né**	*he was born*

- The past participles of the verbs that use **être** in the **passé composé**, agree in number (singular or plural) and gender (masculine or feminine) with the subject of the verb. (Remember, the past participle of verbs using **avoir** do *not* agree with the subject.)

RULE	EXAMPLES
Masculine singular: add nothing	—**Marc, tu** es **allé** au cinéma? —Oui, je suis **allé** au cinéma.
Feminine singular: add *e*	—**Anne, tu** es **allée** au cinéma? —Oui, je suis **allée** au cinéma?
Masculine plural: add *s*	—**Les garçons, vous** êtes **allés** au cinéma? —Oui, **nous** sommes **allés** au cinéma.
Feminine plural: add *es*	—**Les filles, vous** êtes **allées** au cinéma? —Oui, **nous** sommes **allées** au cinéma.

- Here are all the conjugation possibilities for the verb **sortir** *(to go out)*.

je suis sorti(e)	nous sommes sorti(e)s
tu es sorti(e)	vous êtes sorti(e)(s)
il est sorti elle est sortie on est sorti	ils sont sortis elles sont sorties

- Questions and the negative of the **passé composé** with **être** are formed in the same way as with **avoir.**

  —Simone est partie?   —Non, elle **n'**est **pas encore** partie.

  —**Est-ce que** tu es rentré tard?   —Non, je **ne** suis **pas** rentré tard.

  —Paul est tombé, n'est-ce pas?   —Non, il **n'**est **pas** tombé.

⚑ VÉRIFIEZ votre compréhension

1. Look at the following statements, paying particular attention to the endings of the past participles. What does each past participle agree with?
   Juliette est restée en France deux ans.
   Éva et Sandra sont passées chez moi à midi.
   Ils sont partis en Martinique.
   Luc est arrivé en classe en retard.

2. Go back to the paragraph where Aline Roger bought a newspaper (p. 215). Why is there an **e** at the end of the past participle in the sentence **Aline Roger est allée chez le marchand de journaux?** If Aline had gone to the newsstand with her brother, what would the past participle look like?

3. Are there any sentences in that paragraph in which the **passé composé** is conjugated with the verb **avoir?** Why are these verbs conjugated with **avoir?** Is there agreement of the past participle with the subject?

🔊 À l'écoute!

CD 1
Tracks 71–72

> **Petits Tuyaux!** When trying to determine the tense of a sentence that you hear, remember that while there is sometimes an adverb such as 'yesterday' (**hier**) or 'today' (**aujourd'hui**) to help orient you, the crucial information comes from the verb. To determine whether the sentences that follow are in the present or **passé composé**, for example, you'll need to listen for a single, conjugated main verb (present tense) versus a combination of auxiliary verb plus past participle (**passé composé**).

A. Présent ou passé composé? Indicate whether each sentence you hear is in the present or the **passé composé**.

1. _____ présent   _____ passé composé
2. _____ présent   _____ passé composé
3. _____ présent   _____ passé composé
4. _____ présent   _____ passé composé
5. _____ présent   _____ passé composé
6. _____ présent   _____ passé composé

B. Être ou avoir? For each sentence you hear, indicate whether the auxiliary verb (the helping verb) is **être** or **avoir**.

1. _____ être   _____ avoir   4. _____ être   _____ avoir
2. _____ être   _____ avoir   5. _____ être   _____ avoir
3. _____ être   _____ avoir   6. _____ être   _____ avoir

Pratiquons!

A. Les enfants n'arrêtent jamais! Put the verbs in parentheses in the **passé composé**. Pay attention to the agreement of the past participle (Martine and Marine are twin girls!).

Martine et Marine sont des jumelles de 4 ans. Voici leur journée hier chez Papi et Mamie:

Martine et Marine (1) __sont arrivées__ (arriver) chez Papi et Mamie à dix heures. Martine (2) __est entrée__ (entrer) en courant *(running)* dans la maison et elle (3) __est tombée__ (tomber). Marine (4) __est sortie__ (sortir) dans le jardin en courant aussi et elle (5) __est allée__ (aller) jouer directement dans le bac à sable *(sand box)*. Martine (6) __est venue__ (venir) jouer avec Marine et elles (7) __sont restées__ (rester) un petit moment dans le bac à sable. Ensuite, Martine et Marine (8) __sont montées__ (monter) dans un arbre et elles (9) __sont descendues__ (descendre) de l'arbre au moins *(at least)* vingt fois! À treize heures, elles (10) __sont parties__ (partir) chez elles après un bon déjeuner et une matinée bien remplie.

220 deux cent vingt • À vous!

B. Qu'ont fait les stars? Look at how celebrities spend their free time. Decide first if the underlined present-tense verbs take **être** or **avoir** in the **passé composé.** Then, convert these sentences to the **passé composé.**

1. Vendredi soir, Leonardo DiCaprio <u>regarde</u> son feuilleton préféré à la télé. *a regardé*
2. La femme du président <u>retourne</u> dans l'émission de Larry King. *est retournée*
3. Beyoncé <u>achète</u> une revue de mode à l'aéroport pour lire dans l'avion. *a acheté*
4. Tous les acteurs de *Grey's Anatomy* <u>vont</u> rendre visite à *Monk*. *sont allés*
5. Le Docteur Phil <u>joue</u> avec ses chiens pour oublier ses problèmes. *a joué*
6. Dimanche matin, Penélope Cruz <u>reste</u> tranquillement à la maison. *est restée*

C. Entretien. Ask a classmate questions in the **passé composé**, based on the following cues. Then reverse roles.

1. Où / tu / aller / hier soir? *Où es-tu allé(e) hier soir?*
2. À quelle heure / tu / rentrer / à la maison hier après-midi? *À quelle heure est-ce que tu es rentré à la maison hier après-midi.*
3. À quelle heure / tu / arriver / à l'université?
4. Tes copains et toi / où / vous / sortir / le week-end dernier?
5. Comment / tu / venir / à l'université ce matin? À pied? En voiture? En autobus? En métro?
6. Tes parents et toi / quand et où / vous / partir / en vacances tous ensemble?

3. À quelle heure est-ce que tu es arrivé(e) à l'université?

Portrait personnel

Write a short paragraph about what you did last weekend. Did you go to the movies? Did you watch a movie at home? Did you go out for dinner? Did you fix dinner at home for you and your friends? Did you go out shopping? Compare this to what your partner did, based on his/her responses in activity C.

À vous de parler!

A. À vous de jouer! Form groups of three or four students each. Each group describes a TV or radio show to the rest of the class. The other groups guess which show is being described. The groups who are guessing may ask questions of the presenters, but only questions that can be answered by **oui** or by **non!**

B. En direct! Work with a partner. Pretend that one of you is a famous TV anchor. You are interviewing a famous figure—actor/actress, writer, researcher, singer, politician, etc. Your partner is the interviewee and you are the interviewer. The interviewer asks questions, mainly in the **passé composé.** For example, to an actor/actress: Did you go to the Oscars last year? Did you see lots of your friends there? Did you go with your husband? What did you wear? How did you arrive? Where did you stay? etc. Role-play your interview in front of the class.

Expressions utiles

l'année dernière
last year

la semaine dernière
last week

le mois dernier
last month

samedi dernier / lundi dernier   *last Saturday / Monday*

en décembre dernier
last December

hier matin / après-midi
yesterday morning / afternoon

hier soir   *last night*

avant-hier   *the day before yesterday*

En France, la télévision est comme ça

Compared to American television, French television appears to offer a rather limited selection, at least at first glance. In France, there are a number of public and private broadcast networks which are available free of charge and which offer a variety of French, British, German, and American television shows. On networks such as these, foreign shows are always dubbed into French. The difference between public and private networks is a question of funding: public networks are funded by the government and were at one time the only free broadcast networks in the country. They have since been joined by private networks, which are subsidized by advertisers and which often specialize in programming of a specific type. To distinguish public from private networks, the French government has recently prohibited advertising after 8:30 pm on public channels, and is working to eliminate advertising from these networks altogether.

In addition to free television, there are premium cable channels available to those who wish to pay for them, as well as a variety of digital stations now available by purchasing a decoder box or accessing them on the internet. Among the most popular of these are TNT (Télévision Numérique Terrestre), which regroups nearly 20 different national and regional channels on one digital site for easy access.

The French talk about the changing 'paysage[1] audiovisuel français' or *PAF*, for short, and it is changing, indeed. To Americans accustomed to cable, and now digital cable, however, this may still seem like a very limited selection! So how do the French deal with a limited number of choices? First, they tend to rely on their television less for entertainment than do Americans. The news is played at 8:00 pm on French television, attesting to the fact that the French consider television primarily a source of information, and use the "prime time" hours for that purpose. Results of a recent survey concerning programming in France may surprise you: when asked what they would like to see more of on television, the number one response from the French was documentaries. This was followed by cultural programs and films, as second and third choices. Sports, sitcoms, series, and game shows were all at the very bottom of the list. (And in case you think that it was the older population that voted for these choices, you should know that 50% of the 24–34 age group proclaimed a need for more documentaries, while 57% of the 18–24 age group asked for more films!)

Secondly, movies (seen on the big screen) remain extremely popular in France; movie theaters continue to give discounts to youths, students, large families, and retirees to allow them to attend on a regular basis. Entertainment is thus moved outside of the home, and shared with others. Finally, the French have started to do what many Americans have done to increase their viewing options at home: they purchase satellite dishes. Use of a satellite in France allows viewers to receive programs from all over Europe, shown in their original language. In this way, television can be not only entertainment, but also a learning experience!

Réfléchissons!

1. How many television stations do you currently receive? How many of those do you watch on a regular basis? Would you willingly give up those that you don't watch? Why or why not?

2. What would you personally like to see more of on television? How does this compare to the French response? Would you like to see less advertising on television? Why or why not?

3. Are you interested in being able to view programs from other countries in their original language? Why or why not?

4. What role do you think Americans in general assign to TV viewing?

[1]landscape

Passage 3

À la une! *(On the front page!)*

You are listening to the news on a French radio station, and you hear the following news clips. Read along while you listen to the Text Audio.

Aujourd'hui, c'est l'anniversaire de la mort de Marie Curie. Madame Curie est née en Pologne en 1867 et elle est partie à Paris très jeune. Elle y a rencontré son mari, Pierre Curie. Marie Curie a gagné deux prix Nobel dans sa vie. Elle a partagé le premier prix, en physique, avec son mari Pierre et le physicien Antoine Becquerel, pour leur recherche concernant les propriétés radioactives de l'uranium. Elle a gagné le deuxième prix en chimie, pour la découverte de deux autres éléments chimiques, le radium et le polonium. Marie Curie est morte en 1934.

Également dans l'actualité aujourd'hui, un incident tragi-comique est survenu ce matin, à Toulouse. À 11 heures du matin, un homme est entré dans un bureau de tabac et a demandé de l'argent et des cigarettes. Il a prétendu[1] avoir une bombe, et a menacé de la faire exploser si on ne lui donnait pas ce qu'il voulait[2]. Il a même montré un détonateur, ce qui a fait très peur aux employés. Il a de nouveau demandé de l'argent et des cigarettes: on lui en a donné. Mais les employés du bureau de tabac ont remarqué qu'en sortant il a utilisé le détonateur pour allumer une de ses cigarettes! La police a arrêté le voleur peu de temps après dans un parc. Quelle a été sa bombe? Une orange! Quel a été son détonateur? Un briquet[3]!

Vous avez bien compris?

Briefly answer the following questions. (A few words will suffice.)

1. En quelle année est-ce que Marie Curie est née?
2. Quand est-ce qu'elle est morte?
3. Dans quels domaines est-ce que Marie Curie a gagné le prix Nobel?
4. Qu'est-ce que le voleur à Toulouse a demandé?
5. Est-ce qu'il avait vraiment une bombe?
6. Est-ce qu'il a réussi son vol *(theft)*? Expliquez votre réponse.

1. Marie Curie est née en 1867.

2. Elle est morte en 1934.

4.3. Elle a ~~gagn~~ gagné les prix Nobel de physique et

[1]claimed [2]if they didn't give him what he wanted [3]cigarette lighter

→ Mon vocabulaire ←

Des événements mémorables

Événements positifs

jouer dans un groupe (de musique)
jouer dans un orchestre
jouer dans une pièce de théâtre / dans un film
passer à la télé
chanter dans une chorale
chanter dans un groupe (musical)
donner un concert
participer à un match (sportif)
gagner un match
participer à une manifestation *(a demonstration)*
participer à un défilé *(parade)*
publier
    un poème
    un livre
    un article
écrire au Courrier des Lecteurs *(a letter to the Editor)*
donner une conférence
écouter une conférence
gagner un prix
sauver la vie à quelqu'un

Événements négatifs

perdre un match (sportif)
avoir un accident
causer un accident
commettre un crime
être victime d'un crime
être volé(e)   *to be robbed*
être cambriolé(e)   *to be burglarized*
un cambriolage   *a burglary (a break-in)*
un vol   *a robbery*

À vous!

A. Peut-être ou peut-être pas. Tell how certain it is that you will accomplish each of the following things in your lifetime. Use adverbs such as **certainement, probablement, peut-être, probablement pas, certainement pas,** etc. in your response.

> **MODÈLE:** écrire au Courrier des Lecteurs dans le journal de votre ville
>
> *Je vais probablement écrire au Courrier des Lecteurs dans le journal de ma ville un jour. / Je ne vais probablement jamais écrire au Courrier des Lecteurs dans le journal de ma ville.*

1. donner un concert de musique classique
2. participer à une manifestation
3. avoir un accident
4. participer à un match sportif
5. jouer dans un groupe (de rock)
6. écouter une conférence
7. commettre un crime
8. passer à la télé

B. Qu'est-ce qu'ils ont fait? Tell what the following people did last night. Choose any logical activity, and use the **passé composé.**

> **MODÈLE:** Joakim Noah, joueur de basket américain
>
> *Il a participé à un match sportif. / Son équipe* (team) *a gagné un match.*

1. Yo Yo Ma, violoncelliste
2. John Grisham, auteur
3. Serena Williams, joueuse de tennis
4. Jimmy Hoffa, Jr., chef de syndicat *(union leader)*
5. Les membres de Coldplay
6. Votre professeur de français

Courtesy of Véronique Anover and Theresa A. Antes

Une manifestation. Ces gens préparent une manifestation. Est-ce que vous avez déjà participé à une manifestation? Pour quelle raison? Combien de personnes ont manifesté? Est-ce que la police est intervenue?

STRUCTURE 4

Le passé composé avec les pronoms *y* et *en* et avec les adverbes

Le passé composé avec les pronoms *y* et *en*

- Remember, the pronoun **y** replaces a preposition (except for **de**) followed by a place or thing. The pronoun **en** replaces the preposition **de** followed by a person or thing. Both pronouns are placed before the conjugated verb.

  —Tu vas **à Paris?**
  —Oui, j'**y** vais.

  —Tu bois **du vin?**
  —Non, je n'**en** bois pas.

- When **y** and **en** are used with the **passé composé,** they precede the auxiliary verb (which, like in the present tense, is the conjugated verb).

  —Vous êtes allés **à Paris?**
  —Oui, nous **y** sommes allés.

  —Did you go to Paris?
  —Yes, we went there.

  —Tu as mangé **de la pizza?**
  —Oui, j'**en** ai mangé.

  —Did you eat pizza?
  —Yes, I ate some.

- If the sentence is negative, the **ne (n')** precedes the pronoun and the **pas** follows the auxiliary verb.

  —Elle a mangé **dans ce restaurant?**
  —Non, elle n'**y** a pas mangé.

  —Did she eat in that restaurant?
  —No, she didn't eat there.

  —Il a bu **de l'eau?**
  —Non, il n'**en** a pas bu.

  —Did he drink (some) water?
  —No, he didn't drink any.

Le passé composé avec les adverbes

Placement of adverbs with the **passé composé** depends on the type of adverb.

- Short adverbs generally follow the auxiliary verb. If the verb is in the negative, the adverb follows **pas.**

  Elle a **bien** compris la leçon.

  She understood the lesson well.

  Nous sommes **vite** descendus en ville.

  We went downtown quickly.

  Je n'ai pas **assez** mangé.

  I didn't eat enough.

- Long adverbs (those based on adjectives) generally come after the past participle.

  Elle a parlé **constamment.**

  She talked constantly.

  Ils sont venus **rapidement.**

  They came quickly.

VÉRIFIEZ votre compréhension

1. Go back to the radio news clips (p. 223). Do any of the verbs appear with the pronoun **y** or **en**? Which ones? What does the pronoun stand for in each case?
2. Can you put those sentences in the negative? What would they look like?
3. Are there any adverbs? Find them.
4. Where are they placed in relation to the verb? Can you explain why?

 Pratiquons!

A. Logique / pas logique. Answer the following questions in the affirmative or the negative, based on what you feel is a logical response. Use a pronoun (**y** or **en**) to replace the italicized noun in the question. If you give a negative response, follow it with a logical alternative.

> **MODÈLE:** Annie et Jean-Pierre sont allés *à la librairie* pour regarder un film?
> *Mais non, ils n'y sont pas allés! Ils sont allés au cinéma.*

1. Annie et Jean-Pierre sont allés *au supermarché* pour acheter du riz?
2. Ils sont allés *au supermarché* pour acheter du pain?
3. Ils ont mangé *du fromage* après le dîner?
4. Annie et Jean-Pierre ont séjourné *à Bruxelles* pour pratiquer leur anglais?
5. Ils ont bu *de la bière* avec le petit déjeuner?
6. Ils ont pris *des photos* pendant les vacances?

 B. Tu y es allé(e)? Tu en as mangé? Take turns asking and answering the following questions in the affirmative or the negative, replacing the noun in each question with **y** or **en.**

> **MODÈLE:** Tu as voyagé en France?
> *Oui, j'y ai voyagé. / Non, je n'y ai pas voyagé.*

1. Tu as mangé du pâté?
2. Tu es allé(e) au cinéma cette semaine?
3. Tu as voyagé au Canada?
4. Tu as bu du vin français?
5. Tu as pris de la pizza hier soir?
6. Tu as mangé des céréales ce matin?

C. Comment est-ce que tu l'as fait? Use adverbs to tell how you did each of the following activities yesterday. Be sure to put the verb in the **passé composé.**

Suggested adverbs: **beaucoup, peu, trop, bien, vite, souvent, constamment, rapidement, lentement, intelligemment, tristement, tranquillement.**

> **MODÈLE:** manger
> *J'ai trop mangé hier. / J'ai mangé rapidement hier.*

1. étudier
2. aller en classe
3. dormir
4. faire mes devoirs
5. regarder la télé
6. manger

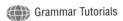

STRUCTURE 5

CD 1
Track 74

Les verbes *lire, dire et écrire*

Three irregular verbs used to talk about the media are **lire** *(to read)*, **dire** *(to say)*, and **écrire** *(to write)*. They have similar conjugations in the present tense and use **avoir** in the **passé composé**.

lire *(to read)*		dire *(to say)*		écrire *(to write)*	
je **lis**	nous **lisons**	je **dis**	nous **disons**	j'**écris**	nous **écrivons**
tu **lis**	vous **lisez**	tu **dis**	vous **dites**	tu **écris**	vous **écrivez**
il / elle / on **lit**	ils / elles **lisent**	il / elle **dit**	ils / elles **disent**	il / elle / on **écrit**	ils / elles **écrivent**
past participle: **lu**		past participle: **dit**		past participle: **écrit**	

Here are the verbs used in context.

- Quand j'arrive au travail, je **lis** mes e-mails. Je parle moins souvent au téléphone aujourd'hui; **j'écris** des e-mails aux collègues. On **dit** que cela cause moins d'interruptions que le téléphone.

- Hier ma mère **a dit** que je passe trop de temps devant l'ordinateur. C'est peut-être vrai! Ce matin j'**ai lu** un journal français sur Internet, et ensuite j'**ai écrit** quatre e-mails. J'ai travaillé sur l'ordinateur pendant trois heures! Je pense que ma mère a raison.

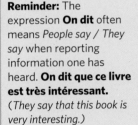

Reminder: The expression **On dit** often means *People say / They say* when reporting information one has heard. **On dit que ce livre est très intéressant.** *(They say that this book is very interesting.)*

 VÉRIFIEZ votre compréhension

1. In the last chapter, we talked about certain patterns that occur in irregular verbs. Do you see any familiar patterns here?

2. We asked you to notice that the **vous** form of **dire** is very irregular. What exactly is irregular about it? Can you think of any other verbs with a similar ending?

3. Most of the verbs in the examples in **Structure 5** are in the affirmative. What would the negative of each verb be? (Pay attention to whether the verb is in the present or the **passé composé!**)

CD 1
Tracks
75–76

À l'écoute!

A. Combien de personnes font cette activité? You will hear various activities described on the Text Audio. Indicate whether each activity is done by one person or by more than one person.

1. _____ une personne   _____ plus d'une personne
2. _____ une personne   _____ plus d'une personne
3. _____ une personne   _____ plus d'une personne
4. _____ une personne   _____ plus d'une personne
5. _____ une personne   _____ plus d'une personne
6. _____ une personne   _____ plus d'une personne

B. C'est quand? For each sentence you hear, indicate whether the activity mentioned took place in the past, or is taking place in the present.

1. _____ passé _____ présent   4. _____ passé _____ présent
2. _____ passé _____ présent   5. _____ passé _____ présent
3. _____ passé _____ présent   6. _____ passé _____ présent

Pratiquons!

A. Qu'est-ce qu'ils lisent? Tell what different people read by choosing from the options.

un roman   des magazines   des revues

des e-mails   des billets doux *(love letters)*   des poèmes

un journal
hebdomadaire

1. Annette et Marie-Claire suivent un cours de poésie. Elles...
2. Ma fiancée et moi, nous habitons dans deux villes différentes. Nous...
3. Je préfère lire des articles scientifiques. Je...
4. Claude n'a pas le temps de lire le journal tous les jours. Elle...
5. Pour te reposer *(relax)* le soir, tu...
6. Le/La pauvre prof! Le week-end, il/elle...

B. Qui fait quoi? For each of the following items, tell who among your family and friends does each activity. Use a complete sentence in your response.

MODÈLE: lire le journal le matin

Ma mère lit le journal le matin. /
Mes amis lisent le journal le matin.

1. dire que les films de Disney sont amusants
2. lire un quotidien
3. lire un hebdomadaire
4. écrire souvent des e-mails
5. lire un journal français
6. écrire des cartes postales pendant les vacances

C. Avantages/désavantages. Complete the following paragraph with the appropriate present tense form of the logical verb. Each verb will be used only once.

• vouloir	• écrire	• préférer	• boire
• dire	• prendre	• lire	• pouvoir

Le matin, je me lève *(get up)*, et je (1) _____lis_____ le journal pendant que je (2) ___bois___ mon café. Mon mari (3) ___prend___ une douche et ensuite il (4) ~~prend~~ écrit des courriels[1] à sa famille au Canada. Ses parents (5) ~~préfèrent~~ dire que l'e-mail est mieux que le courrier *(snail mail)* parce que c'est plus rapide, et que c'est mieux que le téléphone parce que c'est gratuit! Nous (6) ___pouvons___ aussi envoyer des photos par courriel, ce qui est super génial. Mais moi, je (7) ___veux___ entendre la voix *(the voice)* de mes proches *(loved ones)* de temps en temps. J'aime l'e-mail, mais je (8) ~~dis~~ préfère le téléphone!

Complete the diagnostic tests to check your knowledge of the vocabulary and grammar structures presented in this chapter.

D. Mais non, il l'a déjà fait! A friend asks you if someone is currently doing an activity. Tell your friend that the person already did the activity, at the time indicated.

MODÈLE: Est-ce que Jean-Pierre écrit une chanson d'amour? (hier soir)
Mais non, il a écrit la chanson d'amour hier soir.

1. Est-ce que les étudiants lisent un poème en cours? (hier)
2. Est-ce que Martine écrit à sa mère? (ce matin)
3. Nous lisons le Chapitre 6? (la semaine dernière)
4. On dit bonjour à Madame Ferrier? (déjà)
5. Vous écrivez au Courrier des Lecteurs? (hier matin)
6. On lit *Le Petit Prince* ce semestre? (le semestre passé)

À vous de parler!

A. Sondage. In groups of three or four, ask and answer questions 1–6. When you have finished, answer questions 7 and 8 as a class.

1. Combien de fois par semaine est-ce que tu lis le journal? Quels journaux et magazines lis-tu? Est-ce que ce sont des quotidiens ou des hebdomadaires?
2. Qu'est-ce que tu écoutes à la radio? De la musique? Des infos? Est-ce que tu écoutes la radio tous les jours?
3. Est-ce que tu regardes le journal télévisé le soir? Si oui, combien de fois par semaine? Si non, pourquoi pas?
4. Est-ce que tu parles souvent de l'actualité avec tes amis et ta famille? Est-ce que tu aimes discuter de la politique avec eux *(them)*?
5. Quand quelque chose de très important se passe dans le monde, où est-ce que tu vas pour t'informer *(to get information)*?
6. Est-ce que les journalistes sont honnêtes, à ton avis? Est-ce qu'ils font bien leur travail? Pourquoi penses-tu cela?
7. Dans votre groupe, en général, quels médias est-ce qu'on préfère pour s'informer? Pourquoi?
8. Est-ce que votre groupe fait plutôt confiance à la presse ou à vos amis pour obtenir des informations importantes? Pourquoi?

[1]'Courriel' est une forme contractée de 'courrier électronique.' On dit aussi 'e-mail' ou 'mèl.'

B. La réponse des Français. Now read the following survey results. A group of 1,000 French people were asked questions similar to the ones you answered in Activity A. Keeping the same groups you had in Activity A, compare your responses in A with the responses in this survey, and answer the following questions.

1. De quels moyens est-ce que les Français se servent en particulier pour s'informer? Est-ce que la réponse est différente de celle de votre groupe, ou la même?
2. Est-ce que les Français font plus confiance, moins confiance, ou égale confiance à la presse que votre groupe?
3. Est-ce que vous voyez plus de similarités ou plus de différences entre les opinions des Français et les opinions de votre classe?

QUESTION 1: Les journalistes vous paraissent-ils dans l'ensemble... ?

	Oui	Non	Pas d'opinion
Exprimer des opinions diverses	62%	35%	3%
Décrire honnêtement la réalité des faits	41%	57%	2%
Faire de moins en moins bien leur travail	38%	59%	3%
Être en contact avec la même réalité que vous	38%	60%	2%

QUESTION 2: Personnellement, pour vous informer de ce qui se passe dans la société, diriez-vous que pour chacun des acteurs ou éléments suivants, les sources d'information suivantes jouent un rôle très important, assez important, peu important ou pas important du tout?

	Très important	Assez important	Peu important	Pas du tout important
Les amis, la famille	50%	31%	15%	4%
La télévision	37%	39%	17%	7%
La radio	32%	42%	19%	7%
Les journaux quotidiens	26%	45%	17%	11%
Le budget du foyer	28%	41%	20%	9%
Les magazines (hebdomadaires et mensuels)	10%	40%	34%	16%
Les collègues	14%	32%	26%	15%
Les partis politiques	15%	28%	30%	25%

En France, un guide télé, c'est comme ça

En France, comme aux États-Unis, beaucoup de personnes consultent le programme télé sur Internet.[1] Ce guide a plusieurs avantages: à première vue, on a le resumé de tout ce qu'on peut voir à la télé ce jour-là, mais c'est aussi très interactif. On peut cliquer sur une chaîne de télévision pour voir toute la programmation de toute la journée ou même de la semaine, on peut aussi cliquer sur une émission pour avoir des détails plus complets, on peut également rechercher un type d'émission (films, divertissements, etc.) par catégorie, etc. Mais évidemment, si vous préférez avoir une copie sur votre fauteuil, vous pouvez toujours acheter le guide télé chez le marchand de journaux aussi!

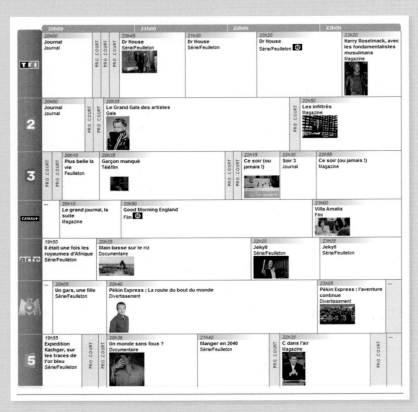

Courtesy of GuideTélé

👤👤👤 Réfléchissons!

Par groupes de trois ou quatre, répondez aux questions suivantes:

1. Quelles sortes de programmes est-ce que vous voyez dans le guide télé ci-dessus? Quelles informations sont données concernant ces programmes? Est-ce que ce sont les mêmes informations que dans un guide télé de votre pays, ou est-ce qu'elles sont différentes? En quoi?

2. Regardez les programmes diffusés. Est-ce que les chaînes de télévision se spécialisent dans des programmes en particulier? Comment?

3. Combien de chaînes de télé est-ce qu'il y a? À votre avis, est-ce qu'il y a beaucoup ou peu de choix? Pourquoi est-ce que vous pensez que les chaînes câblées ne sont pas présentes ici?

4. Assez fréquemment dans les guides télé, il y a une rubrique qui s'appelle "*Pro Court*." Qu'est-ce que cela veut dire, à votre avis? Est-ce que c'est quelque chose qui se trouve dans un guide télé américain? Pourquoi ou pourquoi pas?

[1] This 'téléguide' has been slightly abridged. In a complete version, you'd see programming for one more public channel (France2), and for all prime time hours — 8pm to midnight.

À *vous de lire!*

A. Stratégies. One way we can facilitate the reading process is to think about the topic before we begin to read. This often helps us to predict what we will find in the text and to fill in gaps when we encounter words or grammatical constructions that are unfamiliar to us. The article that you are about to read, *"Les nouveautés télé de la rentrée,"* (*New Shows for the New Season*) comes from the website *Planet.fr*. Before you start reading this article, think about the information that you might find in it. Look at the title of the article: What does it suggest to you? What do you think this article is about?

Now, think about the programs that you like to watch on TV and why. What kind of new show would appeal to you? If you had to create a new show, what would you create and why?

B. Avant de lire

1. Look at the subtitles in the article. How do the subtitles help you to understand what the following paragraphs will be about?

2. Are there any graphics in the text? How do they contribute to your understanding of the information that follows?

3. With a partner, explain the following quotations from the synopses of the new shows:

   - TF1 met l'accent sur la proximité et la solidarité
   - une nouvelle émission de télé-réalité qui porte bien son nom
   - M6 innove en lançant *(while launching)* son journal télévisé
   - un rendez-vous hebdomadaire

 Now, compare your explanations with a classmate's.

C. Lisons! Before you start reading the following article, remember that you do not have to understand *everything*. Try to understand the general meaning of each synopsis, guessing the meaning of unknown words from context as you go. Then reread the paragraphs a second time for more complete understanding before answering the questions.

Les nouveautés télé de la rentrée

Un euro pour tout changer: un téléthon un peu particulier

Cette année, TF1 met l'accent sur la proximité et la solidarité. La chaîne propose l'émission *Un euro pour tout changer* au cours de laquelle[1] les téléspectateurs auront[2] le pouvoir de donner chacun[3] un euro pour venir en aide à une personne et lui permettre de réaliser son rêve[4] ou un projet comme le financement d'un terrain de basket dans une cité[5] ou la production d'un album pour une chanteuse...

[1]during which   [2]will have   [3]each giving   [4]dream   [5]housing project

Durant l'émission, chaque candidat présentera[1] son projet et annoncera[2] la somme dont[3] il a besoin, libre ensuite aux téléspectateurs d'y contribuer en donnant un euro par SMS, Internet ou audiotel.

'Qui veut épouser mon fils?'

Qui veut épouser mon fils? est une nouvelle émission de télé-réalité qui porte bien son nom! Bientôt diffusée sur TF1, elle permettra à des mères de famille de **trouver une prétendante[4] et de mettre fin au célibat de leur fils** âgé d'une trentaine[5] d'années.

19:45, le nouveau journal télévisé de M6

Cette année, **M6 innove en lançant[6] son journal télévisé!** D'une durée de quinze minutes, il traitera[7] de l'actualité[8] comme un journal télévisé traditionnel et laissera[9] une place importante à l'interactivité avec les téléspectateurs!

Ainsi, grâce à un partenariat avec le site Internet MSN, **les téléspectateurs pourront[10] poser des questions sur l'actualité** en les postant sur Internet. Le journal y répondra[11] au rythme de trois questions par soir de la semaine.

Le samedi, c'est un invité qui viendra[12] répondre aux questions des internautes[13] dans un entretien[14] qui sera[15] prolongé en ligne après la fin du journal.

Quant au dimanche,[16] *19:45* traitera des trois sujets d'actualité qui auront le plus marqué[17] les internautes.

Mot de passe: un succès d'été qui revient[18] à la rentrée

© Courtesy of France 2

Vous avez peut-être regardé *Mot de passe* cet été sur France 2, ce jeu présenté par Patrick Sabatier où les candidats en équipe avec des célébrités doivent deviner[19] un mot le plus vite possible pour gagner 100 000 euros?

Le jeu a connu un tel succès[20] qu'il revient à la rentrée pour un rendez-vous hebdomadaire tous les samedis à 19 heures.

D. Après la lecture

1. Write your own one sentence summary of each new television show. (Don't translate, just summarize!) What genre of program would each fall into?

2. How is the telethon being developed by TF1 different from a traditional telethon? Can you think of anything similar on American television?

3. How will the TV news on M6 be innovative? Would you be interested in a news program of this sort? Why or why not?

4. Would you be interested in programs like 'Qui veut épouser mon fils' or 'Mot de passe'? Why or why not? Who do you think is the target audience for these programs?

5. From the titles of these new programs and their descriptions, do you think that French TV is any different from American TV? Explain your answer.

[1]will present [2]will announce [3]that [4]future spouse [5]about thirty [6]while launching [7]will deal with [8]current events [9]will leave [10]will be able [11]will answer [12]will come [13]internet users [14]interview [15]will be [16]On Sundays [17]most marked [18]is coming back [19]guess [20]was such a success

Lexique

À la radio on peut écouter...

une émission culturelle	*cultural program*
une émission musicale	*music program*
les informations (les infos) *(f.)*	*newscast*
les informations routières *(f.)*	*traffic report*
un talk-show	*talk show*
des tubes *(m.)*	*hit songs*

On peut aussi...

changer de fréquence	*change the station*

À la télé on peut regarder...

un documentaire	*documentary*
un feuilleton	*soap opera*
un film	*movie*
le journal télévisé (le JT)	*television news*
la météo	*weather report*
une série (télévisée)	*TV series*
la télé-réalité	*reality show*

On peut aussi...

changer de chaîne *(f.)*	*to change the channel*
faire du zapping/ zapper	*to channel surf*

À la télé et à la radio...

l'animateur / l'animatrice anime	*the DJ or the host announces / hosts the show*
le présentateur / la présentatrice présente	*the TV anchor presents*

À la télé / Sur le petit écran (*On TV / On the small screen*) À la radio / Sur les ondes (*On the radio / On the airwaves*) on passe / on diffuse (*... they broadcast . . .*)

un dessin animé	*cartoon*	un programme	*program*
des divertissements *(m.)* / des jeux *(m.)*	*game shows*	de la publicité	*advertisements*
		un reportage	*report*
une émission	*program*	les sports *(m.)*	*sports*
le hit-parade musical	*top music hits*	un téléfilm	*TV movie*
un magazine	*exposé*		
un match de foot en direct	*live soccer game*		

Chez le marchand de journaux *At the newsstand*

un guide des programmes télévisés / un guide télé / un programme télé	*television guide*
un hebdomadaire	*weekly magazine*
un journal	*newspaper*
une revue de cuisine	*cooking magazine*
un magazine d'actualité	*news magazine*
un magazine de santé	*health magazine*
un mensuel	*monthly magazine*
la presse people	*entertainment magazines*
un quotidien	*daily newspaper*
un magazine people	*entertainment magazine*
une revue de mode	*fashion magazine*
une revue de sport	*sports magazine*

Les professionnels

un(e) journaliste	*journalist*
un(e) paparazzi	*paparazzi*
un(e) photographe	*photographer*

Les lecteurs

un(e) abonné(e)	*subscriber*
un abonnement	*magazine /newspaper subscription*
un bon d'abonnement	*a subscription form*
un lecteur / une lectrice	*reader*

Les événements mémorables dans une vie

Événements positifs

chanter dans une chorale	*to sing in a choir*
chanter dans un groupe	*to sing in a band*
dire	*to say*
donner un concert	*to perform a concert*
donner une conférence	*to present a paper*
écouter une conférence	*to listen to a lecture*
écrire	*to write*
écrire au courrier des lecteurs	*to write a letter to the editor*
gagner un prix	*to win a prize*
gagner un match	*to win a match*
jouer dans un groupe	*to play in a band*
jouer dans un orchestre	*to play in an orchestra*
lire	*to read*
participer à un défilé	*to march/participate in a parade*
participer à une manifestation	*to take part in a demonstration*
participer à un match (sportif)	*to play in a (sports) match/game*
publier	*to publish*
un article	*article*
un livre	*book*
un poème	*poem*
sauver la vie à quelqu'un	*to save someone's life*

Événements négatifs

avoir un accident	*to have an accident*
un cambriolage	*burglary (break-in)*
être cambriolé(e)	*to be burglarized*
causer un accident	*to cause an accident*
commettre un crime	*to commit a crime*
perdre un match (sportif)	*to lose a (sports) match/game*
être victime d'un crime	*to be a victim of a crime*
un vol	*robbery*
être volé(e)	*to be robbed*

Mes relations amoureuses et amicales

There are things we do every day, such as waking up, getting dressed, and brushing our teeth. In this chapter, you will learn the pronominal verbs that are used to express our daily routine; the verbs **partir, sortir** and **quitter;** to talk about different ways of coming and going; and vocabulary to talk about our relationships with others.

Petesaloutos/Dreamstime.com

VOCABULARY
- Reflexive and reciprocal verbs for expressing emotions
- Reflexive and reciprocal verbs for talking about daily routine and relationships

STRUCTURES
- Reflexive verbs in the present tense
- Reciprocal verbs in the present tense
- Reflexive and reciprocal verbs in the **futur proche**
- Reflexive and reciprocal verbs in **passé composé**
- The verbs **partir, sortir,** and **quitter** in the present and **passé composé**

CULTURE
- Interracial and intercultural marriage
- Example of a French / Francophone wedding

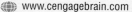

iLrn

🔊 Audio

🌐 www.cengagebrain.com

RESSOURCES

Passage 1

Ma routine

Voici un test de personnalité. Lisez les questions et choisissez la réponse qui décrit le mieux votre personnalité. Vous êtes une personne stressée ou détendue?[1] Si vous ne connaissez pas certains mots de vocabulaire regardez les dessins (*drawings*) ou pensez au contexte.

Psycho-test: êtes-vous une personne stressée ou détendue?

1. À six heures du matin, **vous vous réveillez...**
   a. _____ de bonne humeur, toujours content(e).
   b. _____ de mauvaise humeur, toujours fâché(e).

2. Généralement, le matin, **vous vous levez...**
   a. _____ lentement.
   b. _____ rapidement.

3. D'habitude, le matin, **vous vous lavez...**
   a. _____ tranquillement et minutieusement.
   b. _____ toujours vite, vite, vite!

4. En général, **vous vous habillez...**
   a. _____ confortablement: le confort en premier.
   b. _____ coquettement et inconfortablement: l'esthétique prime.

5. **Vous vous maquillez** (les femmes)... / **Vous vous rasez** (les hommes)...
   a. _____ tous les jours sans exception.
   b. _____ seulement le week-end.

6. Normalement, au travail / à l'université **vous vous sentez...**
   a. _____ bien.
   b. _____ mal.

7. **Vous vous rongez les ongles...**
   a. _____ souvent: ça vous détend et ça vous relaxe quand vous êtes énervé(e) ou préoccupé(e).
   b. _____ jamais: vous n'êtes pas souvent nerveux(-euse).

[1]relaxed

8. Quand vous êtes en voiture, **vous vous énervez...**
   a. _____ facilement.
   b. _____ difficilement.

9. Le soir, généralement, **vous vous couchez...**
   a. _____ tôt, avant 22 heures.
   b. _____ tard, après 23 heures.

10. Le soir, **vous vous endormez...**
    a. _____ rapidement.
    b. _____ avec difficulté.

Résultat: Comptez combien de **a** et de **b** vous avez. Si vous avez plus de réponses **b** que de réponses **a,** vous êtes une personne stressée. Nous recommandons un bon massage. Si vous avez plus de réponses **a,** vous êtes une personne détendue. Bravo! Continuez!

Vous avez bien compris?

Indiquez si les situations suivantes sont *logiques* ou *pas logiques*.

1. Quand vous buvez beaucoup, beaucoup de bières, vous vous sentez mal: vous avez une migraine et vous voulez vomir. ___X___ logique _____ pas logique

2. Vous vous lavez dans le garage. _____ logique ___X___ pas logique

3. Vous vous rasez les ongles. _____ logique ___X___ pas logique

4. En cours, vous vous levez quand vous voulez. _____ logique ___X___ pas logique

5. Vous vous habillez dans la chambre ou la salle de bains. ___X___ logique _____ pas logique

6. Vous vous maquillez les cheveux. _____ logique ___X___ pas logique

Mon vocabulaire

La routine
The following reflexive verbs are listed in the infinitive form.

se brosser les dents

se calmer

se démaquiller

se déshabiller

s'épiler

s'habiller

se laver les cheveux

se maquiller

se peigner les cheveux

se presser / se dépêcher

se promener

se reposer

se sécher les cheveux

se baigner

Here are the reflexive verbs that you saw in the personality test: (go back to that test if you are unsure of their meaning).

se coucher	se laver	se raser
s'endormir	se lever	se ronger les ongles
s'énerver	se maquiller	se sentir bien / mal
s'habiller	se réveiller	

À vous!

A. Qu'est-ce qu'il/elle fait? Identifiez les affirmations avec les dessins correspondants.

1.

4.

_____6_____ a. Il/Elle se sèche les cheveux.

_____4_____ b. Il/Elle se rase.

2.

5.

_____1_____ c. Il/Elle se lave.

_____5_____ d. Il/Elle se réveille.

3.

6.

_____3_____ e. Il/Elle se déshabille.

_____2_____ f. Il/Elle se ronge les ongles.

B. La routine du prof. Posez des questions à votre professeur en utilisant les choix donnés entre parenthèses. Ensuite, organisez les phrases de façon logique pour avoir un paragraphe complet sur la routine de votre prof.

MODÈLE: Vous vous rongez les ongles (pendant un film d'horreur / de science-fiction).

Est-ce que vous vous rongez les ongles pendant un film d'horreur ou un film de science-fiction?

1. Vous vous couchez (tard / tôt).
2. Vous vous pressez pour aller à l'université (très souvent / pas souvent).
3. Vous vous endormez (facilement / difficilement).
4. Vous vous réveillez (de bonne humeur / de mauvaise humeur).
5. Vous vous séchez les cheveux (toujours / jamais).
6. Vous vous levez (tout de suite / avec difficulté).

STRUCTURE 1

Les verbes réfléchis au présent

Reflexive verbs (**les verbes réfléchis**) are *pronominal verbs*—they require an additional pronoun after the subject (pronoun). The subject and object of reflexive verbs is usually the same. Examples in English are: *He hurt himself. They are enjoying themselves.*

- Some reflexive verbs in French, however, are idiomatic. They may not be reflexive in English or the the pronoun *oneself* may be omitted. For example, **je m'appelle**... usually translates as *My name is . . .* rather than *I call myself . . .* and one would usually say *I wake up* instead of *I wake myself up.*

- The object pronouns used with reflexive verbs are: **me, te, se, nous,** and **vous.** Except in the case of positive commands (which you will learn in Chapter 10), they are placed directly in front of the verb. Here are the conjugations of **se raser.**

se raser *(to shave [oneself])*	
je **me** rase	*I shave (myself)*
tu **te** rase	*you shave (yourself)*
il / elle / on **se** rase	*he / she / one shaves (himself / herself / oneself)*
nous **nous** rasons	*we shave (ourselves)*
vous **vous** rasez	*you shave (yourself / yourselves)*
ils / elles **se** rasent	*they shave (themselves)*

- The pronouns **me, te,** and **se** become **m', t',** and **s'** before a vowel sound.

    Je **m'**énerve facilement.   *I get upset easily.*

- To make a reflexive verb negative, place **ne** before the reflexive pronoun and **pas** after the verb.

    Elle **ne** se maquille **pas.**   *She isn't putting on (doesn't wear) make-up.*
    Nous **ne** nous réveillons   *We don't wake up early on Sunday.*
        pas tôt le dimanche.

- Several reflexive verbs have spelling changes.

Verb	Spelling change	Examples
se lever *(to get up)* **se promener** *(to go for a walk)*	Conjugated like **acheter** and **promener**, the stem adds an **accent grave** to the e in all forms but **nous** and **vous.**	je me lève nous nous levons tu te promènes vous vous promenez
se sécher *(to dry [oneself])*	The é in the stem changes to è in all forms but **nous** and **vous.**	je me sèche nous nous séchons
se ronger	Like **manger,** an e is added after the g in the **nous** form.	vous vous rongez les ongles nous nous rongeons les ongles

- **Se sentir** *(to feel)* and **s'endormir**[1] *(to fall asleep)* are irregular. The stem changes in the singular forms.

The verb **s'endormir** is based on **dormir** *(to sleep)*. The two are conjugated in the same way. How would you conjugate **dormir**?

se sentir *(to feel)*	s'endormir *(to fall asleep)*
je me **sens**	je m'**endors**
tu te **sens**	tu t'**endors**
il / elle / on se **sent**	il / elle s'**endort**
nous nous **sentons**	nous nous **endormons**
vous vous **sentez**	vous vous **endormez**
ils / elles se **sentent**	ils / elles s'**endorment**

- When a body part follows a reflexive verb, the definite article is used (not a possessive adjective like in English).

Je me lave **les** cheveux. — *I am washing my hair.*
Tu te ronges **les** ongles? — *Do you bite your nails?*

- Some verbs can be both reflexive and non-reflexive depending on the object of the verb.

Aurélie s'habille. — *Aurélie is getting (herself) dressed.*

- Aurélie is the subject and object of the verb; therefore, the verb is reflexive.

Aurélie habille le bébé. — *Aurélie is dressing the baby.*

The baby is the object of the verb, not Aurélie (who is the subject); therefore the verb is not reflexive.

 VÉRIFIEZ votre compréhension

1. Go back to the personality test at the beginning of the chapter (pp. 238–239). Why are all the reflexive verbs conjugated in the second person plural form **(vous)?** Whom do they refer to? (Who is **vous?**)
2. Why are they all reflexive? What are they meant to indicate?

CD 2
Track 3

🔊 À l'écoute!

Petits Tuyaux! In the next activity you will be asked to distinguish plural from singular forms of the verbs **s'endormir** and **se sentir**. Since phonetically one cannot tell the difference between **il se/ils se** and **elle se/elles se**, you must pay attention to the way the endings of the verbs sound: il se s**en**t (you will hear /en/) vs. ils se sen**t**ent (you will hear /**t**/); je m'endor**s** (you will hear /**r**/) vs. ils s'endor**m**ent (you will hear /**m**/).

Pluriel ou singulier? Écoutez les phrases suivantes avec les verbes **s'endormir** et **se sentir**. Pour chaque phrase, indiquez si le verbe est au pluriel ou au singulier.

1. _____ singulier _____ pluriel   5. _____ singulier _____ pluriel
2. _____ singulier _____ pluriel   6. _____ singulier _____ pluriel
3. _____ singulier _____ pluriel   7. _____ singulier _____ pluriel
4. _____ singulier _____ pluriel   8. _____ singulier _____ pluriel

Chapitre 8   Structure 1 • deux cent quarante-trois   **243**

Pratiquons!

A. La routine d'Annette. Voici une journée typique pour Annette Fourcher et sa famille. Complétez chaque phrase avec la forme correcte du verbe entre parenthèses.

Annette Fourcher (1) _____se lève_____ (se lever) toujours très tôt le matin, mais son mari (2) _ne se lève pas _ (ne... pas se lever) tôt. Annette fait du jogging et après elle (3) _____se lave_____ (se laver). Elle (4) _ne se sèche pas_ (ne... pas se sécher) les cheveux parce que ses deux enfants (5) ___se réveillent___ (se réveiller) et ils appellent: «Maman, maman!» Annette (6) _____se dépêche_____ (se dépêcher) et va dire bonjour à ses enfants. Elle (7) _____se sent_____ (se sentir) heureuse avec sa famille réunie le matin. Après le petit déjeuner, Annette (8) _se promène_ (se promener) avec ses enfants. L'après-midi elle travaille beaucoup et le soir, elle (9) __s'endort__ (s'endormir) très vite.

B. Questions indiscrètes. Posez à un camarade de classe les questions indiscrètes suivantes et ensuite inversez les rôles. Toute la classe ensemble, comparez les réponses que vous avez reçues. Quel est le cours le plus ennuyeux où la majorité des étudiants s'endorment? Pourquoi est-ce que les étudiants se rongent les ongles? Etc.

1. Est-ce que tu t'endors souvent en classe? Dans quel cours est-ce que tu t'endors le plus souvent?
2. Est-ce que tu te ronges les ongles? Pourquoi? Quand?
3. Est-ce que tu te brosses les dents tous les jours? Combien de fois par jour?
4. Quand est-ce que tu te dépêches? Pour aller à un rendez-vous amoureux?
5. Est-ce que tu te sens bien dans le cours de français? Pourquoi?
6. Quand est-ce que tu te sens mal? Pourquoi?

C. Ma journée typique. Dites à un camarade de classe comment est une journée typique pour vous. Ensuite, inversez les rôles. Présentez vos réponses à la classe et comparez vos routines.

Portrait personnel

Écrivez un **portrait personnel** dans lequel vous allez comparer et contraster la routine de votre partenaire et la vôtre, en vous basant sur les réponses que vous avez reçues à l'Activité C. Placez vos comparaisons sur le site web du cours ou dans vos journaux, si vous en avez.

> **MODÈLE:** *Sam ne se ronge jamais les ongles, mais moi, je suis nerveux (nerveuse). Je me ronge toujours les ongles, surtout pendant un examen!*

STRUCTURE 2

Les verbes réfléchis au futur proche

- Remember, a form of **aller** followed by an infinitive is used to form the **futur proche.**

  Je **vais manger.**   *I'm going to eat.*

- With reflexive verbs in the near future, the reflexive pronoun agrees with the subject and is placed before the infinitive.

  Je vais **me** baigner.   *I am going to take a bath.*

  Il va **se** raser.   *He is going to shave.*

  Nous allons **nous** promener.   *We are going to go for a walk.*

- To make a reflexive verb in the near future negative, place the **ne** and the **pas** around the conjugation of **aller.**

  Je **ne** vais **pas** me sécher les cheveux.   *I'm not going to dry my hair.*

  Vous **n'**allez **pas** vous presser.   *You're not going to hurry.*

 VÉRIFIEZ votre compréhension

1. Go back to the personality test at the beginning of the chapter (pp. 238–239). Look at the reflexive verbs in boldface. They are all conjugated in the **vous** form. How would you phrase question #1 in the **je** and the **tu** forms? How would you phrase question #2 in the **on** form? How about question #3 in the **nous** form? Finally, phrase question #4 in the **ils** form.

2. Try to negate question #5 in the personality test.

3. How would you phrase question #9 in the **futur proche?**

 # À l'écoute!

CD 2
Track 4

Se lever ou se laver? Il est parfois difficile de faire la distinction entre les verbes **se lever** et **se laver**. Écoutez et répétez les phrases suivantes.

1. Je me lève.   Je me lave.

2. Il va se lever.   Il va se laver.

3. Nous n'allons pas nous laver. Nous n'allons pas nous lever.

4. Vous voulez vous laver.   Vous voulez vous lever.

5. Tu te lèves.   Tu te laves.

6. Ils ne se lavent pas.   Ils ne se lèvent pas.

Maintenant, indiquez le verbe que vous entendez.

7. _____ se lever _____ se laver   10. _____ se lever _____ se laver

8. _____ se lever _____ se laver   11. _____ se lever _____ se laver

9. _____ se lever _____ se laver   12. _____ se lever _____ se laver

Pratiquons!

A. Parlons de demain. Complétez les phrases de façon logique afin de décrire ce que vont faire les personnes suivantes demain. Choisissez le verbe le plus approprié pour chaque situation et conjuguez-le au futur proche.

se sentir bien　　　　se coucher tard　　　　se presser
se réveiller　　　　　　s'énerver　　　　　　　s'habiller
　　　　　　　　　　　　　　　　　　　　　　　　confortablement

1. Moi, je _____ de mauvaise humeur demain matin parce que je suis toujours fatigué(e).
2. La présidente _____ à cause des problèmes qu'elle ne peut pas résoudre: le parking, par exemple!
3. Les profs _____ pour arriver à l'heure.
4. Mes amies et moi, nous _____ à l'Institut de Beauté![1]
5. Tes amis et toi, vous _____ pour aller faire une longue promenade.
6. Tu _____ après avoir beaucoup dansé avec tes amis.

 B. Pendant les vacances. Avec les éléments ci-dessous, formulez des questions et posez-les à un(e) camarade de classe pour savoir si il/elle va faire les choses suivantes pendant les vacances.

> **MODÈLE:**　se lever tôt / À quelle heure?
> *Est-ce que tu vas te lever tôt pendant les vacances? À quelle heure tu vas te lever?*

1. se lever tard / À quelle heure?
2. s'énerver facilement / Pourquoi? Contre qui?
3. se maquiller / se raser / Pourquoi?
4. s'habiller élégamment / Pour quelle occasion?
5. se baigner[2] à la mer / à la piscine / Combien de fois *(How many times)* par jour?
6. se reposer / Comment? *(How?)*

Portrait personnel

En vous basant sur les réponses de votre partenaire à l'Activité B, écrivez un paragraphe pour décrire ce qu'il/elle va faire pendant les vacances. Comparez votre paragraphe avec ceux d'autres étudiants et décidez qui va faire les choses les plus intéressantes (ou amusantes).

---

[1]Similar to a day spa　[2]**se baigner** also means *to go swimming*

On se marie comme ça au Maroc

Au Maroc, généralement les jeunes couples se marient par amour. Cependant, il y a encore des mariages arrangés. La famille de la mariée donne une dot[1] et la famille du marié contribue à payer les besoins ménagers, comme par exemple les meubles.

Les préparatifs avant le mariage sont assez traditionnels. Quelques jours avant le grand jour, la mariée est décorée à l'henné[2] par les «hennayats». Les hennayats tracent sur le corps de la femme des symboles de protection et de fécondité. Les décorations à l'henné représentent aussi la séduction, l'érotisme et la passion. Le jour du mariage, les cheveux de la mariée sont coiffés par une femme heureuse qui a un mari fidèle. D'abord, cette femme met de l'henné dans les cheveux de la future épouse. Ensuite, elle place les cheveux dans un anneau d'argent[3] comme symbole de pureté. Après, une hennayat casse un œuf sur la tête de la future mariée en signe de fécondité. Enfin, elle met dans la coiffure de la mariée deux dattes avec du miel.[4]

Pendant la cérémonie, la mariée change sept fois de robe. Les deux époux sont placés sur deux plateaux que l'on tourne sept fois aussi. Dans un mariage marocain il y a toujours la présence des «neggafates», des femmes qui font respecter les traditions qui font partie du patrimoine national.

Réfléchissons!

1. Quelles traditions conservez-vous? Quelle est la tradition lors des mariages dans votre culture? Que fait le marié? Et la mariée? Que font les invités?

2. Le pouvoir de séduction reste très important chez la femme marocaine avec la décoration du corps à l'henné. Est-ce que ce symbolisme de séduction existe dans votre culture? Comment «se décorent» les mariées?

3. Dans votre pays, y a-t-il l'équivalent de «neggafates» pendant les mariages? Y a-t-il des femmes qui aident les mariés pendant la cérémonie religieuse? Comment s'appellent-elles?

---

[1]*dowry* [2]**L'henné** is the henna plant. Dying agents, usually yellow or red, are extracted from it. Both women and men decorate their bodies with henna. The markings look like tattoos but they are not permanent. Women also dye their hair with henna. [3]*silver ring* [4]*dates with honey*

Passage 2

Une histoire d'amour

Everyone has a very best friend or a special person in his or her life. In this section, you will use pronominal verbs to express emotions and actions common in human relationships, such as *to love each other, to hate each other,* or *to talk to each other.* These verbs are called reciprocal verbs.

Au Chapitre 2, vous avez rencontré *(met)* Anou (belge) et Jean (canadien). Écoutez leur **histoire d'amour.**

Anou et Jean se <u>sont mariés</u> il y a quarante ans. Ils se <u>sont rencontrés</u> à une fête et ils ne <u>se sont</u> plus <u>quittés</u>! Ils sont sortis <u>ensemble</u>[1] six mois avant de se marier. Ils ont deux filles et deux petits-fils, Alexandre et Maximilien. Ils <u>s'aiment</u> beaucoup.

Ils ne se disputent jamais.

Anou et Jean s'amusent beaucoup ensemble: ils aiment se parler, se promener et s'embrasser.

Ils se téléphonent du travail au moins une fois par jour pour se dire des mots tendres. C'est le grand amour! Ils ne vont jamais divorcer, c'est sûr!

[1]*together*

L'histoire d'une rupture *(break up)*

Au Chapitre 2, vous avez également rencontré Gérard et Yolanda. Écoutez leur histoire:

Gérard et Yolanda se <u>sont mariés</u> il y a quarante ans. Ils ne <u>s'entendent</u> pas bien et ils <u>se disputent</u> souvent.

Ils <u>s'ennuient</u> ensemble.

Ils <u>se fâchent</u> constamment. Ils ne <u>s'embrassent</u> jamais et ils ne <u>se regardent</u> jamais avec amour. Ils <u>se sont aimés</u> à un certain moment mais maintenant ils ne s'aiment plus: ils <u>se détestent</u> et ils vont <u>se séparer</u>. Gérard va partir et va quitter Yolanda. Voilà l'histoire d'une rupture... C'est dommage!

· ·

Vous avez bien compris?

En vous basant sur les histoires du **Passage 2,** indiquez si les affirmations suivantes sont **vraies** ou **fausses.** Corrigez les phrases qui ne sont pas correctes.

1. Anou et Jean se téléphonent au travail. _____ vrai _____ faux
2. Anou et Jean ne s'aiment pas. _____ vrai _____ faux
3. Anou et Jean s'embrassent. _____ vrai _____ faux
4. Anou et Jean se disputent. _____ vrai _____ faux
5. Gérard et Yolanda s'amusent ensemble. _____ vrai _____ faux
6. Gérard et Yolanda se détestent. _____ vrai _____ faux

→ Mon vocabulaire ←

Les relations amoureuses et amicales

aimer quelqu'un à la folie	*to love someone madly*
se rencontrer	*to meet (one another)*
s'aimer	*to love one another*
s'embrasser	*to kiss one another / to hug*
se donner un baiser	*to kiss (generally on the lips)*
se faire la bise	*to kiss (on the cheeks)*
l'amour *(m.)*	*love*
s'amuser	*to have fun*
s'ennuyer	*to be bored*
avoir une déception amoureuse	*to have one's heart broken*
se détester	*to hate one another*
se disputer	*to argue with each other*
se marier	*to get married*
se fiancer	*to get engaged*
se quitter	*to leave each other*
se séparer	*to separate*
divorcer	*to get a divorce*
être amoureux(-euse) de quelqu'un	*to be in love with someone*
être fidèle à quelqu'un	*to be faithful to someone*
tromper quelqu'un	*to cheat on someone*
le coup de foudre	*love at first sight*
les amoureux	*lovers*
s'entendre bien	*to get along well*
s'entendre mal	*not to get along*
se fâcher (contre)	*to get mad (at)*
se réconcilier (avec)	*to reconcile*
se regarder	*to look at one another*
tomber amoureux(-euse) de quelqu'un	*to fall in love with someone*

Pour parler de la vie personnelle

Si on est marié(e):	mon mari / mon époux
	ma femme / mon épouse
Si on va se marier:	mon fiancé / ma fiancée
Si on vit avec quelqu'un *(live with someone)*:	mon compagnon / ma compagne
Si on sort avec quelqu'un:	mon petit ami / ma petite amie
	mon ami(e) / mon copain / ma copine
Pour parler d'un grand amour:	mon grand amour
	l'homme / la femme de ma vie

Des mots tendres (Tender words)

mon amour	*my love*
mon chéri / ma chérie	*my darling*
mon cœur / mon chou[1]	*my sweetheart / sweetie*

[1]Literally *cabbage* (Applies more to children, especially when **petit** is used with **chou**. This is also true with **amour** and **chéri**).

Pour parler d'actions dans le passé

dans les premiers temps / au début	*at the beginning / at first*
la semaine dernière	*last week*
l'année dernière	*last year*
le mois dernier	*last month*
hier	*yesterday*
il y a (un an / une semaine)	*(a year / a week) ago*

À vous!

A. L'histoire d'Adèle et de Pierre. Complétez le paragraphe suivant avec la forme correcte des verbes donnés. Conjuguez les verbes au présent ou laissez-les à l'infinitif selon le cas. (Rappelez-vous que lorsque vous avez deux verbes qui se suivent dans une même phrase, le deuxième verbe reste à l'infinitif.)

s'embrasser	s'entendre	tomber amoureux
se parler	se regarder	se promener
se fiancer		

Adèle et Pierre sont en cours de français ensemble. Immédiatement, ils
(1) _____ et c'est le coup de foudre et ils
(2) _____. En cours, ils ne peuvent pas (3) _____,
mais ils s'écrivent des lettres d'amour. Après le cours de français, Adèle et Pierre
(4) _____ sur le campus la main dans la main. De temps en
temps, quand ils sont seuls et dans l'intimité, ils (5) _____. Ils
ne se disputent pas souvent: ils (6) _____ très bien.

Un jour, en classe, Pierre demande au professeur de français comment on dit
Would you like to be my wife? Le prof répond: «Voudrais-tu être ma femme?»
Pierre et Adèle (7) _____ devant toute la classe et tous les
étudiants sont invités au mariage!

B. Une rupture. Sylvie et Didier sont sur le point de rompre.[1] Un ami vous demande comment va leur relation. Répondez à ses questions.

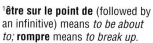

Maridav/Shutterstock.com

1. Est-ce que Sylvie et Didier s'entendent bien?
2. Est-ce qu'ils vont enfin se marier?
3. Est-ce qu'ils s'amusent ensemble?
4. Est-ce qu'ils se disputent souvent?
5. Est-ce qu'ils vont se réconcilier?
6. Oh, là, là... Alors, ils ne s'aiment pas du tout?
7. Qui va quitter qui? Sylvie ou Didier?

 C. Tes amis et tes amours. Posez des questions à un camarade de classe sur sa vie personnelle. Ensuite, inversez les rôles.

1. Es-tu amoureux (amoureuse)? C'est le coup de foudre? C'est possible les coups de foudre?
2. Tu tombes amoureux (amoureuse) facilement?
3. Est-ce que tu as un(e) petit(e) ami(e) ou un(e) fiancé(e) ou un mari / une femme? Quels mots tendres est-ce que vous employez quand vous êtes ensemble?
4. Dans ta famille, avec qui est-ce que tu t'entends très bien? Et très mal?
5. Avec qui est-ce que tu t'amuses beaucoup?
6. Avec qui est-ce que tu t'ennuies le plus *(the most)*?

[1]**être sur le point de** (followed by an infinitive) means *to be about to;* **rompre** means *to break up.*

STRUCTURE

 Grammar Tutorials

Les verbes réciproques

- Like reflexive verbs, reciprocal verbs are pronominal, and therefore accompanied by a pronoun. They are used to indicate an action people are doing to each other, and are conjugated like reflexive verbs.

    Nous nous aimons.   *We love each other.*

    Notice that the pronoun used above means *each other* instead of *ourselves.*

- Reciprocal verbs are always plural.

    Ils se parlent tous les jours.   *They talk to each other everyday.*
    Nous nous regardons.   *We are looking at each other.*
    Vous vous aimez.   *You love each other.*

- Remember that **on** can mean *they* or *we,* and therefore be reciprocal.

    On se parle souvent.   *We talk to each other often.*

⚑ VÉRIFIEZ votre compréhension

1. Go back to the two stories in the **Passage 2** (pp. 248–249) and find all the reciprocal verbs. Think about the way they are conjugated and their meanings.
2. Look for reciprocal verbs that are not conjugated in the two stories. Why are they left in the infinitive form?

Pratiquons!

A. Petits potins! (*Little pieces of gossip!*) Une de vos amies est une vraie commère *(a real gossip)*! Elle vous confie des potins sur les personnes que vous avez rencontrées dans ce chapitre. Complétez les phrases avec les verbes donnés. Utilisez chaque verbe une fois.

divorcer	se marier	se donner des baisers
se disputer	se rencontrer	tromper
se quitter		

1. Anou et Jean sont toujours mariés, mais dernièrement, ils _____ beaucoup: ils se fâchent constamment. Vont-ils divorcer?
2. Yolanda _____ Gérard avec Jean. Yolanda et Gérard _____ donc: ils ne sont plus mariés.
3. Annette Fourcher et son ex-mari vont _____ une deuxième fois. Ils se sont fiancés à Paris.

4. Quand Adèle et Pierre _____ dans un restaurant à Cannes, c'est le coup de foudre. Depuis leur mariage, ils ne _____ pas une minute: ils sont inséparables.

5. Mais récemment, Didier a surpris Adèle et Pierre en pleine démonstration affective sur la plage: les amoureux aiment _____ en secret. Didier n'est pas content!

B. Ça ne va pas bien! Les choses ne vont pas bien avec votre tendre moitié *(better half)*. Utilisez les éléments ci-dessous pour lui dire pourquoi vous pensez que votre relation n'est pas harmonieuse. Attention! Tous les verbes dans cette activité ne sont pas réciproques!

MODÈLE: s'entendre mal
Nous nous entendons mal.

1. ne pas s'embrasser sur la bouche / se faire seulement la bise
2. ne pas être fidèles
3. se quitter tôt le soir
4. ne pas se parler beaucoup
5. se disputer souvent
6. ne pas être amoureux comme avant

C. Réactions. Votre tendre moitié passe en revue tous les arguments que vous lui avez donnés à l'Activité B. Donnez des explications logiques pour chaque argument.

MODÈLE: s'entendre mal
—*Nous nous entendons mal.*
—*C'est normal, dernièrement* (lately) *tu es très méchant(e).*

À vous de parler!

A. Un psycho-test. Vous êtes un(e) collaborateur(-trice) *(contributor)* dans le magazine de mode *Elle*. Un collègue (votre partenaire) et vous travaillez sur un test de personnalité pour le prochain numéro. Une fois le test terminé, mettez-le à l'essai sur vos autres collègues (les membres de votre groupe) pour vérifier son efficacité avant sa publication. Comparez les résultats de votre test avec les autres groupes.

Idées pour le psycho-test

Êtes-vous heureux (heureuse) dans la vie?

Êtes-vous fidèle en amour? En amitié?

Avez-vous une vie équilibrée?

Êtes-vous une personne organisée ou désorganisée?

B. Devinez. Racontez à la classe l'histoire d'amour d'un couple célèbre, ou décrivez la routine d'une star. Vos camarades de classe vont devoir deviner de qui vous parlez.

Les couples mixtes sont comme ça en France

Kathleen Finlay / Masterfile

En général, les Français se marient avec des personnes qui habitent à 100 kilomètres autour de[1] leur domicile. Mais, ce n'est pas le cas pour tous les Français. Il y a 10% de mariages qui sont mixtes et ce pourcentage augmente toujours. Les couples mixtes peuvent être formés par deux nationalités différentes ou par deux ethnies différentes. Les couples de mixité ethnique rencontrent plus de problèmes liés au racisme que les couples qui ont deux nationalités mais une même couleur de peau.[2] On appelle les enfants nés de couples mixtes ethniques des métis. Les enfants nés d'un couple blanc-noir sont appelés métis. Souvent, les enfants métis souffrent de leurs différences: ils ne sont considérés ni blancs en France, ni noirs en Afrique. Ils sont «caféolait.»[3] Si l'intégration sociale est parfois difficile, l'intégration familiale est encore plus compliquée: par exemple, les Français «blancs» ne voient pas toujours bien que leur fils ou leur fille épouse un Maghrébin, un Martiniquais ou un Africain et vice versa.

Mais tout n'est pas négatif! Les couples mixtes symbolisent une alliance entre deux univers. Ils sont unis par un amour qui est plus grand et plus fort que tout: religion, langue, culture, etc. Ces couples incarnent le grand amour! De plus, la famille mixte est biculturelle et bi-identitaire. Finalement, ces couples mixtes ont une mentalité très ouverte: ils sont tolérants et respectueux des cultures différentes. Chacun dans le couple pratique des choses de la culture de l'autre et ils se sentent à l'aise dans les deux cultures.

Réfléchissons!

1. Dans votre pays, y a-t-il beaucoup de couples mixtes? Souffrent-ils de racisme aussi? Ont-ils des problèmes d'intégration?

2. Pensez-vous que les enfants métis ont des problèmes d'identité? Pourquoi?

3. Pensez-vous que l'amour qui unit les couples mixtes est plus pur et plus fort que l'amour qui existe dans les couples non-mixtes? Pourquoi?

[1]*around*   [2]*skin*   [3]**Caféolait (café au lait)** literally means *coffee with milk*. Depending on how this expression is used it could be offensive.

STRUCTURE 4

🌐 Grammar Tutorials

Les verbes pronominaux au passé composé

Remember, pronominal verbs are those that require an object pronoun that agrees with the subject of the verb. All pronominal verbs (both reflexive and reciprocal[1]) are conjugated with the auxiliary verb **être** in the **passé composé**. Like other verbs conjugated with **être,** the past participle agrees in number and gender with the subject. There are two exceptions, however, which you will learn about below.

[1] Remember, only the plural forms of verbs can be reciprocal.

se laver	
je **me suis** lavé(e)	nous **nous sommes** lavé(e)s
tu **t'es** lavé(e)	vous **vous êtes** lavé(e)(s)
il / on **s'est** lavé	ils **se sont** lavés
elle **s'est** lavée	elles **se sont** lavées

- **Exceptions:**

1. The past participle does not agree with the subject if the pronominal verb is followed by a noun, such as a body part. This is because the subject is not the direct object[2]; the noun is.

   Marie s'est **lavée.**   Marie s'est **lavé** les cheveux.
   Marie washed (herself).   **BUT**   *Marie washed her hair.*

[2] A direct object receives the action of the verb. In the sentence **Je regarde la télé** *(I watch TV),* **la télé** is the direct object. An indirect object is usually the recipient of the direct object, but not always. In French, the preposition **à** always precedes an indirect object. In the sentence, **J'écris un email à ma mère, ma mère** is the indirect object.

2. The past participle also does not agree with the subject if the pronoun of a reciprocal verb is an indirect object[2]. This often happens with verbs that take an indirect object, such as **parler (à)**, **écrire (à)**, **téléphoner (à).**

   Nous nous sommes téléphoné.   Nous **nous** sommes regardé**s.**
   (On téléphone *à quelqu'un.*)   BUT   (On regarde *quelqu'un.*)
   nous = indirect object   **nous** = direct object

- **Negation.** To make pronominal verbs negative in the **passé composé,** place **ne** before the pronoun and **pas, jamais, plus, rien,** etc. after the auxiliary verb.

   Elles **ne** se sont **pas** habillées aujourd'hui.   *They haven't dressed today.*

   Cet homme et moi, nous **ne** nous sommes **jamais** parlé.

- **Asking questions.** Use intonation, **est-ce que** or the tag question **n'est-ce pas? (non?)** using the same structures you have already learned.

   Tu t'es reposé ce week-end?   *Did you rest this weekend?*
   Est-ce que tu t'es reposé ce week-end?   *Did you rest this weekend?*
   Tu t'es reposé ce week-end, non?   *You rested this weekend, didn't you (right)?*

Go back to *Passage 2* (pp. 248–249), and answer the following questions.

1. Which pronominal verbs are used in the **passé composé?** List them.
2. Look at the forms of each of the following: the reflexive pronouns, the auxiliary verbs, and the past participles. Can you explain why each has the form it does?
3. How would you negate the sentences that are in the affirmative form in the **passé composé**?

Pratiquons!

A. Une journée bien remplie. Abdou et Clémentine sont toujours très occupés. En vous basant sur les dessins, faites des phrases avec des verbes pronominaux au **passé composé** pour décrire leurs activités.

MODÈLE: *Clémentine s'est levée très tôt!*

1.

2.

3.

4.

5.

6.

B. Quelle dispute! Complétez les phrases suivantes au **passé composé**. Faites attention aux pronoms et aux participes. C'est Camille qui parle.

se fâcher	se lever	se disputer	se laver
se dépêcher	ne... pas se parler	se recoucher	

Il y a deux jours, je (1) _____ avec mes colocataires. Quelle dispute! Cyrille (2) _____ très tôt, et il a réveillé toute la maison avec sa musique. Quand je lui ai demandé de faire moins de bruit, il (3) _____. Anaïs lui a dit qu'il n'était pas respectueux, et ensuite ils (4) _____ aussi! Je (5) _____, mais avec tout ce bruit, je n'ai pas pu me rendormir. J'étais de très mauvaise humeur! J'étais furieuse! Nous (6) _____ de toute la journée. Aujourd'hui, ça va mieux, mais ce n'est pas facile d'habiter avec deux colocataires!

C. Hier / Il y a / La semaine dernière, j'ai / je suis / je me suis... À tour de rôle et avec un(e) partenaire répondez aux questions ci-dessous sur ce que vous avez fait récemment. (Notez que tous les verbes ne sont pas pronominaux!) Comparez vos réponses avec celles de la classe.

1. Est-ce que tu t'es amusé(e) hier? Avec qui?
2. Est-ce que tu t'es fâché(e) avec quelqu'un la semaine dernière?
3. Es-tu allé(e) à la fac *(university)* il y a deux jours? Si oui, à quelle heure? Sinon, pourquoi pas?
4. Le week-end dernier, combien de temps est-ce que tu as passé à faire les devoirs?
5. Comment est-ce que tu t'es habillé(e) hier? (En jean, etc.)
6. Est-ce que tu t'es reposé(e) la semaine dernière? Quel jour? Où et comment?

 D. Hier / Aujourd'hui. Avec un(e) partenaire comparez ce que vous avez fait hier et ce que vous allez faire aujourd'hui. Utilisez les renseignements donnés afin de formuler vos questions au **passé composé** et au **futur proche**.

> **MODÈLE:** à quelle heure / se coucher
>
> —*À quelle heure est-ce que tu t'es couché(e) hier?*
> —*Je me suis couché(e) à 11 heures.*
> —*Et à quelle heure est-ce que tu vas te coucher ce soir?*
> —*Je vais me coucher à 2 heures du matin!*

1. où / s'amuser
2. (vous et vos amis) combien de fois / se téléphoner
3. à quelle heure / se lever
4. où / se reposer
5. (vous et vos colocataires) combien de fois / se disputer
6. (vous et vos amis) où / se rencontrer

 Portrait personnel

En vous basant sur les réponses de votre partenaire dans les Activités C et D, écrivez un petit paragraphe pour décrire ce qu'elle/il a fait hier. Comparez ce qu'il/elle a fait hier avec ce qu'il/elle va faire aujourd'hui. Ensuite, avec toute la classe, décidez qui a eu la journée la plus chargée *(busiest day)* hier et qui va avoir la journée la plus chargée demain.

STRUCTURE 5

Les verbes *quitter, sortir* et *partir*

The verbs **quitter**, **sortir** and **partir** all mean *to leave;* however, each is used differently.

Quitter

- A regular **-er** verb, **quitter** is used to indicate leaving a *place* or *person*. It is always followed by a direct object.

Je quitte la maison à 7 h 30 du matin.	*I leave the house at 7 a.m.*
Je quitte mon petit ami.	*I'm leaving my boyfriend.*

- **Quitter** is conjugated with **avoir** in the **passé composé** unless used reciprocally, then it is conjugated with **être**.

Il **a quitté** sa femme.	*He left his wife.*
Nous **nous sommes quittés.**	*We left each other.*

Sortir and *partir*

- **Sortir** means to leave in the sense of *to go out* or *to go out of*. It is also used to means *to be going out with/dating someone*.

Nous **sortons** de la boulangerie.	*We are leaving (going out of) the bakery.*
Chloé **sort** avec Vincent.	*Chloé is going out with Vincent.*

- **Partir** means *to leave,* but implies that the return is not immediate. It is often followed by a preposition.

Vous **partez** en voyage?	*Are you leaving on a trip?*
Il **part** au travail à 8 h.	*He leaves for work at 8 o'clock.*

- **Sortir** and **partir** are irregular verbs, and have similar conjugations.

sortir		partir	
je **sors**	nous **sortons**	je **pars**	nous **partons**
tu **sors**	vous **sortez**	tu **pars**	vous **partez**
il / elle / on **sort**	ils / elles **sortent**	il / elle / on **part**	ils / elles **partent**
passé composé: (être) **sorti**		passé composé: (être) **parti**	

VÉRIFIEZ votre compréhension

1. What patterns do you see in the present tense conjugation of **partir** and **sortir?**
2. Look back at *Passage 2* (pp. 248–249). Which of the verbs **quitter, partir,** and **sortir** do they use? Can you explain the choice of each, given the context?
3. Can you give the entire conjugation of **partir** and **sortir** in the **passé composé?**

À l'écoute!

Une ou plusieurs personnes? Écoutez les affirmations suivantes et ensuite indiquez s'il s'agit d'une ou de plusieurs personnes.

	une personne	plusieurs personnes		une personne	plusieurs personnes
1.	_____	_____	4.	_____	_____
2.	_____	_____	5.	_____	_____
3.	_____	_____	6.	_____	_____

Pratiquons!

A. Sortir, partir ou quitter? Anne-Laure nous décrit sa journée. Complétez le paragraphe suivant avec les verbes **sortir, partir** ou **quitter** au présent.

Le lundi matin, je (1) _____ ma maison à 8 h 30. J'ai un cours à 9 h, alors je me dépêche. J'arrive à l'université vers 8 h 55, je (2) _____ de ma voiture et je vais vite à mon cours. Mon cours est au troisième étage, donc je prends l'ascenseur. Très souvent, mon prof y est aussi. Nous (3) _____ de l'ascenseur, et nous allons ensemble en classe. Nous (4) _____ le cours à 10 h 30, et je retrouve mes amis pour prendre un café. Mes amis (5) _____ avant moi, parce qu'ils ont un autre cours. Je reste encore quelques minutes, et puis je (6) _____ pour la bibliothèque, où je travaille jusqu'à 13 h. Mon amie Paule fait aussi des recherches à la bibliothèque, mais elle (7) _____ souvent parce qu'elle fume, et elle ne peut pas fumer dans la bibliothèque! Après avoir fini mes recherches, je (8) _____. J'arrive chez moi vers 15 h 30 et je me repose.

B. C'est fini! Gérard a quitté Yolanda. Yolanda raconte à son amie Eléonore comment Gérard l'a quittée. Conjuguez les verbes entre parenthèses au **passé composé**.

Gérard (1) _____ (partir) il y a un mois. Nous (2) _____ (se quitter) en bons termes. Le week-end dernier on (3) _____ (sortir) au restaurant une dernière fois et après nous (4) _____ (se quitter). J(e) (5) _____ (sortir) avec quelques hommes, mais je ne cherche plus le grand amour. Et toi, Eléonore, est-ce que tu (6) _____ (sortir) avec beaucoup d'hommes avant de te remarier?

 C. Échange. Posez les questions suivantes à un(e) camarade de classe. Ensuite, comparez vos réponses avec celles de la classe. Qui quitte l'université tôt? Et tard? Qui est sorti(e) hier? Etc.

1. À quelle heure est-ce que tu as quitté ta maison / ta chambre aujourd'hui?
2. Est-ce que tu es sorti(e) hier soir? Si oui, avec qui? Où es-tu allé(e)? Sinon, qu'est-ce que tu as fait?
3. Quand est-ce que tu es parti(e) en vacances la dernière fois? Où es-tu allé(e)?
4. À quelle heure vas-tu quitter l'université aujourd'hui?
5. Est-ce que tu as quitté ton petit ami / ta petite amie récemment? Pourquoi?
6. Veux-tu partir en voyage? Où? Pourquoi?

iLrn Complete the diagnostic tests to check your knowledge of the vocabulary and grammar structures presented in this chapter.

À vous de parler!

A. Préparons une sortie! Vous préparez un week-end avec vos amis. En groupes de trois, créez un dialogue pour parler de l'endroit où vous allez aller et ce que vous allez faire. (À quelle heure allez-vous partir? Où allez-vous sortir le soir? Etc.) Utilisez des verbes pronominaux ainsi que les verbes **sortir, partir** et **quitter** au **futur proche.**

B. Oui, chéri(e)! Avec un(e) partenaire, imaginez une conversation entre un couple ou des amis de longue date. Pensez au jour où ils se sont rencontrés, ce qu'ils ont fait le premier jour où ils sont sortis ensemble, etc. Ensuite, faites une comparaison avec ce qu'ils font aujourd'hui. La passion existe-t-elle encore? (Ou l'amitié est-elle la même qu'avant?) Utilisez les verbes et le vocabulaire du chapitre (par exemple, les mots tendres).

Voici un couple de jeunes étudiants. Allie et Marcos. Ils se sont connus en cours de français! Imaginez leur histoire d'amour! (Comment ils se sont connus, où ils sortent, les mots tendres qu'ils se disent, etc.)

À vous d'écrire!

A. Stratégies. Writing often involves incorporating other language skills beyond grammar and vocabulary. Think of an occasion when you were inspired by something that you read or heard. Did the *topic* encourage you to express similar feelings? Did the *style* provide you with a model that you could emulate? Did the author's choice of vocabulary make you think about his or her perspective on the topic? Why did this writing or speech inspire you?

B. Organisons-nous! Lisez l'extrait suivant sorti d'une lettre d'amour écrite par Napoléon à Joséphine. Notez comment l'auteur exprime son amour envers sa femme. Remarquez la simplicité du texte aussi. Le langage de cet extrait est à la portée *(reach)* de tous. D'ailleurs, vous auriez pu *(could have)* vous aussi écrire une lettre pareille en ayant fait un seul semestre en français! Lisez le texte et répondez aux questions.

Lettre de Napoléon Bonaparte à Joséphine

Je vais me coucher, ma petite Joséphine, le cœur plein de ton adorable image, et navré[1] de rester tant de temps loin de toi; mais j'espère que, dans quelques jours, je serai[2] plus heureux et que je pourrai[3] à mon aise[4] te donner des preuves de l'amour ardant que tu m'as inspiré. Tu ne m'écris plus; tu ne penses plus à ton bon ami, cruelle femme! Ne sais-tu pas que sans toi, sans ton cœur, sans ton amour, il n'est pour ton mari ni bonheur, ni vie. Bon Dieu!...

C. Pensons-y!

1. Pourquoi est-ce que cette lettre est émouvante *(moving)*? Avec quel langage est-ce que Napoléon exprime son amour?

2. Y a-t-il des mots tendres dans le texte? Si oui, lesquels? Si la réponse est négative, comment est-ce que l'auteur fait savoir à sa femme qu'il l'aime?

3. Pour exprimer votre amour à quelqu'un (votre conjoint, votre petit(e) ami(e), un parent, un(e) ami(e), etc.), quels verbes, mots et expressions allez-vous utiliser?

4. Choisissez une personne que vous aimez (d'amour ou d'amitié) et faites une liste des expressions que vous avez apprises pour parler d'amour ou d'amitié. Comment allez-vous lui transmettre votre amour (amitié)? Avec une chanson? Un poème? Une lettre? Un e-mail? Est-ce que vous allez vous adresser à la personne directement ou allez-vous lui parler à la troisième personne (il/elle)? Quels mots tendres allez-vous utiliser? Si vous n'utilisez pas de mots tendres, comment allez-vous transmettre vos sentiments?

[1]**désolé / triste**   [2]will be   [3]will be able to   [4]as I please

Courtesy of Véronique Anover and Theresa A. Antes

Courtesy of Véronique Anover and Theresa A. Antes

Voici un couple de jeunes mariés près de l'église. Sont-ils déjà mariés? Que fait la mariée? Qu'est-ce que les invités lancent aux mariés? Du riz? Qu'est-ce qu'on lance aux mariés aux États-Unis?

Imaginez leur histoire d'amour.

D. Écrivons! En utilisant le modèle de la lettre de Napoléon, (ou un autre modèle) écrivez un paragraphe sous forme de lettre, e-mail, chanson ou poème où vous exprimez (ou déclarez) l'amour que vous portez à quelqu'un. Utilisez des structures et des mots de vocabulaire que vous avez déjà vus. Pensez à la personne à qui vous exprimez votre amour (ou à qui vous dirigez votre déclaration d'amour)!

E. Révisons! Révisez votre texte et répondez aux questions suivantes.

Pouvez-vous être un peu plus clair(e) (plus concis[e])?
Comment pouvez-vous rendre votre message plus clair?
Comment pouvez-vous simplifier vos structures grammaticales?

Relisez la lettre de Napoléon et analysez sa simplicité. Votre paragraphe est-il aussi simple et à la fois expressif et émouvant? Si ce n'est pas le cas, que pouvez-vous changer? Écrivez de nouveau votre lettre (avec vos révisions) et montrez-la à la personne à qui elle est dirigée!

Lexique

La routine

se baigner	to take a bath / to go for a swim	s'endormir	to fall asleep	se presser	to hurry
se brosser les dents	to brush one's teeth	s'énerver	to get mad / upset	se promener	to go for a walk
se calmer	to calm oneself down	s'épiler	to remove hair—women	se raser	to shave
				se reposer	to rest
se coucher	to go to bed	s'habiller	to get dressed	se réveiller	to wake up
se démaquiller	to remove one's makeup	se laver	to wash	se ronger les ongles	to bite one's nails
		se lever	to get up		
se dépêcher	to hurry	se maquiller	to put on makeup	se sécher les cheveux	to dry one's hair
se déshabiller	to remove one's clothes	se peigner les cheveux	to comb one's hair	se sentir bien / mal	to feel well / bad

Les relations amoureuses et amicales

Les noms

l'amour (m.)	love	les amoureux	lovebirds / lovers	le coup de foudre	love at first sight

Les verbes

aimer quelqu'un à la folie	to love someone madly	tomber amoureux (amoureuse) de quelqu'un	to fall in love with someone	partir	to leave (for an undetermined period of time)
s'aimer	to love each other				
s'amuser	to have fun	s'ennuyer	to be bored	quitter	to leave (someone or something)
avoir une déception amoureuse	to have one's heart broken	s'entendre bien	to get along well		
		s'entendre mal	not to get along well	se quitter	to leave each other
se détester	to hate each other	être amoureux (-euse) de quelqu'un	to be in love with someone	se réconcilier (avec)	to reconcile
se disputer	to argue with each other			se rencontrer	to meet each other
divorcer	to get a divorce	être fidèle à quelqu'un	to be faithful to someone	se regarder	to look at each other
se donner un baiser	to kiss (generally on the lips)	se fâcher	to get mad	sortir	to go out, to get out of, to leave (for a short time)
s'embrasser	to kiss each other	se faire la bise	to kiss (on the cheeks)		
se séparer	to be apart / to separate	se fiancer	to get engaged	tromper quelqu'un	to cheat on someone
		se marier (avec)	to get married		

Pour parler de la vie personnelle

mon compagnon / ma compagne	my partner	mon grand amour	my true love	mon petit ami / mon copain	boyfriend
ma femme / mon épouse	my wife / my spouse (f.)	l'homme / la femme de ma vie	my soulmate	ma petite amie / ma copine	girlfriend
mon / ma fiancé(e)	my fiancé(e)	mon mari / mon époux	my husband / my spouse (m.)		

Des mots tendres

mon amour	my love	mon cœur	my sweetheart
mon / ma chéri(e)	my darling	mon chou	my sweetie

Pour parler d'actions dans le passé

dans les premiers temps / au début	at the beginning / at first	l'année dernière	last year	il y a (un an / une semaine)	(a year / a week) ago
la semaine dernière	last week	le mois dernier	last month		
		hier	yesterday		

La Louisiane

🌐 Visit La Louisiane on Google Earth!

À vous de découvrir!

© Michel Friang / Alamy

Une fête de Mardi Gras en Louisiane

La Louisiane a un long héritage francophone assez complexe. En 1684, La Salle a découvert la vallée très fertile du Mississippi et les premiers Français sont arrivés en Louisiane en 1699, de Bretagne, Normandie et Paris. En même temps, d'autres francophones, des Acadiens, se sont installés au Canada, où ils luttaient constamment contre les Britanniques. En 1755, avec la chute du Fort Beauséjour au Canada, les autorités britanniques se sont appropriées les terres, les maisons et les animaux des Acadiens qui ont été déportés. Quelque 12 000 habitants ont donc été envoyés en exil aux États-Unis ou en France. Parmi ceux[1] qui sont allés aux États-Unis, plusieurs centaines[2] se sont dirigées[3] vers la Louisiane, arrivant en 1763, l'année où la France a cédé ce territoire à l'Espagne! L'Espagne a quand même reçu ces nouveaux citoyens à bras ouverts,[4] et ils ont établi plusieurs villes nouvelles. Même ceux qui étaient retournés en France n'y sont pas nécessairement restés–ils étaient habitués à la vie du «nouveau monde» et ont eu des difficultés à s'adapter à la vie en Europe. Beaucoup ont décidé de retourner en Louisiane. Le terme «cajun» vient de «cadien», une déformation d'«acadien».

[1]Among those [2]hundreds
[3]turned toward [4]open arms

L'histoire de la francophonie se complique encore plus avec l'arrivée des esclaves du Sénégal et d'autres pays d'Afrique. Ils ne parlaient pas français au moment de leur arrivée, mais l'ont appris au bout de[1] deux ou trois générations. Le créole qui est parlé dans la région reflète le mélange des langues africaines introduites pendant cette période et des langues européennes. Les États-Unis ont acheté le territoire en 1803, et la Louisiane est devenue un État en 1812. Selon le Conseil pour le Développement du Français en Louisiane (CODOFIL), la Louisiane compte maintenant presque 200 000 francophones. La majorité d'entre eux parlent français comme langue principale, mais ne savent ni lire ni écrire en français. CODOFIL est là pour promouvoir[2] le français en Louisiane—il a été créé dans le but de «faire tout ce qui est nécessaire pour encourager le développement, l'utilisation et la préservation du français tel qu'il existe en Louisiane pour le plus grand bien culturel, économique et touristique pour l'État».[3]

Avez-vous compris?

1. Quels ont été les premiers habitants francophones en Louisiane?

2. Quand et pourquoi est-ce que d'autres francophones sont venus dans la région?

3. Comment est-ce que les Africains ont influencé la langue parlée en Louisiane?

4. Quel est le rôle de CODOFIL? Pouvez-vous penser à des organisations semblables pour d'autres langues aux États-Unis?

À vous d'apprécier!
Explorations gastronomiques

Après avoir dansé à la façon cajun, il faut manger «à la cajun aussi»! Un des repas les plus simples, mais aussi un des meilleurs, est le «Cajun Boil». On met tous les ingrédients dans une grande marmite d'eau bouillante et après, on met des journaux sur la table et on verse le contenu dessus. On mange ensuite avec les mains—fourchettes interdites[4]!

Cajun Boil

- 6 épis de maïs[5]
- 6 petites pommes de terre
- 1 kilo d'écrevisses
- 6 saucisses
- 3 cuillères à soupe d'épices cajun

Image copyright David Lee, 2010. Used under license from Shutterstock.com

Mettez de l'eau dans une marmite et ajoutez les pommes de terre et les épices. Faites bouillir pendant 15 minutes. Ajoutez les saucisses. Faites bouillir pendant encore 5 à 8 minutes. Ajoutez le maïs et les écrevisses. Faites bouillir pendant encore 2 minutes. Éteignez le feu et laissez reposer pendant 5 à 10 minutes. Videz complètement l'eau et servez chaud avec un bon vin rouge.

[1]after [2]promote [3]www.codofil.org [4]prohibited [5]ears of corn

Explorations culturelles

Quand vous pensez à la Louisiane, vous pensez sans doute à La Nouvelle-Orléans et à Mardi Gras. Regardez l'affiche à gauche, qui contient la devise[1] des Cajuns. Quelle est cette devise? Expliquez les éléments culturels de cette affiche qui renforcent cette devise.

À vous de réagir!

Regardez l'affiche promotionnelle du CODOFIL ci-dessous et commentez le message central. Pourquoi est-ce qu'il est important de préserver le français dans cette région? Qu'est-ce qu'une langue représente pour ceux qui la parlent? Il y a un autre message présent dans toutes les affiches promotionnelles du CODOFIL. Pouvez-vous le trouver sur cette affiche? À votre avis, pourquoi est-ce qu'on inclut ce message de façon explicite sur les affiches?

La Louisiane sans le français? JAMAIS DE LA VIE!

Mon blog

Bonjour et bienvenue sur notre blog! Nous nous appelons Michel et Thérèse Thibaudault et nous habitons à Lafayette, en Louisiane. Nous sommes fiers de notre héritage francophone—nos arrière-arrière[2]-grands-parents sont nés ici il y a plus de 200 ans. Nous avons appris les chansons traditionnelles de nos grands-parents, et le week-end nous chantons dans un groupe. La musique de la Louisiane s'appelle le zydeco; c'est un mélange de musique traditionnelle comme les valses et les two-steps, de musique moderne comme le blues et le rock et de musique empruntée à d'autres cultures, comme le reggae et la musique afro-caribéenne. On danse beaucoup aussi en Louisiane—on aime faire des bals de maison[3] où on va chez un ami pour faire la fête. Tout le monde est invité!

Et chez vous, elle est comment la musique traditionnelle? Qu'est-ce que vous faites pour vous amuser le week-end? Écrivez-nous pour nous décrire votre culture et vos passe-temps!

À vous de décider: Le français pour quoi faire?

Visit the *À vous* online resources to meet Dr. Randy Duran, a professor of chemistry. He would like to tell you how he has used his knowledge of French in his work and why he encourages his chemistry students to take part in a three-month total immersion internship in France. ✈

[1]motto [2]great great [3]house parties

Quand j'étais adolescent(e)...

Do you have fond memories of your childhood? In this chapter, you'll have a chance to look back (fondly, we hope!) on those bygone days, and to describe your life and actions to others.

Courtesy of Véronique Anover and Theresa A. Antes

VOCABULARY

- School life, including elementary, middle, and high school
- Concerns of adolescents
- Child-rearing
- Body parts

STRUCTURES

- Formation and uses of the **imparfait**
- Pronouns **y** and **en** with the **imparfait**
- Interrogative pronouns and forming questions using the **imparfait**
- The use of indefinite and definite articles with parts of the body

CULTURE

- What life is like for teenagers in France
- Problems faced by adolescents in various Francophone countries

iLrn

 Audio

 www.cengagebrain.com

RESSOURCES

CD 2
Track 8

Passage 1

Une enfance heureuse

Sandrine, une prof de français qui habite maintenant aux États-Unis, se rappelle son adolescence en Belgique.

Courtesy of Véronique Anover and Theresa A. Antes

«Bonjour. Je m'appelle Sandrine. Je suis belge. J'habite maintenant aux États-Unis, mais quand j'étais petite, j'habitais avec ma famille à Bruxelles. (C'est la capitale de la Belgique.)

Nous étions cinq dans ma famille: mon père et ma mère, bien sûr, mon frère André et ma sœur Gisèle. Nous avions aussi un chien; il s'appelait Alphonse. Il était toujours très méchant! C'était une enfance très heureuse. Mon frère, ma sœur et moi, nous allions tous à la même école. Nous étions en pension,[1] et donc nous ne retournions chez nous que pendant les grandes vacances. Nous étions dans des classes différentes, mais nous mangions à la cantine à midi et le soir, donc nous nous retrouvions souvent.

Pendant la récréation, j'aimais jouer avec mes amis, mais comme ma sœur était plus timide, elle voulait toujours rester près de moi pendant la récré. Quelquefois, c'était gênant, mais comme c'était ma petite sœur, je ne disais rien. Nous jouions bien ensemble. Mon frère préférait jouer avec ses amis—il ne voulait pas participer aux jeux des filles!

Le week-end, nous allions à la patinoire, au cinéma, à la bibliothèque et, quand nous étions plus grands, en boîtes de nuit. Quelquefois, nous passions la nuit chez des copains qui n'étaient pas en pension, et nous allions à des soirées. C'était très amusant! Pendant les grandes vacances, nous retournions chez nos parents et nous voyagions tous ensemble. Nous avons visité la Grande-Bretagne, l'Allemagne, le Portugal et l'Italie.

Maintenant, je retourne assez rarement en Belgique; je suis mariée à un Américain et je travaille à Chicago. Mais j'ai de très bons souvenirs de mon enfance!»

Vous avez bien compris?

Répondez aux questions suivantes, selon le texte.

1. Sandrine a combien de frères et de sœurs?

2. Où restaient les enfants pendant la semaine?

3. Où mangeaient-ils?

4. Avec qui est-ce que Sandrine jouait pendant la récré? Et son frère? Pourquoi?

5. En général, pendant les grandes vacances, est-ce qu'ils restaient à l'école?

6. Qu'est-ce qu'ils ont fait de différent avec leurs parents?

[1]boarding school

Mon vocabulaire

La scolarité

Les enfants de 6 à 10 ans vont à
l'école primaire.

À l'âge de 11 ou 12 ans, on
va au **collège.**

Les enfants de cet âge s'appellent
des élèves.

Pour s'amuser entre les cours,
les élèves vont à **la récréation/
la récré.**

Quand on est adolescent, on va au
lycée.

Les étudiants de cet
âge s'appellent des
lycéens (lycéennes).

À l'école, on mange à **la cantine.**

Si on reste dormir à l'école pendant la semaine, on dort au **dortoir.**

Ces étudiants s'appellent **des pensionnaires**; ils sont en **pension.**

Pour s'amuser

On fait du sport au **gymnase** ou au **stade.**

En hiver, on peut s'amuser aussi à **la patinoire.**

Les lycéens et les étudiants peuvent danser en **boîte de nuit** ou dans **des clubs**[1] *(m.).*

Ils peuvent aussi aller à **une soirée** ou à **une fête.**[2]

[1]On peut aussi dire **des discothèques** *(f.)* ou **des night-clubs** *(m.)* [2]In slang, French people say **une teuf** (the word **une fête** backwards—this type of slang is called **verlan**).

→ Mon vocabulaire ←

Les ados

Vous êtes dans un lycée. À l'entrée il y a une brochure sur les problèmes de l'adolescence. Lisez la brochure.

L'adolescence:

une période de changements difficiles.

• Les ados...

veulent **affirmer leur individualité**,
veulent **affirmer leur personnalité**,
sont **à la recherche de leur identité**,
sont **complexés par leur look**,
ont **des difficultés** (*f.*) **à s'accepter**,
veulent **être à la mode**,
ont **des troubles** (*m.*) **alimentaires**,
(**l'anorexie** par exemple)
ont **des problèmes** (*m.*) **familiaux**.

• Souvent les ados pour se rebeller vont...

avoir des relations sexuelles précoces,
faire le mur, *sneak out*
faire une fugue, *run away*
sécher les cours, *skip school*
fumer des cigarettes,
se droguer,
se soûler. *get drunk*

• Les problèmes les plus fréquents sont:

l'alcoolisme,
la délinquance,
l'échec scolaire, *failure in school*
la toxicomanie, *(drug dependence)*
le tabagisme.

Pour plus de renseignements sur les problèmes des adolescents, contactez le ministère de la jeunesse de votre localité.

À vous!

A. Définitions. Relisez la brochure précédente et trouvez la définition correcte pour chaque mot et expression.

1. Quand une personne boit trop de vin ou de bière.
2. Quand un jeune s'enfuit de sa maison et ne revient plus.
3. Quand une personne ne s'aime pas.
4. Quand un adolescent n'a pas de bons résultats à l'école.
5. Quand un adolescent ne mange pas normalement.
6. Quand un jeune vole dans un magasin.
7. Quand un jeune s'achète les dernières nouveautés.
8. Quand un jeune ne va pas à l'école régulièrement.

a l'échec scolaire

b. être à la mode

c. la délinquance juvénile

d. faire une fugue

e. sécher les cours

f. avoir des difficultés à s'accepter

g. avoir des troubles alimentaires

h. se soûler

B. Des problèmes d'ados. Identifiez les problèmes de ces adolescents d'après les dessins.

1.

_____

2.

_____

3.

_____

4.

_____

5.

_____

 C. Votre adolescence. Posez les questions suivantes à huit camarades de classe: quatre femmes et quatre hommes. Ensuite, dites à la classe qui a eu une adolescence plus difficile: les femmes ou les hommes. Comparez vos réponses et tirez-en une conclusion.

Quand tu étais adolescent(e)...

1. est-ce que tu étais complexé(e) par ton look? Pourquoi? Qu'est-ce que tu aimais ou n'aimais pas en toi?

2. est-ce que tu avais des problèmes familiaux? Qu'est-ce qui se passait? T'entendais-tu mal avec tes parents? Avec tes frères et sœurs?

3. est-ce que tu voulais affirmer ta personnalité? Comment? Étais-tu rebelle?

4. que faisais-tu pour te rebeller?

5. voulais-tu être à la mode? Comment est-ce que tu t'habillais?

6. séchais-tu souvent les cours?

STRUCTURE 2

Les pronoms *y* et *en* avec l'imparfait

In Chapter 5 you learned that the pronoun **y** often translates as *there* and replaces a preposition (except for **de**) followed by a place or thing. You also learned that the pronoun **en** often means *some of it / them* and replaces the preposition **de** followed by a person or thing.

- As in the present tense, **y** and **en** are placed before the conjugated verb in the **imparfait.** To ask a question or make a sentence negative, the same rules you used for the present tense also apply to the **imparfait.** Can you remember the rules based on their use in the conversations below?

  —Quand j'avais 10 ans, j'allais souvent *à la plage.*

  —C'est vrai?

  —Oui, j'**y** allais très souvent.

  —**Est-ce que** tu **y** allais tous les jours?

  —Non, malheureusement, je **n'y** allais **pas** tous les jours.

  —Quand j'étais adolescent, je fumais *des cigarettes.*

  —Non!

  —Si *(Yes),* j'**en** fumais.

  —Tu **en** fumais beaucoup?

  —Non, heureusement, je **n'en** fumais **pas** beaucoup.

- Remember, if the noun being replaced is the object of an infinitive in the sentence, the pronoun precedes the infinitive instead of the conjugated verb.

  Jean voulait manger à la cantine. Sonia voulait **y** manger aussi. Mais moi, je **ne** voulais **pas y** manger. Et toi? Est-ce que tu voulait **y** manger?

  Mes sœurs aimaient boire *du jus d'orange* tous les matins. Ma mère aimait **en** boire aussi, mais mon père, il **n'**aimait **pas en** boire tous les jours. Et vous? Vous aimiez **en** boire aussi?

◀ VÉRIFIEZ votre compréhension

1. Read David's chat room message once again (p. 280). Find the pronouns **y** and **en** in his message. What words are they replacing?
2. Rewrite the sentences that you have found, putting them in the negative.

Pratiquons!

A. Y ou en? Lisez la conversation entre deux adolescents et choisissez le pronom correct ainsi que *(as well as)* la place la plus appropriée pour chaque pronom.

SIMON: L'année dernière, je te voyais toujours au café le Grain Noir.
(1) Tu _____ allais _____ toujours avec Léa. Comment va-t-elle?

FRANÇOIS: Elle va bien, je crois.

SIMON: Qu'est-ce que vous preniez? Du café?

FRANÇOIS: (2) Non, nous n(e) _____ prenions _____ pas. Léa prenait du thé et moi du Coca.

SIMON: (3) Léa _____ prenait _____ toujours?

FRANÇOIS: Oui. Mais pourquoi toutes ces questions?

SIMON: Parce que je voudrais inviter Léa au Grain Noir et je voudrais savoir ce qu'elle aime.

FRANÇOIS: (4) Tu _____ voudrais _____ inviter Léa? Bonne chance! Elle sort avec Paul maintenant!

SIMON: Ce n'est pas possible! Elle va au Grain Noir avec Paul?

FRANÇOIS: (5) Pas au Grain Noir, non. Paul est trop snob pour _____ aller. Ils vont à la *Tasse en crystal* tous les jours. (6) Ils _____ aiment _____ prendre un express et regarder les passants.

SIMON: C'est vraiment incroyable! (7) Avant, Léa n'aimait pas le café et elle n(e) _____ buvait _____ jamais.

 B. Quand tu étais plus jeune. Posez les questions suivantes à votre camarade de classe sur son adolescence. Ensuite, changez de rôle. Utilisez les pronoms **y** et **en** dans vos réponses.

1. Quand tu étais adolescent(e), est-ce que tu allais au lycée tous les jours de la semaine?

2. Est-ce que tu restais à la maison le samedi soir? Qu'est-ce que tu faisais?

3. Est-ce que tu aimais regarder des comédies à la télé? Qu'est-ce que tu regardais?

4. Est-ce que tu avais beaucoup d'amis?

5. Est-ce que vous faisiez des bêtises *(were you naughty)*, tes amis et toi? Comme quoi?

6. Est-ce que vous sortiez souvent au bowling? Où est-ce que vous sortiez d'habitude?

7. Quand tu rentrais du lycée, est-ce que tes parents étaient à la maison? Qu'est-ce que vous faisiez ensemble?

8. Est-ce que tu pratiquais un sport? Lequel?

Passage 3

Un petit garçon sage (*A good little boy*)

Alexandre, un petit garçon de huit ans, pose des questions à sa mère.

pleurer

ALEXANDRE: Maman, quand j'avais deux ans, est-ce que je pleurais souvent?

MAMAN: Oh oui! Tu pleurais beaucoup et après tu avais les yeux tout rouges!

ALEXANDRE: Pourquoi est-ce que je pleurais, Maman?

MAMAN: Parce que tu faisais beaucoup de caprices!
Tu ouvrais la bouche bien grand et tu criais: «Je veux ça, je veux ça!»

faire des caprices

ALEXANDRE: Est-ce que je faisais des bêtises?

faire des bêtises

MAMAN: Mmm... oui, de temps en temps!

ALEXANDRE: Qu'est-ce que je faisais comme bêtises?

MAMAN: Tu adorais mettre les mains dans l'eau du chien et tu y mettais les pieds aussi!

ALEXANDRE: Est-ce que tu me donnais une fessée quand j'étais vilain?

donner la fessée

MAMAN: Jamais! Je te punissais,[1] mais la fessée jamais!

ALEXANDRE: Comment est-ce que tu me punissais?

MAMAN: Je te mettais au coin pendant quelques minutes.

mettre au coin

[1]**punir**, *to punish*, is conjugated like **finir**. **Une punition** is a *punishment*.

ALEXANDRE: Et qu'est-ce que je faisais au coin?

MAMAN: Tu pleurais et quelquefois tu criais,[1] aussi!

ALEXANDRE: Beaucoup?

MAMAN: Oh, là là oui! Beaucoup! Mais après quelques minutes, je ne pouvais plus résister et je te faisais un gros bisou sur la joue ou sur la tête. Comme ça!

faire un bisou

Vous avez bien compris?

Choisissez la réponse correcte pour compléter chaque phrase basée sur le dialogue entre Alexandre et sa mère.

1. Alexandre allait au coin parce qu'il _____.

   a. pleurait

   b. jouait avec le train

   c. faisait des bêtises

2. _____ Alexandre faisait des bêtises.

   a. Au restaurant

   b. À la maison

   c. Au coin

3. Alexandre recevait _____.

   a. un bisou

   b. une fessée

   c. un chien

4. Alexandre pleurait _____.

   a. très peu

   b. jamais

   c. beaucoup

5. La maman d'Alexandre _____.

   a. faisait des caprices

   b. faisait des bêtises

   c. ne lui donnait jamais de fessée

[1]screamed

→ Mon vocabulaire ←

L'enfance

L'enfance (de la naissance à l'adolescence)

Avant l'arrivée d'un enfant, une mère va...

attendre un enfant / être enceinte /
avoir une bonne grossesse[1] / avoir
une grossesse difficile.

accoucher
(un accouchement)

Après la naissance du bébé les parents vont...

élever un(e) enfant bien élevé(e)	*to raise a well-behaved child*
élever un(e) enfant mal élevé(e)	*to raise a badly behaved child*
gâter un(e) enfant	*to spoil a child*
avoir un(e) enfant gâté(e)	*to have a spoiled child*

Le corps humain:

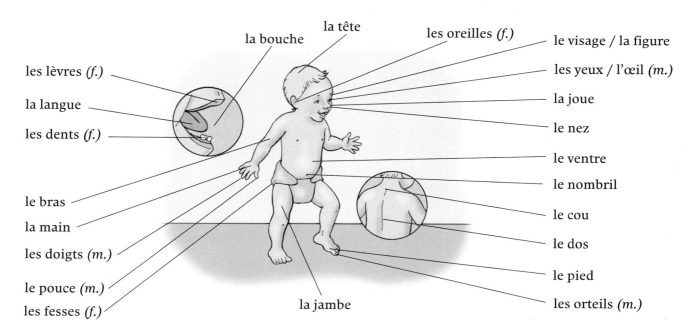

la tête
la bouche
les oreilles *(f.)*
le visage / la figure
les lèvres *(f.)*
les yeux / l'œil *(m.)*
la langue
la joue
les dents *(f.)*
le nez
le ventre
le nombril
le bras
le cou
la main
le dos
les doigts *(m.)*
le pied
le pouce *(m.)*
les orteils *(m.)*
les fesses *(f.)*
la jambe

[1]pregnancy

À vous!

A. Une journée typique du petit Louis. Quand le petit Louis avait 3 ans, ses journées étaient assez similaires et typiques. Regardez les dessins et décrivez une de ses journées. **Attention!** Mettez les verbes à l'imparfait. Commencez par «Quand le petit Louis avait trois ans...»

B. Une maman et son enfant. Aurélien et sa maman passent toutes leurs journées ensemble et s'amusent beaucoup! Pour chaque situation, trouvez la partie du corps la plus logique.

> **MODÈLE:** Après le bain, Maman dit: «Je vais te manger les petits...»
>
> *pieds / orteils*

1. Maman donne à manger à Aurélien. «Ouvre bien grand la...»
2. Maman joue à la balle avec Aurélien: «Prends la balle avec les...»
3. Maman fait des chatouilles *(tickles)* à Aurélien: «Je te fais des chatouilles sur le... et la...»
4. Dans le bain, maman dit: «Je vais te laver le/la... et les...»
5. Maman dit à Aurélien: «Je vais te faire un bisou sur le/la...»
6. Maman met Aurélien au lit et elle dit: «Aurélien, mon petit chéri, ferme les... et fais un gros dodo *(go night-night)*!»

C. Votre journée typique. Interviewez un(e) camarade de classe pour savoir comment était une journée typique quand il/elle avait quatre ou cinq ans. Ensuite changez de rôles. Comparez vos réponses et dites à la classe qui de vous deux était le plus sage.

1. Qui t'élevait: ta mère, ton père ou les deux? Qui était le plus strict et te disciplinait le plus: ta mère ou ton père?
2. Comment est-ce qu'on te disciplinait?
3. Est-ce que tu pleurais beaucoup? Pourquoi?
4. Est-ce que tu faisais des caprices? Pourquoi?
5. Où est-ce que tu faisais des caprices? Dans des lieux publics devant tout le monde comme au supermarché, par exemple?
6. Quelles bêtises est-ce que tu faisais?
7. Étais-tu un(e) enfant gâté(e)? Qui te gâtait le plus dans ta famille? Comment est-ce qu'on te gâtait?
8. En général, étais-tu sage ou étais-tu un petit démon? Pourquoi?

Portrait personnel

Écrivez un paragraphe où vous décrivez l'enfance de votre partenaire. Comment était-il/elle comme enfant? Est-ce qu'il/elle était un enfant typique ou non? Expliquez votre réponse.

MODÈLE: *Karine était une enfant très sage. Elle ne faisait presque jamais de bêtises, sauf quand elle était très fatiguée…*

Courtesy of Véronique Anover and Theresa A. Antes

Voici Alex quand il était petit. Il aimait beaucoup faire le pitre *(to be silly).*
Quand vous étiez petit, vous aimiez faire le pitre? Qu'est-ce que vous faisiez?
Quelles bêtises est-ce que vous faisiez?

STRUCTURE 3

Les pronoms interrogatifs

In previous chapters, you have learned to form yes / no questions using intonation, **est-ce que**, and the tags **n'est-ce pas?** and **non?** In this chapter, you will learn how to ask information questions using *interrogative pronouns (who? what? when?,* etc.)

Although inversion is used in more formal situations, the most common structure used to ask for information is:

interrogative pronoun + **est-ce que** + subject and verb + (rest of the sentence)

Here are the interrogative pronouns and examples of how they are used with **est-ce que.**

- **que** *(what)*

  Qu'est-ce que tu aimais faire? Jouer au football?   *What did you (used to) like to do? Play soccer?*

- **où** *(where)*

  Où est-ce que tu aimais jouer? Au parc?   *Where did you (used to) like to play? At the park?*

- **quand** *(when)*

  Quand est-ce que tu allais au parc? Tous les jours?   *When did you (used to) go to the park? Everyday?*

- **comment** *(how)*

  Comment est-ce que tu jouais? Bien?   *How did you (used to) play? Well?*

- **pourquoi** *(why)* / **parce que**

  Pourquoi est-ce que tu jouais bien?   *Why did you (used to) play well?*
  Parce que je jouais tous les jours!   *Because I used to play everyday!*

- **combien de** + noun *(how many)*

  Combien de personnes est-ce qu'il y avait avec toi? 4?   *How many people were there with you? 4?*

The interrogative pronoun **qui** *(who)* is a bit different; it may be the subject or the object of the verb. When it is the object, it is used like the pronouns above. When it is the subject, however, the verb immediately follows **qui** and **est-ce que** and inversion is not used.

Function	Structure	Example
qui (as object)	qui + est-ce que + subject/verb	Qui est-ce que tu aimais beaucoup? *Who did you used to like a lot?*
qui (as subject)	qui + verb	Qui faisait des caprices? *Who used to throw tamtrums?*

⚑ VÉRIFIEZ votre compréhension

Go back to the dialogue between Alexandre and his mother (pp. 285–286). Find the questions that have interrogative pronouns in them and explain why each one is used. What does the question mean?

À l'écoute!

Une chose ou une personne? Écoutez les phrases, et dites si on pose une question à propos d'une personne ou d'une chose.

1. _____ une personne _____ une chose
2. _____ une personne _____ une chose
3. _____ une personne _____ une chose
4. _____ une personne _____ une chose
5. _____ une personne _____ une chose
6. _____ une personne _____ une chose

Pratiquons!

A. Questions pour un champion. Vos amis et vous regardez le jeu télévisé *Questions pour un champion*. D'abord, complétez les questions avec les pronoms interrogatifs appropriés. Ensuite, essayez de répondre aux questions.

1. _____ est l'homme le plus riche du monde?
   C'est _____.

2. _____ ça veut dire[1] *hasta la vista* en espagnol?
   _____.

3. _____ habite le pape Benoît XVI?
   _____.

4. _____ est-ce que la Première Guerre mondiale a commencé?
   _____.

5. _____ d'habitants est-ce qu'il y a en France?
   _____.

6. _____ est-ce qu'on va pour visiter le Machu Picchu?
   _____.

B. Un(e) journaliste. Vous êtes journaliste et vous préparez des questions pour l'écrivaine belge Amélie Nothomb.[2] Formulez vos questions en vous basant sur les réponses suivantes.

1. _____?
   Amélie: Quand j'étais petite, j'habitais au Japon.

2. _____?
   Amélie: Je parlais japonais parfaitement. Maintenant, je ne le parle plus aussi bien.

3. _____?
   Amélie: J'allais à l'école à Tokyo. J'étudiais au lycée français de Tokyo.

4. _____?
   Amélie: Ma famille était au Japon parce que mon père travaillait à l'ambassade de Belgique à Tokyo.

5. _____?
   Amélie: J'écris un livre par an.

6. _____?
   Amélie: Mon dernier livre s'appelle *Le Voyage d'hiver*.

[1]vouloir dire = *to mean* [2]The writer Amélie Nothomb is very popular in France and in Francophone Europe. She is originally from Belgium, although she lives in Paris. Nothomb's novels are very witty and original.

STRUCTURE 4

Les parties du corps et les articles définis et indéfinis

- In English, a possessive adjective or a definite or indefinite article may be used to refer body parts. Sometimes no determiner[1] at all is used. In French, however, a definite or indefinte article is generally used with body parts.

  My hair is blond. (possessive adjective)   J'ai **les** cheveux blonds.
  I have blond hair. (no determiner)

  My nose is small. (possessive adjective)   J'ai **un** petit nez.
  I have a small nose. (indefinite article)

- As you learned in Chapter 5, the definite article is used with body parts when following a reflexive verb, whereas the possessive is used in English.

  Je me suis lavé **le visage**.   *I washed **my** face.*
  Je me brosse **les** dents   *I brush **my** teeth after meals.*
     après les repas.

- There are two occasions in French when possessive adjectives are used with body parts:

1. in some proverbial expressions, such as **risquer** *sa* **tête** (*to put oneself in a dangerous position*) and **mon oeil!** (*yeah, right!*)

2. when replacing the possessive structure: *object owned* + **de** + *owner*

   les mains de Chopin   **ses** mains
   le corps des Avatars   **leur** corps

- Remember, use the definite article with reflexive verbs or when referring to a specific noun or category and the indefinite article when referring to something being introduced into a conversation.

  Comment sont **les** corps   *What are athletes' bodies like?*
     des athlètes?
  Ils ont **des** bras et **des** jambes   *They have muscular arms and legs.*
     très musclés.

[1] Definite articles, indefinite articles, demonstrative adjectives, possessive adjectives are all determiners.

◀ VÉRIFIEZ votre compréhension

Go back to **Passage 3** (the dialogue between Alexandre and his mother) and list all the body parts that you find. For each one, tell if it is accompanied by a possessive adjective, an indefinite article, or a definite article. Can you explain why?

Pratiquons!

A. Trait caractéristique? Dites quel est le trait caractéristique de chaque personne ou de chaque animal. S'il y a plus d'une réponse possible, choisissez une réponse logique.

MODÈLE: Dumbo?

Dumbo a les oreilles très grandes.

1. Une girafe? Elle a...
2. Cyrano de Bergerac? Il a...
3. Shaquille O'Neal? Il a...
4. Les Cyclopes? Ils ont...
5. Arnold Schwarzenegger? Il a...
6. Un serpent? Il a...
7. Sasquatch? Il a...
8. Maria Shriver? Elle a...
9. Les pianistes? Ils ont...
10. Gérard Depardieu? Il a...

B. Comment est...? Choisissez cinq personnes célèbres et décrivez-les physiquement: le nez (petit, grand); la bouche (petite, grande); les jambes (longues, courtes, musclées, fines); le visage (ovale, carré, rond); les yeux (grands, petits, bleus, verts, noirs); les pieds (petits, grands).

MODÈLE: *Le nez de Marilyn Manson est très grand. Il a une grande bouche aussi et ses yeux font peur! Il a le visage ovale et il se maquille les yeux.*

C. Des proverbes. Pouvez-vous deviner le sens des proverbes et des expressions idiomatiques français suivants? Trouvez l'équivalent en anglais dans la colonne à droite.

1. Je l'ai payé les yeux de la tête.
2. J'ai les yeux plus grands que l'estomac.
3. Je lui ai cassé les oreilles.
4. Je l'ai dévoré des yeux.
5. J'ai la gorge serrée par l'émotion.
6. Nous nous sommes serré la main.
7. Je lui ai mis la puce à l'oreille.
8. J'ai tourné ma langue sept fois dans ma bouche.

a. I'm all choked up.
b. I talked his ear off.
c. We shook hands.
d. I kept quiet.
e. My eyes are bigger than my stomach.
f. I put a bug in his ear (gave him an idea).
g. I eyed him hungrily.
h. I spent a fortune on it.

iLrn Complete the diagnostic tests to check your knowledge of the vocabulary and grammar structures presented in this chapter.

À vous de parler!

A. Chez le psy.[1] Vous êtes un(e) psychologue spécialisé(e) dans les problèmes familiaux chez les adolescents. Vous recevez dans votre cabinet *(office)* deux parents qui ont des problèmes avec leurs enfants adolescents. En groupe de trois, jouez le rôle des parents et le rôle du/de la psychologue. Les parents racontent les difficultés avec leur fille/fils et le/la psychologue donne des solutions ou des conseils *(advice)* aux parents. Ensuite, les psychologues se réunissent (devant la classe) pour parler des cas les plus compliqués et des solutions proposées.

B. Enquêtes. (Surveys.) Individuellement d'abord, trouvez trois parents de jeunes enfants (de 2 à 6 ans) et faites une enquête pour savoir quels enfants sont les plus difficiles à élever: les petites filles ou les petits garçons. Faites votre enquête et tirez-en vos conclusions. En groupe de trois, comparez vos conclusions et discutez-les avec la classe. Qui sont les plus dociles et les plus sages, les filles ou les garçons? Pourquoi? Y a-t-il de grandes différences entre petites filles et petits garçons? Pourquoi?

C. Qui est-ce? Donnez la description d'une personne célèbre. Vos camarades de classe vont essayer de deviner qui c'est. Décrivez tous les traits possibles pour identifier cette personne.

MODÈLE:

ÉTUDIANT 1: *Cette personne est actrice. Elle a les cheveux roux et bouclés et les yeux verts. Elle est grande et mince, et elle a de longues jambes. Elle danse et chante bien. Elle a approximativement 40 ans. Elle a un accent australien.*

ÉTUDIANT 2: *C'est Nicole Kidman?*

ÉTUDIANT 1: *Oui, c'est ça!*

Regardez la photo prise pour une campagne contre le sida.
Qui dit «Je suis en sécurité»? Pourquoi? Que symbolise la main de la mère sur le ventre?

---

[1]Slang term for **psychologue**, equivalent to *shrink* in English

Les problèmes des adolescents sont comme ça...

Au Canada: la grossesse et les adolescentes

Grâce à une éducation sexuelle plus ouverte (à la maison et à l'école) et à un meilleur accès aux différentes méthodes contraceptives, le taux de grossesse chez les ados diminue (surtout au Québec), mais il continue à être un problème important. De nos jours, sur 1000 adolescentes de 15 à 19 ans, 42,7 tombent enceinte et 21,5 ont recours à l'interruption volontaire de grossesse (l'avortement) ou IVG. Les adolescentes les plus affectées viennent de milieux défavorisés, ou de familles abusives ou décomposées (par exemple, lorsqu'il y a un divorce ou des violences familiales).

En France: la délinquance juvénile

En France, la délinquance juvénile atteint surtout les jeunes qui vivent dans les cités. Ces logements collectifs ont été construits après la guerre (1950 à fin 1970) pour loger les familles d'ouvriers des banlieues.[1] Après la crise des années 80 et la montée du chômage, les cités ont une population défavorisée: familles d'immigrés et familles pauvres. Les cités sont situées dans les banlieues de grandes villes. Les jeunes de ces cités se sentent mal intégrés ou même rejetés par la société. Une intégration difficile qui pousse à la marginalisation est un des facteurs de délinquance juvénile. L'échec scolaire, une éducation trop stricte ou pas assez stricte font que certains jeunes commettent des délits.[2] En France, 5% des jeunes commettent 50% des délits.

En Afrique: le sida[3]

En Afrique, le problème du sida est très grave: il affecte un million et demi d'enfants et d'adolescents, et ce chiffre est en progression. Même les adolescents qui ne sont pas infectés par le virus du sida souffrent fortement des répercussions directes. Par exemple, dans l'enseignement, les professeurs touchés par le virus ne sont pas remplacés. Dans les familles, les filles sont obligées d'abandonner l'école pour s'occuper des membres qui restent après la mort d'un parent. En plus, le nombre d'adolescents et d'enfants orphelins qui ont vu leurs parents mourir du sida augmente chaque année. En 2020 on estime qu'un quart[4] des enfants et des adolescents vont avoir un de leurs parents atteint du sida.

Dans les familles affectées par le sida, la pauvreté augmente (beaucoup de malades du sida ne peuvent pas travailler). Ces familles sont isolées et rejetées par la société qui en a peur. Les jeunes de ces familles qui ont leurs propres problèmes liés à l'adolescence (construction d'une identité, se faire accepter par les autres, etc.) en souffrent doublement.

Les adolescents qui sont touchés par la maladie reçoivent peu de soins et peu de traitements et ne peuvent pas espérer un bon avenir.

Réfléchissons!

1. Est-ce que le problème des grossesses chez les adolescentes est aussi un problème dans votre pays? Pourquoi? Par manque d'information? Par manque de communication entre parents et enfants?

2. Pensez-vous que la grossesse chez les ados peut être évitée *(avoided)* ou diminuée? Comment? Quelles solutions proposez-vous?

3. Vous avez vu les facteurs qui contribuent à la délinquance juvénile en France. Est-ce que dans votre pays la délinquance juvénile est causée par les mêmes facteurs?

4. Comment est la situation du sida dans votre pays? Est-ce que le nombre de victimes augmente ou est à la baisse *(declining)*? Qui est le plus affecté par le virus dans votre pays?

[1]suburbs   [2]misdemeanors   [3]AIDS   [4]one quarter

© LABAT/TF1/SIPA

A. Stratégies. Guessing meaning from context. The following is an excerpt from a literary text, *La Gloire de mon père*, by Marcel Pagnol. Since this is an authentic document, it probably contains words that you have never seen before. Rather than turning immediately to a dictionary for help, consider the context in which the word appears.

- Look at the structure of the sentence. What part of speech is the word? (Is it a noun? An adjective? A verb?) When trying to figure out what a word means, we must not neglect its grammatical role; for example, knowing that **heureux** means *happy* and that **-ment** is a typical adverb ending in French can help us to deduce that **heureusement** means *happily* or *fortunately*. Paying attention only to the meaning of **heureux** may not have led us to the same conclusion. Always work on the text from two angles: meaning and context.

- Try to confirm the meaning that you have attributed to unknown words. Can you verify your hypothesis somehow? In other words, does the word make sense with the meaning that you have attributed to it? Does it fit in the grammatical context as well?

- Continue reading without interruption whenever possible. Consult a dictionary only when you cannot make an educated guess at the meaning of the unknown word.

B. Avant de lire. Lisez le paragraphe suivant, et répondez aux questions.

- **Un peu de contexte.** Le narrateur de ce texte, Marcel, est un homme qui raconte son enfance. Il était le fils aîné *(oldest)* de Joseph (un professeur) et d'Augustine (une couturière [*seamstress*]). Dans ce texte, il avait presque six ans. C'était un garçon très intelligent, qui savait lire avant même d'aller à l'école. Il nous parle de ses journées à l'école et au parc.

- **Imaginons la scène**
  1. Si le texte est écrit du point de vue d'un petit garçon, de quoi va-t-on probablement parler? Qu'est-ce que les garçons aiment faire? Imaginez ses activités typiques à l'école et au parc.

  2. Selon la description donnée, est-ce que vous pensez que Marcel va être un petit garçon sage ou un petit démon? Expliquez votre réponse.

  3. Est-ce que les enfants très intelligents sont différents des autres enfants? Est-ce qu'ils posent quelquefois des problèmes à leurs maîtres (maîtresses)? Expliquez votre réponse.

  4. Est-ce que vous aviez un(e) ami(e) très intelligent(e) quand vous étiez à l'école? Comment était-il/elle? Décrivez ses activités à l'école.

- **Un peu de vocabulaire.** Lisez vite le texte une première fois. Essayez de déterminer le sens de chaque mot ou expression signalé, sans consulter un dictionnaire.

Le portrait de Mlle Guimard

1. Paragraphe 2: «... pendant qu'elle parlait, son nez **remuait**»

2. Paragraphe 2: «... elle avait de gros yeux **bombés**»

3. Paragraphe 3: «... elle disait que je chantais **faux**»

Au parc

4. Paragraphe 5: «... <elle> me conduisait ensuite, au moyen d'un tramway, jusqu'en ces **lieux** enchantés.» (Tuyau: Regardez aussi le paragraphe 4.)

5. Paragraphe 6: «On y trouvait... des **étangs** où naviguaient des **flottilles de canards.**»

6. Paragraphe 7: «... un certain nombre de gens qui apprenaient à gouverner des bicyclettes: le regard fixe, les mâchoires serrées, ils **échappaient** soudain au professeur, traversaient l'allée, disparaissaient dans un fourré, et reparaissaient, leur machine **autour du cou.**»

7. Paragraphes 8–9: «... j'allais **vaquer** aux travaux de mon âge... Ma principale occupation était de lancer du pain aux canards.»

8. Paragraphe 10: «Lorsque ma tante ne me regardait pas, tout en leur disant, d'une voix suave, des paroles de tendresse, je leur lançais aussi des **pierres**, avec la ferme intention d'en **tuer** un.»

C. Lisons! Lisez le texte une deuxième fois, en vous concentrant sur les paragraphes suivants. Répondez aux questions, et suivez les indications indiquées.

Paragraphe 1: Quel âge avaient approximativement les élèves dans la classe de Mlle Guimard?

—— 6 ans   —— 11 ans   —— 16 ans

Paragraphe 2: Selon Marcel, Mlle Guimard était:

—— grande.   —— petite.   —— belle.   —— laide.

Imitez-la!

Paragraphe 3: Dans la classe, Marcel:

—— apprenait ses lettres.   —— était ignoré.

Imitez ses actions en classe!

Paragraphe 4: Pendant les leçons de chant, Marcel:

—— chantait bien.   —— ne chantait pas du tout.

Les autres:

—— chantaient fort.   —— restaient muets.

Imitez-le!

Paragraphe 7: Au parc, Marcel aimait regarder les gens à bicyclette parce qu(e):

—— ils roulaient bien.

—— ils ne savaient pas rouler et ils avaient souvent des accidents.

Dessinez la scène!

Paragraphe 10: Marcel jetait —— aux canards.

—— du pain   —— des pierres   —— les deux

Imitez-le!

Souvenirs d'enfance

1) J'approchais de mes six ans, et j'allais à l'école dans la classe enfantine que dirigeait Mlle Guimard.

2) Mlle Guimard était très grande, avec une jolie petite moustache brune, et quand elle parlait, son nez remuait: pourtant je la trouvais laide, parce qu'elle était jaune comme un Chinois, et qu'elle avait de gros yeux bombés.

3) Elle apprenait patiemment leurs lettres à mes petits camarades, mais elle ne s'occupait pas de moi, parce que je lisais couramment, ce qu'elle considérait comme une inconvenance préméditée de la part de mon père. En revanche, pendant les leçons de chant, elle disait, devant toute la classe, que je chantais faux, et qu'il valait mieux me taire, ce que je faisais volontiers.

4) Pendant que la marmaille[1] s'époumonait[2] à suivre sa baguette, je restais muet, paisible, souriant; les yeux fermés, je me racontais des histoires, et je me promenais au bord de l'étang du parc Borély, qui est une sorte de parc de Saint-Cloud, au bout du Prado de Marseille.

5) Le jeudi et le dimanche, ma tante Rose, qui était la sœur aînée de ma mère, et qui était aussi jolie qu'elle, venait déjeuner à la maison, et me conduisait ensuite, au moyen d'un tramway, jusqu'en ces lieux enchantés.

6) On y trouvait des allées ombragées par d'antiques platanes, des bosquets sauvages, des pelouses qui vous invitaient à vous rouler dans l'herbe, des gardiens pour vous le défendre, et des étangs où naviguaient des flottilles de canards.

7) On y trouvait aussi, à cette époque, un certain nombre de gens qui apprenaient à gouverner des bicyclettes: le regard fixe, les mâchoires serrées, ils échappaient soudain au professeur, traversaient l'allée, disparaissaient dans un fourré, et reparaissaient, leur machine autour du cou. Ce spectacle ne manquait pas d'intérêt, et j'en riais aux larmes. Mais ma tante ne me laissait pas longtemps dans cette zone dangereuse: elle m'entraînait—la tête tournée en arrière—vers un coin tranquille, au bord de l'étang.

8) Nous nous installions sur un banc, toujours le même, devant un massif de lauriers, entre deux platanes; elle sortait un tricot de son sac, et j'allais vaquer aux travaux de mon âge.

9) Ma principale occupation était de lancer du pain aux canards. Ces stupides animaux me connaissaient bien. Dès que je montrais un croûton, leur flottille venait vers moi, à force de palmes, et je commençais ma distribution.

10) Lorsque ma tante ne me regardait pas, tout en leur disant, d'une voix suave, des paroles de tendresse, je leur lançais aussi des pierres, avec la ferme intention d'en tuer un. Cet espoir, toujours déçu, faisait le charme de ces sorties, et dans le grinçant tramway du Prado, j'avais des frémissements d'impatience.

D. Après la lecture. Relisez le texte une dernière fois, plus lentement, et répondez aux questions suivantes.

1. Est-ce que Marcel aime Mlle Guimard? Est-ce qu'il la respecte? Expliquez votre réponse, en donnant des exemples du texte.

2. Qu'est-ce qu'il fait en classe la majorité du temps? Pourquoi?

3. Avez-vous l'impression que Mlle Guimard est une bonne maîtresse? Expliquez votre réponse.

4. Pourquoi aime-t-il aller au parc avec sa tante? Qu'est-ce qu'il fait au parc?

5. Est-ce que sa tante est consciente de tout ce qu'il fait? Expliquez votre réponse.

6. Selon vous, est-ce que le narrateur est un enfant typique? Pourquoi ou pourquoi pas?

[1]gang of brats   [2]shouted themselves hoarse

Lexique ◀))

À l'école

• la cantine	*cafeteria*	• le lycée	*high school*
• le collège	*middle school / junior high school*	• un(e) lycéen(-ne)	*high school student*
• le dortoir	*dormitory*	• être en pension	*to be in boarding school*
• l'école primaire	*elementary school*	• un(e) pensionnaire	*boarding school student*
• un(e) élève	*student (elementary and middle school)*		

Pour s'amuser

• une boîte de nuit / un club	*nightclub*	• la patinoire	*skating rink*
• une soirée / une fête	*party*	• la récréation / la récré	*recess*
• le gymnase	*gymnasium*	• le stade	*stadium*

Les ados *Adolescents*

l'adolescence (*f.*)	*adolescence*	• être à la recherche de son identité (*f.*)	*to seek one's own identity*
• affirmer sa personnalité	*to assert one's own personality*	• être complexé(e) par son look	*to have a complex about one's appearance*
• affirmer son individualité (*f.*)	*to assert one's own individuality*		
l'anorexie (*f.*)	*anorexia*	• sécher les cours	*to skip school*
• avoir des difficultés à s'accepter (*f.*)	*to have difficulty accepting oneself*	• faire une fugue	*to run away*
		• faire le mur	*to sneak out*
• avoir des relations sexuelles précoces	*to have early sexual relations*	• fumer (des cigarettes)	*to smoke (cigarettes)*
• avoir des troubles (*m.*) alimentaires	*to have eating disorders*	• se droguer	*to use drugs*
• avoir des problèmes familiaux	*to have family problems*	• se soûler	*to get drunk*
		se rebeller	*to rebel*
• être à la mode	*to be hip, fashionable*		

Les problèmes les plus fréquents

• l'alcoolisme (*m.*)	*alcoholism*	• le tabagisme	*smoking addiction*
• la délinquance juvenile	*juvenile crime*	• la toxicomanie	*drug addiction*
• l'échec (*m.*) scolaire	*failure in school*		

L'enfance, de la naissance à l'adolescence
Childhood years, from birth to adolescence

• accoucher (un accouchement)	*to give birth (the labor)*	• élever un(e) enfant bien élevé(e)	*to raise a well-behaved child*
• attendre un(e) enfant / être enceinte	*to be pregnant*	élever un(e) enfant mal élevé(e)	*to raise a badly behaved child*
• avoir une bonne grossesse / avoir une grossesse difficile	*to have an easy / difficult pregnancy*	• gâter un(e) enfant mettre au coin	*to spoil a child* *to place a child in time out*
• avoir un(e) enfant gâté(e)	*to have a spoiled child*	punir faire un (gros) bisou	*to punish* *to give a (big) kiss*
donner la fessée (à)	*to spank*		

Un bébé ou un enfant va...

crier	*to scream*	être sage	*to be well behaved*
• faire des caprices *(m.)*	*to throw a tantrum*	être vilain	*to behave badly; to be naughty*
• faire des bêtises *(f.)*	*to be naughty*	pleurer	*to cry*

Le corps humain

la tête	*head*	le bras	*arm*
le visage / la figure	*face*	la main	*hand*
les yeux / l'œil *(m.)*	*eyes / an eye*	le pouce	*thumb*
les oreilles *(f.)*	*ears*	les doigts *(m.)*	*fingers*
le nez	*nose*	le ventre	*stomach*
la joue	*cheek*	le nombril	*navel*
la bouche	*mouth*	la jambe	*leg*
les dents *(f.)*	*teeth*	le pied	*foot*
les lèvres *(f.)*	*lips*	les orteils *(m.)*	*toes*
la langue	*tongue*	le dos	*back*
le cou	*neck*	les fesses *(f.)*	*buns / the rear*

Mon boulot

De dimension internationale, notre société en forte croissance, commercialisant en France des services et équipements de télécommunication, souhaite renforcer son équipe marketing et pour cela recherche un(e)

Responsable
Communication
Marketing Direct

es campagnes de ...le :

...e marketing de la

...es,

...le les résultats.

...3 ans d'expérience) ...if, bon rédacteur et

Courtesy of Véronique Anover and Theresa A. Antes

VOUS AVEZ LA BOSSE DU COMMERCE

Rejoignez une société de prestation de services en informatique spécialisée dans le détachement de personnel (Analystes, Analystes-Programmeurs, Chefs de Projets, etc.), intervenant dans les environnements mini et grands systèmes IBM, VAX, UNIX. Afin de conforter notre développement, nous recherchons

1 INGENIEUR COMMERCIAL (H/F)   (réf. INC)

Pour ce poste ...
• Avoir entre ...
expérience ré...
relationnel, v...
et autonome v...
L'apport d'un...
prévue sur la ...
assurée
Des déplacem...

Ecrire avec ph...

An...

Courtesy of Véronique Anover and Theresa A. Antes

YAMAHA MUSIQUE FRANCE recrute

attaché
commercial H/F

Pour région Sud-Ouest

Expérience commerciale et connaissances des produits instruments à vent souhaitées.

Envoyez-nous votre dossier - BP 70 77312 MARNE LA VALLEE Cedex 2.

Venez rejoindre notre équipe...

SOCIETE LEADER
RENFORCE
SON EQUIPE
DE VENTE

8 COMMERCIAUX
H/F

* Salaire fixe + Primes +%
* Clientèle fournie
* Mobilité géographique (FRANCE)

* Formation assurée
* Excellente présentation
* Charisme et crédibilité

Se présenter Hôtel PRIMAVERA 147 Ter rue d'Alésia 75014 Paris M° Pernety ou Alésia, vendredi 23 Septembre à 9h30 à ou 11h30.

Courtesy of Véronique Anover and Theresa A. Antes

If you would like to work in France or in a Francophone country one day, you will find the content of this chapter useful. You will learn work-related vocabulary words and expressions; you will learn how to read a help-wanted advertisement and how to go on a job interview; and finally, you will learn about the working conditions in France and how Francophone speakers in Europe prepare for the job market.

VOCABULARY
- Telephone answering machine messages
- Help-wanted ads
- Job interview expressions
- Directions

STRUCTURES
- **Imparfait** vs. **passé composé**
- **Passé composé** and **imparfait** to express point of view
- Meaning of the **passé composé** and **imparfait** with certain verbs
- Imperative mood
- Imperative with pronominal verbs

CULTURE
- Working conditions in France and the Francophone world
- Applying for a job in Francophone Europe: using a **blog-emploi**

iLrn
🔊 Audio
🌐 www.cengagebrain.com

RESSOURCES

Passage 1

Une petite annonce

Vous rappelez-vous Alain? Vous l'avez rencontré au Chapitre 2. Alain habite à Fort-de-France en Martinique. Alain a un cabinet[1] d'architecte et il cherche un stagiaire[2] pour l'été. Voici l'annonce qu'il a mise dans le journal et sur le web:

Cabinet d'architecte cherche stagiaire moins de 28 ans, bonnes connaissances d'anglais et d'informatique[3] pour collaboration dans un bureau d'une dizaine de personnes à Fort-de-France. Projets publics et privés. Envoyer CV à M. Alain Cinson 120 Rue des Alizés, Fort-de-France 97233 ou appeler le 05-98-04-32-55 pour plus d'information.

Abdourahma San est étudiant en architecture à *University of California*. Il est africain, du Sénégal. Il cherche un stage[4] pour l'été à l'étranger et hier il a trouvé la petite annonce d'Alain sur le web. Quand il a lu l'annonce, Abdourahma était très content parce qu'il possédait toutes les qualifications que l'annonce demandait. Il a décidé d'appeler, et il a laissé un message sur le répondeur.[5]

«Bonjour! Vous êtes bien au cabinet d'architecte Cinson au 05-98-04-32-55. Nous ne pouvons pas prendre votre appel. Veuillez laisser[6] un message après le bip sonore. Merci!»

Après avoir écouté le répondeur, Abdourahma a laissé le message suivant: «Bonjour! Je m'appelle Abdourahma San. Je vous appelle de San Diego aux États-Unis. Je me permets de vous contacter à la suite de votre annonce parue sur le site web Outremer.com le 3 février. Je suis très intéressé par le poste. Vous pouvez me contacter au 1-619-555-3132. Je vous ai aussi envoyé par courriel mon CV et mes références. Merci!»

Vous avez bien compris?

Reliez les définitions suivantes aux mots appropriés.

1. _____ un(e) stagiaire
2. _____ un répondeur
3. _____ un CV

a. un bureau
b. un job, un emploi
c. une personne qui perfectionne ses études de façon pratique

[1]office [2]intern [3]computing [4]internship [5]answering maching [6]Please leave

Courtesy of Véronique Anover and Theresa A. Antes

4. _____ un cabinet   d. une liste des qualifications

5. _____ une annonce   e. la machine qui remplace l'homme au téléphone

6. _____ un poste   f. la description d'un poste

→ Mon vocabulaire ←

Le travail (1)

avoir un emploi / un poste / un job / un travail / un boulot[1]	to have a job
avoir une formation...	to have an education / training
littéraire	
scientifique	
faire un stage	to have an internship
à plein temps / à temps complet	full-time
à temps partiel / à mi-temps	part-time
un(e) candidat(e) / un(e) postulant(e)...	
cherche du travail	is looking for work
passe / a un entretien	has a job interview
est embauché(e)	is hired
embaucher / engager	to hire
un(e) employé(e)...	
est licencié(e) / est mis(e) à la porte	is fired / is laid off
licencier	to lay off
fait (la) grève	is on strike
un(e) salarié(e) a / touche...	a salaried employee gets
un bon salaire / un mauvais salaire / le salaire minimum	
travailler / bosser[2] dans...	to work in
une boîte[3]	a company
une compagnie privée / publique / internationale	
une société	
une entreprise privée / publique	
un(e) candidat(e) / un(e) postulant(e)...	
est demandeur(-euse) d'emploi	is a job applicant
postule pour un poste	applies for a position
un patron(une patronne) engage	an employer / a boss hires
un(e) employé(e) qui ne travaille plus...	
est chômeur(-euse)	is unemployed
est retraité(e)	is retired
touche le chômage / la retraite	receives unemployment compensation / a pension

[1]**Un boulot** is slang.   [2]**Bosser** is slang.   [3]**Une boîte** is a slang word. It means *a box*; it is used in French to mean any workplace.

À vous!

 A. Recommandations. Votre ami(e) veut obtenir un entretien dans une entreprise très prestigieuse. Avec un(e) partenaire, faites une liste où vous indiquez les démarches *(steps)* à suivre. Pour le faire, combinez les mots et expressions dans la colonne de gauche avec les phrases dans la colonne de droite.

1. D'abord...
2. Ensuite...
3. Quelques jours avant l'entretien...
4. Le jour de l'entretien...
5. Quand tu passes l'entretien...
6. Pendant l'entretien...
7. Pendant l'entretien...
8. Quelques jours après l'entretien...

a. tu es embauché(e)!
b. tu envoies ton CV et tu postules pour le poste.
c. tu réponds aux questions calmement et brièvement.
d. tu cherches une annonce intéressante.
e. tu vas t'acheter un tailleur / costume élégant et discret.
f. tu poses des questions sur l'entreprise.
g. tu n'arrives pas en retard.
h. tu regardes ton interlocuteur (interlocutrice) dans les yeux.

B. À Pôle Emploi *(unemployment agency).* Vous êtes demandeur (demandeuse) d'emploi et vous allez à Pôle Emploi pour compléter un formulaire. Soyez logique!

Nom: _____ Prénom: _____

Date: _____

Formation: _____

Connaissances de *(knowledge of)* _____ *(languages; a particular skill)*

Vous cherchez un poste _____ à plein temps _____ à mi-temps dans une entreprise _____. *(what type)*

Vous êtes au chômage depuis _____. *(date)*

Vous pouvez passer des entretiens du _____ au _____. *(date)*

Désirez-vous recevoir des annonces électroniques? Oui _____ Non _____

Courriel: _____

 C. Au travail! Posez les questions suivantes à un(e) camarade de classe sur ses expériences dans le monde du travail.

1. Où travailles-tu? (Si tu n'as pas de travail, est-ce que tu veux obtenir un job? Où?)
2. As-tu un travail à mi-temps ou à temps complet? Combien d'heures par semaine est-ce que tu travailles? (Si tu ne travailles pas, dis-moi ce que tu préfères: un travail à plein temps ou à mi-temps? Pourquoi?)
3. Est-ce que tu touches un bon salaire ou un mauvais salaire?
4. Quand tu passes un entretien, comment es-tu? Détendu(e) *(relaxed)* et calme, ou nerveux (nerveuse) et stressé(e)?
5. Comment t'habilles-tu quand tu passes un entretien?
6. As-tu jamais été licencié(e)? Pourquoi?

STRUCTURE 1

Le passé composé et l'imparfait

When narrating in or speaking about the past, the **passé composé** and the **imparfait** each has different uses. So, how do you choose? If what you want to say answers the question *What happened?*, then you would probably use the **passé composé**. If what you want to say answers the question *What was going on?*, then you would probably use the **imparfait**.

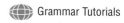 Grammar Tutorials

Here is a summary of the uses for both past tenses.

[1]The **passé composé** is also used to indicate an abrupt change in a state of being.

Tense	When to use	
passé composé[1]	a completed action in the past with a distinct beginning and end (an event that happened once)	Hier, j'**ai passé** un entretien. *Yesterday, I had an interview.*
	(a series of completed events)	J'**ai dit** «Bonjour», j'**ai répondu** aux questions et j'**ai posé** des questions. *I said "Good morning," I answered questions, and I asked questions.*
	(an action that interrupts another)	Le téléphone **a sonné** pendant que je (répondais aux questions). *The telephone rang while I (was answering questions).*
imparfait	state of being	J'**étais** content. *I was happy.* Il **faisait** beau. *The weather was nice.*
	habitual or repeated action	Le mois dernier, je **passais** des entretiens toutes les semaines. *Last month, I had (was having) interviews every week.*
	ongoing actions (often interrupted by another action)	Pendant que je **passais** mon entretien, ... (je suis tombé de la chaise). *While I was having my interview, . . . (I fell off my chair.)*

1. Relisez le texte où on présente Abdourahma San. Trouvez toutes les phrases au passé composé. Expliquez pourquoi les verbes sont au passé composé.
2. Dans ce même paragraphe trouvez les verbes à l'imparfait et expliquez pourquoi ces verbes sont à l'imparfait.

🔊 À l'écoute!

Qu'entendez-vous? Écoutez les phrases suivantes et indiquez si elles sont au passé composé ou à l'imparfait.

1. ____ passé composé ____ imparfait   5. ____ passé composé ____ imparfait
2. ____ passé composé ____ imparfait   6. ____ passé composé ____ imparfait
3. ____ passé composé ____ imparfait   7. ____ passé composé ____ imparfait
4. ____ passé composé ____ imparfait   8. ____ passé composé ____ imparfait

Pratiquons!

A. Un patron un peu bizarre. Lisez l'histoire du patron de Lisa et expliquez pourquoi les verbes sont au passé composé ou à l'imparfait (action habituelle, action isolée et inhabituelle, action terminée, action en progression, période indéterminée, description physique, description mentale ou description des émotions).

1. À son dernier poste, Lisa **avait** un patron qui **était** un peu bizarre.
   avait _période indéterminée_
   était _période indéterminée_

2. Le patron **arrivait** toujours en retard et il **entrait** dans le bureau sans jamais dire «Bonjour!»
   arrivait _action habituelle_
   entrait _action habituelle_

3. Un jour il **est arrivé** à l'heure, mais il **portait** un jean et des sandales.
   est arrivé _action habituelle_
   portait _description_

4. En plus, il **a apporté** des croissants pour tout le monde et il **souriait** joyeusement.
   a apporté _action isolée ou inhabituelle_
   souriait _description_

5. Tous les employés le regardaient hallucinés! Mais, que **s'est-il passé**? Pourquoi le patron **a-t-il acheté** des croissants pour tout le monde ce matin?
   s'est-il passé _terminée_
   a-t-il acheté _action pas isolée_

6. Le patron **a dit** à ses employés: «J'**ai gagné** au loto et aujourd'hui c'est mon dernier jour au travail! Au revoir!»
   a dit _terminée_
   ai gagné _action inhabituelle_

B. Un entretien embarrassant. Coralie a passé un entretien chez Peugeot hier matin. Complétez le texte suivant en mettant les verbes entre parenthèses au passé composé ou à l'imparfait selon le cas.

Hier matin, Coralie est sortie de chez elle à 7 heures pour arriver à son entretien chez Peugeot à 9 heures. Elle (1) _portait_ (porter) un tailleur noir avec un chemisier blanc. Comme elle (2) _était_ (être) très nerveuse et qu'elle ne (3) _voulait_ (vouloir) pas être en retard, elle (4) _a décidé_ (décider) de prendre un taxi au lieu de prendre l'autobus. Coralie (5) _est arrivée_ (arriver) à 7 h 30 devant chez Peugeot. Très tôt! Comme elle (6) _devait_ (devoir) trouver quelque chose à faire pour passer le temps—il restait plus d'une heure avant son entretien!—elle (7) _est allée_ (aller) dans un café. Elle (8) _s'est mise_ (se mettre) au bar à côté d'un monsieur qui (9) _lisait_ (lire) le journal tranquillement. Comme Coralie (10) _se sentait_ (se sentir) assez nerveuse, elle (11) _a commandé_ (commander) une bière pensant (*thinking*) se calmer un peu avec les effets de l'alcool. Quand le monsieur (12) _a entendu_ (entendre) Coralie, il (13) _a regardé_ (regarder) la jeune femme et il (14) _a commencé_ (commencer) à parler avec elle. Il lui (15) _a demandé_ (demander) si elle (16) _travaillait_ (travailler) dans le coin et si son travail (17) _était_ (être) très stressant. Coralie (18) _a répondu_ (répondre) que non, qu'elle (19) _cherchait_ (chercher) du travail et qu'elle (20) _avait_ (avoir) un entretien chez Peugeot dans une demi-heure. Le monsieur n'a rien dit et Coralie (21) _a senti_ (sentir) qu'il (22) _examinait_ (examiner) sa bière de façon peu discrète. Le monsieur (23) _a dit_ (dire) au revoir et il (24) _est parti_ (partir).

Coralie (25) _a bu_ (boire) sa bière et à 8h45 elle (26) _est arrivée_ (arriver) à son entretien. Devinez qui elle (27) _a vu_ (voir) assis (*seated*) au bureau en face d'elle? Le monsieur du café! Coralie (28) _était_ (être) très embarrassée. Qui boit de la bière à 7h30 du matin? C'est sûr, le monsieur (29) _a pensé_ (penser) qu'elle (30) _était_ (être) alcoolique!

C. Interruptions. Hier, au travail, Nicole a été interrompue constamment. Elle n'a pas pu terminer son travail. La pauvre! Complétez les phrases avec les verbes au passé composé ou à l'imparfait selon le cas.

1. Nicole écrivait sur l'ordinateur quand une collègue _____ (venir) lui poser une question.

2. La photocopieuse ne marchait pas, alors Nicole _____ (retourner) à son bureau.

3. Le téléphone a sonné pendant que Nicole _____ (parler) à son patron.

4. La chaise de Nicole _____ (tomber) en même temps que Nicole se levait.

5. Juste au moment où Nicole _____ (partir), le facteur (*mailman*) est arrivé.

D. Le monde du travail. Posez les questions suivantes à un(e) camarade de classe sur ses expériences professionnelles.

1. À quel âge est-ce que tu as travaillé pour la première fois?
2. Qu'est-ce que tu faisais à ton premier poste? Quelles étaient tes responsabilités?
3. Est-ce que tu as eu un patron (une patronne) bizarre? Pourquoi est-ce qu'il (ou elle) était bizarre?
4. Quel travail est-ce que tu as vraiment détesté? Pourquoi?
5. Quel poste est-ce que tu as préféré? Pourquoi?

> ### Portrait personnel
>
> En fonction des renseignements que vous avez reçus dans l'activité D, *Le monde du travail,* écrivez un petit paragraphe sur le travail de votre camarade.

À vous de parler!

A. Le jour de l'entretien. En groupes de quatre ou cinq, jouez le rôle du patron (de la patronne) et des employé(e)s qui écrivent une petite annonce pour recruter et le rôle du demandeur (de la demandeuse) d'emploi et son époux (épouse). Pendant que le patron (la patronne) et les employé(e)s écrivent la petite annonce, le/la candidat(e) discute avec sa femme (son mari) de ce qu'il/elle doit faire pour préparer un entretien (s'acheter un costume, préparer son CV, etc.). Ensuite, le/la candidat(e) va répondre à l'annonce par téléphone et va obtenir un rendez-vous pour un entretien. Terminez l'activité par l'entretien. Jouez le rôle du patron (de la patronne), des employé(e)s et du/ de la candidat(e) qui passe l'entretien et de l'époux (de l'épouse). L'entretien peut très bien ou très mal se passer!

B. Parlons boulot. Vous êtes à une soirée chez des amis et vous parlez de choses et d'autres. En groupes de deux ou de trois, composez un dialogue où vous racontez votre dernière expérience quand vous travailliez dans une super boîte (ou dans une boîte horrible). Vos camarades de classe dans votre groupe vous posent des questions pour en savoir plus.

On travaille comme ça dans le monde francophone

Est-ce que vous avez un travail? Si oui, quelles sont vos conditions de travail? (Sinon, pensez au travail d'un de vos parents.) Est-ce que vous êtes bien payé(e)? Combien d'heures par semaine est-ce que vous travaillez? Avez-vous droit à des congés (holidays) payés? La réponse à ces questions dépend probablement de l'entreprise pour laquelle vous travaillez et de l'État où vous vivez, parce qu'aux États-Unis, il n'y a pas beaucoup de réglementations fédérales concernant le travail. Le gouvernement américain fixe le salaire minimum à 7,25 dollars de l'heure depuis 2009 (mais c'est plus élevé dans quelques États), avec des exceptions pour les étudiants, les travailleurs handicapés et les travailleurs recevant des pourboires. Le gouvernement laisse le choix à chaque entreprise de déterminer le nombre d'heures de travail par semaine et de décider si l'entreprise paie les congés et offre d'autres avantages. La question de la couverture médicale est encore plus compliquée: les grandes compagnies sont obligées d'en fournir à leurs employés à plein temps, mais pas les petites, et aucune compagnie n'est obligée d'en fournir pour les employés à mi-temps.

Dans le monde francophone, c'est tout à fait différent. Pour avoir un aperçu plus large, nous avons choisi trois pays francophones assez différents: la France, la Tunisie et la Belgique. Nous allons maintenant revoir ces questions des conditions de travail. Comparez les informations du tableau ci-dessous sur la durée du travail hebdomadaire, le salaire minimum, les congés payés, etc., et puis répondez aux questions qui suivent. Les réponses vont quelquefois vous surprendre!

	La France	La Tunisie	La Belgique
Durée de travail hebdomadaire	35 heures	Il y en a deux: 40 heures 48 heures	38 heures
Salaire minimum	Salaire Minimum Interprofessionnel de Croissance (SMIC) 1.425,67 euros par mois – Différent pour les jeunes sans expérience ou en stage de formation ou d'apprentissage et certains travailleurs handicapés. – Même pour les serveurs et serveuses, parce qu'ils/elles ne reçoivent pas beaucoup de pourboires.	Il y en a deux: Salaire Minimum Interprofessionnel Garanti (SMIG) 286 dinars par mois pour une semaine de 48 heures; 246 dinars pour une semaine de 40 heures. Salaire Minimum Agricole (SMAG) 8 dinars par jour	Fixé par le gouvernement à 1.415,24 euros par mois, mais varie suivant l'âge, l'ancienneté au poste et le poste lui-même.
Bonification[1] pour	Toute heure supplémentaire		Le travail de nuit et de dimanche, Prime[2] de fin d'année pour tous les employés
Congés	Cinq semaines payées garanties à tout salarié (sur la base d'un temps plein) – autres congés possibles: mariage, décès, déménagement, etc.	Un jour de congé payé par mois (donc 12 jours par an) Différent pour les travailleurs jeunes: – moins de 18 ans = 2 jours par mois – de 18 à 20 ans = 1,5 jour par mois	Quatre semaines payées garanties à tout salarié – autres congés possibles: pour le mariage, pour l'ancienneté au travail, etc.
Couverture médicale	Sécurité sociale[3]	Assurée par le gouvernement	Assurée par le gouvernement

Réfléchissons!

1. Comparez les salaires minimums dans ces pays francophones avec le salaire minimum des États-Unis. Est-ce qu'ils sont comparables? Est-ce que les Américains sont en général mieux payés que les salariés dans d'autres pays? (Justifiez votre réponse en pensant au nombre d'heures travaillées, au coût de la vie, etc.)

2. Comparez la situation des salariés américains à celles des salariés francophones: Quels sont les points forts du système américain? Et les désavantages? Qui a les meilleurs avantages? Expliquez votre réponse.

3. Est-ce que vous voudriez travailler dans un de ces pays? Si oui, lequel et pourquoi? Sinon, pourquoi pas?

[1]extra pay   [2]bonus   [3]The French "sécurité sociale" is offered to everyone living in France: legal and illegal immigrants, salaried, unemployed, retirees, students, and children. Only 0.1% are not covered by the "sécu." Everyone working in France must contribute to the "Sécurité Sociale."

CD 2
Track 16

Passage 2

Un petit commerce

Emmanuelle Binoche est propriétaire d'une chocolaterie. Elle nous parle de son commerce et de son travail.

«Je suis chef d'entreprise. C'est une petite entreprise, mais le travail est quand même énorme. En général, je travaille 45 heures par semaine à la chocolaterie, et encore 10 heures par semaine chez moi, devant l'ordinateur. Au début, j'avais une associée, mais elle a dû déménager dans une autre ville, donc, maintenant je suis la seule à m'occuper de la chocolaterie: l'achat des produits, la préparation des chocolats, le service aux clients, la vente, la supervision des employés et la comptabilité. Je vais à la banque chaque soir, et je gère[1] les comptes bancaires à la fin de chaque semaine.

«J'emploie six à dix employés selon la saison. (À Noël, à la Saint-Valentin et à Pâques nous avons besoin de plus d'employés.) Trois de mes employés sont des chocolatiers-confiseurs:[2] ils assurent la fabrication des chocolats faits à la main. Ce sont de vrais artistes! Évidemment, ils travaillent à plein temps, et ils touchent de très bons salaires. L'année dernière, je voulais embaucher un quatrième chocolatier-confiseur, mais je n'ai pas pu—c'est un travail très spécifique, et il y a peu de personnes dans cette région avec les compétences.

«Mes employés travaillent 35 heures par semaine, et ils ont cinq semaines de congés payés par an—c'est la loi en France! Je travaille beaucoup mais je prends au moins deux semaines de vacances par an. Je ferme la boutique, et je pars me reposer! Même la patronne a besoin de congé de temps en temps! Vous ne croyez pas?»

Frank Fell/The Travel Library/Photolibrary.com

Vous avez bien compris?

Répondez aux phrases suivantes, selon le texte.

1. Quel est le poste d'Emmanuelle? Décrivez son travail.
2. Combien de personnes travaillent pour elle? Pourquoi y a-t-il quelquefois plus ou moins d'employés?
3. Est-ce que les chocolatiers-confiseurs gagnent le SMIC? Expliquez votre réponse.
4. Quels avantages est-ce que ces personnes ont?
5. Et Emmanuelle, reçoit-elle des avantages? De quelle sorte?

[1]manage [2]des artisans spécialisés dans la fabrication des chocolats

→ Mon vocabulaire ←

Le travail (2)

le PDG (président-directeur général)	*CEO*
le/la chef d'entreprise	*company head*
le gérant / la gérante	*manager*
la gestion	*management*
toucher le SMIC / être smicard(e)	*earn the minimum wage / be a minimum wage earner*
un commerce	*a business*
les horaires (de travail)	*schedule*
la supervision	
la fabrication / la préparation	*production*
la vente	*sales*
l'achat *(m.)*	*purchase*
la clientèle / un(e) client(e)	*clientele / client*
la comptabilité	*accounting*
les avantages *(m.)* (sociaux)	*(social) benefits*
les congés *(m.)* payés	*paid holidays*
l'assurance *(f.)* maladie	*medical insurance*
le service aux clients / le service client / le service après-vente	*customer service*

VOTRE RÉUSSITE NOUS INTÉRESSE

Profil :
BTS Force de Vente
et Action Co.
souhaité

20-30 ans

"Le talent ne s'invente pas, il se construit"

Vous souhaitez débuter une carrière commerciale au sein d'un groupe performant. L'esprit d'équipe vous anime et l'ambition vous caractérise.

NOUS VOUS PROPOSONS :
- d'intégrer une Ecole de Vente reconnue,
- un plan de carrière commerciale,
- un salaire de 110 KF évolutif,
- un fixe + commissions + primes.

Merci d'adresser CV + photo + LM à Mr P. NAVARRO
Le Marnois - 12, rue Jean Mermoz
93160 NOISY LE GRAND.

Expliquez la phrase: "Le travail ne s'invente pas, il se construit".

À vous!

A. Définitions. Pour chaque mot donné à gauche, trouvez la bonne définition à droite.

1. les congés
2. un smicard
3. une assurance
4. le chef d'entreprise
5. un salarié
6. la clientèle
7. l'achat
8. les horaires

a. une personne qui gagne le salaire minimum
b. une personne qui travaille à plein temps, et pendant une période stable
c. le processus d'acheter le matériel nécessaires pour la fabrication d'un produit
d. une période pendant laquelle on ne travaille pas, mais pendant laquelle on est payé
e. les personnes qui achètent un produit ou un service
f. un emploi du temps qui spécifie les jours et les heures travaillées
g. la personne qui dirige une entreprise
h. un contrat qui paie les charges médicales, par exemple

B. Donald Trump. Décrivez le travail de Donald Trump à un copain français qui ne le connaît pas *(does not know him)*. Répondez aux questions suivantes pour faire la description de son travail.

1. Où est-ce qu'il travaille?
2. Décrivez son poste.
3. Quelles sont ses responsabilités?
4. Combien d'heures par semaine croyez-vous *(do you think)* qu'il travaille? Trente-cinq heures, comme les Français?
5. Quels avantages est-ce qu'il a selon vous?
6. Est-ce que Donald Trump est strict avec ses employés?
7. Voudriez-vous travailler pour Donald Trump? Pourquoi?

C. Comparaisons. En groupes de trois ou quatre, comparez vos jobs: qui travaille beaucoup? Qui travaille peu? Qui est bien payé? Qui est très mal payé? Qui aime son travail? Qui déteste son travail? Combien d'heures est-ce que vous travaillez? Quels avantages avez-vous? Combien de jours de congés payés avez-vous par an? Ensuite, commencez une discussion avec toute la classe sur vos emplois et sur vos conditions de travail. Est-ce que les étudiants dans la classe sont satisfaits de leurs emplois ou non? Qu'est-ce qui détermine si on est satisfait de son travail?

STRUCTURE 2

Le passé composé et l'imparfait pour exprimer la subjectivité

As you have seen, the **passé composé** and the **imparfait** have different uses. However, sometimes either tense may be correct depending on what you want to say. Compare the following:

Hier, il **a plu.**
Yesterday, it rained.

Hier, il **pleuvait,** donc j'ai pris un taxi pour aller au travail.
Yesterday, it was raining, so I took a taxi to work.

Il **a eu** ses 18 ans le jour même de l'accident.
He turned 18 the same day as the accident.

Il **avait** 18 ans le jour de l'accident.
He was 18 the day of the accident.

Jeudi dernier, j'**ai eu** très mal à la tête.
Last Thursday I had a terrible headache.

Jeudi dernier, j'**avais** très mal à la tête, et j'ai manqué tous mes cours.
Last Thursday, I had a terrible headache and missed all my classes.

What differences in meaning do you notice in the sentence pairs above? When the verbs are in the **passé composé** (as in the left column), the action is over and done. When the verbs are in the **imparfait,** the action is ongoing (sometimes interrupted) or expressing a state of being.

À l'écoute!

CD 2
Track 17

Passé composé ou imparfait? Écoutez les phrases suivantes, et dites si le verbe est au passé composé ou à l'imparfait.

1. _____ passé composé   _____ imparfait
2. _____ passé composé   _____ imparfait
3. _____ passé composé   _____ imparfait
4. _____ passé composé   _____ imparfait
5. _____ passé composé   _____ imparfait
6. _____ passé composé   _____ imparfait

STRUCTURE 3

Les verbes *vouloir*, *pouvoir* et *devoir* au passé

The verbs **vouloir**, **pouvoir**, and **devoir** have slightly different meanings in the **passé composé** and the **imparfait**. Compare the sets of examples below.

- **vouloir**

passé composé *wanted to (and did), decided to*	imparfait *wanted to (but didn't)*
Hier, j'**ai voulu** aller au cinéma. J'ai téléphoné à une amie et nous avons vu un très bon film. *Yesterday, I decided (wanted) to go to the movies. I called a friend and we saw a very good movie.*	Hier, je **voulais** aller au cinéma, mais j'avais trop de travail à faire. *Yesterday, I wanted to go to the movies, but I had too much work to do.*

- **pouvoir**

passé composé *succeeded in (was able to and did)*	imparfait *was capable of, could (but didn't)*
Elle **a pu** trouver un très bon poste. *She succeeded in finding a very good job.*	Elle **pouvait** faire ses devoirs, mais elle n'avait pas envie. *She was capable of doing her homework, but she didn't feel like it.*

- **devoir**

passé composé *had to (and did)*	imparfait *was supposed to (but didn't)*
Il **a dû** aller à la bibliothèque. *He had to go to the library (and he went).*	Il **devait** aller à la bibliothèque, mais il a décidé d'aller au cinéma. *He was supposed to go to the library, but he decided to go to the movies.*

VÉRIFIEZ votre compréhension

1. Retournez à la description de la chocolaterie d'Emmanuelle Binoche (p. 311). Notez tous les verbes au passé composé et à l'imparfait. Pouvez-vous justifier le temps qu'elle emploie dans chaque phrase?

2. Indiquez quel verbe et quel temps vous utiliseriez (*would use*) pour communiquer les idées ci-dessous (ne traduisez pas la phrase).

   Yesterday, *it snowed.*

   I didn't go to class yesterday because *I had* a sore throat.

   Marie was 19 when she got married.

   They were supposed to travel together this summer.

   My parents wanted four children, but *they had* just three.

   I was able to answer all the questions on the last exam and got a good grade!

Pratiquons!

A. Un week-end en famille. Olivier parle de son week-end chez ses grands-parents. Complétez ses phrases en insérant la forme correcte (au passé composé ou à l'imparfait) du verbe entre parenthèses. Faites bien attention au contexte.

Le week-end dernier, j(e) (1) ___j'ai dû___ (devoir) rendre visite *(to visit people)* à mes grands-parents. Ils n'habitent pas trop loin de chez moi, donc j(e) (2) ___j'ai pu___ (pouvoir) conduire jusqu'à chez eux. J(e) (3) ___Je suis parti___ (partir) tôt le matin, et j(e) (4) ___Je suis arrivé___ (arriver) vers midi. Ma grand-mère (5) ___a été / était___ (être) très contente de me voir!

Il (6) ___pleuvait___ (pleuvoir) pendant tout le week-end, donc nous sommes restés à l'intérieur la plupart du temps. Nous (7) ___regardions___ (regarder) de vieilles photos de famille quand un de mes oncles (8) ___a téléphoné___ (téléphoner). Il (9) ___était___ (être) bien surpris de m'entendre au téléphone. Je (10) ___me suis bien amusé___ (s'amuser bien) avec mes grands-parents. C'est bizarre—je pense toujours que je vais m'ennuyer, mais finalement je m'amuse beaucoup quand je suis avec eux!

B. Obligations, désirs et possibilités. Maintenant, parlez du week-end dernier, en répondant aux questions suivantes. Faites bien attention à la distinction de sens entre le passé composé et l'imparfait dans vos réponses.

1. Qu'est-ce que vous deviez faire le week-end dernier? Qu'est-ce que vous vouliez faire?
2. Mentionnez une chose que vous avez absolument dû faire.
3. Avez-vous pu vous amuser un peu le week-end dernier? Comment?
4. Est-ce que vous pouviez aller au cinéma? Est-ce que vous y êtes allé(e)?
5. Est-ce que vous avez pu faire les devoirs de français ou avez-vous eu des difficultés? Expliquez votre réponse.

C. La Belle au Bois Dormant. (Sleeping Beauty.) Complétez le conte *(tale)* suivant avec la forme correcte du verbe entre parenthèses. Choisissez entre le passé composé et l'imparfait pour chaque verbe.

Il était une fois un roi et une reine. Ils (1) ___étaient___ (être) très heureux, mais ils (2) ___n'avaient___ (ne... pas avoir) d'enfants. Chaque nuit, avant de se coucher, la reine (3) ___priait___ (prier *[to pray]*) pour avoir un enfant. Un jour, une grenouille est arrivée et (4) ___a dit___ (dire) à la reine: «Vos prières ont été entendues. Vous allez tomber enceinte.» Peu de temps après, la reine (5) ___est tombée___ (tomber) enceinte, et elle (6) ___a accouché___ (accoucher) d'une petite fille. La fille (7) ___était___ (être) extrêmement belle, et ses parents l'adoraient.

Un mois après sa naissance, ils (8) ___ont décidé___ (décider) de donner une fête, et ils (9) ___ont invité___ (inviter) tous les

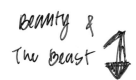

habitants et toutes les fées *(fairies)* du royaume. Mais malheureusement, ils (10) __ont oublié__ (oublier) une vieille fée méchante qui (11) _____ (ne... pas habiter) avec les autres.

Le jour de la fête, tout allait bien. Il (12) __faisait__ (faire) beau, le soleil (13) __brillait__ (briller), et tout le monde (14) __s'amusait__ (s'amuser). Puis, les invités (15) __ont présenté__ (présenter) leurs cadeaux au bébé. Les fées lui ont offert des cadeaux magnifiques: la beauté, la sagesse, l'innocence, etc. À ce moment-là, la vieille fée méchante (16) __a déclaré__ (déclarer) que la jeune fille tomberait raide morte *(would drop dead)* à l'âge de 15 ans, à cause d'une piqûre de fuseau *(needle prick)*. Une gentille fée qui n'avait pas encore offert son cadeau à la princesse (17) __a essayé__ (essayer) de l'aider: elle (18) __a changé__ (changer) le sort *(spell)* que lui avait jeté la méchante fée, en disant que la princesse n'allait pas mourir, mais qu'elle tomberait dans un sommeil profond.

Évidemment, le roi et la reine (19) __ont eu__ (avoir) très peur. Le roi (20) __a demandé__ (demander) que tous les fuseaux du royaume soient détruits. Ils ont tous été détruits et pendant 15 ans, la princesse (21) __a grandi__ (grandir) entourée d'amour. C(e) (22) __était__ (être) une jolie jeune fille sage, qui (23) __rendait__ (rendre) ses parents très heureux.

Mais un jour quand elle (24) __avait__ (avoir) 15 ans, elle (25) __a rencontré__ (rencontrer) une vieille dame qui filait *(was weaving)*. La princesse (26) __était__ (être) une jeune fille curieuse; elle (27) __a demandé__ (demander) à essayer, et elle (28) __s'est piquée__ (se piquer) avec le fuseau. Tout de suite, elle (29) __est tombée__ (tomber) dans un sommeil profond. Le roi (30) __a demandé__ (demander) à toutes les fées du royaume de venir à son aide, mais personne n(e) (31) __n'a pu__ (pouvoir) la réveiller. Finalement, ils (32) __ont mis__ (mettre) la princesse sur un lit au milieu de la forêt, dans l'espoir *(hope)* que quelqu'un la réveille.

Dans le royaume d'à côté, il y (33) __avait__ (avoir) un prince qui (34) __aimait__ (aimer) chasser *(to hunt)*. Un jour, il (35) __passait__ (passer) par la forêt quand il (36) __est tombé__ (tomber) sur la belle princesse. Il (37) __n'a pas pu__ (ne... pas pouvoir) résister; la princesse (38) __était__ (être) la plus belle femme qu'il avait jamais vue! Captivé par sa beauté, il (39) __a décidé__ (décider) de l'embrasser. La princesse (40) __s'est réveillée__ (se réveiller) tout de suite après!

Vous connaissez certainement la fin de l'histoire: ils (41) __sont tombés__ (tomber) amoureux et (42) __se sont mariés__ (se marier). Peu de temps après, ils (43) __ont eu__ (avoir) un enfant. Il va sans dire que le roi et la reine (44) __étaient.__ (être) très heureux!

À vous de parler!

A. Conversation. Posez les questions suivantes à un(e) camarade de classe. Ensuite, comparez vos réponses, et dites si vous avez eu des expériences plutôt semblables ou différentes.

1. Quand tu étais petit(e), est-ce que tu pouvais faire de la bicyclette? À quel âge as-tu appris à en faire?
2. Comment est-ce que tu allais à l'école? (À pied? À vélo? En bus?)
3. Où est-ce que tu es allé(e) pendant les vacances les plus mémorables de ta jeunesse?
4. Quand tu étais au lycée, est-ce que tu travaillais après l'école? Où? Combien d'heures par semaine?
   - Si oui, est-ce que c'est parce que tu *devais* travailler, ou parce que tu *voulais* travailler?
   - Sinon, qu'est-ce que tu faisais pour avoir de l'argent?
5. Pendant ta première semaine à l'université, qui as-tu rencontré? Comment? (Est-ce que vous aviez des amis en commun? Est-ce que vous étiez dans le même cours?)
6. Qu'est-ce que tu as dû faire hier soir? Est-ce que tu étais content(e) de le faire? Pourquoi ou pourquoi pas? Est-ce que tu dois faire la même chose ce soir?

B. Jeu de rôles: Entretien. Imaginez que vous postulez pour un des postes à la page 319. Avec un(e) partenaire, choisissez un poste qui vous intéresse pour en parler à la classe, tout en considérant les questions suivantes. Ensuite jouez les rôles du/de la patron(ne) et du/de la candidat(e).

- Si vous êtes le/la candidat(e), décidez comment vous allez vous présenter. Pensez aux questions suivantes avant de vous présenter.
  Quelle est votre expérience? (Quel poste est-ce que vous avez déjà eu?)
  Qu'est-ce que vous avez dû faire à ce poste?
  Qu'est-ce que vous avez appris dans un autre poste qui vous serait utile *(that would be useful to you)* pour ce poste?
  Quelles autres qualifications avez-vous?
  Pourquoi voulez-vous travailler pour cette société?

- Si vous êtes le/la patron(ne), pensez à la description de ce poste et à ce que vous voulez savoir avant d'interviewer le/la candidat(e).
  Quelles sont les responsabilités de ce poste? Est-ce que cette personne a la formation / l'expérience nécessaire?
  Quels avantages allez-vous donner au/à la candidat(e)?
  Pourquoi est-ce que cette personne veut travailler chez vous?

Maintenant, jouez les rôles de ces deux personnes. À la fin, présentez votre dialogue à la classe.

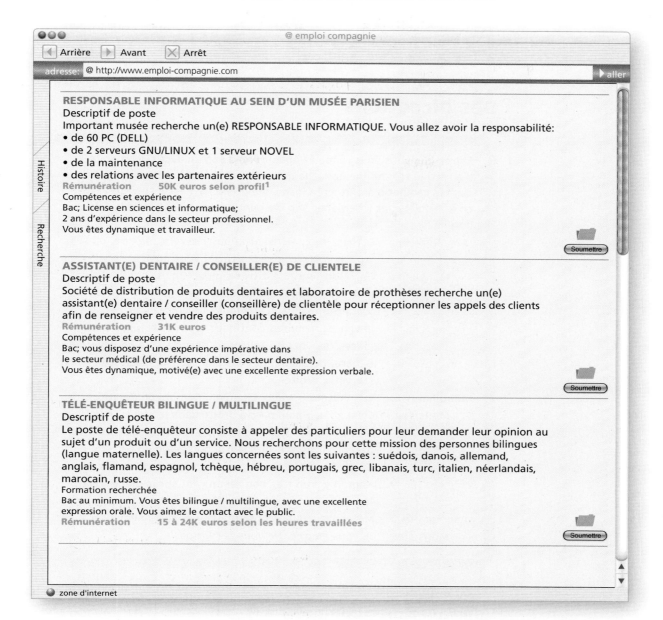

RESPONSABLE INFORMATIQUE AU SEIN D'UN MUSÉE PARISIEN
Descriptif de poste
Important musée recherche un(e) RESPONSABLE INFORMATIQUE. Vous allez avoir la responsabilité:
• de 60 PC (DELL)
• de 2 serveurs GNU/LINUX et 1 serveur NOVEL
• de la maintenance
• des relations avec les partenaires extérieurs
Rémunération   50K euros selon profil[1]
Compétences et expérience
Bac; License en sciences et informatique;
2 ans d'expérience dans le secteur professionnel.
Vous êtes dynamique et travailleur.

Soumettre

ASSISTANT(E) DENTAIRE / CONSEILLER(E) DE CLIENTELE
Descriptif de poste
Société de distribution de produits dentaires et laboratoire de prothèses recherche un(e) assistant(e) dentaire / conseiller (conseillère) de clientèle pour réceptionner les appels des clients afin de renseigner et vendre des produits dentaires.
Rémunération   31K euros
Compétences et expérience
Bac; vous disposez d'une expérience impérative dans le secteur médical (de préférence dans le secteur dentaire).
Vous êtes dynamique, motivé(e) avec une excellente expression verbale.

Soumettre

TÉLÉ-ENQUÊTEUR BILINGUE / MULTILINGUE
Descriptif de poste
Le poste de télé-enquêteur consiste à appeler des particuliers pour leur demander leur opinion au sujet d'un produit ou d'un service. Nous recherchons pour cette mission des personnes bilingues (langue maternelle). Les langues concernées sont les suivantes : suédois, danois, allemand, anglais, flamand, espagnol, tchèque, hébreu, portugais, grec, libanais, turc, italien, néerlandais, marocain, russe.
Formation recherchée
Bac au minimum. Vous êtes bilingue / multilingue, avec une excellente expression orale. Vous aimez le contact avec le public.
Rémunération   15 à 24K euros selon les heures travaillées

Soumettre

 C. Après l'entretien... Avec un(e) nouveau (nouvelle) partenaire, parlez de votre entretien de l'activité B.

- Si vous avez été le/la candidat(e), trouvez un(e) autre candidat(e), et partagez vos expériences. Est-ce que vous allez être embauché(e)? Pourquoi ou pourquoi pas? Qu'est-ce que vous pensez de votre entretien?

- Si vous avez été le/la patron(ne), trouvez un(e) autre patron(ne), et parlez des candidats. Est-ce que vous allez embaucher cette personne? Pourquoi ou pourquoi pas? Quelles impressions avez-vous des candidats, en général? (Ils ont une bonne formation? Ils ont l'expérience nécessaire?)

Passage 3

Des directions

> Est-ce que vous vous rappelez Abdourahma San du début du chapitre?
> Il a reçu la très bonne nouvelle qu'il a été embauché comme stagiaire
> dans le cabinet d'architecte Cinson. Maintenant, il est à Fort-de-France,
> en Martinique, et il demande son chemin[1] à un passant pour trouver le
> bureau.
>
> ABDOURAHMA: Excusez-moi, Monsieur. Pourriez-vous me dire[2] où se
> trouve la place José Marti, s'il vous plaît?
>
> MONSIEUR: Oui, Monsieur. C'est très simple. On est sur la place
> de l'Abbé Grégoire. Prenez la rue à gauche–la rue
> Voltaire–jusqu'au carrefour.[3] Tournez à gauche dans
> le Vieux Chemin et continuez tout droit[4] jusqu'à la
> place Clémenceau. Tournez à droite sur le boulevard du
> Général de Gaulle, et vous allez voir la place José Marti
> sur votre droite.
>
> ABDOURAHMA: Rue Voltaire... Vieux Chemin... Général de Gaulle...
>
> MONSIEUR: C'est ça. Il y a un parc à droite dans le Vieux Chemin et
> un cimetière à gauche. Quand vous arrivez au bout du
> parc, tournez à droite sur le boulevard du Général de
> Gaulle – vous ne pouvez pas le manquer.[5] Si vous avez
> faim, il y a un très bon restaurant sur la place Marti:
> le Lotus.
>
> ABDOURAHMA: Merci beaucoup, Monsieur. Je vais certainement y aller.
>
> MONSIEUR: Je vous en prie. Ne vous perdez pas!

Vous avez bien compris?

Dites si les phrases suivantes sont vraies ou fausses. Si elles sont fausses,
corrigez-les.

1. Abdourahma San est en vacances en _____ vrai _____ faux
   Martinique.

2. Abdourahma demande son chemin _____ vrai _____ faux
   à un passant.

3. Abdourahma cherche la place Clémenceau. _____ vrai _____ faux

4. Il y a un parc près de la place. _____ vrai _____ faux

5. Le passant recommande un restaurant _____ vrai _____ faux
   sur la place.

6. Abdourahma ne va probablement pas _____ vrai _____ faux
   manger au restaurant.

[1]his way, directions   [2]Could you tell me...?   [3]corner   [4]straight   [5]you can't miss it

→ Mon vocabulaire ←

Pour demander son chemin et donner des renseignements / des indications

Excusez-moi, Monsieur / Madame /
   Mademoiselle
Pardonnez-moi...
Pourriez-vous me dire... ?   *Could you tell me . . . ?*
Est-ce que vous savez... ?   *Do you know . . . ?*
Où se trouve (la gare / l'hôtel)?   *Where is (the train station /*
    the hotel)?

Je vous en prie. / De rien.   *You're welcome.*

Pour donner des directions / des indications

Prenez la rue...   *Take . . . Street.*
Tournez à gauche.   *Turn left.*
Tournez à droite.   *Turn right.*
Continuez tout droit.   *Keep going straight.*
...jusqu'à...   *. . . as far as . . .*
Traversez...   *Cross . . .*
C'est à gauche (de)...   *It's to the left (of) . . .*
C'est à droite (de)...   *It's to the right (of) . . .*
C'est au carrefour.   *It's on the corner /*
    at the intersection.

C'est au centre ville.   *It's downtown.*
C'est à côté de...   *It's next to . . .*
C'est en face de...   *It's across from . . .*

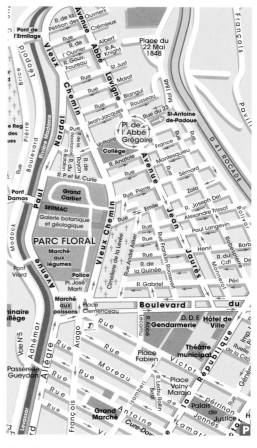

Fort-de-France

À vous!

A. Quel chemin prendre? Imaginez que vous habitez à Fort-de-France. Renseignez Abdourahma sur le chemin à prendre pour aller aux endroits suivants.

1. de l'Hôtel de Ville, Boulevard du Général de Gaule au Collège, (entre la rue Voltaire et la rue Anatole)
2. du Collège (entre la rue Voltaire et la rue Anatole) au Parc Floral (entre la rue du Vieux Chemin et l'Avenue Paul Nardal)
3. du Parc Floral (entre la rue du Vieux Chemin et l'Avenue Paul Nardal) à la Cathédrale St-Antoine de Padoue
4. de la cathédrale St-Antoine de Padoue au Pont de l'Ermitage

 B. Je suis perdu(e)! (*I'm lost!*) Avec un(e) partenaire, créez un dialogue semblable à celui de la page 320. Choisissez un point de départ et une destination sur la carte de Fort-de-France, et écrivez un dialogue où une personne demande son chemin et l'autre la renseigne.

> **Expressions utiles**
> Quand vous demandez votre chemin, n'oubliez pas d'être poli(e). Utilisez les mots suivants: **s'il vous plaît, merci,** and **de rien.**

STRUCTURE 4

 Grammar Tutorials

L'impératif

The imperative is used to give commands or orders. There are only three forms: **tu, vous,** and **nous.** This is because when you are giving a command or order, you are always speaking *to* someone. The third person singular or plural **(il / elle, ils / elles)** wouldn't make sense because when you use these verb forms, you are speaking *about* someone, not *to* someone.

- To form **nous** and **vous** commands, simply drop the subject pronoun. To make them negative, place **ne** and **pas** around the verb form.

Allez à la banque.	*Go to the bank!*
Ne parlez pas anglais en classe!	*Don't speak English in class!*
Allons au cinéma ce week-end.	*Let's go to the movies this weekend.*
Ne prenons pas cette route.	*Let's not take that street.*

Note that the **nous** command is more of a suggestion than an order.

- To form **tu** commands, drop the subject and for **-er** verbs (including irregular **-er** verbs like **aller**), drop the **s.** For all other verbs, keep the **s.** To make the command negative, place **ne** and **pas** around the verb.

Tourne à gauche.	*Turn left.*
Va jusqu'au carrefour.	*Go to the intersection.*
Prends la rue Saint-Jacques.	*Take Saint-Jacques Street.*
Ne descends pas la rue Zola.	*Don't go down Zola Street.*

- The verbs **être** and **avoir** are irregular in the imperative. Here are their forms.

être		
sois	Ne **sois** pas pénible!	*Don't be a pain!*
soyez	**Soyez** patient!	*Be patient!*
soyons	**Soyons** amis.	*Let's be friends.*

avoir		
aie	**Aie** de la patience.	*Have patience.*
ayez	**N'ayez** pas peur.	*Don't be scared.*
ayons	**Ayons** du courage.	*Let's be brave.*

- Commands can sound abrupt. One way to soften them is to add **s'il te plaît** or **s'il vous plaît.**

Écoute, s'il te plaît.	*Listen, please.*
Parlez doucement, s'il vous plaît.	*Speak softly, please.*

VÉRIFIEZ votre compréhension

1. Go back to the dialogue between Abdourahma and the resident of Fort-de-France on page 320. What uses of the imperative can you find in the dialogue? List all the commands.
2. Are these commands formed with the **vous** form or the **tu** form of the verb? Why is that form used?
3. Are there any verbs in this passage that aren't in the imperative? Why does that happen?
4. What commands have you heard your instructor use in class? List as many as you can think of.

Pratiquons!

A. Toujours des solutions. Votre famille et vos amis vous demandent toujours des conseils concernant le travail. Utilisez les suggestions entre parenthèses (à la forme affirmative ou négative) et l'impératif pour donner des suggestions. Choisissez la forme appropriée du verbe (**tu, vous** ou **nous**) selon la situation.

> **MODÈLE:** Votre frère postule pour un poste très important. (faire très attention à l'orthographe dans ta lettre de candidature / porter un costume à l'interview / être antipathique)
>
> *C'est simple. Fais très attention à l'orthographe dans ta lettre de candidature.* **ou** *Porte un costume à l'interview.* **ou** *Ne sois pas antipathique!*

1. Vos amis vont bientôt être diplômés. (commencer à postuler maintenant / être prêts à voyager / écrire des lettres de candidature trop longues)
2. Votre sœur a peur d'être licenciée. (travailler plus / prendre des congés tous les vendredis / avoir du respect pour ton patron)
3. Vous et vos amis cherchez un poste plus intéressant. (regarder les annonces sur Internet / quitter nos postes tout de suite / prendre des initiatives dans notre boîte)

 B. Qu'est-ce qu'il faut faire pour...? Donnez des suggestions à un camarade de classe dans les situations suivantes. Utilisez l'impératif.

1. pour réussir tes cours à l'université
2. pour s'amuser le week-end, sans quitter le campus
3. pour trouver le poste de ses rêves
4. pour trouver l'homme / la femme de ses rêves
5. pour avoir plus d'argent

STRUCTURE 5

L'impératif et les verbes pronominaux

The imperative of pronominal verbs (reflexive and reciprocal) is formed in the same way as other commands: drop the subject pronoun for all forms and the **s** on the **tu** form for **-er** verbs. The placement of the reflexive or reciprocal pronoun, however, varies depending on whether the verb is affirmative or negative.

- For negative commands, use the following structure. Note that the pronoun is placed before the verb, just as it is in the present and past tenses.

ne + *pronoun* + *verb* + **pas**

Ne *te* couches **pas** tard.	*Don't go to bed late!*
Ne *vous* habillez **pas** en short pour aller au travail.	*Don't wear shorts to work.*
Ne *nous* embrassons **pas** au bureau!	*Let's not kiss each other at the office.*

- For affirmative commands, the reflexive or reciprocal pronoun is placed after the verb and attached to it with a hyphen. For the **tu** form, the **te** changes to **toi.**

Couche-toi!	*Go to bed!*
Habillez-vous bien.	*Dress well.*
Embrassons-nous dans la rue.	*Let's kiss in the street.*

À l'écoute!

CD 2
Track 19

> **Petits Tuyaux!** Remember that when trying to distinguish between pronominal and non-pronominal verbs, you need to listen for the presence of a reflexive pronoun. In the imperative, this can seem a bit more complicated, because the subject pronoun disappears altogether and the reflexive pronoun may move to the end of the verb phrase, depending on whether the command is in the affirmative or the negative. Listen for the entire verb phrase, writing down, if you can't retain it in memory, what you hear. Did you hear **"Va à la banque"** (no pronoun whatsoever), or **"Levez-vous!"** (with a reflexive but not a subject pronoun)? This will help you decide whether the command uses a pronominal or a non-pronominal verb.

Verbe pronominal ou non-pronominal? Dites si les phrases impératives suivantes contiennent un verbe pronominal ou non.

1. _____ pronominal   _____ non-pronominal
2. _____ pronominal   _____ non-pronominal
3. _____ pronominal   _____ non-pronominal
4. _____ pronominal   _____ non-pronominal
5. _____ pronominal   _____ non-pronominal
6. _____ pronominal   _____ non-pronominal
7. _____ pronominal   _____ non-pronominal
8. _____ pronominal   _____ non-pronominal

Pratiquons!

A. Encore des conseils! Vos amis et votre famille vous demandent encore des conseils concernant leurs entretiens et leurs postes. Utilisez les verbes pronominaux ci-dessous pour créer des suggestions affirmatives ou négatives; faites attention à bien choisir le pronom approprié pour **tu, vous** ou **nous.**

1. Maman et Papa: s'inquiéter à cause du travail / se disputer souvent avec le patron / se promener le soir pour vous détendre
2. Marie: s'habiller élégamment avant un entretien / se maquiller trop / se calmer avant de parler
3. Nous, mes amis et moi: s'amuser le week-end pour oublier le stress / s'énerver contre nos collègues / se rencontrer de temps en temps au café

B. Une situation délicate. Complétez le dialogue suivant avec la forme impérative du verbe logique. Attention—les verbes ne sont pas tous pronominaux!

iLrn Complete the diagnostic tests to check your knowledge of the vocabulary and grammar structures presented in this chapter.

se dépêcher / être / se coucher / essayer / aller / ne... pas se fâcher / arrêter

Le chef:	Matthieu, vous êtes encore en retard! On commence à 8h15 et il est maintenant 9h30!
L'employé:	Oui, excusez-moi Monsieur. (1) _____, s'il vous plaît. Je n'ai pas pu me lever ce matin.
Le chef:	Alors, (2) _____ plus tôt le soir!
L'employé:	Ce n'est pas si simple. (3) _____ de comprendre. J'ai une petite amie qui aime beaucoup danser. Nous allons en boîte toutes les nuits.
Le chef:	Alors, (4) _____ le matin.
L'employé:	Je ne peux pas non plus. J'ai quatre chiens. Je dois les promener avant de venir au travail.
Le chef:	Mais (5) _____ avec vos excuses! (6) _____ plus sérieux, ou (7) _____ vous amuser avec vos chiens et votre petite amie!

À vous de parler!

A. Chère Mathilde. Imaginez que vous écrivez à «Chère Mathilde» pour demander des conseils à propos de votre vie professionnelle et personnelle. Avec un(e) camarade de classe, composez une lettre et ensuite la réponse de Mathilde. Utilisez l'impératif pour donner des conseils.

B. Amusons-nous ce week-end! Vos amis et vous voulez vous amuser ce week-end. En groupes de trois ou quatre, créez un dialogue où vous discutez les activités que vous pouvez faire et les endroits où vous pouvez aller. Utilisez des impératifs pour suggérer des activités, avec des verbes pronominaux et non-pronominaux.

En Europe francophone, on postule comme ça

Courtesy of Véronique Anover and Theresa A. Antes

Est-ce que vous cherchez un poste ou allez-vous en chercher un bientôt? Si oui, qu'est-ce que vous allez faire pour postuler? Est-ce que vous allez préparer un CV? Allez-vous envoyer des lettres demandant un entretien à des entreprises? En Europe francophone les postulants font aussi cela, mais beaucoup d'entre eux créent aussi un *blog-emploi* pour avoir une présence sur Internet. Sur ce blog-emploi, ils peuvent inclure leur CV, leur relevé de notes universitaire, une description de leur poste idéal et de leurs qualifications, même une photo—ce qui est toujours très commun en Europe! Ci-dessous, vous allez lire quelques suggestions concernant la création d'un blog-emploi.

Conseils pour créer un blog-emploi efficace

Vous êtes actuellement postulant(e) ou vous pensez bientôt l'être? Vous voulez vous différencier parmi les autres personnes qui cherchent aussi à être embauchées pour le même poste? C'est assez facile à faire avec un bon blog-emploi—un outil[1] moderne, gratuit et disponible à tous vos employeurs potentiels. Mais gare[2] aux pièges[3] en créant vos blogs-emploi. Voici nos recommandations:

La première impression est la plus importante.

Choisissez donc soigneusement les photos que vous présentez sur votre blog, la maquette[4] que vous utilisez, et la présentation de vos informations. Utilisez un style sophistiqué et un graphisme simple pour montrer/suggérer que vous êtes un(e) candidat(e) sophistiqué(e) et professionnel(le) aussi!

N'oubliez pas les informations essentielles.

Si les employeurs potentiels visitent votre blog-emploi, c'est qu'ils cherchent des informations précises qu'ils n'ont pas trouvées sur votre lettre de candidature ou votre CV. C'est donc le moment d'expliquer avec plus de details votre personnalité, votre formation, vos expériences et vos ambitions professionnelles. Il est important d'inclure aussi dans quel(s) secteur(s) vous voudriez travailler et pourquoi, si vous avez fait du volontariat, etc.

Faites attention aux détails—c'est souvent la différence entre être ou ne pas être embauché!

Écrivez soigneusement votre blog et demandez à un(e) ami(e) de le lire avant de le publier. Des erreurs d'orthographe ou d'expression suggèrent un manque d'attention et de sérieux qui peuvent vous coûter une offre d'emploi. Veillez[5] aussi à mettre à jour continuellement votre blog, et veillez au contenu—les patrons ne veulent ni quelqu'un de trop modeste ni[6] quelqu'un de trop vaniteux. L'employé(e) idéal(e), c'est quelqu'un qui n'a pas peur de s'exprimer, mais qui ne se croit pas parfait non plus!

Réfléchissons!

1. Pourquoi est-ce que les postulants choisissent de créer un blog-emploi au lieu d'envoyer un CV tout simplement? Quels sont les avantages d'un blog-emploi?

2. Quelles suggestions est-ce que l'auteur de ce site web donne concernant la création d'un blog-emploi? À quoi est-ce qu'on doit surtout faire attention et pourquoi?

3. Que pensez-vous de l'idée d'inclure des photos sur le blog-emploi? Est-ce une bonne ou une mauvaise idée? Pourquoi?

[1]tool   [2]be aware   [3]pitfalls   [4]layout / format   [5]Pay attention   [6]ne…ni…ni: *neither…nor*

À vous d'écrire!

Dans cette activité, vous allez créer votre propre blog-emploi pour pouvoir postuler un jour à un poste dans une région francophone. Vous allez écrire trois paragraphes: *Ma formation*, *Mes expériences professionnelles* et *Le poste recherché*. Suivez les instructions ci-dessous.

A. Stratégies. Pensez aux suggestions que vous avez lues concernant un blog-emploi dans la lecture culturelle à la page 326. Quelles sortes de phrases est-ce que vous allez écrire pour bien présenter votre candidature? Quel style allez-vous adopter?

B. Organisons-nous! Pour chaque paragraphe, dressez une liste de vocabulaire essentiel. Pensez aussi à la grammaire que vous allez utiliser. Quel(s) paragraphe(s) est-ce que vous allez écrire au passé? au présent ou au futur proche? Pourquoi?

C. Pensons-y! Maintenant, écrivez vos trois paragraphes en faisant bien attention à inclure les informations indispensables pour bien vous présenter comme postulant(e) au poste recherché. Faites aussi attention aux suggestions données sur la lecture à la page 326!

D. Révisons! Avec un(e) camarade de classe, relisez ce que chacun(e) de vous *(each of you)* a écrit. Est-ce que votre partenaire a bien décrit sa formation et ses expériences professionnelles? Est-ce qu'il/elle décrit son poste idéal de façon intéressante, en vous donnant l'impression qu'il/elle serait un(e) employé(e) dynamique? Est-ce que son style est sophistiqué, sans être trop compliqué? Avez-vous noté des fautes de grammaire ou d'orthographe qu'il faut corriger? Donnez des suggestions à votre partenaire pour l'aider à améliorer *(to improve)* son blog-emploi.

E. Écrivons! Maintenant, terminez votre blog-emploi. Si vous faites cela électroniquement, ajoutez des photos aussi!

Courtesy of Véronique Anover and Theresa A. Antes

Voici le petit commerce du Bouali Sambou au Sénégal, en Afrique. C'est le propriétaire. A-t-il des employés? Comment est son commerce (petit, grand)? Quels produits vend-il? Est-ce qu'il a des avantages (un salaire, une commission)? Y a-t-il des instruments technologiques dans son stand?

Lexique 🔊

Le travail (1)

avoir un emploi / un job / un travail / un boulot (slang) / un poste	to have a job / position
avoir une formation littéraire / scientifique	to specialize in the humanities / in the sciences
• faire un stage	to have an internship
faire la grève	to be on strike
• à mi-temps / à temps partiel	part-time
• à plein temps / à temps complet	full-time
• un(e) candidat(e) / un(e) postulant(e)	a job candidate
• passer / avoir un entretien	to have an interview
un(e) employé(e)	an employee
un(e) salarié(e)	a salaried employee
être chômeur(-euse)	to be unemployed
être retraité(e)	to be retired
• chercher du travail	to look for a job
• être demandeur(-euse) d'emploi	to be a job applicant
• être embauché(e)	to be hired
engager / embaucher	to hire
être licencié(e) / mis(e) à la porte	to be fired / kicked out
licencier	to lay off
• postuler pour un poste	to apply for a position
un patron (une patronne) engage	an employer / a boss hires
• toucher le chômage / la retraite	to receive unemployment / a pension
avoir / toucher un bon / mauvais salaire / le salaire minimum	to receive a good / bad salary / minimum wage
travailler / bosser (slang) dans...	to work in . . .
une boîte	a company (slang)
un(e) patron(-ne)	an employer / a boss
une compagnie privée / publique / internationale	a private / public / international company
une entreprise privée / publique	a private / public company
une société	a corporation

Le travail (2)

l'achat (m.)	purchase
l'assurance (f.) maladie	medical insurance
les avantages (m.) (sociaux)	(social) benefits
le chef d'entreprise	head of a company
la clientèle / un(e) client(e)	clientele / client
un commerce	a business
la comptabilité	accounting
les congés (m.) payés	paid holidays
la fabrication / la préparation	production
le/la gérant(e)	manager
la gestion	management
les horaires (m.) (de travail)	(work) schedule
le PDG (président-directeur général)	CEO

toucher le SMIC / être smicard(e)	*to earn the minimum wage / to be a minimum-wage earner*
le service aux clients / le service client / le service après-vente	*customer service*
la supervision	*supervision*
la vente	*sales*

Pour demander son chemin *To ask directions*

Est-ce que vous savez... ?	*Do you know . . . ?*
Excusez-moi...	*Excuse me . . .*
Je vous en prie. / De rien.	*You're welcome.*
Merci.	*Thank you.*
Où se trouve (la gare / l'hôtel)?	*Where is (the train station / the hotel)?*
Pardonnez-moi...	*Pardon me . . .*
Pourriez-vous me dire... ?	*Could you tell me . . . ?*
s'il vous plaît / s'il te plaît	*please*

Pour donner des directions *To give directions*

Continuez tout droit.	*Keep going straight.*
... jusqu'à	*. . . as far as*
Prenez la rue...	*Take . . . Street.*
Tournez à droite.	*Turn right.*
Tournez à gauche.	*Turn left.*
Traversez...	*Cross . . .*
C'est...	*It's . . .*
à côté de	*next to*
à droite (de)...	*to the right (of)*
à gauche (de)...	*to the left (of)*
au carrefour	*on the corner*
au centre ville	*downtown*
en face de	*across from*

À L'AVENTURE!

La Tunisie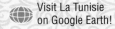

Visit La Tunisie
on Google Earth!

À vous de découvrir!

Courtesy of Véronique Anover and Theresa A. Antes

Une plage en Tunisie

Courtesy of Véronique Anover and Theresa A. Antes

Un peu d'histoire. Nous vous proposons maintenant de lire un bref aperçu[1] de l'histoire du pays. La Tunisie a connu beaucoup de prospérité avec la création de Carthage, une des villes les plus importantes de l'Antiquité, car c'était une ville très commerçante et puissante jusqu'à l'arrivée des Romains en 146. D'abord chrétienne (sous l'empire byzantin), la Tunisie devient (*becomes*) arabo-musulmane en 698 avec l'arrivée des Vandales. Longtemps après, en 1881, la Tunisie est sous protectorat français (elle est colonisée par les Français) jusqu'en 1956 date à laquelle elle devient indépendante. En 1957 la République tunisienne est proclamée. La capitale est Tunis une **médina** (une ville) à la fois ancienne et moderne où l'on trouve des **souks** (des marchés artisanaux), des **dars** (de belles maisons anciennes) et la grande mosquée de Tunis (La **Zitouna**).

[1]overview

Avez-vous compris?

1. Pourquoi est-ce que Carthage est une ville importante?
2. Quand est-ce que la Tunisie devient chrétienne?
3. Avec qui est-ce que la Tunisie devient arabo-musulmane?
4. Pourquoi est-ce qu'on parle français en Tunisie?
5. Que veulent dire les mots *médina*, *souk* et *dar*?

À vous d'apprécier!

Explorations gastronomiques

Le tajine (ou ragoûts) le plus traditionnel est le tajine d'agneau. Les tajines mijotent pendant des heures et des heures avant d'être servis avec du couscous le plus souvent. Nous vous proposons de préparer un tajine d'agneau (vous pouvez remplacer l'agneau par du poulet si vous voulez) pour quatre personnes. La recette est très facile à préparer et encore plus facile à manger!

Tajine d'agneau

- 1½ kg. de viande d'agneau pour ragoût coupée en morceaux[1]
- 1 gros oignon coupé menu[2]
- 1 c[3]. à soupe de gingembre[4] râpé ou en poudre[5]
- 2 c. à café de safran[6]
- 1 litre de bouillon d'agneau (ou de poulet)
- 200 grammes de pruneaux[7]
- 100 grammes de raisins secs
- une poignée[8] d'amandes sans peau
- du miel
- un citron

Mettre[9] les cinq premiers ingrédients dans une casserole sur feu vif[10] jusqu'à ébullition. Baisser le feu et laisser mijoter de 30 à 40 minutes. Après 30 minutes, ajouter[11] les pruneaux, les raisins secs et les amandes. Ajouter également 1 c. à soupe de miel délayé dans le jus d'un citron. Laisser mijoter 15 minutes. Et voilà, votre tajine est prêt! Servez-le avec du couscous ou du riz.

Explorations culturelles

Connaissez-vous *(Do you know)* le mythe de l'île de Djerba? Djerba l'irrésistible! Pourquoi? Ulysse (d'Homère) n'a pas pu résister aux fruits de Djerba (les *lotos*) et il s'est arrêté sur l'île pour les goûter. On dit que si vous goûtez ces fruits, il vous sera *(will be)* difficile de partir de l'île. Regardez la photo et dites pourquoi d'après vous il est difficile de partir de ce «paradis.» Pensez aussi aux activités qui peuvent se faire sur l'île. Faites une liste et comparez-la avec celle de vos camarades.

---

[1]*pieces*   [2]*en petits morceaux*   [3]*cuillère*   [4]*ginger*   [5]*powder*   [6]*saffron*   [7]*prunes*   [8]*handful*
[9]In recipes and other official instances (on signs, for example), the infinitive is often used to give commands. Read these the way you would an imperative ('mettre' = 'mettez').   [10]*high heat*   [11]*add*

À vous de réagir!

👥 L'olivier (ou la *Zitouna*)

Tous les ans en décembre, le Festival de l'Olivier a lieu à Kalaâ Kébira. C'est un festival où les Tunisiens se retrouvent en famille et entre amis pour cueillir des olives et pour déguster les différentes huiles d'olive. En groupes, pensez aux questions suivantes.

1. L'olivier est un arbre symbolique (et mythique). Pourquoi? Qu'est-ce qu'il représente?
2. Pourquoi est-ce que les Tunisiens célèbrent cet arbre tous les ans?
3. Quels sont les bienfaits *(health benefits)* de l'huile d'olive? Comment peut-on utiliser l'huile d'olive?
4. Quel est l'arbre (ou la plante) symbolique de votre État ou pays? Pourquoi?

Mon blog

Bienvenue sur mon blog! Je m'appelle Rahma et je suis tunisienne. Je suis mariée et j'ai deux enfants. Pour me détendre *(to relax)*, je vais souvent au hammam. Si vous ne savez pas ce qu'est un hammam, je vais vous expliquer: c'est un endroit public où les Tunisiens vont prendre des bains de chaleur ou de vapeur (comme un sauna--on les appelle aussi des bains turcs) et où ils peuvent aussi se faire masser. En général, les hommes y vont le matin et les femmes l'après-midi. C'est un lieu de purification, de socialisation et de détente (où l'on peut se relaxer).

Ma famille a un hammam sur la rue El Ariane à Tunis. J'y vais souvent pour me faire masser (leurs massages sont fantastiques!) et pour y rencontrer ma famille et des amis. Un massage d'une heure coûte 5 dinars! Pas mal, non? Et vous, est-ce que vous allez souvent au hammam? Combien coûte un massage d'une heure? Si vous n'y allez pas, est-ce que vous allez dans un endroit similaire pour vous relaxer? Où?

À vous de décider: Le français pour quoi faire? 🌐

Visit the *À vous* online resources to meet Jonathan Fernández, an engineer for an international software company. He is going to tell you how knowing French has made his job easier. ✈

Mes finances

Do you spend your money liberally or do you carefully draw up a budget each month and stick to it? In this chapter, you'll learn how to describe your spending and banking habits, and will have a chance to compare them to those of your classmates and to people in Francophone countries.

© Chris Hellier / Alamy

VOCABULARY

- Some businesses and their products and services
- Banking
- Your budget and your personal finances

STRUCTURES

- Direct object pronouns
- Direct object pronouns in commands
- Past participle agreement
- The comparative and the superlative
- The verbs **venir, revenir,** and **devenir**

CULTURE

- Expenses that the French have
- Consumers in Tunisia

iLrn

◄)) Audio

🌐 www.cengagebrain.com

RESSOURCES

CD 2
Track 20

Passage 1

Les dépenses au salon de coiffure

Au Chapitre 2, vous avez rencontré Ana, la femme d'affaires suisse (de Genève).
Elle a un rendez-vous très important avec le PDG de la Banque Cantonale de
Genève. Avant son rendez-vous, elle passe au salon de coiffure.

© Cengage Learaning

LA COIFFEUSE:	Bonjour Mme Bachima, vous êtes venue pour votre coupe et votre couleur habituelles?
ANA:	Bonjour Claire, non, aujourd'hui, je voudrais une coupe un peu plus courte. Une coupe au carré[1] et pour la couleur, un balayage.[2] C'est plus discret.

une coupe au carré et
un balayage

CLAIRE:	Très bien! Je vais vous laver les cheveux d'abord. Vous voulez un shampooing traitant pour cheveux secs?
ANA:	Oui, s'il vous plaît, lavez-les avec le shampooing *Miracle* pour cheveux secs!
CLAIRE:	Je ne sais pas si c'est un «Miracle» mais toutes les clientes qui l'ont essayé l'adorent! Pour la coupe, vous voulez une frange? Ou la raie[3] sur le côté? La frange c'est à la mode en ce moment. Toutes les actrices de Hollywood se coiffent comme ça!

[1]a bob / a square-cut   [2]highlights   [3]part

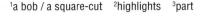

la frange

ANA: Alors…, si toutes les actrices se coiffent comme ça, moi aussi! Mais je ne veux pas une frange trop longue.

CLAIRE: OK! C'est comme vous voulez. Pour la coiffure, vous voulez les cheveux lisses aujourd'hui ou ondulés?

ANA: Je les voudrais lisses, s'il vous plaît, Claire. C'est mieux avec un carré, je pense. J'ai un rendez-vous important et je veux être la plus élégante possible.

CLAIRE: Et pour la couleur, vous la voulez plus foncée ou plus claire que d'habitude?

ANA: Je la voudrais plus foncée, moins claire que la dernière fois. Le mois dernier vous l'avez faite un peu trop claire et j'ai eu du mal à m'habituer.

CLAIRE: Voilà! Vous avez l'air d'une vraie star maintenant!

ANA: Ma coupe est très réussie, Claire. Je l'aime beaucoup. Maintenant que j'ai un nouveau look, j'ai besoin d'aller acheter de nouveaux vêtements!

Vous avez bien compris?

Répondez aux questions suivantes, selon le texte.

1. Que demande Ana à la coiffeuse?

2. Pourquoi est-ce qu'Ana veut un shampooing traitant?

3. Est-ce qu'Ana veut une couleur de cheveux plus claire ou plus foncée?

4. Comment va être la frange d'Ana?

5. Qui porte une frange?

6. De quoi est-ce qu'Ana a besoin après sa nouvelle coupe?

→ Mon vocabulaire ←

Au salon de coiffure / Chez le coiffeur

une coupe	*a hair cut*	· un chignon	*hair up /*
une coiffure	*a hair style*		*hair in a bun*
une couleur	*a hair color*	une queue de cheval	*a ponytail*
claire	*light-colored*	une frange	*bangs*
foncée	*dark-colored*	des tresses (f.)	*braided hair*
un balayage	*highlights*	un shampooing	*shampoo*
des cheveux	*hair*	pour cheveux secs	*for dry hair*
longs	*long*	pour cheveux gras	*for oily hair*
mi-longs	*mid-length*	pour cheveux colorés	*for colored hair*
courts	*short*	l'après-shampooing	*conditioner*
lisses	*straight*	le démêlant	*anti-tangle cream*
ondulés	*wavy*	la raie	*part*
frisés	*curly*	sur le côté	*on the side*
au carré	*bob or square-cut*	au milieu	*in the middle*
en brosse	*spike / crew-cut*	chauve	*bald*
le racines	roots		

À vous!

A. Vite, cherchez-les! Trouvez des étudiants qui correspondent aux descriptions suivantes.

1. un étudiant avec une frange sur le côté
2. une étudiante avec un chignon
3. une étudiante avec une coupe au carré
4. un étudiant avec les cheveux mi-longs
5. une étudiante avec un balayage
6. un(e) étudiant(e) avec des tresses

B. On veut ce qu'on n'a pas! Vous aimez votre look? Ou vous voulez ce que vous n'avez pas? Écrivez le contraire de ce que vous avez. Commencez vos phrases par «Je veux....»

> **MODÈLE:** J'ai les cheveux longs.
>
> *Je veux les cheveux courts.*

1. J'ai les cheveux foncés. *Je veux les cheveux clairs.*
2. J'ai les cheveux ondulés. *Je veux les cheveux lisses.*
3. Je suis chauve. *Je veux ~~teter~~ avoir des cheveux.*
4. J'ai les cheveux gras. *Je veux avoir les cheveux secs.*
5. J'ai une coupe mi-longue. *Je veux avoir une coupe courte.*
6. J'ai la raie au milieu. *Je veux la raie sur le côté.*

C. Des cheveux pour toutes les occasions! Pour chaque sortie, dites comment est votre coiffure. (Si vous êtes un homme, pensez aux femmes.) Répondez de façon logique.

1. Pour faire du sport (comment est-ce que les femmes portent les cheveux)?
2. Pour aller à un mariage?
3. Pour vous déguiser en Petit Chaperon Rouge (*Little Red Riding Hood*)?
4. Pour aller à l'université?
5. Pour un premier rendez-vous amoureux?
6. Pour vous déguiser en Cléopâtre?

> ## Portrait personnel

Décrivez la coupe et le look d'un(e) des étudiant(e)s de la classe.

> **MODÈLE:** *Matthieu a les cheveux en brosse. Il n'a pas de raie. Il n'a pas les cheveux secs.—Il doit utiliser le shampooing **Miracle!***

STRUCTURE 1

Les pronoms compléments d'objet direct

A *direct object* is a noun that directly follows a verb (no preposition precedes it) and receives the action of the verb.

Je regarde **la télévision**.	*I watch **television**.*

Direct object pronouns are used to replace direct objects. Following are the direct object pronouns in French.

direct object pronouns			
me	*me*	Il **me** regarde.	*He is looking at **me**.*
te	*you*	Je **te** vois.	*I see **you**.*
le	*him, it (m.)*	—Tu fais le gâteau? —Oui, je **le** fais.	*—Are you making the cake?* *—Yes, I'm making **it**.*
la	*her, it (f.)*	—Tu conduis la voiture bleue? —Oui, je **la** conduis.	*—Are you driving the blue car?* *—Yes, I'm driving **it**.*
nous	*we*	Elle **nous** aime.	*She loves **us**.*
vous	*you*	On **vous** regarde.	*Someone's looking at **you**.*
les	*them (m., f.)*	Les escargots? Je **les** adore.	*Snails? I adore **them**.*

- Note that the pronouns **le, la,** and **les** are the only ones that agree in number and gender with the direct object noun they replace. **Le, la,** and **les** can refer to people, places, or things. The other pronouns refer only to people.

—Est-ce que tu aimes **ma sœur**?	*—Do you love **my sister**?*
—Oui, je **l'**aime.	*—Yes, I love **her**.*
—Vous aimez **la glace**?	*—Do you like **ice-cream**?*
—Oui, nous **l'**aimons.	*—Yes, we like **it**.*

- Direct object pronouns follow the same placement rules as **y** and **en**:

1. before the conjugated verb in the present tense and **imparfait**

Ce shampooing? Je **l'**aime bien.	*That shampoo? I like it.*
La frange? Je **la** voulais sur le côté.	*The bangs? I wanted them on the side.*

2. before the auxiliary verb in the **passé composé**

Les devoirs? Elle ne **les** a pas compris.	*The homework? She didn't understand it.*

3. before the infinitive when it is the object of that verb

Mes parents? Je vais **les** voir ce week-end.	*My parents? I'll see them this weekend.*

- To make a sentence with a direct object pronoun negative, place **ne** before the pronoun and **pas** or other negative expression after the conjugated or auxiliary verb.

Mon prof **ne** me comprends **jamais**.	*My professor never understands me.*
Cette coupe? Je **ne l'**aimais **pas**.	*That haircut? I didn't like it.*
Elle **ne l'**a **pas** fait.	*She didn't do it.*

- If the sentence has a conjugated verb and an infinitive, place the **ne** and **pas** around the conjugated verb and the pronoun directly before the infinitive.

Il **ne** va **pas** *les* regarder.　　　　*He isn't going to look at them.*
Je **ne** veux **pas** *vous* aider.

VÉRIFIEZ votre compréhension

There are several direct object pronouns in **Passage 1** (pp. 334–335). Can you find them? What nouns do they replace?

CD 2
Track 21

À l'écoute!

Petits Tuyaux! In order to use a direct object in a sentence, the noun that it is replacing must have been specified before. For example, **I like my hair → I like it very much.** In French, you just saw that the direct object pronouns agree in gender and number with the noun they replace and their placement in the sentence depends on the tense, (present versus past, infinitive versus conjugated verb). In order to identify a direct object in a sentence and know what noun it replaces, you must pay attention to the gender and the number of the pronoun and the tense of the sentence.

Remplacement. Écoutez les phrases suivantes, et indiquez le nom que le pronom objet direct remplace.

MODÈLE:　　Vous entendez:　　Je les lis souvent.
　　　　　　　　Vous indiquez:　　———— le journal ——✓—— **les** magazines

1. ———— la coupe　　　　　———— les coupes
2. ———— le coiffeur　　　　———— la coiffeuse
3. ———— le riz　　　　　　———— la soupe
4. ———— les actualités　　 ———— le téléfilm
5. ———— le fruit　　　　　———— les fruits
6. ———— la queue de cheval　———— les tresses

¹whole / the entire

Pratiquons!

A. Une femme difficile. Marc a décidé d'acheter des vêtements à sa petite amie Sophie pour son anniversaire. En regardant les dessins, dites ce que Sophie pense de chaque vêtement. Utilisez les verbes **aimer, adorer, détester, préférer,** et un complément d'objet direct dans votre réponse.

> **MODÈLE:** Les sandales Hermès? ☺
>
> *Elle les aime.*

1. Les bottes Yves Saint Laurent? ☺ ☺ *Elle les adore.*
2. Le jean Calvin Klein? ☺ ~~Elle les~~ *Elle l'aime.*
3. Les chaussures Jimmy Choo? ☹ (préférer / Manolo Blahniks)
4. La robe blanche Chanel? ☺
5. Le sac Louis Vuitton? ☺ ☺
6. La jupe Guess? ☹ ☹ ☹ (aimer / Michael Kors)
7. Les sandales Birkenstock ☺
8. L'écharpe Hermès ☺ ☺

B. Dépenses _(spending)_ superflues. Comme Sophie n'a pas reçu les cadeaux qu'elle voulait, elle se les achète elle-même *(herself)*. Récrivez les phrases suivantes en remplaçant le nom en italique par **le, la, les** ou **en,** selon le cas. Sophie a des goûts de luxe!

> **MODÈLE:** Elle prend *la robe DKNY.*
>
> *Elle la prend.*

1. Sophie admire *les sacs Lancel.*
2. Elle décide d'acheter *deux sacs.*
3. Sophie achète *son parfum préféré* (Prada) à la parfumerie.
4. Sophie regarde maintenant *les vestes Chanel.*
5. Finalement, elle décide de prendre *la veste noire.*
6. Ensuite, elle va chez Dior pour voir *la nouvelle collection.*

Caranica Nicolae/Dreamstime.com

 C. Réponses courtes. Avec un(e) partenaire, répondez aux questions suivantes. Utilisez un pronom complément d'objet direct dans votre réponse.

1. En général, est-ce que tu achètes les produits de luxe de Chanel, Coach, etc? Pourquoi?
2. Est-ce que tu aimes ta coupe de cheveux actuelle *(current)*?
3. Sur toi, est-ce que tu préfères les cheveux longs ou courts? Pourquoi?
4. Est-ce que tu as déjà chan gé radicalement la couleur de tes cheveux? De quelle couleur as-tu eu les cheveux?
5. Comment est la coupe de cheveux de ton prof?
6. Combien de fois par mois est-ce qu'on te coupe les cheveux?

STRUCTURE 2

Les pronoms compléments d'objet direct avec l'impératif

The placement of object pronouns when used with the imperatif depends on whether you are giving an affirmative or a negative command or order.

- With negative commands, place the pronoun directly in front of the conjugated verb.

Cette coupe de cheveux est horrible. Ne **la** regarde pas!	*This haircut is horrible. Don't look at it!*
Quelle horreur! Ne **me** regarde pas!	*How awful! Don't look at me!*

- With affirmative commands, place the pronoun after the verb and attach it with a hyphen. The pronouns **me** and **te** change to **moi** and **toi** when used in an affirmative command.

Cet après-shampooing est super. Utilisez-**le**!	*This conditioner is great. Use it!*
Regarde-**moi**!	*Look at me!*
Fais-**toi** belle!	*Make youself beautiful.*

Pratiquons!

A. À la maison. Madame Aubry donne des ordres à ses enfants. Remplacez le nom en italique par un pronom complément d'objet direct.

> **MODÈLE:** Lucas et Lucie, mettez *la table*, s'il vous plaît.
> *Mettez-la, s'il vous plaît.*

1. Lucas, nettoie *ta chambre*, s'il te plaît.
2. Baptiste, range *tes livres*.
3. Lucas, ne jette pas *ces papiers*, ils sont importants!
4. Lucie, aide *ton frère*, s'il te plaît.
5. Baptiste, ne provoque pas *le chien*.
6. Voilà, mes enfants, vous avez bien écouté! Prenez *ces bonbons* et allez jouer!

B. Situations hypothétiques. Imaginez les situations suivantes. Formez un impératif logique avec les verbes suggérés. Utilisez des pronoms compléments d'objet direct.

> **MODÈLE:** Vous parlez avec vos camarades de classe d'un examen.
> (se préparer / étudier les leçons / ne... pas se reposer)
>
> *Préparons-nous bien!*
> *Étudions-les!*
> *Ne nous reposons pas maintenant!*

1. Votre voisin a perdu son chien. Vous parlez avec votre voisin. (se calmer / ne... pas s'énerver/ ne... pas s'inquiéter)
2. Votre meilleur ami vient de rompre avec sa petite amie. (ne... pas jeter ses lettres d'amour / se rassurer, elle va revenir!)
3. Votre prof n'est pas très organisé(e) aujourd'hui! (ne... pas oublier ses livres / ne... pas perdre ses clés / se reposer ce week-end!)
4. Vos amis et vous voulez faire quelque chose ce week-end, mais vous ne savez pas quoi. (se retrouver au café / regarder le nouveau film au cinéma)

STRUCTURE 3

L'accord du participe passé

In Chapter 7, you learned to conjugate the **passé composé,** and that the past participle of verbs conjugated with **être** agree in number and gender with the subject of the verb, but those conjugated with **avoir** do not.

Elles ont pris rendez-vous chez le coiffeur.	*They made an appointment at the hairdresser's.*
Elles sont all**ées** chez le coiffeur.	*They went to the hairdresser's.*

There is an exception, however. When a direct object or direct object pronoun *precedes* a verb conjugated with **avoir,** the past participle agrees in number and gender with the direct object.

Direct object *follows* the verb, no agreement	Direct object *precedes* the verb, agreement
J'ai vu les films.	Je **les** ai vus.
Elle a compris la question.	Elle **l'**a comprise.
Le coiffeur n'a pas coupé ses cheveux.	Le coiffeur ne **les** a pas coupés.
J'ai acheté les chaussures de Manolo Blahniks.	Je **les** ai achetées.

Pratiquons!

A. Tu as dépensé tout ça! Marc est furieux parce que Sophie a dépensé trop d'argent. Il demande à Sophie si elle a vraiment dépensé leur argent pour acheter des choses superflues. Répondez aux questions de Marc en employant un pronom complément d'objet direct. Commencez chaque phrase par «Oui, chéri… / Non, chéri…»

> **MODÈLE:** Tu as acheté le parfum et la crème Prada?
>
> *Oui, chéri, je les ai achetés!*

1. Tu as acheté les sacs Louis Vuitton? *Oui, cheri, je les ai achetés.*
2. Tu as mis les chaussures neuves Manolo Blahniks? (Non)
3. Tu as pris la chemise qui coûtait 250 euros?
4. Tu as acheté la veste noire Chanel?
5. Tu as acheté les sandales Jimmy Choo? (Non)
6. Tu as dépensé nos économies *(f.) (savings)?*

 B. Je l'ai déjà fait! Votre partenaire va vous poser des questions. Répondez honnêtement, selon votre situation personnelle.

> **MODÈLE:** As-tu lu le journal aujourd'hui?
>
> *Oui, je l'ai (déjà) lu. / Non, je ne l'ai pas (encore) lu.*

1. As-tu regardé les actualités *(f.)* à la télévision hier soir?
2. Tu as vu le dernier film de James Cameron?

---

[1]Similar agreement will also occur when the structure of the sentence places the direct object of the sentence before the verb: *Quels films* est-ce que vous avez ***vus*** ce week-end?

3. As-tu écouté la musique de Black Eyed Peas?
4. Est-ce que tu as étudié la leçon pour demain?
5. Tu as regardé les vidéos *(f.)* pour ce chapitre?
6. Est-ce que tu as compris la section concernant les pronoms?

Portrait personnel

En vous basant sur les réponses de votre camarade de classe à l'Activité B, écrivez un petit paragraphe où vous décrirez ce qu'il/elle a déjà fait ou n'a pas encore fait. Utilisez autant de pronoms compléments d'objet direct que possible. Qui a tout fait?

À vous de parler!

A. Au salon de coiffure. Préparez un dialogue entre des clients et leur coiffeur(-euse). Chaque client(e) a des situations particulières: un(e) client(e) a un chewing-gum collé sur la frange (c'est son petit garçon de 2 ans qui lui a collé le chewing-gum!); une autre personne a beaucoup de cheveux blancs; une autre personne a essayé de se faire une couleur à la maison, mais elle a les cheveux orange; etc. Présentez vos dialogues à la classe.

© Margaret S / Alamy

Quelle horreur! J'ai l'air d'un monstre! Et vous, avez-vous déjà eu une mauvaise expérience chez le coiffeur? Racontez.

B. Tu dépenses trop! Vous faites du shopping avec vos amis. Vous voulez acheter des choses complètement superflues. Vos amis vous aident à ne pas dépenser et à résister à la tentation. Composez un dialogue pour illustrer la situation.

MODÈLE: Vous: *Oh! Regardez ces belles chaussures. Elles coûtent 300 euros seulement. Je les achète!*

Votre ami(e) 1: *Tu es (fou) folle (crazy)! Trois cents euros pour une paire de chaussures! Non, ne les achète pas!*

Votre ami(e) 2: *Je trouve que c'est beaucoup 300 euros. Achète-les quand elles vont être soldées. Etc.*

Les Français dépensent comme ça

Un Français dépense en moyenne et par an 16 926 euros pour s'habiller, se loger (maison ou appartement en location ou achat du logement), se déplacer (transport public ou privé) et se nourrir (restaurant ou courses au supermarché). Mais les priorités ont changé: le budget pour l'alimentation en 2007 représentait 13,4% contre 15,8% en 1989. Au contraire, les frais de communication (téléphone mobile, SMS, Internet, etc.) représentent aujourd'hui 2,73% du budget contre 1,74% en 1989.

Voici les dépenses annuelles pour quelques produits de consommation.

Pain   116,64 euros par an en 2007

Bien que la consommation de pain ne cesse de diminuer (53,9 kg par habitant en 2005 contre 61 kg en 1990), le budget moyen qui lui est consacré augmente. Il était de 116,64 euros par an en 2007 (soit 32 centimes par jour), contre 85,46 euros il y a 20 ans. Budget moyen en 1998: 97,13 €.

Courtesy of Véronique Anover and Theresa A. Antes

Téléphone et Internet   402 euros par an et par habitant en 2007

La facture annuelle des Français en téléphonie et services Internet s'élève en moyenne à 402 euros, soit 33,5 euros par mois. +200% en 18 ans! Le téléphone mobile représente à lui seul 60% de la facture.

Livres   58,62 euros par an et par habitant en 2007

En 2007, chaque Français a dépensé 58,62 euros pour l'achat de livres, soit 16 centimes par jour. En réalité, seuls 69% des Français déclarent avoir lu au moins un livre pendant les 12 derniers mois, et seuls 9% des lecteurs affirment avoir lu plus de vingt livres pendant les 12 derniers mois. Budget moyen en 1998: 45,67 €.

© Kevin George / Alamy

Courtesy of Véronique Anover and Theresa A. Antes

Meubles   235,14 euros par an et par habitant en 2007

Les meubles "meublant" (type commodes, armoires, bureaux...) représentent 35,8% du marché, suivis par les meubles de cuisine (22,3%). Le budget moyen en 1998 était de 180,2 €.

Restaurants et/ou cafés   625,50 euros par an et par habitant en 2007

Les couples français prennent 23,2% de leurs repas à l'extérieur. (L'addition varie fortement d'une région à l'autre, la région parisienne étant la plus chère). En 1998, les couples dépensaient 444,26 € par an.

Peter Cade/Iconica/Getty Images

Vêtements et chaussures   782,74 euros par an et par habitant en 2007

533,44 euros pour les vêtements, 139 euros pour les chaussures, le reste pour les accessoires et les services de réparation ou de nettoyage. En 1998, les Français dépensaient en moyenne 669,25 € par an.

Image copyright Elena Elisseeva, 2010. Used under license from Shutterstock.com

Image copyright Marin, 2010. Used under license from Shutterstock.com

Coiffeurs et instituts de beauté   143,22 euros par an et par habitant en 2007

Selon la Fédération nationale de la coiffure française, il existerait 62 717 salons de coiffure et instituts de beauté dans toute la France. Toujours selon la Fédération, le prix moyen pour une femme est de 40,19 euros et de 16,06 euros pour un homme. Budget moyen en 1998: 113,66 €.

Médicaments   254,90 euros par an et par habitant en 2007

La France est la championne d'Europe des dépenses de médicaments. Chaque Français a dépensé 254,40 euros dans les pharmacies en 2007. Ainsi, 90% des consultations chez le médecin se concluent par une ordonnance[1] de médicaments, selon l'Assurance maladie. C'est presque deux fois plus qu'aux Pays-Bas! De plus, les médicaments génériques peinent[2] à s'imposer, ce qui augmente le coût moyen. Budget moyen en 1998: 177,2 €.

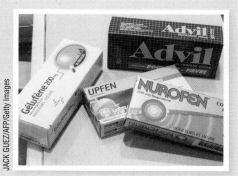

JACK GUEZ/AFP/Getty Images

Réfléchissons!

1. Mettez les dépenses des Français dans l'ordre croissant (du plus petit au plus grand). Dans quelle catégorie est-ce que les Français dépensent le plus? Et le moins?

2. Pensez-vous que les dépenses des Américains sont comparables à celles des Français? Pour quelles catégories?

3. Pourquoi pensez-vous que les Français sont les «champions d'Europe» des dépenses de médicaments?

4. D'après les dépenses décrites ci-dessus, quel portrait peut-on tracer des Français? Est-ce le même pour les Américains?

[1]prescription   [2]have a hard time

Passage 2

À la Banque Centrale

Vous allez entrer à la Banque Centrale. Regardez les transactions que font les clients et les commentaires que fait le directeur de la banque.

1. le guichet de caisse / à la caisse

2. le caissier / la caissière (La caissière blonde est aussi gentille que la caissière qui porte un chignon! Toutes les deux veulent devenir un jour directrices de banque.)

3. Madame Richot dépose de l'argent à la banque. (C'est une des femmes les plus riches de la ville! Elle vient à la banque toutes les semaines pour déposer beaucoup d'argent.)

4. le guichet automatique (C'est plus rapide que le guichet de caisse.)

5. Monsieur Povre retire de l'argent avec sa Carte Bleue. (Monsieur Povre est moins riche que Madame Richot! Il a moins d'argent qu'elle!)

6. le banquier / la banquière (Elle travaille le moins parce qu'elle est à mi-temps.)

7. Monsieur et Madame Jeuneau ouvrent un compte en banque. (C'est la première fois qu'ils viennent à la banque! Super! De nouveaux clients!)

8. La banquière donne une Carte Bleue à Monsieur Jeuneau et un carnet de chèques à Mme Jeuneau.

9. La banquière dit aux jeunes mariés que les nouveaux clients ont accès à un coffre-fort. (Le coffre-fort de la banque est mieux surveillé que le coffre-fort chez un particulier.)

Au bureau de change

Monsieur Voyageur veut **changer** des dollars en euros. Il demande à l'employé quel est **le taux de change**. Monsieur Voyageur a besoin de **monnaie** pour le taxi. L'employé lui donne **des pièces de monnaie et des billets** qu'il prend de la caisse.

Vous avez bien compris?

Vrai ou faux? Indiquez si les affirmations suivantes sont vraies ou fausses. Rectifiez les fausses affirmations.

1. Monsieur et Madame Jeuneau sont à la banque pour déposer de l'argent seulement. _____ vrai _____ faux

2. Monsieur Povre retire de l'argent au guichet automatique. _____ vrai _____ faux

3. Madame Richot ouvre un compte en banque. _____ vrai _____ faux

4. La Carte Bleue s'utilise pour retirer de l'argent. _____ vrai _____ faux

5. La banquière s'occupe de Monsieur et Madame Jeuneau. _____ vrai _____ faux

6. L'employé donne à Monsieur Voyageur un carnet de chèques. _____ vrai _____ faux

7. Monsieur Voyageur veut des pièces de monnaie et des billets. _____ vrai _____ faux

8. Monsieur Voyageur voudrait aussi un coffre-fort. _____ vrai _____ faux

Quelles monnaies peut-on changer?

Mon vocabulaire

Les services bancaires

un compte en banque	*bank account*
un compte courant	*checking account*
un compte épargne	*savings account*
un chéquier / un carnet de chèques	*checkbook*
déposer un chèque / de l'argent	*to deposit a check / money*
remplir un chèque	*to write a check*
toucher un chèque	*to cash a check*
une carte de crédit / une Carte Bleue	*credit card*
le mot de passe	*password*
un coffre-fort	*a safe-deposit box*

Les finances personnelles

rembourser	*to pay back*
une dette	*a debt*
avoir des dettes	*to have debts*
faire des investissements *(m.)* / investir / placer son argent	*to make investments*
être endetté(e)	*to be in debt*
être riche	*to be rich*
être pauvre[1]	*to be poor*
économiser / épargner	*to save*
dépenser	*to spend*
gaspiller	*to waste*
être économe	*to be thrifty*
être dépensier (dépensière)	*to be a spendthrift / to be wasteful*
emprunter de l'argent à quelqu'un	*to borrow money from someone*
prêter de l'argent à quelqu'un	*to lend money to someone*
faire un emprunt / emprunter de l'argent à la banque	*to take a loan / to ask for a loan*
avoir une bourse	*to have a scholarship*

Courtesy of BNP Paribas

Avez-vous des cartes de crédit?
Est-ce que vous les utilisez tous les jours, ou seulement pour les choses importantes?

[1]In an informal setting, the following slang words are used: **Je suis fauché(e) et je n'ai pas un rond** (literally, *I am broke and I do not have a penny*)—This phrase reflects the fact that coins are round. By opposition, **avoir des ronds** means *to be loaded!*

À vous!

A. Premier jour au travail. Vous venez d'embaucher *(just hired)* un nouvel employé à la banque où vous travaillez. C'est son premier jour et vous lui montrez les lieux de travail. Identifiez les objets et les gens que vous voyez sur le dessin.

1. _____ 6. _____

2. _____ 7. _____

3. _____ 8. _____

4. _____ 9. _____

5. _____ 10. _____

B. À la banque. Vous êtes à Bordeaux depuis un mois. Votre meilleur(e) ami(e) arrive des États-Unis pour passer six mois avec vous. Il/Elle vous demande de l'aider pour ouvrir un compte à la Banque d'Aquitaine. Répondez à ses questions avec précision.

1. Est-ce que les employés de la Banque d'Aquitaine parlent anglais? (Non,...)
2. Bon, alors je dois parler français! Où est-ce que je vais quand j'arrive à la banque avec mes dollars?
3. Où est-ce que je vais pour ouvrir un compte?
4. Quel compte me recommandes-tu d'ouvrir pour les dépenses de tous les jours?
5. Où est-ce que je vais pour toucher un chèque?
6. Avec quoi est-ce que je retire mon argent?

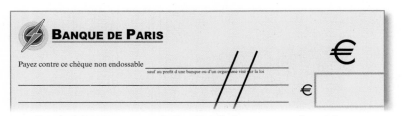

Pouvez-vous remplir ce chèque pour un ami à qui vous devez 150 €?

 C. Et tes finances? Comment sont les finances de vos camarades de classe? À deux, posez-vous les questions suivantes à tour de rôle pour en savoir plus! Êtes-vous surpris(e) des résultats? Pourquoi?

1. En général, est-ce que tu paies tes achats en espèces ou par carte de crédit?
2. Combien de cartes de crédit as-tu? Est-ce que tu les utilises toutes?
3. As-tu beaucoup de dettes? Quand tu reçois le relevé des cartes de crédit *(credit card statement)*, est-ce que tu paies le montant *(balance)* dans sa totalité?
4. Tu prêtes souvent de l'argent à tes amis? Est-ce qu'ils te rendent ton argent?
5. Tu empruntes de l'argent à tes amis? À tes parents? Quand? Pourquoi?
6. Est-ce que tu as fait des emprunts à la banque? Pourquoi?
7. Comment fais-tu des économies? Dans quoi est-ce que tu dépenses le plus?
8. Es-tu dépensier (dépensière) ou économe?

STRUCTURE 4

Le comparatif

Le comparatif des adjectifs

- To compare people, places, ideas, or things, use the following structures. Note that the adjective agrees with the first noun in the sentence.

more . . . than (-er)	**plus** + adjective + **que**	Ma banque est **plus** petite **que** la banque de Chloé. *My bank is smaller than Chloe's bank.*
less . . . than	**moins** + adjective + **que**	La Grèce et l'Italie sont **moins** riches **que** la France. *Greece and Italy are less wealthy than France.*
as . . . as (the same)	**aussi** + adjective + **que**	La caissière de la BNP est **aussi** gentille **que** la caissière du Crédit Agricole. *The teller at BNP is as nice as the teller at Crédit Agricole.*

bon and *mauvais*

- When **plus** and **bon** are combined, you must use a different word: **meilleur** *(better)*. When **plus** and **mauvais** are combined, you can use **plus mauvais** or **pire** *(worse)*. Note that these adjectives must agree in number and gender.

  Ma banque est **meilleure que** la banque de Chloé.

  My bank is better / worse than Chloe's bank.

  La banque de Chloé est **plus mauvaise / pire que** ma banque.

  Chloé's bank is worse than my bank.

  BUT nothing changes when **moins** or **aussi** precedes **bon** or **mauvais.**

  Les fromages américains sont **moins / aussi** bons **que** les fromages français.

  American cheeses are less / as good as French cheeses.

  La pollution à Paris est **moins / aussi mauvaise qu**'à Rome.

  Pollution in Rome is less / as bad as in Rome.

Le comparatif des adverbes

- To compare how something happens or is done, use the following structures.

more . . . than (-er)	**plus** + adverb + **que**	Les trains TER roulent **plus** lentement **que** les trains TGV. *TER trains go more slowly than TGV trains.*
less . . . than	**moins** + adverb + **que**	On communique par courrier **moins** rapidement **que** par e-mail. *One communicates by regular mail less quickly than by e-mail.*
as . . . as (the same)	**aussi** + adverb + **que**	En France on voyage **aussi** facilement en train **qu**'en avion. *In France, one travels as easily by train as by plane.*

bien and *mal*

- When **plus** and **bien** are combined, however, you must use a different word: **mieux** *(better)*. When **plus** and **mal** are combined, you can use either **plus mal** or **pire** *(worse)*.

  Les joueurs de basket américains jouent **mieux que** les joueurs français.
  American basketball players play better than French players.

  Les joueurs de basket français jouent **plus mal / pire que** les joueurs américains.
  American basketball players play worse than French players.

BUT nothing changes when **moins** or **aussi** precedes **bien** or **mal.**

Nous jouons **moins / aussi** bien **que** vous.	*We play less / as well as you.*
Mes frères jouent **moins / aussi** mal **que** les voisins.	*My brothers play less / as badly as the neighbors do.*

Le compartif des noms

- To compare the quantity of something, use the following structures.

more . . . than	**plus de +** noun + **que**	Les Américains dépensent **plus d'argent que** les Français. *Americans spend more money than the French.*
less (fewer) . . . than	**moins de +** noun + **que**	Il y a **moins de** voitures aux États-Unis **qu'**en France. *There are fewer cars in the U.S. than in France.*
as many . . . as / as (count nouns) *much . . . as* (non-count nouns)	**autant de +** noun + **que**	Les enfants français regardent **autant de dessins** animés **que** les enfants américains. *French children watch as many cartoons as American children.* Je mange **autant de** chocolat **que** ma sœur. *I eat as much chocolate as my sister.*

VÉRIFIEZ votre compréhension

1. Go back to *Passage 2* (pp. 346–347), and look at the comparative expressions in context. What is being compared? What words are used in the comparisons: adverbs, adjectives or nouns?

2. How would you say the opposite of each comparative expression?

 À l'écoute!

CD 2
Track 23

Les comparaisons. Écoutez les comparaisons suivantes, et indiquez s'il s'agit d'un adverbe, d'un nom ou d'un adjectif.

MODÈLE: Vous entendez: Je suis aussi pauvre que toi.

Vous indiquez: ___✓___ adjectif (pauvre) _____ adverbe _____ nom

1. _____ adjectif _____ adverbe _____ nom
2. _____ adjectif _____ adverbe _____ nom
3. _____ adjectif _____ adverbe _____ nom
4. _____ adjectif _____ adverbe _____ nom
5. _____ adjectif _____ adverbe _____ nom
6. _____ adjectif _____ adverbe _____ nom

Pratiquons!

A. Ah bon? *(Oh, really?)* Dites si les affirmations suivantes sur les stars sont vraies ou fausses. Corrigez les affirmations qui sont fausses.

1. Tom Cruise est plus grand que Katie Holmes.
2. Nicole Kidman a les cheveux moins frisés que Jennifer Aniston.
3. Le président des États-Unis gagne autant d'argent que le président de Microsoft.
4. Steven Spielberg fait moins de films que Quentin Tarantino.
5. Barbara Walters est plus jeune que Katie Couric.
6. Oprah Winfrey est moins riche que Rosie O'Donnell.

B. Des comparaisons exagérées! D'abord, identifiez les mots en caractères gras. Est-ce qu'il s'agit d'adjectifs ou d'adverbes? Ensuite, faites des comparaisons d'après les indications entre parenthèses.

> **MODÈLE:** **grande** → Ma chambre *(more . . . than)* ta chambre.
> *Ma chambre est plus grande que ta chambre.*

1. **beau** → Mon chat est *(more . . . than)* ton chat.
2. **bon** → Ma banque est *(better than)* ta banque.
3. **mauvais** → Tes dépenses sont *(worse than)* mes dépenses.
4. **sale** *(dirty)* → Ma maison est *(less . . . than)* ta maison.
5. **bon** → Mon dîner est *(better than)* ton dîner.
6. **cher** → Mon loyer est *(as . . . as)* ton loyer.
7. **mauvais** → Sa coupe de cheveux est *(worse than)* ma coupe!
8. **joli** → Mes vêtements sont *(more . . . than)* tes vêtements.

C. Comparons nos opinions! Avec un(e) camarade de classe, faites des comparaisons avec les mots indiqués entre parenthèses. Donnez votre opinion, mais soyez logique!

> **MODÈLE:** Pour bien dormir, du café ou du lait chaud le soir? (meilleur / pire)
> *Le lait chaud est meilleur que le café pour bien dormir le soir.*

1. Comme cadeau, une bouteille de champagne ou une bouteille de vin? (moins cher / plus cher / aussi cher)
2. Pour célébrer un anniversaire, une fête ou un dîner au restaurant? (plus amusant / moins amusant / aussi amusant)
3. Pour déposer de l'argent à la banque, le guichet automatique ou la caisse? (plus rapide / moins rapide / aussi rapide)
4. Comme banque, Bank of America ou CitiBank? (mieux / pire / aussi mauvais / aussi bien)
5. Comme viande, du bœuf ou du poulet? (meilleur / pire / aussi mauvais / aussi bon)
6. Pour un rendez-vous amoureux, un dîner à la maison ou un film au cinéma? (plus romantique / moins romantique / aussi romantique)

paul Prescott/Shutterstock.com

STRUCTURE 5

Le superlatif

The superlative is used to express *the best, the worst, the most,* or *the least* of something.

Le superlatif des adjectifs

Use the following formula to express the superlative with adjectives.

le			
la	plus moins	+	*adjective*
les			

- Adjectives that precede the noun will do so in the superlative.

  Le français est **la plus belle** langue.   *French is the most beautiful language.*

- Adjectives that follow the noun will also do so in the superlative.

  Arpège est le restaurant **le plus cher.**   *Arpège is the most expensive restaurant.*

- Often the superlative structure is followed by **de / du / de la / de l' / des +** *noun* to indicate the group of which something is the best / worst / most / least.

  Le français est **la plus belle** langue **du monde.**   *French is the most beautiful language in the world.*

  Arpège est le restaurant **le plus cher de Paris.**   *Arpège is the most expensive restaurant in Paris.*

- To express the superlative of **bon** and **mauvais,** use **le / la / les meilleur(e)(s)** and **le / la / les plus mauvais(e)(s)** or **le / la / les pire(s).**

  Marion Cotillard et Audrey Tautou sont **les meilleures** actrices de France.
  Marion Cotillard and Audrey Tautou are the best actresses in France.

  Le Régent est **le plus mauvais / le pire** restaurant de tous.
  Le Régent is the worst restaurant of all.

Le superlatif des adverbes

Use the following formula to express the superlative with adverbs.

le	plus moins	+	*adverb*

  Le prof parle **le plus vite** (**de** la classe).   *The professor speaks the most quickly in class.*

  Paul parle **le moins souvent** en classe.   *Paul speaks the least often in class.*

- To express the superlative of **bien** and **mal,** use **le mieux** and **le plus mal / le pire.**

  Chloé cuisine **le mieux.**   *Chloé cooks the best.*

  Lucien joue **le plus mal / le pire.**   *Lucien plays the worst.*

Le superlatif des noms

Use the following formula to express the superlative with nouns.

le plus de le moins de	+	*noun*	+	de / du / de la / de l' / des + *noun*

Ma sœur a **le plus de** chaussures
(de toute ma famille).

*My sister has the most shoes in my
family.*

En général, les étudiants ont **le
moins d'argent** (de la population).

*In general, students have the least
money (of the general population).*

 VÉRIFIEZ votre compréhension

Go back to *Passage 2* (pp. 346–347) and look at the superlative expressions in
context. Translate them into English. If you found a superlative expression with
an adjective, does the superlative come before or after the noun? Why? Does
this make sense, given what you know about adjectives in French?

Pratiquons!

A. C'est vrai ou ce n'est pas vrai? Donnez votre opinion à propos des affirmations suivantes. Commencez vos phrases par **C'est vrai** si vous êtes d'accord,
ou **Ce n'est pas vrai** si vous n'êtes pas d'accord.

> **MODÈLE:** Le champagne français est le moins cher.
>
> *Ce n'est pas vrai, le champagne français est le plus cher.*

1. Anne Rice est la meilleure écrivaine de livres de vampires.
2. *Avatar* est le plus mauvais film de Hollywood.
3. San Diego est la plus grande ville des États-Unis.
4. La Floride est l'État le moins humide des États-Unis.
5. Sting chante le mieux de tous les chanteurs.
6. Renee Zellweger est l'actrice la plus grosse de Hollywood.

B. Ma vie est superlative! Et la tienne? Lisez les affirmations suivantes et
dites si les mots en caractères gras sont des adjectifs, des adverbes ou des noms.
Ensuite, faites des phrases en utilisant les superlatifs entre parenthèses. Pour
finir, répondez aux questions en utilisant toujours des superlatifs.

1. Je cuisine **mal.** → De toute ma famille, je cuisine *(the worst)*. Et toi?
2. J'ai **des amis.** → J'ai *(the most)* amis. Et toi?
3. Ma voiture est **chère.** → De toutes les voitures ici, ma voiture est *(the most)*
   chère. Et ta voiture?
4. J'ai **de l'argent.** → De tous mes amis, je suis celui / celle qui *(the one who)* a
   (the least) d'argent. Et toi?
5. Je chante très **bien.** → De tous mes amis, je chante *(the best)*. Et toi?
6. J'achète **des vêtements.** → J'achète *(the fewest)* vêtements de toute ma
   famille. Et toi?

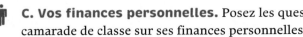

C. Vos finances personnelles. Posez les questions suivantes à un(e) camarade de classe sur ses finances personnelles. Une fois terminé, comparez les réponses que vous avez obtenues avec la classe.

1. Est-ce que tu dépenses plus d'argent que tu ne gagnes?
2. À qui empruntes-tu le plus d'argent? À tes parents? À la banque?
3. Quand économises-tu le moins? Pendant l'année scolaire? En vacances? Pourquoi?
4. Où dépenses-tu le plus d'argent? (Dans quel magasin? Qu'est-ce que tu achètes le plus? Et le moins?)
5. Est-ce que tu gagnes autant d'argent que tes amis? Qui gagne le plus, toi ou ton/ta meilleur(e) ami(e)?
6. Comment est ton budget pour le week-end? As-tu le meilleur budget de tes amis? Pourquoi?

Portrait personnel

En fonction des réponses que vous avez obtenues de votre camarade de classe, tracez son «portrait financier». Est-il/elle dépensier(-ère) ou économe? Emprunte-t-il/elle trop d'argent à ses parents / à ses amis? Est-il/elle riche ou pauvre? Etc.

D. Habitudes personnelles. Prenez quelques minutes pour penser à votre mode de vie *(lifestyle)* et vos habitudes personnelles. Ensuite, posez des questions à plusieurs camarades de classe sur leurs modes de vie et leurs habitudes personnelles, et faites des comparaisons entre leurs vies et la vôtre. Finalement, utilisez des expressions superlatives pour décrire vos camarades. (Faites attention à bien distinguer entre adjectifs, adverbes et noms dans vos expressions comparatives et superlatives!)

> **MODÈLE:** se lever tôt / tard
>
> *Je me lève tôt en général. Je me lève vers 8h30.*
>
> *Et toi David, tu te lèves à quelle heure? Vraiment? Tu te lèves à 7h15? Alors tu te lèves **plus tôt** que moi. Mais Marie se lève **le plus tard** de toute la classe; elle se lève à 10h45!*

1. manger bien / mal
2. se coucher tôt / tard
3. étudier beaucoup d'heures / peu d'heures par semaine être passif(-ive) / bavard(e) en classe de français
4. avoir de bonnes notes / de mauvaises notes en général
5. boire beaucoup de Coca / peu de Coca pendant la journée
6. être intéressé(e) / désintéressé(e) par les événements sur le campus
7. préparer bien / mal ton avenir *(future)*

STRUCTURE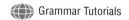

Les verbes *venir, revenir* et *devenir*

The verbs **venir** *(to come)*, **revenir** *(to return)*, and **devenir** *(to become)* are irregular verbs; however, they all follow the same pattern since they share the same root, **venir.**

venir *(present tense)*	
je **viens**	nous **venons**
tu **viens**	vous **venez**
il / elle / on **vient**	ils / elles **viennent**

imparfait *(regular)*	passé composé *(with être)*
je **venais**	je **suis venu(e)**
nous **venions**	nous **sommes venu(e)s**

- **Venir** and **revenir** may be used with different prepositions, such as **de, avec, à, sans,** etc.

Juliette **viens de** Paris.	*Juliette comes from Paris.*
Vous **êtes revenu de** la soirée tard.	*You came back from the party late.*
Mon amie **vient avec** les enfants.	*My friends is coming with her children.*

- **Venir** is used in several idiomatic expressions.

1. **venir de** + infinitive *(to have just done something)*

Mes amis **viennent d'ouvrir** un compte en banque.	*My friends have just opened a bank account.*

2. **venir chercher** *(to come get someone or something)*

Tu **viens** me **chercher** à quelle heure?	*What time are you coming to get me?*

- **Devenir** can be used to ask how someone is doing or what's up with someone.

Que **devient** Amélie?	*What's up with Amelie? How is she?*

 VÉRIFIEZ votre compréhension

Go back to **Passage 2** (pp. 346–347) to see these verbs in context. Find the sentences where these verbs are used and translate them.

---

*The imperfect is formed from the regular stem **ven-**.

Pratiquons!

A. La caissière de banque se pose des questions. Amandine est caissière à la banque. Tous les jours elle voit la même cliente faire les mêmes transactions. Elle se pose des questions au sujet de sa cliente. Conjuguez les verbes au présent.

Mme Louche est bizarre! Elle (1) _____ (venir) à la banque tous les jours à la même heure, à 10 heures du matin. Je (2) _____ (venir) lui dire bonjour et lui demander si elle a besoin d'aide. Elle me dit «Non, merci». Elle retire de l'argent au guichet automatique et elle (3) _____ (revenir) vers moi. Elle me dit qu'elle veut aller à son coffre-fort. Elle (4) _____ (devenir) nerveuse et agitée. Tous les jours elle va voir son coffre-fort! Pourquoi? D'habitude, les gens ne (5) _____ (venir) pas à la banque tous les jours, non? Ils ne (6) _____ (venir) pas voir leur coffre tous les jours, non? Ils ne (7) _____ (devenir) pas agités à chaque fois, non? Mme Louche est vraiment bizarre, vous ne pensez pas?

B. Questions personnelles. Avec un(e) camarade, posez-vous les questions suivantes avec les verbes **venir, revenir** et **devenir.** Si la question est au passé, répondez de la même façon.

1. À quelle heure est-ce que tu es venu(e) en cours aujourd'hui?
2. Comment est-ce que tu es venu(e) à l'université? (Avec un[e] ami[e], en voiture, etc.)
3. Comment te sens-tu quand tu reviens de vacances?
4. Dans quels cours es-tu devenu(e) meilleur(e)? (En mathématiques, en français, etc.) Pourquoi?
5. Qu'est-ce que tu viens de faire avant le cours de français?
6. Tu viens de quel État ou pays?

C. Et votre prof? Avec un(e) camarade essayez de deviner les réponses aux questions suivantes à propos de votre prof de français. Les étudiants qui ont deviné le plus de réponses connaissent bien le prof!

1. D'où vient votre prof? (De quel pays ou État)
2. Comment est-ce que votre prof vient à l'université? (En voiture, à vélo, à pied.)
3. Est-ce que votre prof revient souvent de voyage en France ou dans un pays francophone avec des souvenirs?
4. Quand est-ce que votre prof est devenu(e) prof de français?
5. Quand est-ce que votre prof est venu(e) vivre dans la région?
6. À quelle heure est-ce que votre prof est venu(e) à l'université aujourd'hui?

À vous de parler!

A. L'argent, les femmes et les hommes. Vous êtes journaliste pour la chaîne de télévision France 2. Vous préparez un reportage sur le comportement des hommes et des femmes par rapport à l'argent afin de savoir comment les hommes et les femmes dépensent leur argent et s'ils économisent. En groupes de trois, préparez des questions sur le sujet. Ensuite, posez vos questions à vos camarades de classe. Quand vous aurez assez de réponses, tirez-en des conclusions. Pour finir, chaque groupe va présenter ses conclusions à la classe comme si vous étiez à la télé dans une émission d'actualités. Est-ce que tous les groupes sont arrivés aux mêmes conclusions? Et vous, pensez-vous que les femmes sont plus dépensières que les hommes ou l'inverse? Pourquoi? Discutez.

Questions possibles

Demandez si la personne à un compte épargne.

Demandez si la personne a une ou plusieurs cartes de crédit.

Demandez comment la personne règle (paie) ses achats. (En espèces, par chèque, etc.)

Demandez combien de fois par semaine la personne va faire ses courses au supermarché.

Demandez combien d'argent la personne dépense en moyenne toutes les semaines.

Demandez quels sont les achats qui coûtent le plus et le moins. (Suggérez des produits et des services: des produits de beauté, le coiffeur, des vêtements, etc.)

B. À la banque. Vous venez de gagner un million d'euros au Loto. Vous avez pris rendez-vous avec deux banquiers pour leur demander de vous aider à ouvrir un compte en banque et à placer votre argent. Les banquiers sont extrêmement aimables avec vous et ils vous traitent très bien: ils vous proposent tous les services possibles parce que vous êtes un(e) client(e) très spécial(e)! En groupes de trois, jouez le rôle du (de la) client(e) et des deux banquiers: un banquier aide le/la client(e) à ouvrir des comptes et l'autre à placer l'argent dans de bons investissements.

C. Jalousie! Formez des groupes de trois. Vous êtes au bistro avec des amis et vous parlez d'un(e) ami(e) commun(e) qui semble avoir une vie parfaite: une superbe maison, un travail de rêve, un(e) très beau (belle) petit(e) ami(e), une voiture de luxe, des vêtements de marque, etc. Vous êtes tous jaloux de votre ami(e) (donnez un nom à cet[-te] ami[e]). Dans votre conversation, comparez les choses qu'a votre ami(e) et les choses que vous avez. Par exemple: sa voiture est vraiment plus chère que ma voiture; il/elle est beaucoup plus beau (belle) que moi; il/elle cuisine mieux que moi, etc. Terminez votre conversation en trouvant des failles dans la vie de votre ami(e), qui, a première vue semble si parfaite. Par exemple, «Oui, mais je suis sûr(e) que son (sa) petit(e) ami(e) qui est si beau (belle) ne l'aime pas et il/elle est avec elle/lui pour son argent!»

(iLrn) Complete the diagnostic tests to check your knowledge of the vocabulary and grammar structures presented in this chapter.

La société de consommation est comme ça en Tunisie

Dans le premier texte culturel, *Les Français dépensent comme ça*, vous avez vu comment les Français dépensent leur argent. Dans ce texte vous allez voir comment les Tunisiens consomment de plus en plus alors que leur société évolue et se transforme.

Le consommateur tunisien est un cas à part au Maghreb. Comme le rappelle Ali Gharbi, directeur de l'Institut national de la consommation, «les modes de consommation en Tunisie connaissent une évolution très rapide et empruntent à la fois aux traditions propres au Maghreb et aux nouvelles habitudes de la société de consommation de type occidental.»

Pourtant, jusqu'à la fin des années quatre-vingts, les Tunisiens vivaient dans une économie relativement fermée et n'étaient exposés qu'à des produits locaux. [...] Aujourd'hui encore, malgré l'ouverture aux importations, les consommateurs continuent d'utiliser principalement des produits nationaux. Ainsi, 80% des articles vendus par l'enseigne[1] Carrefour sont d'origine tunisienne. «Les Tunisiens sont cependant appelés à être de plus en plus souvent confrontés à des marques[2] étrangères, grâce au développement à venir des franchises, qu'une loi vient d'autoriser, et du fait du matraquage[3] publicitaire», explique un diplomate.

Qu'est-ce que ces deux femmes peuvent acheter dans le souk?

[...] Le consommateur consacre 20 à 25% de son revenu à l'immobilier (près de 80% des Tunisiens sont propriétaires de leur logement), 10 à 15% au textile et à l'habillement et, nouveauté, depuis cinq ans, la part dédiée à la consommation des services de téléphonie n'a cessé d'augmenter, pour atteindre près de 5%... Aujourd'hui, 90% des Tunisiens ont un téléphone portable et 95% possèdent une télévision. Enfin, la plupart des couples ont au moins une voiture.

Signe que les traditions ont encore la vie dure, plus de 80% des achats sont encore effectués dans des épiceries, le reste dans la grande distribution. Cependant, tous les analystes s'accordent à reconnaître que le mode de consommation des Tunisiens va s'occidentaliser de plus en plus: à l'horizon 2016, 40% des achats s'effectueront dans une grande enseigne. [...]

Un endettement des ménages contrôlé

Avec un revenu mensuel moyen de 600 dinars (près de 320 euros) par foyer, les ménages[4] sont souvent tentés de recourir au crédit pour pouvoir satisfaire leur appétit de consommation.

L'endettement par habitant et par an est de 100 euros, contre 200 euros au Maroc et 2 000 euros en France.

Réfléchissons!

1. Pourquoi est-ce que le consommateur tunisien est un cas à part au Maghreb?

2. Est-ce que le consommateur tunisien achète des produits locaux ou étrangers? Est-ce qu'on prédit un changement? Pourquoi?

3. Comment sont distribués les pourcentages des dépenses des Tunisiens? Dans quoi est-ce qu'ils dépensent le plus? Quelles sont leurs plus grosses dépenses? Êtes-vous étonné? Pourquoi? Est-ce la même chose dans votre pays?

4. Quel est le salaire mensuel d'un couple en Tunisie? Comparez ce salaire à un salaire mensuel moyen dans votre pays.

5. Est-ce que les Tunisiens sont les plus endettés par rapport aux Marocains et aux Français? Pourquoi?

[1]label, brand [2]brands [3]bombarder (au sens figure) [4]couples

A. Stratégies. Le sujet du texte que vous allez lire porte sur les gagnants[1] du Loto et comment ils gèrent[2] leurs nouvelles vie. Les mots et expressions suivants sont tirés du texte. Trouvez la définition qui correspond à chaque mot ou expression. Ceci vous permettra de vous familiariser avec certains mots et d'en réviser d'autres avant de commencer la lecture.

1. placer son argent
2. être endetté
3. le montant
4. faire des dons
5. avoir la tête sur les épaules
6. avoir les pieds sur terre

a. être raisonnable
b. investir
c. avoir des dettes
d. faire cadeau de son argent
e. être réaliste
f. la quantité

Courtesy of Véronique Anover and Theresa A. Antes

B. Avant de lire. Avant de lire, parlez de vos finances personnelles. Posez-vous les questions suivantes.

1. Avez-vous un budget? Le respectez-vous?
2. Dépensez-vous tout votre argent tous les mois?
3. Est-ce que votre salaire est plus élevé que vos dépenses, ou est-ce le contraire?
4. Payez-vous vos dettes ou est-ce qu'elles s'accumulent?
5. Est-ce que vos finances vous préoccupent? Pourquoi?
6. Savez-vous placer votre argent (l'investir)? Où?
7. Vous préférez dépenser ou économiser?

Si vous croyez que vous ne gérez pas bien vos finances, que vous êtes toujours endettés et que votre salaire ne suffit pas à payer vos factures, alors, ne jouez pas au Loto! Si vous gagnez, vous risquez de perdre tout votre argent en le gérant mal! Ou alors, faites comme Antoine Richard, le millionnaire du texte que vous allez lire maintenant.

C. Lisons! Lisez le texte et répondez aux questions suivantes basées sur la lecture.

[1]winners [2]manage

J'ai gagné au Loto!!!

Je vous présente Antoine Richard, un gagnant du Loto, devenu millionnaire d'un jour sur l'autre. Il est dans le jardin magnifique de sa nouvelle maison!

JOURNALISTE: Bonjour, M. Richard. Vous venez de gagner au Loto, qu'allez-vous faire de votre fortune?

M. RICHARD: Je vais m'acheter une voiture de luxe, une nouvelle maison, je vais payer mes dettes, faire des dons pour les causes qui me sont chères et je vais placer mon argent.

JOURNALISTE: Quand vous êtes allé à la banque déposer votre chèque, quelle a été la tête du banquier?

M. RICHARD: Il était stupéfait! Comme il avait l'habitude de me voir endetté, il n'en croyait pas ses yeux! Il m'a traité comme un prince!

JOURNALISTE: Quel était le montant de votre chèque?

M. RICHARD: 35 millions d'euros!

JOURNALISTE: Une somme considérable! Allez-vous changer votre mode de vie?

M. RICHARD: Bien sûr que je vais faire des changements dans ma vie, mais je tiens à garder mon cercle d'amis et mes habitudes. Quant à ma famille, je vais m'assurer que mes enfants aient un bon futur et que ma femme ne manque de rien.

JOURNALISTE: Êtes-vous plus heureux maintenant que vous êtes millionnaire?

M. RICHARD: Plus heureux, non. Je suis moins stressé, moins préoccupé par l'avenir. "L'argent ne fait pas le bonheur," mais il donne de la sécurité. Je ne suis pas Dieu et je ne vais pas pouvoir éviter les maladies ou les problèmes familiaux. Mais si l'un de mes enfants ou ma femme est malade, il aura accès aux meilleures cliniques privées.

JOURNALISTE: Maintenant que vous êtes riche, est-ce que vous allez abandonner votre travail?

M. RICHARD: Non, pas du tout. J'aime beaucoup mon travail et je ne vois pas pourquoi je devrais arrêter de travailler. Pour dire la vérité, je ne sais pas ce que c'est qu'être riche! Que fait-on quand on est riche? Je vais devoir apprendre à être riche!

JOURNALISTE: Il y a des séminaires et des réunions proposés par la Française des Jeux. (Une organisation qui s'occupe d'aider les gagnants de jeux à gérer leur fortune.)

M. RICHARD: Oui, c'est vrai. Comme je ne viens pas d'un milieu social très élevé (mes parents étaient instituteurs tous les deux) et que je ne suis pas un héritier qui a été préparé à recevoir une grande fortune, je vais être obligé d'apprendre à être millionnaire! Je refuse de gaspiller mon argent même si je l'ai obtenu facilement. Je suis une personne responsable et je veux le rester. J'ai la tête sur les épaules et les pieds sur terre!

JOURNALISTE: Toutes mes félicitations encore une fois et je vous souhaite bonne chance dans votre nouvelle vie!

Après la lecture

1. Pourquoi est-ce que le banquier traite M. Richard comme un prince?
2. Que va faire M. Richard avec son argent?
3. Est-ce qu'il va changer son mode de vie? Expliquez votre réponse.
4. Pourquoi est-ce qu'il doit apprendre à être riche? Et comment va-t-il faire?
5. Est-ce que M. Richard est plus heureux maintenant qu'il a gagné au Loto? Justifiez votre réponse.

 D. Discutez. Après avoir lu le texte, réfléchissez aux questions suivantes afin de commencer un débat avec vos camarades. Pour chaque question, formez des groupes de trois ou quatre pour répondre aux questions.

1. À votre avis, doit-on rester anonyme quand on gagne au Loto ou doit-on se faire connaître? Expliquez votre réponse.
2. En général, croyez-vous que les gagnants du Loto pensent comme M. Richard? Pourquoi ou pourquoi pas?
3. Généralement, que font les gagnants du Loto dans votre pays? (Cherchez sur Internet des exemples si nécessaire).
4. Est-ce que vous pensez que «l'argent fait le bonheur»? Pourquoi ou pourquoi pas?

Lexique 🔊

Mon vocabulaire

Au salon de coiffure / Chez le coiffeur

une coupe	*a hair cut*	un chignon	*hair up / hair in a bun*
une coiffure	*a hair style*	une queue de cheval	*a ponytail*
une couleur	*a hair color*	une frange	*bangs*
claire	*clear*	des tresses (f.)	*braided hair*
foncée	*dark*	un shampooing	
un balayage	*highlights*	pour cheveux secs	*for dry hair*
des cheveux	*hair*	pour cheveux gras	*for oily hair*
longs	*long*	pour cheveux colorés	*for colored hair*
mi-longs	*half-length*		
courts	*short*	l'après-shampooing	*conditioner*
lisses	*straight*	le démêlant	*anti-tangle cream*
ondulés	*wavy*	la raie	*part*
frisés	*curly*	sur le côté	*on the side*
au carré	*bob / square-cut*	au milieu	*in the middle*
en brosse	*spiky / crew-cut*	chauve	*bald*

Les services bancaires

un compte en banque	*bank account*
un compte courant	*checking account*
un compte épargne	*savings account*
un chéquier / un carnet de chèques	*checkbook*
remplir un chèque	*to write a check*
toucher un chèque	*to cash a check*
déposer un chèque / de l'argent	*to deposit a check / money (in the bank)*
une carte de crédit / une Carte Bleue	*credit card*
le mot de passe	*password*
un coffre-fort	*a safe-deposit box*

Les finances personnelles

une dette	*a debt*
avoir des dettes	*to have debts*
faire des investissements (m.) / investir / placer son argent	*to have investments*
être endetté(e)	*to be in debt*
être riche	*to be rich*
être pauvre	*to be poor*
économiser / épargner	*to save*
dépenser	*to spend*
gaspiller	*to waste*
être économe	*to be thrifty*
être dépensier (dépensière)	*to be a spendthrift (to be wasteful)*
emprunter de l'argent à quelqu'un	*to borrow money from someone*
prêter de l'argent à quelqu'un	*to lend money to someone*
faire un emprunt / emprunter de l'argent à la banque	*to take a loan / to ask for a loan*
avoir une bourse	*to have a scholarship*

Mes rêves

Courtesy of Véronique Anover and Theresa A. Antes

If you could have your ideal life, what would it be? Where would you be? Soon you will be able to answer these questions in French! In this chapter, you will learn how to talk about your wishes and your dreams.

VOCABULARY
- Expressions of emotion
- Ideal situations and your ideal self
- Traveling (by train and plane)
- Making hotel reservations

STRUCTURES
- The present conditional tense
- Prepositions used with continents, countries and cities
- Relative pronouns **qui** and **que**
- Relative pronouns **dont** and **où**

CULTURE
- French advertisements
- The French and wine

iLrn
🔊 Audio
🌐 www.cengagebrain.com

RESSOURCES

Passage 1

You are about to learn a new tense: the conditional tense **(le conditionnel).**
Before you read further about the uses and the formation of the conditional in
Structure 1, you need to know that it is used to convey hypothetical situations
that may or may not occur.

Des vacances de rêve

CD 2
Tracks
25–26

Voici une publicité parue dans le magazine *Partir loin*.[1] Regardez-la et
laissez-vous guider par vos rêves!

Vous êtes en ce moment dans votre bureau à
Montréal (au Canada) face à votre ordinateur et
vous rêvez de vacances entre palmiers et coco-

Tahiti

tiers. Alors, imaginez que
vos rêves vous portent
à Papeete (la capitale
administrative en Polynésie
française)!

Sur l'île de Tahiti, vous
pourriez[2] vous détendre et vous amuser comme
jamais. Vous **feriez** de la
plongée sous-marine; vous
dormiriez sur un hamac au
bord de la mer; vous **boiriez**
des boissons exotiques en
contem-

plant le coucher de soleil; vous
marcheriez sur les plages et
tant d'autres choses de rêves!

Vous **passeriez** les meilleures vacances de votre vie,
c'est garanti! Vous **seriez aux anges,**[3] c'est promis!
Profitez de notre offre spéciale du 4 au 15 octobre:
Montréal-Papeete une semaine, transport et hôtel
inclus, 3000 euros.

---

[1] going far away   [2] The verbs in this section are conjugated in present conditional, a new tense that you
are about to learn. The English equivalent is "could," "would," "should."   [3] you would be in heaven

L'agence de publicité qui travaille pour le magazine *Partir loin* a fait un sondage pour savoir si les gens[1] partiraient en vacances sans l'avoir prévu longtemps à l'avance.[2] Voici les questions que l'agence de publicité a posées à six personnes au Canada et les réponses de celles-ci. Après avoir lu cette publicité, rêvez-vous de sable chaud et de soleil? Si vous pouviez partir à Papeete maintenant, **partiriez**-vous en vacances en laissant[3] vos obligations derrière vous? Vous **sentiriez**-vous **coupables**[4] ou au contraire **soulagés**[5] de tout quitter?

SYLVIE (À CHICOUTIMI):

Oui, bien sûr, je **partirais**! Je serais très **heureuse** de quitter mon travail et la grisaille[6] de ma ville en hiver. Je déteste Chicoutimi en hiver! La boîte où je travaille est super cool. Mon responsable me **donnerait** mes congés sans problème.

FRÉDÉRIC (À QUÉBEC):

Non, je ne **partirais** pas tout de suite. Je **serais**[7] **angoissé** de partir sans avoir terminé mes cours à l'université.

ZOÉ ET ARNAUD (À TROIS-RIVIÈRES):

Oh, oui! Nous **partirions** sans hésiter! Nous serions **ravis** de pouvoir passer des vacances tous les deux, en amoureux à Bora Bora. Nous adorons la Polynésie française! De toute façon, on peut toujours demander à nos parents de garder nos trois enfants.

STÉPHANE ET SANDRINE (À MONTRÉAL):

Euh… Est-ce que nous **partirions** tout de suite? Non, pas tout de suite. Nous avons deux enfants à la maison qui sont encore petits. Nous **serions** très **inquiets** et **nerveux** de les avoir loin de nous. Et puis, nous **serions gênés**[8] de demander des congés à nos chefs à la dernière minute.

Et vous, partiriez-vous à Papeete tout de suite?

....

Vous avez bien compris?

Complétez les phrases avec les mots qui manquent.

1. À Papeete, vous pourriez vous _____ et vous _____.

2. Vous vous promèneriez _____.

3. Sylvie serait _____ de quitter son travail.

4. Frédéric serait _____.

5. Zoé et Arnaud seraient _____.

6. Stéphane et Sandrine seraient très _____ et très _____ d'avoir les enfants loin.

[1]people   [2]without planning   [3]leaving   [4]guilty   [5]relieved   [6]grey weather   [7]would be   [8]embarrassed

→ Mon vocabulaire ←

Les émotions

Les sentiments positifs

être aux anges	*to be in seventh heaven*
être calme	*to be calm*
être euphorique	*to be very elated*
être enchanté(e)	*to be happy / pleased*
être fier(-ère)	*to be proud*
être heureux (heureuse)	*to be happy*
être fou (folle) de joie	*to be extremely happy / excited*
être soulagé(e)	*to be relieved*

Les sentiments négatifs

être choqué(e)	*to be shocked*
être déçu(e)	*to be disappointed*
être démoralisé(e)	*to be demoralized*
être désespéré(e)	*to be desperate*
être désolé(e)	*to be sorry*
être effondré(e)	*to be devastated*
être effrayé(e)	*to be scared*
être énervé(e)	*to be nervous*
être fâché(e)	*to be mad*
être horrifié(e)	*to be horrified*
être jaloux (jalouse)	*to be jealous*
être malheureux (malheureuse)	*to be unhappy*
être indigné(e), outré(e)	*to be outraged*
être surpris(e)	*to be surprised*
être inquiet(-ète)	*to be worried*

À vous!

A. Vos sentiments. Dites comment vous vous sentez dans les situations suivantes.

> MODÈLE: Quand vous êtes chez le dentiste.
>
> *Je suis effrayé(e)!*

1. Quand vous ne réussissez pas à faire un problème de mathématiques.
2. Quand vous n'êtes pas embauché(e) pour le poste que vous désirez.
3. Quand votre petit(e) ami(e) vous demande en mariage.
4. Quand vous attendez un(e) ami(e) qui est en retard.
5. Quand vous êtes dans un avion et qu'il y a des turbulences.
6. Quand vos amis ne vous invitent pas à leur fête.

Maintenant, expliquez à un(e) camarade de classe ce que vous éprouvez dans les situations précédentes et pourquoi.

> **MODÈLE:** *Je suis effrayé(e) quand je suis chez le dentiste parce que je n'aime pas souffrir!*

B. Ravi(e) ou désolé(e)? Un(e) camarade de classe vous annonce des nouvelles. Pour chaque nouvelle, exprimez vos sentiments.

> **MODÈLE:** *J'ai gagné 10 000 dollars au casino.*
> *Je suis fou(folle) de joie!* **or**
> *Je suis jaloux (jalouse)!*

1. Je vais divorcer / Je vais rompre avec mon/ma petit(e) ami(e).
2. Je vais bientôt déménager dans un autre État.
3. Je vais m'acheter une superbe voiture.
4. Je suis allé(e) à un concert de Madonna.
5. Je vais voyager en Europe.
6. J'ai eu un accident de voiture assez grave.

 Maintenant, demandez à votre camarade si tout ce qu'il/elle vous a annoncé est vrai. Votre camarade va vous répondre s'il / si elle voudrait que ça soit vrai *(if he/she wishes for it to be true)* ou non.

> **MODÈLE:** **VOTRE CAMARADE:** *J'ai gagné 10 000 dollars au casino.*
> **VOUS:** *C'est vrai?*
> **VOTRE CAMARADE:** *Non, mais je voudrais bien!* **or**
> *Non, et je ne voudrais pas!* **or**
> *Oui, c'est vrai!*

C. Sujets d'actualité! *(Hot topics!)*. Demandez à plusieurs camarades (au moins quatre) quels sont leurs sentiments sur les sujets suivants. Commencez vos questions par «qu'est-ce que tu penses de...?»

> **MODÈLE:** l'avortement
> *J'en suis outré(e) c'est horrible!/J'en suis content, c'est une bonne chose!*

1. la peine de mort *(death penalty)*
2. la censure à la télévision
3. le nudisme sur les plages
4. la limitation de vitesse sur les autoroutes
5. la possession d'armes à feu *(fire arms)*
6. l'interdiction de fumer dans les lieux publics

Ensuite, faites un sondage avec toute la classe et dites quel sujet a provoqué le plus de sentiments positifs et négatifs.

STRUCTURE **1**

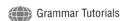
Grammar Tutorials

Le conditionnel

The **conditionnel** is considered a *mood*, rather than a tense like the present, the **passé composé** or the **imparfait**. In other words, it expresses a speaker's attitude or intentions about what he or she is saying. It expresses what the speaker *would, could* (with **pouvoir**) or *should* (with **devoir**) do. You saw the conditional used in *Passage 1*, pp. 366–367.

La formation du conditionnel

- To form the **conditionnel** of regular -**er** and -**ir** verbs, use the infinitive as the stem and add the same endings as the **imparfait**. For -**re** verbs, drop the **e** from the infinitive and add the **imparfait** endings.

aimer	finir	vendre
j'aimerais	je finirais	je vendrais
tu aimerais	tu finirais	tu vendrais
il / elle / on aimerait	il / elle / on finirait	il / elle / on vendrait
nous aimerions	nous finirions	nous vendrions
vous aimeriez	vous finiriez	vous vendriez
ils / elles aimeraient	ils / elles finiraient	ils / elles vendraient

- Some verbs with a stem-change in the present tense, also have a stem-change in the conditional for all conjugations.

infinitive	conditional stem	example
acheter	achèter-	j'achèterais
appeler	appeller-	j'appellerais

Others verbs with a stem-change in the present tense, such as **préférer,** keep their original spelling. You will have to memorize which verbs have a stem-change and which do not.

- Some verbs have an irregular stem in the conditional. These are:

aller	ir-	j'irais / nous irions
avoir	aur-	j'aurais / nous aurions
devoir	devr-	je devrais / nous devrions
être	ser-	je serais / nous serions
faire	fer-	je ferais / nous ferions
pouvoir	pourr-	je pourrais / nous pourrions
venir	viendr-	je viendrais / nous viendrions
voir	verr-	je verrais / nous verrions
vouloir	voudr-	je voudrais / nous voudrions

L'emploi du conditionnel

The **conditionnel** is generally used in three situations:

- to express the future in the past (although the events may never happen)

À Papeete, je ne **travaillerais** pas et je **m'amuserais.**

In Papeete, I would not work and I would have fun.

Dans ma vie idéale, je **serais** toujours célibataire!

In my ideal life, I would always be single!

- to be polite

Tu **devrais** arrêter de fumer.

You should stop smoking.

Je **voudrais** un kilo de crevettes, s'il vous plaît.

I would like a kilo of shrimp, please.

Pourriez-vous me donner une baguette?

Could you give me a baguette.

- to state that what is being said is based on certain conditions being met. When the conditional is used this way, a hypothetical situation is being expressed and a special type of sentence structure is needed:

si + imparfait..., *conditional.*

Si j'avais des enfants, je les **élèverais** de façon très stricte.

If I had children (but I don't), I would bring them up in a strict way.

Si vous gagniez beaucoup d'argent, est-ce que **vous achèteriez** une nouvelle voiture tous les ans?

If you earned lots of money, would you buy a new car every year?

⚑ VÉRIFIEZ votre compréhension

1. Go back to the advertisement in *Passage 1* (p. 366) and locate the verbs in the conditional. Which use of the conditional applies to each verb?

2. When the conditional is used with a **si**-clause that expresses a hypothetical situation, which part of the sentence expresses the condition that must be met in order for the other action to occur?

Pratiquons!

A. Le moi idéal. Si vous pouviez changer quelque chose en vous, que changeriez-vous? Complétez les phrases selon les changements que vous désireriez obtenir. Conjuguez les verbes au conditionnel.

1. Je _____serais_____ (être) plus optimiste / moins optimiste.
2. J' _____aurais_____ (avoir) plus d'humour / moins d'humour.
3. Je _____dirais_____ (dire) / Je ne _____dirais_____ (dire) pas toujours ce que je pense.
4. Je _____ferais_____ (faire) attention à ne pas offenser mes amis. / Je _____ferais_____ (faire) attention à ce que mes amis ne m'offensent pas.
5. Je _____comprendrais_____ (comprendre) mieux mes amis. / Mes amis me _____comprendraient_____ (comprendre) mieux.
6. Je m' _____accepterais_____ (accepter) comme je suis. / Les autres m' _____accepteraient_____ (accepter) comme je suis.
7. J' _____écouterais_____ (écouter) plus / moins mes parents.
8. Je _____perdrais_____ (perdre) du poids *(to lose weight)*. / Je ne _____perdrais_____ (perdre) pas de poids.
9. Pour être plus zen, je _____practiquerais_____ (pratiquer) la méditation / le yoga.
10. Je me _____regarderais_____ (regarder) plus / moins dans le miroir.

B. Et si... À tour de rôle, demandez à un(e) camarade de classe d'indiquer ce qu'il/elle ferait ou comment il/elle se sentirait dans les situations suivantes.

> **MODÈLE:** Si ton chien *mourait...* (être malheureux / acheter un autre chien / ne jamais acheter un autre animal domestique)
>
> E1: *Si ton chien mourait, est-ce que tu serais malheureux(-euse)? Est-ce que tu achèterais un autre chien?*
>
> E2: *Je serais malheureux(-euse) si mon chien mourait. J'achèterais tout de suite un autre chien.* **ou** *Je n'achèterais jamais un autre animal domestique de ma vie.*

1. Si ta voiture tombait en panne en plein milieu du désert... (<u>rester</u> calme et <u>attendre</u> que quelqu'un passe / <u>être</u> désespéré(e) parce que... <u>penser</u> que personne ne viendra *[will come]*)
2. Si un voleur entrait chez toi pendant que tu y étais... (<u>être</u> effrayé(e) et <u>sortir</u> par la porte ou par la fenêtre la plus proche / <u>confronter</u> le voleur et <u>téléphoner</u> à la police)
3. Si tu surprenais ton/ta petit(e) ami(e) dans les bras d'un(e) autre... (<u>être</u> fou (folle) de joie parce que ça <u>être</u> une bonne excuse pour le/la quitter / <u>être</u> outré(e) et... <u>faire</u> la même chose!)
4. Si tu n'avais pas assez d'argent pour payer l'addition au restaurant... (<u>être</u> gêné(e) et <u>payer</u> en lavant les assiettes! / <u>partir</u> sans payer!)
5. Si les producteurs de *Survivor* te choisissaient comme protagoniste... (<u>être</u> euphorique et <u>aller</u> au centre commercial m'acheter des vêtements / <u>être</u> très heureux(-euse) et <u>visiter</u> des endroits exotiques)
6. Si tes rêves se réalisaient... (<u>être</u> surpris(e) mais <u>pouvoir</u> enfin vivre aux Caraïbes / <u>être</u> aux anges parce que... ne <u>travailler</u> plus de ma vie)

C. Le ferais-tu? Demandez à plusieurs camarades de classe s'ils feraient les choses suivantes. Ensuite, commentez les réponses de vos camarades à la classe.

1. Le premier Starbucks en France a ouvert ses portes à Paris en 2003. Boirais-tu un café ou un thé à Starbucks à Paris? Pourquoi?
2. Les Français ont des chaînes de fast-food comme Quick ou Buffalo Grill, mais ils ont aussi des chaînes américaines comme McDo et Pizza Hut. Iriez-vous manger dans un fast-food si vous étiez en vacances en France? Auquel *(To which one)* iriez-vous, au fast-food français ou américain? Pourquoi?
3. Saviez-vous *(Did you know)* qu'au McDo dans toute l'Europe francophone on peut boire de la bière ou du vin? Prendriez-vous un pot *(have a drink)* au McDo si vous étiez en visite en France, en Suisse ou en Belgique? Pourquoi?
4. En France, vous pouvez loger dans les motels Formule 1 qui sont bon marché et qui sont «self-service». C'est-à-dire que quand vous arrivez, vous accédez à la chambre avec votre carte de crédit. Votre carte de crédit est à la fois votre clé et votre moyen de paiement. Passeriez-vous une nuit dans un hôtel de ce genre, sans surveillance et sans réception? Pourquoi?
5. En France, les toilettes publiques dans les magasins sont parfois payantes. Utiliseriez-vous quand même les toilettes? Pourquoi?
6. Comme vous le savez déjà, en Europe francophone, sur la plupart des plages il est courant de faire du topless. Le feriez-vous? Pourquoi? (Si vous êtes un homme, feriez-vous du nudisme? Pourquoi?)

Portrait personnel

Demandez à votre camarade de classe de vous décrire son «moi idéal». (Vous pouvez vous inspirer de l'Activité A, *Le moi idéal.*) Comment est-ce que votre camarade voudrait être? Écrivez un paragraphe sur le «moi idéal» de votre camarade de classe.

Courtesy of Véronique Anover and Theresa A. Antes

Regardez la photo d'un McDo en France. Que veut dire "Guichet Vente à emporter"? Est-ce que ce McDo est différent de ceux qu'on trouve aux États-Unis? Pourquoi?

STRUCTURE 2

Les prépositions des lieux géographiques

Avec les villes

- **à**

Use the preposition **à** when talking about going toward, living in, or being in a city.

Je vais **à** Bordeaux.	*I'm going to Bordeaux.*
J'habite **à** Bordeaux.	*I live in Bordeaux.*
Je suis **à** Bordeaux.	*I'm in Bordeaux.*

- **de**

Use the proposition **de** when talking about coming from or leaving a city.

Béatrice vient **de** Paris.	*Béatrice comes from Paris.*
Mes parents sont **de** Lyon.	*My parents are from Lyon.*
Le train part **de** Rome.	*The train is leaving from Rome.*

- No preposition is used when talking a bout a city you are visiting or that you (dis)like.

Je visite Montréal.	*I'm visiting Montreal.*
J'adore Berlin!	*I love Berlin!*

Avec les pays et les continents

Countries and continents in French are either feminine or masculine. Feminine countries end in **e**, with a few exceptions, like for instance **le Mexique,** which is masculine. Study the following maps. The feminine countries are in red, the masculine countries in green.

- When talking about going toward, living in or being in a country or continent, use the following prepositions.

Feminine countries	en	J'habite **en** France. *I live in France.*
Masculine countries (singular)	au	Je vais **au** Maroc. *I'm going to Morocco.*
Masculine countries (singular beginning with a vowel sound)	en	Je suis **en** Iran. *I'm in Iran.*
Plural countries	aux	Mes parents habitent **aux** États Unis. *My parents live in the United States.*

- When talking about coming from or leaving a country or continent, use the following prepositions.

Feminine countries	de	Je suis **de** Belquique. *I'm from Belgium.*
	d'	Elle est **d'**Afrique. *She's from Africa.*
Masculine countries (singular)	du	Pierre part **du** Portugal. *Pierre's leaving Portugal.*
Masculine countries (singular beginning with a vowel sound)	d'	Anne rentre **d'**Iran. *Anne is coming home from Iran.*
Masculine countries (plural)	des	Je rentre bientôt **des** Pays-Bas. *I am leaving the Netherlands soon.*

- No preposition is used when talking a bout a country or continent you are visiting or that you (dis)like. Instead, the definite article **(le, la, les)** is used.

Marc visite **le** Japon. *Marc is visiting Japan.*

J'aime **la** France. *I love France.*

Nous adorons **les** États Unis. *We adore the United States.*

Avec les îles

- When talking about going toward, living on or being on an island, use **à** or **aux**.

J'habite **à** Tahiti. *I live in Tahiti.*

Nous allons **aux** Caraïbes. *We're going to the Caribbean.*

- When talking about coming from or leaving an island, use **de, d',** or **des.**

Arrivez-vous **de** Bora Bora? *Are you arriving from Bora Bora?*

Il vient **d'**Islande. *He's from Island.*

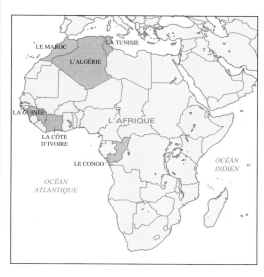

Pratiquons!

A. Un long voyage! Sylvie a fait un long voyage pendant les vacances d'été. Elle va vous le raconter. Écrivez les prépositions ou les articles corrects.

Bonjour de Paris, mes amis! Je suis rentrée hier (1) __du__ Maroc où j'ai passé un super séjour (2) __en__ Afrique du Nord. D'abord, j'ai visité (3) __l'__ Algérie. Je suis restée (4) __à__ Alger, la capitale, pendant trois jours. Après, je suis allée (5) __en__ Tunisie. J'ai passé une semaine (6) __à__ Tunis, la capitale. J'adore (7) __la__ Tunisie! Pour finir, je suis partie (8) __de__ Tunisie en avion pour aller visiter (9) __le__ Maroc. Bien sûr, je suis restée (10) __à__ Casablanca. J'étais très triste de quitter les dunes au sable chaud et de retrouver la circulation et la grisaille parisiennes.

B. Vous connaissez votre géographie? En groupes de trois ou quatre, dites dans quels pays se trouvent les villes suivantes. L'équipe qui a trouvé le plus grand nombre de pays a gagné!

> **MODÈLE:** New York
> *New York se trouve aux États-Unis.*

1. Tijuana
2. Malaga
3. Édimbourg
4. Lisbonne
5. Turin

6. Larissa
7. Berne
8. Tanger
9. Oran
10. Laval

11. Helsinki
12. Oslo
13. Shanghai
14. Lima
15. Kyoto

C. Tes voyages. Posez les questions suivantes à un(e) camarade de classe à propos de ses voyages.

1. Quels pays as-tu visités? (Ou quelles villes américaines as-tu visitées?)
2. Quels pays et quelles villes voudrais-tu visiter? Pourquoi?
3. Quelle est la ville américaine que tu aimes le plus? Et le moins? Pourquoi?
4. Dans quelle ville, quel pays ou État ne veux-tu jamais aller? Pourquoi?
5. Dans quelle ville ou quel pays as-tu passé tes dernières vacances?
6. Où irais-tu si tu avais beaucoup d'argent et beaucoup de temps libre? Pourquoi?

À vous de parler!

A. Si j'étais à ta place... (*If I were in your shoes . . .*). Vous êtes au bistrot avec des amis. Vous parlez de vos problèmes personnels. Vous demandez à vos amis de vous donner des conseils afin de résoudre vos problèmes. En groupe de quatre, composez un dialogue en tenant compte des problèmes suivants. Commencez en exprimant vos sentiments: «Je suis désolé(e)...»; «Je suis préoccupé(e)...». Ensuite, continuez avec la phrase «Si j'étais à ta place...».

1. Étudiant(e) 1: Je suis kleptomane. Chaque fois que je vais dans un magasin, je vole quelque chose.
2. Étudiant(e) 2: Moi, je suis dépensier (dépensière): je ne peux pas arriver à la fin du mois avec assez d'argent pour payer mon loyer.
3. Étudiant(e) 3: Eh bien moi, je transpire beaucoup, même quand je reste assis(e) et malgré (*despite*) les douches. J'ai peur d'incommoder mon entourage.[1]
4. Étudiant(e) 4: Alors moi, je perds tout: mes clés, mon sac, mes lunettes, etc. En plus, je ne sais jamais où sont mes affaires. Je suis très désordonné(e)!

B. Les époux modèles. Vous travaillez dans une clinique spécialisée en thérapie de couple. Vous êtes chargé(e) d'élaborer une brochure où vous indiquez les conditions idéales pour assurer une bonne entente dans un couple. Ensuite, présentez votre brochure à la classe. Décidez quel groupe a élaboré la meilleure brochure.

> **MODÈLE:** *Le compagnon idéal devrait écouter sa femme*
> *et ne jamais dire des mensonges* (lies) *à sa femme...*

C. L'office de tourisme. Vous travaillez pour l'office de tourisme. En groupe de quatre, choisissez un pays francophone et préparez une présentation orale dans le but de faire découvrir à vos touristes potentiels (vos camarades) les beautés et les spécialités des villes et des pays que vous avez choisis. Une fois que tous les groupes ont présenté leur pays, dites quel(s) pays vous voudriez découvrir et pourquoi.

Gilles Paire/Fotolia.com

[1]I am afraid I will make people uncomfortable [with my body odor].

La publicité, c'est comme ça en France

En France, les publicités (ou spots, ou pubs) à la télé durent de 15 à 30 secondes maximum. Les films ne sont pratiquement pas interrompus (une fois ou deux fois tout au plus, selon les chaînes) et il n'y a pas de publicité pendant la diffusion des journaux télévisés. De plus, il est interdit de passer de la pub entre les programmes pour enfants. D'ailleurs, du fait de l'augmentation de l'obésité infantile, les publicités pour la jeunesse ne peuvent plus montrer[1] d'enfants sédentaires qui mangent des sucreries ou qui grignotent. On a même suggéré que les spots alimentaires soient[2] éliminés pendant les émissions pour les enfants, mais cette proposition a été refusée.

À la télé, on annonce l'arrivée de la pub avant sa diffusion. Ainsi on peut voir sur les écrans «Publicité» avant la transmission du premier spot publicitaire. Comme ça, on sait toujours que ce qu'on[3] regarde est bien de la pub et non la continuation du film!

Dans les magazines féminins, à la télévision et sur les panneaux publicitaires, les publicités pour l'alimentation sont nombreuses et savoureuses. Elles reflètent l'art culinaire français ainsi que l'importance de la présentation des aliments sur la table et dans les plats. Elles font appel à tous les sens: la vue, mais aussi l'odorat et le goût.

LES TRÉS OR DU TEMPS

FO 423/1 et FO 413/2
Montres dame en or 18 carats
avec et sans brillants, respectivement
Mouvement Suisse à quartz et verre Saphir

FESTINA

Courtesy Festina

En France, quand vous ouvrez un magazine, vous regardez la télé ou vous vous promenez dans les rues des villes, vous allez peut-être être surpris par la nudité souvent présente dans les publicités. En effet, dans les publicités françaises, le corps (féminin et masculin) est exposé sans tabous. En général, il est plus fréquent de voir une femme nue, qu'un homme nu. Ceci bien sûr est cause de mécontentement et de protestations de la part des groupes politiques ou sociaux pour la défense de la femme qui sont contre les images sexistes parce qu'elles ne respectent pas la dignité des femmes. Ces mêmes groupes affirment que ce n'est pas la nudité qui pose un problème, mais la vulgarité et la violence que l'on voit dans les spots publicitaires. En résumé, la publicité en France s'inspire de la culture française: elle se veut intelligente et perspicace, sensuelle et sexuelle, humoristique et provocante, attrayante et parfois choquante. En effet, en général, les Français apprécient énormément l'intelligence, la finesse et la subtilité, sans oublier leur passion pour les jeux de mots (une rhétorique qui suggère au lieu de dévoiler à la fois qu'elle fait sourire), la gastronomie, le corps et l'esprit.[4] En somme, les publicités font rêver et réveillent tous les sens!

Réfléchissons!

1. Dans votre pays y a-t-il de la nudité dans la publicité comme en France? Expliquez votre réponse.

2. Donnez votre opinion sur la nudité dans la publicité. D'après vous, est-ce une bonne ou une mauvaise chose? Pourquoi?

3. En quoi est-ce que la publicité télévisée française est différente de la publicité télévisée américaine? Donnez des exemples.

4. Y a-t-il des publicités pour l'alimentation aux États-Unis? Comment sont-elles? À qui s'adressent-elles?

5. Est-ce que la publicité américaine est aussi un reflet de la culture comme en France? Donnez des exemples.

[1]show   [2]be   [3]what one   [4]body and mind

Passage 2

🔊 Un voyage en avion

CD 2
Tracks
27–31

Luc et Léa viennent de se marier. Ils sont à l'aéroport de Paris-Orly. Ils partent en voyage en Guadeloupe, à Pointe-à-Pitre, pour leur lune de miel[1]. Nous allons les accompagner!

À l'enregistrement au comptoir d'Air France

Luc et Léa ont deux valises et deux bagages à main. Luc place les deux grosses valises qu'il porte péniblement sur le tapis roulant pour les enregistrer. L'hôtesse au sol a quelques questions.

L'HÔTESSE:	Vous voulez enregistrer deux valises?
LUC:	Oui, c'est bien ça.
L'HÔTESSE:	Combien de bagages à main avez-vous?
LÉA:	Nous en avons deux.
L'HÔTESSE:	Très bien. Veuillez me montrer vos billets d'avion et une pièce d'identité, s'il vous plaît. Avez-vous une carte Flying Blue[2]?
LÉA:	Voici nos passeports et nos billets. Et voici notre carte Flying Blue d'Air France.
L'HÔTESSE:	Voyons… Voici les sièges que vous avez réservés: 15B et 15C.
LÉA:	Parfait! Ce sont les sièges où je me sens le mieux. Juste au centre de l'avion, à côté des ailes[3].
L'HÔTESSE:	Votre vol à destination de Pointe-à-Pitre est direct—sans escale. L'embarquement[4] s'effectuera à 15 heures 30 au terminal T, porte 10.

[1]honeymoon   [2]frequent flyer   [3]wings   [4]boarding

À la douane

LE DOUANIER:	Bonjour. Vos pièces d'identité et vos billets d'avion, s'il vous plaît.
LUC ET LÉA:	Bonjour, Monsieur. Les voilà.
LE DOUANIER:	Vous partez en Guadeloupe?
LUC:	Oui, nous allons passer notre lune de miel en Guadeloupe. Nous allons visiter la Guadeloupe et après, nous irons à Fort-de-France en Martinique.
LE DOUANIER:	Vous avez de la chance! Ce sont deux îles dont on m'a beaucoup parlé mais je ne les ai pas encore visitées. Bon, je vois que tout est en règle! Bon voyage!

Au terminal

LE HAUT-PARLEUR:	*Embarquement immédiat porte 10 pour les passagers à destination de Pointe-à-Pitre sur le vol AF 1777.*
LÉA:	Vite, Luc, dépêche-toi. Nous allons rater[1] notre vol!
LUC:	J'arrive, Léa. Je porte des bagages à main qui sont très lourds, tu sais!

À bord du vol AF 1777

L'HÔTESSE DE L'AIR:	Mesdames et Messieurs, bonjour! Le capitaine Yvan Cendrard et tout l'équipage du vol Air France 1777 à destination de Pointe-à-Pitre vous souhaitent la bienvenue à bord. Le décollage aura lieu dans quelques instants. Veuillez attacher vos ceintures de sécurité, merci.
LÉA:	Super! On est assis à côté de la sortie de secours! Comme ça, on a plus d'espace!
LUC:	Ou comme ça, on peut sortir les premiers si l'avion s'écrase[2]!

[1]miss   [2]crashes

Conversation sur les réservations

Luc: Dis donc, Léa, tu as bien réservé une chambre d'hôtel avec vue sur la mer, non?

Léa: Non, tu vois, j'ai réservé une chambre sans balcon, sans salle de bains, avec deux lits et qui donne sur un parking!

Luc: Ne te moque pas de moi, Léa! Je voudrais que tout soit parfait. C'est notre lune de miel, ma chérie.

Léa: Oui, mon amour, je sais, moi aussi. Ce soir, on pourrait aller sur la place de la Victoire, dîner et regarder les gens passer. Demain, on pourrait visiter les maisons coloniales ou le musée Saint-John Perse. Qu'est-ce que tu en penses?

Luc: Doucement, Léa! Je préfère me reposer sur la plage près de l'hôtel, boire un ti-punch[1] et prendre des photos de nous, en amoureux!

....

Vous avez bien compris?

Identifiez les dessins avec les mots suivants.

1. le décollage
2. l'enregistrement
3. l'hôtesse de l'air
4. la valise
5. la ceinture de sécurité
6. l'embarquement

a. l'embarquement

b. le décollage

c. la valise

d. la ceinture de sécurité

e. l'enregistrement

f. l'hôtesse de l'air

[1] **un ti-punch:** c'est une boisson à base de rhum, de sucre et de citrons verts. ("Ti" vient du mot "petit").

→ Mon vocabulaire ←

Les trains

1. le wagon-lits / le train-couchettes
2. la voiture-restaurant
3. la voie
4. le quai
5. l'horaire *(m.)* des trains

6. un billet première classe (seconde classe)
7. le guichet
8. composter un billet

À l'aéroport et dans l'avion

le steward *(m.)* / l'hôtesse *(f.)* de l'air	*flight attendant*
l'agent *(m.)* / l'hôtesse au sol	*airline agent*
l'enregistrement *(m.)* des bagages	*to check-in luggage*
un baggage à main	*carry-on luggage*
une valise	*a suitcase*
le contrôle sûreté	*security*
l'embarquement *(m.)*	*boarding*
la porte	*the gate*
le pilote	*the pilot*
les turbulences *(f.)*	*turbulence*
rater le vol	*to miss a flight*
un billet aller-retour	*a round-trip ticket*
un aller simple	*a one-way ticket*
un siège / une place près de la fenêtre	*a seat near the window*
un siège / une place près du couloir	*a seat near the aisle*
la première classe	*first class*
la classe économique	*coach class*
la salle de livraison des bagages	*baggage claim*

la carte d'embarquement / la carte d'accès à bord   la remise des bagages   l'avion *(m.)* atterrit / l'atterrissage *(m.)*   l'avion décolle / le décollage *(m.)*

Les touristes

Les touristes doivent:

réserver une chambre d'hôtel

avec un lit double

avec deux lits

qui donne sur *(that overlooks)* (la mer / la rue / le parking / le jardin / etc.)

avec balcon

réserver une table au restaurant

pour deux / pour quatre

à l'intérieur / à l'extérieur

Les touristes peuvent:

aller aux musées *(m.)*

admirer / regarder les tableaux *(m.)* / les peintures *(f.)*

admirer / regarder les sculptures *(f.)*

apprendre l'histoire *(f.)* régionale

visiter les monuments *(m.)*

voir / découvrir les statues *(f.)*

les maisons traditionnelles

les places publiques et regarder les gens passer

les parcs nationaux

se reposer

sur un banc / sur le sable

couché sous un arbre

près d'un lac

goûter les spécialités régionales

les vins *(m.)* de la région

les plats *(m.)* typiques

acheter des souvenirs *(m.)* et faire du shopping

prendre des photos *(f.)*

en couleur

en noir et blanc

numériques

À vous!

A. L'interprète. Vous êtes interprète pour l'aéroport de Paris-Orly. Vous aidez les passagers qui désirent recevoir un service ou obtenir un renseignement en traduisant pour eux. Pour chacune des situations suivantes, choisissez la réponse correcte.

1. Un voyageur voudrait savoir l'heure de départ de son TGV (train à grande vitesse). Il part pour Nantes. Quelle question doit-il poser?
   a. «À quelle heure arrive le TGV en provenance de *(from)* Nantes?»
   b. «À quelle heure arrive le TGV qui vient de Nantes?»
   c. «À quelle heure part le TGV à destination de Nantes?»

2. Des voyageurs à Lyon souhaitent aller à Bruxelles. Ils ne veulent pas revenir à Lyon après. Que disent-ils pour faire leur réservation?
   a. «Nous voudrions un aller simple pour Bruxelles.»
   b. «Nous voudrions un billet aller-retour.»
   c. «Nous voudrions réserver une place en première classe.»

3. Un passager voudrait voyager de nuit et dormir dans le train à destination de Strasbourg. Comment va-t-il faire sa réservation?
   a. «Je voudrais réserver une couchette pour le train en provenance de Strasbourg.»
   b. «Je voudrais acheter un billet dans un wagon-lits pour le train à destination de Strasbourg.»
   c. «Je voudrais acheter un billet dans la voiture-restaurant en provenance de Strasbourg.»

4. Un passager a quatre valises. Il veut monter dans l'avion sans ses quatre valises. Que dit-il à l'hôtesse au sol?
   a. «Je voudrais mettre mes quatre valises dans le compartiment.»
   b. «Je voudrais enregistrer mes quatre valises.»
   c. «Je voudrais chercher mes quatre valises à la salle de livraison des bagages.»

5. Un voyageur voudrait savoir à quelle heure il faut monter dans l'avion. Comment pose-t-il cette question à l'agent au sol?
   a. «À quelle heure est l'atterrissage?»
   b. «À quelle heure est le décollage?»
   c. «À quelle heure est l'embarquement?»

6. Une dame veut être assise à côté de la fenêtre dans l'avion parce qu'elle est malade si elle ne peut pas regarder à l'extérieur. Que dit-elle à l'hôtesse au sol?
   a. «Je voudrais un siège près de la sortie de secours.»
   b. «Je voudrais un siège près du couloir.»
   c. «Je voudrais un siège près de la fenêtre.»

B. La bonne réponse. En petits groupes, trouvez la bonne réponse aux questions suivantes. Essayez de faire cette activité sans regarder **Mon vocabulaire!**

1. Quel type de billet achète-t-on quand on a un petit budget?
2. Qui sont les personnes qui s'occupent des *(deal with)* passagers dans l'avion?
3. Où va-t-on chercher les bagages?
4. Que fait-on pour valider un billet à la gare?
5. Que fait un avion qui arrive à sa destination finale?
6. Où est-ce que les passagers attendent leurs trains?

C. Quel genre de voyageur (voyageuse) êtes-vous? Est-ce que vous êtes un(e) bon(ne) ou un(e) mauvais(e) voyageur (voyageuse)? Posez les questions suivantes à votre camarade de classe pour le découvrir.

1. Quand tu rentres aux États-Unis après un voyage à l'étranger, est-ce que tu rapportes des produits qui sont interdits dans ton pays (par exemple, du fromage frais, de la viande, des cigares, des fruits)?
2. Tu es dans l'avion et tu as un siège près des toilettes. Une femme enceinte entre dans l'avion et son siège est loin des toilettes. Est-ce que tu lui proposes ta place?
3. Derrière toi dans l'avion, il y a un enfant qui pleure constamment. Est-ce que tu te retournes et dis à sa mère de le faire taire *(make him/her quiet)*?
4. Est-ce que tu as peur des turbulences? Que fais-tu quand il y a des turbulences dans l'avion?
5. Quel genre de touriste es-tu? Est-ce que tu aimes visiter les musées? Les maisons typiques? Ou préfères-tu te reposer, regarder les gens passer et goûter les spécialités locales?
6. Est-ce que tu as déjà raté un vol? En général arrives-tu en retard ou à l'heure à l'aéroport?
7. Est-ce que tu restes assis(e) sur ton siège avec la ceinture de sécurité attachée ou est-ce que tu circules dans la cabine pendant le vol?
8. Est-ce que tu réserves une chambre d'hôtel avant le départ ou à l'arrivée?

Maintenant, vous pouvez répondre à la question initiale. D'après vous, est-ce que vos camarades sont de bons ou de mauvais voyageurs? Pourquoi?

Portrait personnel

Avec les renseignements que vous avez obtenus à l'Activité C, décrivez quel genre de voyageur (voyageuse) est votre camarade de classe.

STRUCTURE ③

 Grammar Tutorials

Les pronoms relatifs *qui* et *que*

Clauses and relative clauses

- A *clause* is a group of words containing a subject and a corresponding conjugated verb. Some clauses can stand alone as complete sentences (*independent* clauses), others cannot (*dependent* clauses).

- A *relative clause* is a dependent clause that often provides more information about a noun. In French, it always begins with a relative pronoun. (In English, the pronoun is sometimes omitted.) The clauses in boldface below are relative clauses.

L'agent **qui m'a aidé** était gentil.	*The agent **that helped me** was nice.*
Le billet **que j'ai acheté** n'était pas cher.	*The ticket **(that) I bought** wasn't expensive.*

- Relative pronouns are used to avoid repetition of a noun when linking two clauses together. The relative pronoun replaces a noun in one of the clauses.

  J'ai acheté **une carte postale. La carte postale** montre une vue de la tour Eiffel.

  J'ai acheté une carte postale **qui** montre une vue de la tour Eiffel.

  J'ai acheté **une carte postale.** Je vais envoyer **cette carte postale** à ma mère.

  J'ai acheté une carte postale **que** je vais envoyer à ma mère.

Qui and *que*

The two most common relative pronouns in French are **qui** and **que,** which correspond to *that, who,* or *which,* depending on the context.

- The pronoun **qui** is used as the subject of a relative clause. It can refer to people, ideas, places, and things. It is always followed by a conjugated verb.

C'est l'agent **qui parle anglais.**	*That's the agent who speaks English.*
Voilà une carte postale **qui montre une belle vue.**	*There's a postcard that shows a beautiful view.*

- The pronoun **que** is used as the direct object of a relative clause. It can refer to people, ideas, places, and things. It is always followed by a subject and conjugated verb.

Je n'ai pas trouvé une carte postale **que j'aime.**	*I didn't find a postcard (that) I liked.*
Rachid est l'homme d'affaires **que nous avons rencontré.**	*Rachid is the businessman (that) we met.*

Attention! The pronoun **que** becomes **qu'** before a vowel sound, and since it is a direct object, if it precedes a verb in the **passé composé**, the past participle must agree in number and gender.

Les tee-shirts **qu'elle a achetés** étaient chers.   *The t-shirts she bought were expensive.*

⚑ VÉRIFIEZ votre compréhension

Les phrases suivantes sont tirées du dialogue du **Passage 2**. Trouvez le(s) pronom(s) relatif(s) dans chaque phrase, et expliquez ce que chaque pronom remplace et la fonction grammaticale dans la proposition relative. Pour la phrase 2, expliquez l'accord du participe passé «réservés».

1. Luc place les deux grosses valises qu'il porte péniblement sur le tapis roulant pour les enregistrer.
2. Voici les sièges que vous avez réservés.

Voici un garçon qui regarde par la fenêtre d'un avion. Complétez la phrase: Le garçon est assis sur un _____ près de la _____ et il a la _____ de _____ attachée. Et vous, où aimez-vous être placé(e) dans un avion?

🔊 À l'écoute!

Sujet ou objet direct? Dites si le pronom relatif dans les phrases suivantes a la fonction grammaticale sujet ou objet **direct.**

	sujet	objet
1.	_____	_____
2.	_____	_____
3.	_____	_____
4.	_____	_____
5.	_____	_____

La France Gastronomique

Regardez la carte de France avec les produits régionaux pour chaque région. Quels produits avez-vous goûtés? Dites si vous avez aimé ou pas.

Pratiquons!

A. Une visite à Paris. Reliez les deux phrases par un pronom relatif pour créer une seule phrase. Faites l'accord du participe passé, si nécessaire.

> **MODÈLE:** La dernière fois que j'ai visité Paris, je suis resté dans un hôtel. L'hôtel se trouvait près de la Sainte-Chapelle.
>
> *La dernière fois que j'ai visité Paris, je suis resté dans un hôtel **qui** se trouvait près de la Sainte-Chapelle.*

1. C'était un vieil[1] hôtel. Il avait beaucoup de charme.
2. J'ai loué une chambre. La chambre donnait sur la terrasse.
3. Le soir, j'ai écrit des cartes postales. J'ai envoyé ces cartes postales à tous mes amis.
4. Pendant la journée, j'ai visité des musées. Ces musées étaient très différents les uns des autres.
5. Un jour, je suis allé au musée d'Orsay. Ce musée est consacré à l'art impressionniste.
6. Là, j'ai vu de très belles peintures. J'ai beaucoup aimé ces peintures.
7. J'étais très triste de quitter cette ville. J'adore cette ville!

B. Le billet composté. Complétez le texte par **qui** ou **que (qu')**, selon le cas.

Hier, j'ai pris le premier train (1) _qui_ partait pour Bruxelles comme tous les lundis. J'étais en première classe avec des hommes d'affaires (2) _qui_ travaillaient sur leur ordinateur. Quand le contrôleur est passé dans notre voiture, je ne pouvais pas trouver le billet (3) _que_ j'avais composté. Le contrôleur (4) _qui_ était très gentil, m'a dit que je pouvais lui montrer mon billet la semaine prochaine. J'ai finalement retrouvé mon billet, un billet (5) _que_ je ne perdrais plus! Heureusement que le train (6) _que_ je prends a toujours le même contrôleur!

C. Révélations. Faites les révélations suivantes à un(e) camarade de classe. Complétez les phrases suivantes de façon logique. Qui a fait les révélations les plus surprenantes? Pourquoi?

1. L'homme / La femme que j'aime, c'est...
2. Le plus grand mensonge que j'ai dit, c'est...
3. La personne qui me connaît le mieux, c'est...
4. La chose la plus folle que j'ai faite, c'est...
5. La chose qui me rend triste, c'est...
6. La chose qui m'amuse, c'est...

---

[1]When the adjective "vieux" (masculine) is placed before a noun that starts with a vowel (or an "h"), it must be changed to "vieil". Example: un vieil ami. The same occurs with "beau" and "nouveau". Examples: Un bel appartement. Un nouvel hôpital.

STRUCTURE 4

Les pronoms relatifs *dont* et *où*

- The relative pronoun **dont** replaces nouns that are objects of the preposition **de.** It can refer to people or things and often translates as *whose, of whom, of which,* or *about which.*

  J'ai deux frères **dont** je suis très fière.   *I have two brothers of whom I am proud.*

  (J'ai **deux frères.** Je suis très fière **de mes frères.**)

  Cette femme, **dont je connais la fille,** habite à Paris.   *That woman, whose daughter I know lives, in Paris.*

  (**Cette femme** habite à Paris. Je connais la fille **de cette femme.**)

- The relative pronoun **où** is used to replace a specific place, date, or time. It translates into English as either *where* or *when.*

  Voici le café **où** j'ai rencontré mon mari.   *Here's the café where I met my husband.*

  (Voici **le café.** J'ai rencontré mon mari **dans ce café.**)

  C'était le jour **où** j'ai rencontré mon mari.   *It was the day (when) I met my husband.*

  (C'était un **jour** mémorable. J'ai rencontré mon mari **ce jour-là.**)

⚑ VÉRIFIEZ votre compréhension

Ces phrases sont extraites du ***Passage 2***. Trouvez les pronoms relatifs et expliquez leur fonction grammaticale.

1. Ce sont les sièges où je me sens le mieux.
2. Ce sont deux îles dont on m'a beaucoup parlé

Pratiquons!

A. Près de la Sorbonne. Reliez les deux phrases par le pronom relatif **dont** ou **où,** pour créer une seule phrase.

1. Près de la Sorbonne, il y a beaucoup de petits restaurants. Les étudiants peuvent bien manger dans ces restaurants et pour pas trop cher.
2. Dans le Quartier latin il y a le fameux café de Flore. Les gens parlent souvent de ce café parce que beaucoup d'écrivains célèbres y allaient.
3. Dans le Quartier latin, il y a pas mal de bars. On peut sortir avec ses amis dans ces bars.
4. Sur le campus, il y a une grande bibliothèque. Je travaille souvent dans cette bibliothèque.
5. Près de la Sorbonne, il y a un fleuriste. Je me souviens *(remember)* bien de ce fleuriste—j'y ai acheté beaucoup de fleurs.

B. Tous ensemble! Terminez les phrases suivantes par le pronom relatif approprié **(qui, que, où** ou **dont)** et une deuxième proposition logique. Pour vous aider, les phrases 1 et 2 sont à choix multiples. Après, c'est à vous de créer une proposition relative logique.

1. Paris est une ville...
    où ___c___   a. on parle souvent.
    qui ___d___   b. j'aime beaucoup.
    qu(e) ___b___   c. les touristes dépensent beaucoup d'argent.
    dont ___a___   d. ne dort jamais.

2. Le Canada est un pays...
    qui ___b___   a. on parle joual.[1]
    qu(e) ___c___   b. est officiellement bilingue.
    où ___a___   c. il ne connaît pas très bien.
    dont ___d___   d. j'ai quelques photos.

3. Bruxelles est une ville...
    qui _____
    que _____
    où _____

4. (votre ville) est un endroit...
    où _____
    dont _____
    qui _____

 C. Interactions. Posez les questions suivantes à un(e) camarade de classe. Ensuite, rapportez ses réponses à la classe en utilisant une phrase avec une proposition relative.

1. Est-ce qu'il y a un professeur de lycée dont tu te souviens *(remember)* bien? Pourquoi?
2. Est-ce qu'il y a une chose que tu regrettes de ta vie universitaire?
3. Y a-t-il un voyage que tu aimerais faire? Lequel *(Which one)*? Pourquoi?
4. Est-ce qu'il y a une carrière qui t'intéresse beaucoup? Quelle carrière et pourquoi?
5. Y a-t-il un restaurant où tu manges beaucoup? C'est quel type de cuisine?
6. Y a-t-il un pays dont la langue et la culture t'intéressent? Quel pays? Pourquoi?

[1]**Joual** is a dialect spoken in the province of Quebec.

En vous basant sur les réponses de votre camarade de classe obtenues à l'Activité C, écrivez un paragraphe pour décrire les goûts de votre camarade de classe.

- Quels regrets a-t-il/elle?
- Quel(s) voyage(s) voudrait-il/elle faire? Pourquoi?
- Quelle carrière professionnelle l'intéresse et pourquoi?
- Quelle est la cuisine qu'il/elle préfère?

À vous de parler!

A. Une pub! En groupe de trois ou quatre, créez une publicité télévisée pour votre ville. Dites ce qu'il faut voir et faire pendant la visite de votre ville. Soyez très imaginatifs et créatifs—vous voulez attirer des touristes chez vous! Quand vous aurez fini, présentez votre pub au reste de la classe. (Utilisez autant de pronoms relatifs que possible!)

B. Un voyage difficile! Votre ami(e) et vous êtes à l'aéroport dans un pays francophone. Vous voulez partir en voyage (choisissez votre destination), mais vous avez beaucoup de problèmes. Par exemple, vous êtes au comptoir de la compagnie aérienne et vous voulez enregistrer vos bagages. L'hôtesse (ou l'agent) au sol n'est pas très sympathique et il y a des problèmes: votre siège n'est pas réservé, votre valise pèse trop lourd, etc. Ensuite, au contrôle sûreté et à la douane les problèmes continuent. À la porte d'embarquement vous avez aussi des problèmes. Même dans l'avion! En groupe de quatre, inventez un voyage difficile et présentez-le à la classe. Jouez les rôles de l'agent ou l'hôtesse au sol, du douanier, du contrôleur, de l'hôtesse de l'air ou du steward, d'autres passagers, etc.

 Complete the diagnostic tests to check your knowledge of the vocabulary and grammar structures presented in this chapter.

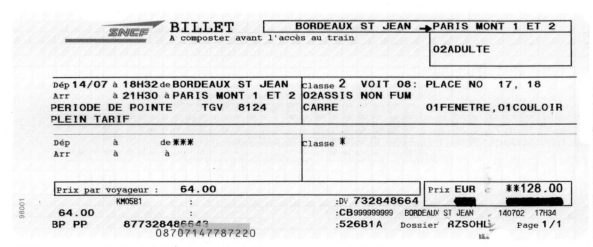

Voici un billet de train. Quel est le train dans lequel le passager va voyager? Est-ce que le passager a une place en première ou en seconde classe? Quelle est la ville de départ? Et de destination?

Les Français achètent et consomment leur vin comme ça

L'importance du vin. Le vin fait partie de la culture française. D'ailleurs, nombreuses sont les personnes qui font la visite de châteaux viticoles pour déguster les vins[1] de différentes régions. Pour les Français, boire du vin lors d'un repas est une tradition, une habitude alimentaire. Le vin accompagne un repas convivial entre amis, une célébration, une fête ou tout simplement un repas en famille. La gastronomie française est très liée au vin. Un bon vin aide à apprécier encore mieux la bonne cuisine. Le vin fait tellement partie de la culture et de l'identité française qu'à la question posée lors d'un sondage[2] «Être français, c'est selon vous d'abord[3]...», la troisième réponse a été «Aimer le bon vin», juste après «Parler français» et «Être né en France».

Comment choisir le vin. Pour accompagner un bon repas, il faut trouver un bon vin. Trouver un bon vin c'est facile si on sait comment le chercher. Les critères les plus importants pour choisir un bon vin se trouvent sur l'étiquette de la bouteille de vin.

- **La région de production**
- **Le millésime** (l'année de production)
- **Les appellations d'origine contrôlée (AOC, ou appellations contrôlées)** (Bordeaux, Margaux, Médoc, Pauillac)
- **L'endroit de mise en bouteille** (au château ou à la coopérative)
- **Les cépages** (la variété de vigne: Sauvignon, Cabernet, Riesling, Merlot, Pinot Gris, etc.)
- **Nom de l'exploitation viticole** (Château Margaux, Domaine du Cigalou, ou marque commerciale)
- **Les médailles ou les prix**
- **L'indication de la teneur en alcool** (12% vol.)
- **Volume du vin contenu dans la bouteille** (75 cl)
- **Pays d'origine pour l'exportation** («Product of France»)

Où est-ce que les Français achètent le vin? La majorité des Français achètent généralement leur vin dans les grandes surfaces: supermarchés ou hypermarchés. En effet, les grandes surfaces offrent un choix important de vins. Il y a souvent plusieurs rayons destinés au vin. On peut y trouver des vins excellents, comme un Château Margaux de l'année 2000 à 513,90 euros la bouteille pour une célébration spéciale, ou des vins de table beaucoup moins chers à consommer tous les jours, comme un Mâcon-Village ou un Beaujolais entre 5 et 10 euros la bouteille.

© Château Pimer / Claude PRIGENT

Comment consommer le vin. 21% des Français consomment du vin tous les jours (surtout ceux qui sont âgés de plus de 30 ans). Plus de 80% des Français en consomment pour fêter une occasion spéciale. En France, une nouvelle loi (la loi Bachelot de mars 2009) interdit[4] la vente d'alcool aux moins de 18 ans. Cependant, il est fréquent pour les parents d'adolescents de 14 ans ou plus de leur permettre de boire du vin à table.

---

[1]wine tasting   [2]poll   [3]according to you it is first…   [4]prohibits

Quand on boit trop de vin:

être ivre *(formal)*; l'ivresse[3]

être saoul(e)

être beurré(e) / bourré(e) *(slang)*

être un(e) ivrogne[4]

Quand on boit du vin avec modération:

être sobre

Quand on fête une occasion spéciale:

On lève son verre et on trinque à quelque chose[5].

Quelques proverbes:

La jeunesse est une ivresse sans vin et la vieillesse est un vin sans ivresse.

L'eau fait pleurer, le vin chanter.

Les parents boivent, les enfants trinquent.

Le vin rouge se sert avec les viandes rouges et le vin blanc sec[1] avec les poissons et les fruits de mer. Le vin blanc doux[2], comme le Sauternes (une AOC de Bordeaux) se sert avec le foie gras et les desserts. Le vin se boit dans des coupes ou dans des verres à vin. Les verres pour le vin rouge sont plus grands que ceux pour le vin blanc. Le champagne se boit dans une flûte ou une coupe à champagne.

Réfléchissons!

1. Pourquoi est-ce que le vin occupe une place si importante en France? Occupe-t-il une place aussi importante dans votre pays?

2. Est-ce que les gens dans votre pays accordent autant d'importance à la sélection du vin? Comment est-ce que les personnes dans votre pays choisissent leur vin?

3. La majorité des Français achètent leur vin au supermarché. Où est-ce que les personnes dans votre pays / ville achètent leur vin? Y a-t-il des magasins spécialisés?

4. Quelles boissons (alcoolisées ou non) consomme-t-on dans votre pays pour accompagner les repas de tous les jours? Et les repas spéciaux?

5. En anglais, y a-t-il des proverbes ou des chansons sur le vin?

[1]dry　[2]sweet　[3]intoxication　[4]to be a lush　[5]make a toast

À vous d'écrire!

Vos rêves deviennent réalité! Imaginez qu'un génie pourrait réaliser tous vos rêves (il est capable de tout faire!), mais que vous ne pouvez demander que *(only)* trois choses. Qu'est-ce que vous demanderiez? Comment est-ce que votre vie change-rait? Qu'est-ce que vous feriez de votre vie? Comment seriez-vous physiquement? Que changeriez-vous de votre corps? Faites les activités suivantes pour répondre à cette question.

Je voudrais gagner au loto et devenir millionnaire!

A. Stratégies. You have probably noticed that it is difficult, at your current level of proficiency, to make your writing in French sound as sophisticated as your writing in English. In this chapter, you have learned two different sentence types that you can use to add some sophistication to your writing. The first type contains an *if* clause with a verb in the imper-fect followed by a clause with the verb in the conditional **(Si j'avais beaucoup d'argent, j'achèterais une voiture de sport)**; the second type contains a con-ditional statement of emotion, followed by an infinitive **(Je serais heureux de travailler en France).** Using these two sentence types as models, write at least three sentences that you can incorporate into your composition.

B. Organisons-nous! Décidez quels seraient les trois souhaits que vous demanderiez au génie, et écrivez-les ici.

1. _____
2. _____
3. _____

Maintenant, imaginez comment votre vie changerait si ces trois souhaits se réalisaient. Décrivez votre vie idéale et/ou votre corps idéal, avec des verbes au **conditionnel.**

C. Pensons-y! Maintenant, commencez à organiser votre rédaction. Expliquez bien ce que vous demanderiez au génie, en détail, et les changements que cela provoquerait dans votre vie. Écrivez un paragraphe pour chaque chose / chaque changement, et un paragraphe comme conclusion.

 D. Relisons! Demandez à un(e) camarade de classe de lire votre rédaction. Il/Elle utilisera les critères suivants pour commenter votre travail.

- Est-ce qu'il y a des parties de la composition que vous ne comprenez pas? Lesquelles? Soulignez-les, et expliquez à votre camarade de classe ce que vous ne comprenez pas.

- Quelle est la meilleure partie de la composition? Et la partie la moins bien? Pourquoi? Qu'est-ce que votre camarade pourrait faire pour améliorer *(to improve)* sa composition?

- Est-ce que vous avez trouvé des erreurs d'orthographe ou de grammaire dans la composition? Signalez-les.

E. Écrivons! Récrivez votre composition, suivant les suggestions de votre camarade de classe. Une fois terminée, rendez-la à votre professeur.

Lexique 🔊

Mon vocabulaire

Les sentiments positifs

être aux anges	*to be in seventh heaven*
être calme	*to be calm*
être euphorique	*to be very elated*
être enchanté(e)	*to be happy / pleased*
être fier(-ère)	*to be proud*
être heureux (heureuse)	*to be happy*
être fou (folle) de joie	*to be extremely happy / excited*
être soulagé(e)	*to be relieved*

Les sentiments négatifs

être choqué(e)	*to be shocked*	être horrifié(e)	*to be horrified*
être déçu(e)	*to be disappointed*	être jaloux (jalouse)	*to be jealous*
être démoralisé(e)	*to be demoralized*	être malheureux (malheureuse)	*to be unhappy*
être désespéré(e)	*to be desperate*		
être désolé(e)	*to be sorry*	être indigné(e), outré(e)	*to be outraged*
être effondré(e)	*to be devastated*		
être effrayé(e)	*to be scared*	être surpris(e)	*to be surprised*
être énervé(e)	*to be nervous*	être inquiet(-ète)	*to be worried*
être fâché(e)	*to be mad*		

À l'aéroport *At the airport*

l'agent *(m.)* au sol / l'hôtesse *(f.)* au sol	*ground personnel*
l'embarquement *(m.)*	*boarding*
la porte	*gate*
l'enregistrement *(m.)*	*to check in / the check-in*
la salle de livraison des bagages *(m.)*	*baggage claim*
un bagage à main	*carry-on luggage*
un billet d'avion	*plane ticket*
la carte d'embarquement / la carte d'accès à bord	*boarding pass*
rater le vol	*to miss a flight*
une valise	*suitcase*
le contrôle sûreté	*security gate*

Dans l'avion *On the plane*

l'atterrissage *(m.)*	*landing*
l'avion *(m.)* atterrit	*the plane is landing*
le décollage	*take-off*
le siège	*seat*
l'avion décolle	*the plane is taking off*
les turbulences *(f.)*	*turbulence*
l'hôtesse *(f.)* de l'air / le steward	*flight attendant*
un billet aller-retour	*a round trip ticket*
le pilote	*pilot*
un siège / une place près de la fenêtre	*a seat near the window*
un aller simple	*a one-way ticket*

un siège / une place près du couloir	*a seat near the aisle*
première classe	*first class*
classe économique	*coach class*

À la gare *At the train station*

le billet première classe / seconde classe	*first class / second class ticket*
le guichet	*ticket counter*
la voie	*railroad track*
l'horaire *(m.)* des trains	*train schedule*
le wagon-lits / le train-couchettes	*sleeper train*
composter un billet	*to validate a ticket*
la voiture-restaurant	*restaurant car*
le quai	*platform*

Les touristes

Les touristes doivent:	***Tourists must:***
réserver une chambre d'hôtel	*book a hotel room*
avec un lit double	*with a queen bed*
avec deux lits	*with two twin beds*
qui donne sur (la mer / la rue / le jardin / le parking)	*that overlooks (the sea / the street / the garden / the parking lot)*
avec balcon	*with a balcony*
réserver une table au restaurant	*to reserve a table at a restaurant*
pour deux / pour quatre	*for two / for four*
à l'intérieur / à l'extérieur	*inside / outside*
Les touristes peuvent:	***Tourists can:***
aller aux musées *(m.)*	*go to the museums*
admirer / regarder les tableaux *(m.)* / les peintures *(f.)*	*to admire / look at paintings*
admirer / regarder les sculptures *(f.)*	*to admire / look at sculptures*
apprendre l'histoire *(f.)* régionale	*to learn regional history*
regarder les gens passer	*to watch people go by*
visiter les monuments *(m.)*	*to visit monuments*
voir / découvrir les statues *(f.)*	*to see / discover statues*
les maisons traditionnelles	*typical houses*
les places publiques	*public squares*
les parcs nationaux	*national parcs*
se reposer	*to rest*
sur un banc / sur le sable	*on a bench / on the sand*
couché sous un arbre	*lying down under a tree*
près d'un lac	*beside a lake*
goûter les spécialités régionales *(f.)*	*to taste regional specialties*
les vins *(m.)* de la région	*regional wines*
les plats *(m.)* typiques	*typical (main / side) dishes*
acheter des souvenirs *(m.)* et faire du shopping	*to buy souvenirs and go shopping*
prendre des photos *(f.)*	*to take pictures*
en couleur	*in color*
en noir et blanc	*in black and white*
numériques	*digital*

La Normandie

🌐 Visit La Normandie on Google Earth!

À vous de découvrir!

Courtesy of Véronique Anover and Theresa A. Antes

Un jardin privé spectaculaire en Normandie.

Comme la Provence, la Normandie n'est pas un seul département en France, mais toute une région. Elle est divisée en Haute-Normandie, qui est plutôt industrielle, et Basse-Normandie, qui est beaucoup plus agricole. Les Américains connaissent la Normandie surtout à cause de la Seconde Guerre mondiale, mais elle représente beaucoup plus que les plages du débarquement. Cette région, qui doit son nom aux Vikings (les *Nords-Mans* ou hommes du nord) qui l'ont habitée aux IXe et Xe siècles[1], dévoile les plus beaux champs et les plus belles fermes[2] en France, et compte actuellement 5% de la population française. La Basse-Normandie est une grande productrice de produits laitiers, de fruits de mer, de poissons et de produits dérivés des pommes (cidre, Calvados[3]) qui sont consommés dans toute la France et exportés partout dans le monde.

Parmi les prisonniers les plus célèbres qui ont séjourné dans les prisons de Normandie, il y a Jeanne d'Arc. Cette jeune femme avait seulement 18 ans quand elle a mené l'armée française contre l'armée anglaise pendant la Guerre de Cent Ans. C'est elle qui a donné la force nécessaire aux troupes françaises pour persévérer et gagner la bataille. Malheureusement, Jeanne d'Arc a été capturée, emprisonnée, torturée et finalement brûlée[4] vive à Rouen en 1431, mais pas avant d'avoir changé le cours de l'histoire.

[1]centuries   [2]farms
[3]apple brandy   [4]burned

Cette région bucolique a aussi de nombreuses cathédrales et des musées très intéressants. Bien qu'elle ait beaucoup souffert pendant la Seconde Guerre mondiale (Caen, par exemple, a été complètement détruite), c'est une région très importante, économiquement et culturellement, pour la France.

Avez-vous compris?

1. Pourquoi est-ce que les Américains connaissent la Normandie?

2. Est-ce que la Normandie est une région agricole et rurale ou urbaine? Expliquez votre réponse

3. Qui est Jeanne d'Arc? Pourquoi est-ce qu'elle est un personnage historique important?

4. Comment est-ce que Jeanne d'Arc a terminé sa vie?

5. Pourquoi est-ce que la Normadie a "beaucoup souffert"?

À vous d'apprécier!
Explorations gastronomiques

La charlotte aux pommes

Courtesy of Véronique Anover and Theresa A. Antes

- 1 kilo de pommes
- 2 cuillères à soupe d'eau
- 200 gr. de cassonade[1]
- ½ cuillère à café de cannelle[2]
- ¼ cuillère à café de noix de muscade[3]
- 7 tranches de pain de mie, beurrées d'un côté

Peler et enlever le trognon[4] des pommes. Couper les pommes en morceaux et faire cuire à feu doux avec l'eau , la cassonade, la cannelle et la noix de muscade jusqu'à ce qu'elles soient[5] tendres. Mettre les tranches de pain de mie dans une casserole, le côté beurré contre la casserole. Couvrir entièrement le fond[6] et les côtés. Mettre la purée de pommes au milieu, et couvrir avec les tranches de pain, le côté beurré vers l'extérieur. Faire cuire la charlotte dans un four à 400° pendant 20 minutes, puis à 350° pendant 25 minutes. Laisser reposer pendant 15 minutes. Servir la charlotte avec de la crème anglaise ou de la glace.

Explorations historiques

Jeanne d'Arc avait 19 ans quand elle a été emprisonnée dans cette tour à Rouen. Imaginez ses jours dans cette tour. Quels sentiments est-ce qu'elle a éprouvés? Comment est-ce qu'elle a passé ses journées? Et vous, est-ce que vous avez eu très peur à un moment dans votre vie? Pourquoi? Quelle était la cause de votre effroi[7]? Quand est-ce que vous avez dû être très courageux(-euse)?

Courtesy of Véronique Anover and Theresa A. Antes

La Tour Jeanne d'Arc à Rouen

[1]brown sugar [2]cinnamon [3]nutmeg [4]Peel and core [5]**jusqu'à ce qu'elles soient:** until they're [6]bottom [7]terror, dread

À vous de réagir!

Un des produits les plus connus de la Normandie est le Calvados, une boisson alcoolisée à base de pommes. Regardez la carte ci-dessous, et dites quel terme est utilisé pour parler des produits à base de pommes en général. Dans quelles villes en Normandie le Calvados est-il produit? Est-ce qu'il y a des produits sur la carte que vous trouvez un peu surprenants? Lesquels, et pourquoi? Pouvez-vous penser à des produits régionaux typiques aux États-Unis?

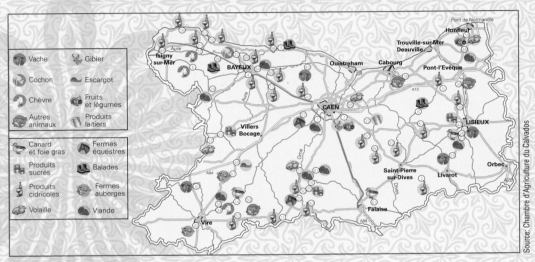

Source: Chambre d'Agriculture du Calvados

Mon blog

Courtesy of Véronique Anover and Theresa A. Antes

Bienvenue (virtuellement) à Bayeux! Je m'appelle Gabriel et je serai votre guide pendant votre visite virtuelle sur les plages du débarquement. J'ai grandi en Normandie et je suis passionné par l'histoire de la région. Mon grand-père et mon oncle ont été soldats pendant la Seconde Guerre mondiale—une période très difficile en France et en Europe en général. Si vous visitez la Normandie, vous pouvez toujours voir les blockhaus allemands et les chars de combats (allemands et alliés) laissés sur le territoire après la guerre. Vous pouvez aussi visiter les musées et les cimetières.

Et surtout ne manquez pas l'église de Sainte-Mère-Église, sur laquelle est tombé un parachutiste américain au milieu d'une bataille. Il a été aidé par les habitants de la ville, et l'incident est maintenant commémoré sur un des vitraux de l'église.

Est-ce qu'il y a des choses intéressantes, du point de vue historique, chez vous? Si je venais dans votre ville, qu'est-ce que je pourrais visiter? Venez me voir à Bayeux un jour, et je vous offrirai une visite réelle!

Courtesy of Véronique Anover and Theresa A. Antes

À vous de décider: Le français pour quoi faire? 🌐

Are you interested in making the world a better place? Go to the *À vous* online resources to find out how learning French opens doors in a wide variety of humanitarian aid organizations. ✈

© Nick Higham / Alamy

Ma vie branchée!

Image copyright Konstantin Sutyagin, 2010. Used under license from Shutterstock.com

In this chapter, you will learn ways to describe *une vie branchée*—a "connected" life. In French, this phrase is used to speak of someone or something trendy. You will learn how to talk about activities you are familiar with or know how to do, activities you plan to do in the future, and how to use two new types of pronouns. You will also see how various Francophone cultures are "branchées."

VOCABULARY

- Computers, the Internet, and other technology
- Extreme sports and other hobbies
- Fitness vocabulary

STRUCTURES

- The verbs **connaître** and **savoir**
- The future tense
- Stress pronouns
- Indirect object pronouns
- Multiple object pronouns in a sentence

CULTURE

- How the Internet is being used in villages in Africa
- The French and soccer

iLrn
- ◀)) Audio
- 🌐 www.cengagebrain.com

RESSOURCES

CD 2
Track 33

Passage 1

La technologie de tous les jours

© Cengage Learning

Marc est un étudiant très intelligent, qui aime beaucoup les nouvelles technologies. Pour cette raison, il décide de se spécialiser en informatique. Il est en première année à l'université. Sa chambre est équipée des derniers gadgets technologiques. Comparons la chambre de Marc et la chambre de son ami Damien.

Dans les chambres de Marc et de Damien, il y a un lit, une chaise et un bureau, bien sûr. Mais les similarités s'arrêtent là! Damien a un ordinateur sur son bureau, avec un lecteur/graveur de CD/DVD. Marc a aussi un ordinateur, mais c'est un portable, qui pèse moins de deux kilos. Il a un lecteur/graveur de CD/DVD, bien sûr, mais lui, il a aussi une webcam avec un microphone et une clé Bluetooth. Comme ça, il peut parler avec ses amis et les voir partout dans le monde gratuitement! Le week-end, il aime surfer sur Internet; il utilise son ordinateur pour télécharger de la musique et des films. Son portable a beaucoup de mémoire et un processeur très rapide, il peut donc les sauvegarder pour les écouter ou les regarder plus tard.

Damien aime surfer sur Internet aussi. Il utilise une connexion haut débit pour le faire. Marc a une connexion haut débit, mais il a aussi une carte Wi-Fi et un routeur. Il a aussi un scanner et une imprimante couleur, donc il peut imprimer ses photos ou numériser ses documents.

Sur son bureau, Damien a un agenda où il note ses cours et ses rendez-vous importants. De temps en temps, pourtant, il manque un rendez-vous parce qu'il oublie de regarder son agenda. Damien vient d'acheter un mobile. Il croit qu'il est très branché maintenant! Mais quand il le montre à Marc, Marc n'a pas l'air très impressionné. Damien veut savoir pourquoi. Alors Marc lui montre son téléphone: c'est un smartphone. Il l'utilise pour téléphoner, pour envoyer des SMS, et pour prendre des photos, bien sûr, mais aussi pour lire et envoyer des courriels, surfer sur Internet, écouter de la musique. il l'utilise même comme GPS ou assistant personnel. Marc ne rate jamais de rendez-vous!

Damien aime beaucoup Marc. Ils se connaissent depuis dix ans, et ce sont de bons amis. Mais quand même, Damien trouve que Marc commence à être un peu snob avec toute sa technologie! Vous ne pensez pas?

Pouvez-vous comprendre les SMS? Essayez de trouver le français correct pour les messages suivants.
1. a2m1
2. koi29
3. b1
4. a12c4[1]

Vous avez bien compris?

Répondez aux questions suivantes, selon le texte.

1. Quelles sont les différences entre l'ordinateur de Damien et celui de Marc?
2. Qu'est-ce que Marc peut faire avec son imprimante?
3. Pour quelles fonctions est-ce que Damien peut utiliser son téléphone portable?
4. Et Marc?
5. Pourquoi est-ce que Marc ne rate jamais de rendez-vous?
6. Pensez-vous que Marc est snob, ou que Damien est jaloux? Expliquez votre réponse.

[1]Réponses: 1. à demain 2. quoi de neuf? 3. bien 4. à un de ces quatre (= à un de ces jours; c'est une abréviation de «à un de ces quatre matins».)

→ Mon vocabulaire ←

Les technologies

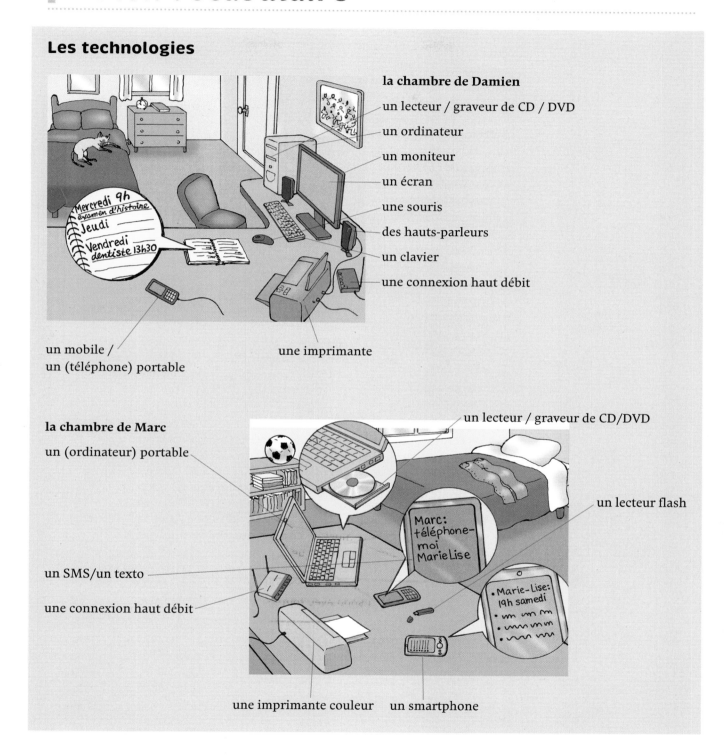

la chambre de Damien

un lecteur / graveur de CD / DVD

un ordinateur

un moniteur

un écran

une souris

des hauts-parleurs

un clavier

une connexion haut débit

un mobile /
un (téléphone) portable

une imprimante

la chambre de Marc

un (ordinateur) portable

un SMS/un texto

une connexion haut débit

un lecteur / graveur de CD/DVD

un lecteur flash

une imprimante couleur   un smartphone

le Web = la Toile / le Net
surfer sur Internet / être sur Internet
naviguer sur le Web / naviguer sur la Toile / naviguer sur le Net
une adresse électronique
cliquer
utiliser un moteur de recherche (Google, Wanadoo, etc.)
avoir un mot de passe
envoyer un courriel / un e-mail
envoyer quelque chose en pièce jointe
envoyer un SMS / un texto
recevoir un courriel / un e-mail
sauvegarder un document
utiliser un traitement de texte *(word processor)*
un appareil photo numérique *(digital camera)*
un baladeur numérique *(digital audio player)*
un logiciel *(software program)*
un scanner
le home cinéma
un microphone
une clé Bluetooth
une webcam
un routeur
un agenda *(calendar)*
un assistant personnel

© Ganko / Shutterstock.com

À vous!

A. La technologie envahit nos vies! Dans la colonne de gauche se trouvent les outils de communication que nos parents et nos grands-parents utilisaient. Dans celle de droite se trouvent les outils actuels. Reliez les nouvelles technologies de droite aux anciennes technologies de la colonne de gauche.

1. une machine à écrire   a. le téléphone
2. une encyclopédie   b. un CD
3. le code Morse   c. Internet
4. une lettre   d. un courriel
5. un disque (45 rpm)   e. un ordinateur
6. un agenda / un calendrier   f. un assistant personnel

B. Chez vous. Posez les questions suivantes à un(e) partenaire.

1. Est-ce que vous avez un ordinateur? Si oui, est-ce que vous avez un lecteur de CD / DVD? Un graveur de CD / DVD? Sinon, où allez-vous quand vous avez besoin d'un ordinateur?
2. Pour quelles fonctions est-ce que vous utilisez votre ordinateur? (comme traitement de texte, pour surfer sur Internet, etc.)
3. À qui est-ce que vous envoyez des courriels le plus souvent? Pourquoi?
4. Vous avez un téléphone portable? Est-ce seulement un téléphone, ou est-ce un smartphone? Quand est-ce que vous l'utilisez (dans la voiture, en classe, etc.) et pour quelles fonctions?
5. Si vous n'avez pas de portable, que faites-vous quand vous avez besoin de téléphoner à quelqu'un?
6. Que pensez-vous des personnes qui parlent toujours au téléphone dans des endroits publics (le bus, le restaurant, etc.)?
7. Est-ce que vous pensez que c'est un crime de télécharger de la musique ou des films d'Internet? Pourquoi ou pourquoi pas? Est-ce que vous le faites?
8. Est-ce que vous connaissez un «snob» de la technologie? Qui?

Portrait personnel

Quand vous avez fini l'Activité B, faites un résumé des outils technologiques que votre partenaire utilise. Ensuite, comparez-le avec le reste de la classe. Est-ce que votre partenaire est plutôt technophile ou plutôt technophobe?

C. La technologie idéale. Dites à un(e) partenaire quel(s) outil(s) technologique(s) vous avez chez vous, et quel(s) outil(s) vous voudriez avoir / vous ne voudriez pas avoir. Quand vous avez fini, comparez vos réponses, et commentez vos similarités et vos différences à la classe.

1. J'ai déjà un / une / des... Je l'utilise (les utilise) pour...
2. Je voudrais bien avoir un / une / des... parce que...
3. Je ne voudrais pas avoir de... parce que...
4. Tout le monde devrait avoir un / une / des... parce que...
5. Personne n'a besoin d'un(e)... parce que...
6. Je vais bientôt acheter un / une / des... parce que...

Grammar Tutorials

STRUCTURE 1

Connaître vs. savoir

In French, the verbs **connaître** and **savoir** are generally translated into English as *to know*. However, these two verbs are used in different situations. Both verbs are irregular.

connaître (*present*)	savoir (*present*)
je **connais**	je **sais**
tu **connais**	tu **sais**
il / elle / on **connaît**	il / elle / on **sait**
nous **connaissons**	nous **savons**
vous **connaissez**	vous **savez**
ils / elles **connaissent**	ils / elles **savent**
Passé composé: (avoir) **connu**	**Passé composé:** (avoir) **su**
Imparfait (stem): **connaiss-**	**Imparfait** (stem): **sav-**
Conditionnel (stem): **connaît-**	**Conditionnel** (stem): **saur-**

Connaître

- **Connaître** means *to know* in the sense of being familiar or acquainted with. It is often used with people and places.

Ils **connaissent** Paris.	*They're familiar with Paris.*
Je **connaissais** ta sœur.	*I knew your sister.*
Si j'étais riche, je **connaîtrais** beaucoup de personnes célèbres.	*If I were rich, I would know a lot of famous people.*

- In the **passé composé, connaître** means *to have met* (someone).

Elle **a connu** sa meilleure amie à l'âge de 5 ans.	*She met her best friend at the age of five.*
Tes parents? Je les **ai connus** hier.	*Your parents? I met them yesterday.*

[Note that the past participle agrees with the preceding direct object **les.**]

Savoir

- **Savoir** means *to know a fact* or *how to do something*. It can be followed by a noun, an infinitive, or a clause.

Tu **sais** la date de mon anniversaire?	*Do you know when my birthday is?*
Je **savais** déjà faire la cuisine à l'âge de 10 ans.	*I already knew how to cook when I was 10.*
On **sait** que tu aimes cuisiner.	*We know you like to cook.*
Elle **saurait** utiliser les applications si elle avait un smartphone.	*She would know how to use the applications if she had a smartphone.*

- In the **passé composé**, **savoir** means *found out*.

  J'**ai su** hier que tu étais malade.   *I found out yesterday you were sick.*

Summary: *connaître* vs. *savoir*

	connaître	savoir
meaning	*to be familiar or acquainted with*	*to know facts or how to do something*
use with	nouns (people or places)	nouns, verbs, clauses
	Je connais Dakar, la capitale du Sénégal. *I am familiar with Dakar . . . (because I've been there)* Je connais ta famille. *I know your family.*	Je sais la réponse. *I know the answer.* Je sais parler français. *I know how to speak French.* Je sais que la capitale du Sénégal est Dakar. *I know that the capital . . .*
meaning in the passé composé	*met* Nous avons connu Robert hier. *We met Robert yesterday.*	*found out* J'ai su qu'il habitait à Paris. *We found out he lived in Paris.*

VÉRIFIEZ votre compréhension

1. Consider the conjugations of **connaître** and **savoir.** In what ways are these verbs irregular? Despite being classified as irregular verbs, what regularities do they have?

2. Go back to the **Passage 1** text at the beginning of the chapter (p. 402). Underline all uses of **savoir** and **connaître** that you find. Explain the choice of each verb in the context in which it is used.

3. Explain, in your own words, the differences between **connaître** and **savoir** in the **passé composé** and the imperfect.

🔊 À l'écoute!

Petits Tuyaux! You have now reached a point in your proficiency where you're likely to hear sentences that contain verbs in many different tenses. While there may also be an adverb in the sentence (such as **hier** or **demain**) to help you identify the tense of the sentence, that is not always the case.

As you have conversations with speakers of French, it will be very important to quickly and correctly identify the tense of the verb—there's a *huge* difference in meaning between **as-tu mangé** and **vas-tu manger**, for example. One may simply be a polite informational question; the other may be an invitation to lunch or dinner!

Before you complete the following activity, think about how you will determine the tense of the verb in each of the following sentences. What would distinguish **savoir** in the present from **savoir** in the imperfect? Is it the stem or the ending? What about the imperfect from the conditional? To pick out the conditional, should you listen for a stem or an ending? What would you listen for to find verbs in the **passé composé?**

C'est à quel moment? Écoutez les phrases suivantes et identifiez le temps des verbes **savoir** et **connaître**.

1. _____ présent _____ passé composé _____ imparfait _____ conditionnel
2. _____ présent _____ passé composé _____ imparfait _____ conditionnel
3. _____ présent _____ passé composé _____ imparfait _____ conditionnel
4. _____ présent _____ passé composé _____ imparfait _____ conditionnel
5. _____ présent _____ passé composé _____ imparfait _____ conditionnel
6. _____ présent _____ passé composé _____ imparfait _____ conditionnel
7. _____ présent _____ passé composé _____ imparfait _____ conditionnel
8. _____ présent _____ passé composé _____ imparfait _____ conditionnel

Image copyright Miodrag Gajic, 2010. Used under license from Shutterstock.com

Est-ce que vous avez un téléphone portable? Savez-vous l'utiliser pour prendre des photos? Est-ce que vos photos sont toujours de nature sérieuse, ou est-ce que vous aimez vous amuser avec vos photos, comme ces filles? Est-ce que vous connaissez quelqu'un qui ne sait toujours pas prendre de photos avec son portable, ou qui n'en a pas? Qui?

Pratiquons!

A. Connaissances. Répondez aux questions suivantes par une phrase complète. Quand vous avez fini, comparez vos réponses avec celles d'un(e) camarade de classe.

1. Nommez une ville que vous connaissez bien. (Je connais bien...)
2. Nommez un État aux États-Unis que vous ne connaissez pas du tout. Voulez-vous le connaître? Pourquoi ou pourquoi pas?
3. Nommez une célébrité que vous voudriez connaître. Pourquoi?
4. Nommez une célébrité que vous ne voudriez pas connaître. Pourquoi?
5. Nommez quelque chose de surprenant que vous savez bien faire.
6. Nommez une chose que vous ne savez pas du tout faire.
7. Nommez une chose que votre professeur sait probablement faire, et une chose qu'il/elle ne sait probablement pas faire.
8. Nommez une chose que vos parents ne savent pas de vous.

B. Colocataires. Christine et Sophie sont colocataires. Dites ce que chacune sait / connaît. Attention au choix des verbes!

1. Sophie achète beaucoup de CD. Elle ne _____ pas télécharger de la musique d'Internet.
2. Christine n'écoute pas souvent le hit-parade. Elle _____ mieux la musique classique.
3. Christine et Sophie _____ chacune les amis de l'autre, mais elles ne sortent pas souvent ensemble.
4. Christine _____ le copain de Sophie, mais elle ne _____ pas sa famille. Elle _____ quel est son numéro de téléphone, parce qu'elle lui téléphone assez souvent pour parler à Sophie!
5. Sophie _____ quelle est l'adresse électronique et le mot de passe de Christine. Quand Christine rentre chez ses parents, Sophie lit ses messages, parce que les parents de Christine n'ont pas d'ordinateur! Christine _____ que Sophie va téléphoner s'il y a quelque chose d'important.
6. Et vous: est-ce que vous _____ quel est le mot de passe de quelqu'un? Quand est-ce que vous l'utilisez?

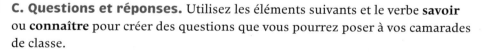 **C. Questions et réponses.** Utilisez les éléments suivants et le verbe **savoir** ou **connaître** pour créer des questions que vous pourrez poser à vos camarades de classe.

> **MODÈLE:** envoyer un courriel
>
> *Tu sais envoyer un courriel?*

1. une célébrité
2. les heures de bureau du prof
3. créer des pages Web
4. quelqu'un qui n'a pas d'ordinateur
5. qui a inventé le téléphone
6. un pays francophone (Si oui, lequel?)

Maintenant, circulez dans la classe, posez les questions et rapportez les réponses à toute la classe.

D. Dialogue. Posez les questions suivantes à un(e) camarade de classe. Ensuite, comparez ses réponses avec des autres camarades de classe.

1. À quel âge est-ce que tu as connu ton/ta meilleur(e) ami(e)? Où et comment l'as-tu connu(e)? Tu connais aussi sa famille?
2. Tu connais quelqu'un qui ne sait pas envoyer un texto de son portable? Qui?
3. Tu as un assistant personnel? Tu sais l'utiliser?
4. Tu sais envoyer un courriel avec une pièce jointe? À qui est-ce que tu en envoies? Quand as-tu su le faire?
5. Tu connais le président/la présidente de ton université? Quand et où l'as-tu connu(e)?
6. Tu sais quelle est l'adresse électronique du président de l'université? Vas-tu lui envoyer un courriel un jour? Pourquoi ou pourquoi pas?

À vous de parler!

 A. La technologie et moi. Avec un(e) partenaire, comparez l'usage que vous faites des ordinateurs. Ensuite, expliquez vos similarités et vos différences au reste de la classe. Suggestion: Utilisez le vocabulaire qui a été présenté dans **Passage 1.** Par exemple, webcam, courriel, clé Bluetooth, routeur, etc.

> **MODÈLE:** Partenaire A: *J'utilise Internet tous les jours pour chercher des informations. Et toi?*
>
> Partenaire B: *Moi non. Je préfère lire les journaux. Mais j'envoie au moins dix courriels par jour. Et toi? Est-ce que tu as un routeur? Tu peux sortir de ta chambre pour lire tes courriels?*

B. Jeu de vitesse. Par équipe de deux ou trois, dressez une liste de ce qu'il faut connaître ou savoir dans chacune des situations suivantes. Essayez d'avoir une liste plus longue et plus originale que celle des autres groupes de la classe.

> **MODÈLE:** pour réussir à l'université
>
> *Il faut: savoir où se trouve la bibliothèque; connaître tous vos profs; savoir faire les devoirs; savoir choisir de bons cours; connaître les meilleurs profs...*

1. pour utiliser Internet intelligemment
2. pour avoir un bon travail
3. pour être un bon mari ou une bonne épouse
4. pour devenir président(e) des États-Unis

http://www.creatif-public.net

Accès public et appropriation citoyenne des technologies de l'information

Les villages africains sont branchés comme ça

Comment êtes-vous branché(e)? Est-ce que vous surfez sur Internet à la maison, ou dans un cybercafé? Pour quelles raisons est-ce que vous utilisez Internet et les technologies en général? Dans l'article qui suit, qui parle du village de Kita, au Mali, vous allez voir comment les habitants sont «branchés.»

Capitale de l'arachide[1], Kita est également grande productrice de coton et de cultures vivrières[2] et maraîchères[3]. Des unités industrielles récemment implantées dans la ville permettent de produire et d'exporter huile[4], tourteaux[5] et fibres de coton de qualité.

Conscient de la fenêtre sur le monde que les nouvelles technologies de l'information et de la communication peuvent apporter à sa région, Monsieur Amadou Cisse, maire[6] de Kita, soutient le projet d'implantation d'Internet dans sa ville par le biais[7] de télé-centres.

Sirandou.net, [...] est le premier cybercafé de Kita avec ces trois ordinateurs et son espace bureautique.

Les Kitois et le net... Les Kitois ne connaissent pas encore très bien Internet et la plupart des personnes qui fréquentent le cybercafé viennent pour les services proposés par la partie secrétariat: scannage, saisie de textes, photocopies, envoi et réception de fax... La messagerie électronique commence cependant à faire des adeptes. A Sirandou.net, l'heure de connexion coûte 2000 Fcfa[8].

Fréquentation du cybercafé... Une moyenne de six à huit clients par jour, Sirandou.net est ouvert jusqu'à 22 heures tous les jours parce que «... le soir la navigation est plus rapide,» assurent Coumba et Sankou, les employées du cybercafé.

Les conseils de Sankou... Sankou invite les habitants de Kita à utiliser plus souvent la messagerie électronique afin de communiquer avec la partie de leur famille expatriée pour économiser de l'argent sur le coût du téléphone. «Vous pourrez envoyer un long message à un prix infime par rapport à la somme qu'il vous faudrait dépenser au téléphone. Les messages peuvent être envoyés dans tous les coins du globe: Afrique, Europe, Amérique, Asie.»

Réfléchissons!

1. Qu'est-ce que ce cybercafé représente pour les habitants de Kita?
2. Quels sont les usages les plus populaires de la technologie au cybercafé? Est-ce que c'est surprenant ou non? Pensez-vous que cela va changer dans l'avenir? Si oui, comment? Sinon, pourquoi pas?
3. À votre avis, est-ce que cela coûte cher d'utiliser Internet, faire une photo-copie, etc., au Mali? Qu'est-ce que cela représente pour les gens, du point de vue des avantages et des désavantages dans leur vie?
4. À quel âge avez-vous appris à utiliser un ordinateur? L'avez-vous appris à l'école? Chez vous?

[1] peanut [2] food production [3] produce [4] (cooking) oil [5] oil cakes (used for cattle feed) [6] mayor [7] through the installation of [8] Le franc CFA, aussi appelé «franc» tout court, est utilisé dans 14 pays africains. 100 francs CFA valent toujours un euro.

CD 2
Track 36

Passage 2

Les sports extrêmes

Arielle Carnus est journaliste pour l'émission *Vie publique, Vie privée.* Le sujet du magazine cette semaine c'est «Sports et hobbies extrêmes: Quand les pratiquerez-vous et où?» Arielle a interviewé des personnes dans les rues de quelques grandes villes françaises. Écoutez les réponses des personnes qui pratiquent des sports ou des hobbies pas comme les autres.

UN PASSANT: Moi, je ferai du saut à l'élastique l'été prochain. Je sauterai du viaduc de L'Isle-Jourdain qui se trouve au nord de Bordeaux. Je veux sentir la sensation de vide[1] sous moi.

UN AUTRE PASSANT: Le week-end prochain j'irai faire du parapente avec ma copine sur la montagne du Salève près de Genève. C'est elle qui a suggéré cette activité; j'ai un peu peur, mais elle me rassure. Nous descendrons chacun avec un moniteur[2] en parachute et nous volerons! Super, non?

UN GROUPE D'AMIS: Pendant nos vacances à Toulouse, nous ferons du deltaplane. Le vol libre nous aidera à nous sentir vraiment libres! Nous adorons ces sports libérateurs, nous!

[1]emptiness [2]instructor

UNE FAMILLE: Bientôt–dans dix jours exactement–toute la famille prendra l'avion pour aller à Montréal où nous ferons du rafting dans les rapides de Lachine sur le fleuve Saint-Laurent. Les rivières du Québec sont les meilleures pour pratiquer ce sport. Dans la famille, nous aimons tous les émotions fortes!

DEUX COPAINS: Demain nous volerons sur l'eau à l'aide d'un bateau en parachute ascensionnel. Nous volerons sur la Méditer-ranée depuis la baie de Cannes à Mandelieu-La Napoule. Nous aurons chacun notre parachute et nous pourrons admirer les plages depuis une position privilégiée.

UNE PASSANTE: Comme tous les week-ends, samedi prochain je ferai du VTT–vélo tout terrain–avec mes amis. C'est un sport stimulant[1] mais qui me permet de décompresser après une semaine chargée au travail.

Vous avez bien compris?

Définitions. Devinez de quel sport il s'agit d'après les indications données.

D 1. le rafting
B 2. le VTT
F 3. le saut à l'élastique
C 4. le parachute ascensionnel
E 5. le deltaplane
A 6. le parapente

a. On a besoin d'une force qui fait monter haut pour pratiquer ce sport.

b. Ce sport est parfait pour faire des randonnées à bicyclette.

c. On a besoin d'un bon bateau à moteur.

d. Dans ce sport on a besoin de bateaux pneumatiques.

e. C'est un sport où le parachute a la forme d'un triangle.

f. Dans ce sport on rebondit quand on se jette dans le vide.

[1]challenging

→ Mon vocabulaire ←

Les sports et l'équipement

Les sports d'hiver

la luge

le ski alpin

le ski de fond

le snowboard

l'escalade glaciaire

l'héliski

les patins à glaces /
la patinoire

les skis / une piste
de ski

Les sports nautiques

le jet ski

le ski nautique

la pêche au gros

la planche à voile

D'autres sports

la varappe

l'alpinisme

la raquette / les courts de tennis

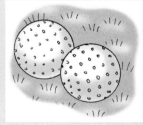

les balles de golf

les clubs de golf / le terrain de golf

le ballon de foot / le terrain de foot

le ballon de basket / le terrain de basket

le parachutisme

À vous!

A. Identifications. Regardez les dessins et identifiez les sports[1].

1.   2.   3.   4.

5.   6.   7.   8.

Maintenant, dites à la classe quel sport de ceux qui sont mentionnés dans l'activité vous pratiquez en ce moment. Quel est le sport le plus pratiqué dans la classe?

B. Que manque-t-il? *(What is missing?)* Regardez les dessins et indiquez ce que les personnes ont oublié à la maison pour pratiquer les sports.

> **MODÈLE:**   *Elle a oublié son ballon de basket!*

1.

2.

3.

4.

[1]To put these in a complete sentence, use 'faire de' (and don't forget the contractions with 'de' and the definite articles when necessary!): *Elle fait **du** ski.*

C. Quel est leur sport? Décidez quels sports correspondent le mieux aux personnes suivantes.

1. Charlotte adore faire du bateau. *Le ski ~~nat~~ nautique*
2. Michel aime les randonnées en montagne. Il veut sortir en hiver. *Le ski de fond*
3. Ali a le vertige. Il a peur des hauteurs. *Le parachutisme*
4. Dorothée aime la vitesse. *Le jet ski*
5. Leila aime les sports d'hiver. *L'escalade glaciaire*
6. Adrien déteste les avions. Il aime beaucoup les sports d'hiver.
7. Margot adore être en contact avec la nature.
8. Aurélien a beaucoup d'équilibre et beaucoup de force dans les bras et les jambes.

D. Quel est ton sport? Posez les questions suivantes à un(e) camarade de classe pour savoir quel genre de sport il/elle préfère.

1. Préfères-tu les sports d'hiver ou les sports nautiques? Pourquoi?
2. As-tu déjà fait du parachute ascensionnel? Voudrais-tu essayer d'en faire? Pourquoi?
3. As-tu fait du ski? Si oui, préfères-tu le ski de fond ou le ski alpin? Pourquoi?
4. Si c'était permis, ferais-tu du saut à l'élastique du Golden Gate Bridge à San Francisco? Pourquoi?
5. Quelle activité sportive est-ce que tu ne voudrais jamais faire? Pourquoi?
6. Quel sport extrême as-tu envie d'essayer? Pourquoi?
7. De quoi as-tu peur? Quel sport t'aiderait à réduire cette peur?

En fonction des réponses que votre camarade vous a données, déterminez quel genre de personne il/elle est. Choisissez la réponse qui convient le mieux.

a. Il/Elle est une personne audacieuse et courageuse.
b. Il/Elle est une personne qui n'aime ni *(neither)* le danger ni *(nor)* le risque.
c. Il/Elle est personne qui n'aime pas les défis *(challenges)*.
d. Il/Elle est personne qui cherche toujours des sensations fortes.

Qui est l'étudiant(e) le/la plus aventureux(-euse) de la classe?

STRUCTURE 2

Le futur

L'emploi du futur

- The future tense (**le futur**) can be used to express an action that will occur in the future. It usually refers to an action that will occur in the relatively near future (such as tomorrow) or in the distant future.

  Demain, je **paierai** les factures.   *Tomorrow, I will pay the bills.*
  L'année prochaine, nous **irons**   *Next year, we will go to Morocco.*
     au Maroc.

- The future tense can also be used in **si**-clauses. It is used in the following situation:

  if *x* occurs, then *y* will happen. In such a case, the pattern in French is:

  si + present tense + main clause in the future tense

  S'il **pleut** demain, nous n'**irons** pas   *If it rains tomorrow, we won't*
     faire de ski nautique.   *go waterskiing.*
  Si vous **arrivez** en retard, l'avion   *If you arrive late, the airplane*
     partira sans vous.   *will leave without you.*

La formation du futur

The conjugations for regular, stem-changing and irregular verbs use the same stem as the conditional. Only the endings are different: **-ai, -as, -a, -ons, -ez, -ont.**

- **Regular verbs**

parler	finir	vendre
je parler**ai**	je finir**ai**	je vendr**ai**
tu parler**as**	tu finir**as**	tu vendr**as**
il / elle / on parler**a**	il / elle / on finir**a**	il / elle / on vendr**a**
nous parler**ons**	nous finir**ons**	nous vendr**ons**
vous parler**ez**	vous finir**ez**	vous vendr**ez**
ils / elles parler**ont**	ils / elles finir**ont**	ils / elles vendr**ont**

- **Stem-changing verb stems**

infinitive	future stem
acheter	achèter-
appeler	appeller-
payer	paier-

- **Irregular verbs stems**

aller	ir-	être	ser-	savoir	saur-
avoir	aur-	faire	fer-	venir	viendr-
devoir	devr-	pouvoir	pourr-	voir	verr-
envoyer	enverr-	recevoir	recevr-	vouloir	voudr-

Je t'**enverrai** un e-mail demain.   *I'll send you an e-mail tomorrow.*
Tu **auras** bientôt le travail dont   *You will soon have the job you*
   tu rêves.   *dream about.*

VÉRIFIEZ votre compréhension

1. Go back to *Passage 2* (pp. 412–413) and identify the verbs in the future tense. Look at the form and think about the subject. For example, in the sentence **Le vol libre nous aidera à nous sentir vraiment libres,** is the subject of the verb in the future tense **nous** or **le vol libre?**

2. Once you have identified all the verbs in the future tense, give the infinitive for each one. Is each one an irregular or a regular verb?

🔊 À l'écoute!

CD 2
Track 37

Conditionnel ou futur? Écoutez les phrases suivantes au conditionnel et au futur. Indiquez le temps que vous entendez.

1. _____ conditionnel _____ futur
2. _____ conditionnel _____ futur
3. _____ conditionnel _____ futur
4. _____ conditionnel _____ futur
5. _____ conditionnel _____ futur
6. _____ conditionnel _____ futur
7. _____ conditionnel _____ futur
8. _____ conditionnel _____ futur

Pratiquons!

A. Que feront-ils demain? Regardez les dessins suivants et dites ce que les personnes feront demain. (Pensez au verbe à l'infinitif d'abord et ensuite, mettez-le au futur.)

1. Clothilde *parlera au téléphone.*

2. Je *dormirai*

3. Vous *nagerez*

4. Tu *liras*

5. Nous *enverrons*

6. Brigitte et Clémentine *boiront*

B. Une brochure du Club Vacances. Vous travaillez au Club Vacances et votre chef vous a chargé(e) de terminer une brochure qui présente les activités du Club Vacances dans différents pays. Complétez la brochure en mettant les verbes entre parenthèses au futur.

Club Vacances

Si vous venez au Club Vacances, vous (1) _____ (être) toujours les bienvenus et vous (2) _____ (s'amuser) comme des fous! Garanti!

Au Club Vacances de Fort-de-France en Martinique, les GO (les Gentils Organisateurs) vous (3) _____ (prendre) en charge et ils vous (4) _____ (proposer) de faire de la plongée sous-marine[1]. Après quoi, vous (5) _____ (pouvoir) prendre un bain de soleil sur le sable chaud de la magnifique plage des Salines.

Au Club Vacances d'Agadir au Maroc, vous (6) _____ (pratiquer) tous les sports nautiques de votre choix. Depuis Agadir, on vous (7) _____ (conduire) à Marrakech pour assister à des fêtes locales, comme la Fantasia[2]. Vous (8) _____ (se promener) dans la palmeraie, vous (9) _____ (voir) des objets d'artisanat dans le souk[3] ou vous (10) _____ (faire) des promenades dans les petites rues étroites de la ville.

Au Club Vacances de Chamonix dans les Alpes françaises, les GO vous (11) _____ (guider) sur les pistes[4] de ski où vous (12) _____ (descendre) en ski entre les sapins[5] jusqu'au village.

Pour les moins jeunes, on vous (13) _____ (recommander) le ski de fond.

Chaque soir après le dîner, vous (14) _____ (avoir) toutes sortes de divertissements: danse, bingo et cinéma.

Courtesy of Véronique Anover and Theresa A. Antes

 C. Décidez! D'après la brochure du Club Vacances de l'Activité B, choisissez un pays et décidez quelles activités vous pratiquerez pendant vos vacances. D'abord, parlez de vos projets au futur à un(e) camarade de classe.

MODÈLE: *Pendant les vacances, j'irai au Maroc. Comme sport nautique je ferai du parachutisme ascensionnel et du ski nautique. J'irai à Marrakech et je me promènerai dans les rues de la ville.*

Ensuite, racontez à la classe les projets de vacances de votre camarade.

MODÈLE: *Melissa ira au Maroc pendant les vacances. Comme sport nautique elle fera du parachutisme ascensionnel, etc.*

ᵢ̇̊ᵢ̇̊ᵢ̇̊ D. Le week-end prochain. Trouvez cinq camarades de classe qui vont faire les activités suivantes et pratiquer les sports suivants pendant le week-end. Notez leurs noms à côté de chaque réponse affirmative. Ensuite, dites à la classe ce que trois étudiants vont faire le week-end prochain. Qui va avoir le week-end le plus intéressant? Pourquoi?

> **MODÈLE:** faire du rafting (où?)
> —*Est-ce que tu feras du rafting le week-end prochain?*
> —*Oui, j'en ferai. (Oui, je ferai du rafting.)*
> —*Où est-ce que tu en feras? (Où feras-tu du rafting?)*
> —*J'en ferai au Colorado.*

1. envoyer des courriels (à qui?)

2. faire de l'héliski (où?)

3. voir un film au cinéma (quel film?)

4. faire du saut à l'élastique (où?)

5. se lever très tard (à quelle heure?)

6. recevoir des amis à la maison (pourquoi?)

> **Portrait personnel**

Écrivez un paragraphe où vous comparez trois de vos camarades de classe. Quelles activités aiment-ils? Quel sport est-ce qu'ils ne font jamais? Qui est le/la plus aventureux(-euse)?

Courtesy of Véronique Anover and Theresa A. Antes

Qu'est-ce que vous aimez faire quand vous avez du temps libre le week-end? Est-ce que vous préférez des sports qui ne sont pas trop exigeants, comme le bateau ou le canoë, ou préférez-vous les sports extrêmes?

STRUCTURE 3

Les pronoms disjoints

In Chapters 1 and 2, you learned about subject pronouns. These accompany verbs. You probably noticed, however, that sometimes the pronouns have a different form as in the question **Et toi?** This type of pronoun is called a *disjunctive* or *stress pronoun*. These pronouns occur in a number of situations, some of which *stress* the subject.

The disjunctive or stress pronouns in French are:

moi	nous
toi	vous
lui	eux
elle	elles

Situations in which disjunctive pronouns occur:

- by themselves

  —Qui va au cinéma?   —Who's going to the movies?
  —**Moi.**   —Me.

- before or following **et** and **ou**

  Je m'appelle Julie. Et **toi**?   My name is Julie. And you?
  Marc et **moi,** nous partons   Marc and I are leaving on vacation.
  en vacances.

  Qui a fait ça? **Toi** ou **lui**?   Who did that? You or him?

- to emphasize a subject pronoun

  Toi, tu sais la réponse?   Do you know the answer?

- following a preposition

  Je ne sors plus avec **lui.**   I'm not going out with him anymore.
  C'est sympa chez **eux.**   It's nice at their house.

- after **il y a, c'est,** or **ce sont**

  Dans ma famille, il y a **moi,** mon   In my family, there's me, my father
  père et ma mère.   and my mother.
  C'est **lui,** mon frère.   That's him, my brother.
  Ce sont **eux** qui nous a prêté   It's them who lent us the money.
  de l'argent.

VÉRIFIEZ votre compréhension

Go back to *Passage 2* pp. 412–413 and underline all the disjunctive pronouns that you find. (Be careful not to confuse them with the direct object pronouns, or with subject pronouns, which sometimes look the same!) For each disjunctive pronoun that you find, explain why the stressed form has been used, referring to the categories above.

Pratiquons!

A. C'est qui? Spécifiez la personne dont il s'agit en utilisant des pronoms disjoints dans les phrases suivantes.

> **MODÈLE:** Tu aimes ça?
>
> *Tu aimes ça, toi? / Toi, tu aimes ça?*

1. Il va en France cette année.
2. Nous pensons que la technologie moderne est incroyable.
3. Ils ont besoin de vacances.
4. Elle n'écoute jamais les conseils des autres.
5. Qu'est-ce que vous en pensez?
6. J'adore les appareils photo numériques!

 B. C'est qui ça? Vous regardez des photos avec un(e) ami(e). Répondez à ses questions en utilisant un pronom disjoint.

> **MODÈLE:** Sur cette photo, c'est qui ça? C'est ton frère?
>
> *Oui, c'est lui.*

1. C'est ta sœur?
2. Ce sont tes parents?
3. Ce sont tes amis et toi?
4. C'est moi?
5. Ce sont tes actrices préférées?
6. Ce sont mes sœurs et moi quand nous étions petits?

 C. Réponses non-répétitives. Avec un(e) partenaire, posez les questions suivantes et répondez-y. Utilisez un pronom disjoint dans la réponse, pour ne pas être répétitif.

> **MODÈLE:** dîner / avec tes parents
>
> Question: *Est-ce que tu dînes souvent avec tes parents?*
> Réponse: *Oui, je dîne souvent avec eux. / Non, je ne dîne pas souvent avec eux.*

1. habiter toujours / chez tes parents
2. travailler bien / pour ton patron (ta patronne)
3. s'entendre bien / avec moi
4. dîner / chez ton/ta prof
5. se disputer souvent / avec ton/ta petit(e) ami(e)
6. se souvenir / de ton instituteur (institutrice) quand tu avais cinq ans
7. penser souvent / à tes amis du lycée
8. vouloir sortir / avec mes amis et moi

À vous de parler!

A. À l'agence des sports et des loisirs (leisure activities). Votre meilleur(e) ami(e) et vous voulez expérimenter des vacances différentes. Pour cela, vous vous rendez dans une agence spécialisée en sports et loisirs extrêmes. Décrivez à l'agent votre personnalité et vos goûts afin qu'il/elle vous trouve des vacances sur mesure *(custom-made)*.

Voici quelques options proposées par l'agence à ses clients.

Sports d'hiver dans des snowparks à Avoriaz dans les Alpes

snowboard   ski alpin
ski de fond   héliski

Sports nautiques dans l'océan Pacifique à Tahiti

canoë   aquagym *(water aerobics)*   parachutisme ascensionnel
kayak   sandboard

> **MODÈLE:** CLIENT(E): *Bonjour, Monsieur / Madame. Je voudrais partir en vacances dans un endroit où je pourrai expérimenter des émotions fortes. J'adore être face au danger et au risque! Que me proposez-vous?*
>
> AGENT: *Aimez-vous les sports nautiques ou préférez-vous les sports d'hiver?...*

B. Des vacances sur mesure! Votre meilleur(e) ami(e) et vous sortez de l'agence des sports et des loisirs très content(e)s car l'agent vous a proposé des vacances parfaites. Vous retrouvez vos amis et vous leur racontez tout ce que vous ferez pendant vos vacances. Vos amis vont être très jaloux! Ils vous posent beaucoup de questions pour en savoir plus! Vont-ils vous imiter?

> **MODÈLE:** ÉTUDIANT(E) 1: *Alors, raconte, qu'est-ce que l'agent de voyages a suggéré?*
>
> ÉTUDIANT(E) 2: *Il nous a dit que nous pourrons aller sur une plage au Maroc et faire de la planche à voile ou du parachute ascensionnel.*
>
> ÉTUDIANT(E) 3: *Oui, et il nous a aussi dit que nous pourrons faire du kayak dans la mer Méditerranée! Tu imagines?!...*

Image copyright T-Design, 2010. Used under license from Shutterstock.com

Comment est cet homme, et qu'est-ce qu'il fait ici?
Est-ce qu'il vient de faire de la varappe et écrit maintenant un blog pour en parler? Ou est-ce qu'il est photographe, et vient dans ces montagnes pour la sérénité et les vues? Imaginez sa personnalité, sa profession, son rôle dans cette image, etc., puis comparez votre réponse avec celles du reste de la classe.

Passage 3

Au club de fitness

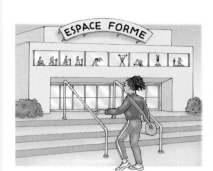

ENTRAÎNEUSE:	Bonjour. Est-ce que c'est la première fois que vous venez à notre club de fitness?[1]
CAROLE:	Oui, en effet, c'est la première fois. Mes amis m'ont dit de venir vous demander de l'aide pour me remettre en forme. Je leur ai dit que c'était impossible!
ENTRAÎNEUSE:	Mais non, ce n'est pas impossible! Mais vous allez devoir travailler dur. Bon, alors, par où voulez-vous commencer?
CAROLE:	Par mon ventre, mes jambes, mes bras et surtout mon derrière!
ENTRAÎNEUSE:	Alors, commençons par faire des abdominaux pour bien muscler le ventre. Et pour les jambes on va faire des exercices au sol.
CAROLE:	Oh zut alors! Je déteste faire des abdos. Est-ce que c'est vraiment nécessaire?
ENTRAÎNEUSE:	Mais oui. Vous ne pouvez absolument pas faire de progrès sans faire des abdos. Je vous le garantis.
CAROLE:	Alors, quand est-ce qu'on commence?
ENTRAÎNEUSE:	Eh bien, tout de suite! Je vais vous expliquer ce qu'il faut faire, et vous montrer aussi quelques exercices pour raffermir[2] les bras et les jambes. Et si vous avez des questions, vous pouvez me les poser. Au travail![3]

Vous avez bien compris?

Quels sont les conseils que l'entraîneuse donne à Carole pour muscler son corps?

1. Pour le ventre il est nécessaire de...
2. Pour les jambes il faut...
3. Il est nécessaire de commencer...
4. Si Carole a des questions, il faut...
5. Il faut faire des abdos pour...
6. Pour être en forme il faut...

a. les poser.
b. faire des abdominaux.
c. faire des exercices au sol.
d. travailler dur.
e. tout de suite.
f. progresser.

[1]**Un club de fitness** can also be called **un club de gym, une salle de sports,** or **un centre de remise en forme**.   [2]to tone   [3]Let's get to work!

→ Mon vocabulaire ←

Au club de fitness

1. la salle de musculation (la salle de muscu) / faire de la musculation (faire de la muscu)
2. la piscine / nager (faire de la natation)
3. le jacuzzi
4. le sauna
5. le vélo-rameur / ramer
6. les steps *(m.)* / faire des fessiers *(m.)*
7. les cabines *(f.)* de bronzage
8. le vélo statique / pédaler
9. le tapis de course / courir / marcher / faire du jogging
10. les tapis *(m.)* / faire des exercices *(m.)* au sol / faire des abdominaux (faire des abdos)
11. des poids *(m.)* / faire des haltères *(m.)* / faire de la muscu
12. le vestiaire

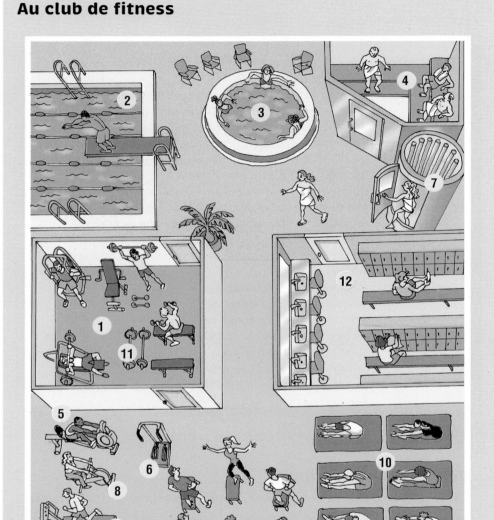

D'autres activités au club de fitness:

faire des exercices d'échauffement (s'échauffer) *(to warm-up)*

faire des exercices d'étirement (s'étirer) / faire du stretching *(to stretch)*

faire des pompes *(f.)* *(to do push-ups)*

se raffermir (les jambes, les bras, etc.) *(to tone up)*

s'entraîner *(to train)*

sauter à la corde *(to jump rope)*

se faire masser (par un masseur / une masseuse) *(to get a massage)*

À vous!

A. Au club de fitness. Regardez les dessins et décrivez les activités que font les personnes suivantes.

1.
2.
3.
4.

5.
6.
7.
8.

B. Que fait-on? Indiquez les activités que vous pouvez faire dans chaque cas.

> **MODÈLE:** avant de faire du sport
>
> *On s'étire ou on s'échauffe.*

1. pour être musclé
2. sur une bicyclette
3. sur un bateau
4. avant un marathon
5. dans un gymnase
6. pour ne pas être sédentaire
7. à la piscine
8. avec une corde

 C. Es-tu sportif (sportive)? Avec un(e) partenaire, comparez vos routines sportives. Posez-vous les questions suivantes à tour de rôle. Choisissez l'expression qui vous convient ou inventez votre réponse.

1. Je vais au club de fitness (une fois par semaine / tous les jours / le week-end / quand j'ai le temps / avec mes amis / quand je mange trop / ...).
2. Je ne vais (jamais / pas / plus) au club de fitness parce que (c'est trop cher / je déteste faire de l'exercice / mon corps est parfait / il n'y a pas de club de fitness où j'habite / ...).
3. J'aime faire du sport pour (être bien dans ma peau *[to feel good about myself]* / impressionner mon/ma petit(e) ami(e) / avoir une vie équilibrée / avoir un corps bien musclé / ...).
4. Pour être en forme je (fais de la muscu tous les jours / nage trois fois par semaine / ...).
5. Avant de faire du sport, je dois (m'échauffer / m'étirer / me détendre *[to relax]* dans le jacuzzi...).
6. Quand je vais au club de fitness je fais mes séries d'exercices (avec un[e] entraîneur [entraîneuse] / avec un[e] ami[e] / tout[e] seul[e] / ...).

> **Portrait personnel**

Après avoir complété l'Activité C, décrivez la routine sportive de votre camarade en donnant le plus de détails possible.

STRUCTURE 4

Les pronoms compléments d'objet direct

In Chapter 11, you learned to use direct object pronouns. In this **Structure**, you will learn to use *indirect object pronouns*.

- An *indirect object noun* is always a person or animal and preceded by the preposition **à** in French. (In English, there may be no preposition,.) Many verbs in French take indirect objects, either with or without a direct object. An *indirect object pronoun* replaces the **à** + indirect object noun.

  J'envoie souvent des SMS **à mon frère.** → Je **lui** envoie souvent des SMS.
  I often send SMS to my brother.   *I often send him SMS.*
  Je réponds **au professeur.**   → Je **lui** réponds.
  I answer the professor.   *I answer him.*

- Here are the indirect object pronouns. They replace both masculine or feminine nouns. Notice that the first and second person singular and plural pronouns **(me, te, nous, vous)** are the same as direct object pronouns.

me	(to) me	nous	(to) us
te	(to) you	vous	(to) you
lui	(to) him / her	leur	(to) them

Note: The pronouns **me** and **te** become **m'** and **t'** before a vowel sound.

Placement of indirect object pronouns

- Just like direct object pronouns, indirect object pronouns are placed before the conjugated verb. If the conjugated verb is followed by an infinitive, however, the indirect object pronoun is place before the infinitive.

  —Tu écris un e-mail **à tes parents?**   —*Are you writing an e-mail to your parents?*

  —Oui, je **leur** écris un e-mail.   —*Yes, I'm writing them an e-mail.*

  —Tu **m'**appelles ce soir?   —*Will you call me tonight?*
  —Désolé, je ne peux pas **t'**appeler.   —*I'm sorry, I can't call you.*

- In the **passé composé**, the indirect object pronoun is placed before the auxiliary verb. There is never agreement of the past participle with a preceding indirect object.

  —Tu as posé des questions **aux professeurs?**   —*Did you ask the professors questions?*

  —Oui, je **leur** ai posé des questions.   —*Yes, I asked them questions.*

  —Ta mère **vous** avez écrit?   —*Did your mother write you?*
  —Non, elle ne **nous** a pas écrit.   —*No, she didn't write us.*

- In negative commands, the indirect object pronoun is placed before the verb. In affirmative commands, it is placed after the verb and attached to it with a hyphen. Note that **me** and **te** change to **moi** and **toi** in affirmative commands.

Ne **leur** donne pas ton mot de passe!   *Don't give them your password.*
Ne **me** téléphone pas.   *Don't call me.*

Donne-**leur** ton mot de passe!   *Give them your password.*
Téléphone-**moi**!   *Call me!*
Brosse-**toi** les dents.   *Brush your teeth!*

- **Attention!** Remember that the preposition **à** followed by a location or thing is replaced by the pronoun **y.** These are not indirect objects; they are not people or animals.

—Tu vas **à la banque?** (location)   —*Are you going to the bank?*
—Oui, j'**y** vais.   —*Yes, I'm going there.*

—Tu vas parler **au banquier**? (person)   —*Are you going to talk to the banker?*
—Oui, je vais **lui** parler.   —*Yes, I'm going to talk to him.*

—Tu retireras de l'argent **au guichet automatique**? (thing)   —*Will you take out some money from the ATM?*
—Oui, j'**y** retirerai de l'argent.   —*Yes, I'll take out some money from it.*

—Vous poserez des questions **aux caissiers**? (people)   —*Will you ask the tellers some questions?*
—Non, nous ne **leur** poserons pas de questions.   —*No, we won't ask them any questions.*

🚩 VÉRIFIEZ votre compréhension

1. Look at the dialog between Carole and the trainer in **Passage 3** (p. 425), and underline the indirect object pronouns. (Be careful to distinguish direct and indirect object pronouns, by thinking about which verbs are normally followed by the preposition **à**.) What do these pronouns mean and to whom do they refer?
2. What tenses are these pronouns used with? Why do they occur where they do in the sentence?

Pratiquons!

A. Le banquier blond! Voici une conversation entre deux amies, Julie et Caroline. Complétez les phrases par le pronom complément d'objet indirect correct.

JULIE: Dis donc, Caroline, tu dis bonjour au banquier blond quand tu vas à la banque? Il est mignon, non?

CAROLINE: Non, je ne (1) _____ dis pas bonjour. Il n'est pas sympa avec moi et il n'est pas mignon du tout. Et en plus, il ne (2) _____ dit pas bonjour, non plus.

JULIE: Ah bon? Eh bien moi, je (3) _____ demande toujours de m'aider. Je le trouve très mignon!

CAROLINE: Eh bien, moi non! Je fais mes opérations bancaires toute seule. Au fait *(By the way)*, Julie, puisqu'on parle d'argent, tu as finalement emprunté de l'argent à tes parents pour partir en voyage cet été avec les copains?

JULIE: Non. Franchement, je n'ai pas voulu (4) _____ emprunter de l'argent. Mon père vient de donner toutes ses économies à mon oncle qui a divorcé récemment. Il (5) _____ a dit, à mes parents et moi, qu'il avait besoin d'aide parce que son ex-femme est partie avec tout leur argent.

CAROLINE: Quoi? Son ex (6) _____ a pris tout son argent? Le pauvre... Et toi, alors? Comment vas-tu faire ce voyage? Tu l'as dit aux copains?

JULIE: Non, je vais (7) _____ dire plus tard.

CAROLINE: J'ai une idée! Tu peux demander de l'argent à ton banquier blond qui est si mignon!

JULIE: Tu es folle! Je (8) _____ demande de m'aider avec mes finances, pas avec ma vie privée! Merci pour ton idée!

Does the pronoun **lui** in the ad mean her or him? Why is there a hyphen before the pronoun?

B. Obéissez-moi! Vous faites du baby-sitting pour deux enfants de quatre et six ans, Lulu et Juju. Vous leur donnez des ordres pour qu'ils arrêtent *(stop)* de se disputer. Écrivez les ordres selon les indications données. Utilisez un **pronom d'objet indirect** dans vos ordres et soyez logique!

> **MODÈLE:** Juju prend le ballon de foot de Lulu. (donner)
> Donne-lui son ballon de foot!

1. Lulu donne un coup de pied à Juju. (ne... pas donner)
2. Lulu veut sa voiture bleue, mais c'est Juju qui a la voiture. (rendre)
3. Lulu et Juju vous mentent *(are lying)*. (dire la vérité)
4. Juju jette la soupe au visage de Lulu. (ne... pas jeter)
5. Juju ne veut pas demander pardon à Lulu. (demander)
6. Juju demande enfin pardon à Lulu mais maintenant, Lulu ne veut pas faire la bise à Juju. (faire la bise)

CD 2
Track 39

À l'écoute!

Écoutez les phrases suivantes, et indiquez si le pronom remplace un objet direct ou un objet indirect.

> **MODÈLE:** Vous entendez: Je l'ai envoyé à ma sœur.
> Vous indiquez: *objet direct*

1. _____ objet direct   _____ objet indirect
2. _____ objet direct   _____ objet indirect
3. _____ objet direct   _____ objet indirect
4. _____ objet direct   _____ objet indirect
5. _____ objet direct   _____ objet indirect
6. _____ objet direct   _____ objet indirect
7. _____ objet direct   _____ objet indirect
8. _____ objet direct   _____ objet indirect

STRUCTURE 5

 Grammar Tutorials

L'ordre des pronoms dans la phrase

- Sometimes a direct object pronoun and an indirect object pronoun will be used in the same sentence. Take for example these two sentences in English.

  Did you give Brian the money?
  Yes, I gave **it to him.**

- When more than one object pronoun is used in a sentence in French, the pronouns must follow a specific order. The following is the order of pronuns in the present tense, the **passé composé,** the **imparfait,** the future, the conditional and in *negative* commands.

subject (ne)	me	le	lui	y	en	verb	(pas)
	te	la	leur				
	nous	les					
	vous						

—Je **lui** dis **les nouvelles**?   —*Should I tell him the news?*
—Ne **les lui** dis pas.   —*No, don't tell them to him.*

—Il **t**'a donné **la lettre**?   —*Did he give you the letter?*
—Non, il ne **me l**'a pas donnée.   —*No, he didn't give it to me.*

—Elle envoie **un e-mail** tous les jours à son ami.   —*She sends an e-mail to him every day.*
—Elle **lui en** envoie un tous les jours?   —*She sends one to him every day?*

- In the affirmative imperative (commands and orders), the order of pronouns is different.

verb	le	me (moi)	y	en
	la	te (toi)		
	les	lui		
		nous		
		vous		
		leur		

Donne-**le-moi**!   *Give it to me!*
Parlez-**m'en.**   *Talk to me about it.*
Passez-**les-nous.**   *Pass them to us.*
Mangez-**les-y.**   *Eat them there.*

Pratiquons!

A. C'est barbant! *(That's so boring!)* Odile n'arrête pas de parler et quand elle parle elle est barbante car elle répète toujours la même histoire avec les mêmes personnes et les mêmes choses. Pour rendre son histoire moins barbante, récrivez-la en utilisant les **pronoms directs** et **indirects** qui conviennent en remplaçant les mots en italique. Odile parle à son ami Frédéric.

«Frédéric, je vais te raconter ma journée d'hier. Je vais te raconter (1) *ma journée* parce que ça a été une journée incroyable! D'abord, j'ai téléphoné à ma sœur. J'aime téléphoner (2) *à ma sœur* parce qu'on rigole toujours ensemble. Elle me raconte les bêtises de son chat Minoulefou. Pendant qu'elle me raconte (3) *les bêtises de Minoulefou,* j'écoute (4) *ma sœur* attentivement. À la fin, nous éclatons de rire toutes les deux, tellement Minoulefou est marrant. Nous nous entendons très bien, ma sœur et moi. Nous avons décidé de faire un sport extrême ce week-end. Nous allons faire (5) *ce sport* avec nos amis Marc et Manuel. Nous allons probablement faire du VTT. Nous n'avons pas de vélos, mais nos frères en ont et nous pouvons emprunter (6) *les vélos à nos frères.* Marc et Manuel sont impatients. Ma sœur doit téléphoner (7) *à Marc et Manuel* pour fixer l'heure et le jour de notre sortie. J'ai donné (8) *leur numéro de téléphone à ma sœur,* donc il n'y aura pas de problème.

 B. Tes amis et toi. En groupe de deux, posez-vous les questions suivantes à tour de rôle pour en savoir plus sur vos activités. Utilisez des pronoms directs et indirects dans vos réponses. (Attention! Parfois, vous pouvez avoir plusieurs pronoms dans une même réponse.)

1. Est-ce que tu prêtes ton portable à tes copains de temps en temps?
2. Tu invites souvent tes amis chez toi? Que faites-vous?
3. Est-ce que tu dis toujours la vérité à tes amis? Pourquoi?
4. Est-ce que tu vois tes amis souvent? Combien de fois par semaine?
5. Est-ce que tu parles au téléphone avec tes amis tous les jours? Pendant longtemps?
6. Est-ce que tu fais la bise à tes amis pour dire bonjour? Comment est-ce que tu dis bonjour à tes amis?
7. Est-ce que tu racontes tes problèmes à tes amis? Est-ce que vous vous aidez, tes amis et toi? Comment est-ce que vous vous aidez?
8. Est-ce que tu comprends tes amis? Y a t-il un(e) ami(e) que tu ne comprends pas? Pourquoi?

Après avoir fait Activité B, écrivez un paragraphe pour décrire votre camarade de classe. Est-ce que c'est quelqu'un de généreux *(generous)*? de compréhensif *(understanding)*? d'honnête? un peu radin *(stingy)*? Expliquez votre opinion en faisant référence aux réponses données par votre partenaire.

À vous de parler!

A. Es-tu sportif (sportive)? Discutez avec votre partenaire de vos habitudes sportives. Ensuite, regardez l'enquête faite en France sur les préférences sportives des Français. Comparez vos habitudes avec celles des Français.

1. Quel est ton club de fitness préféré?
2. Combien est-ce que tu paies par mois?
3. À quelle heure est-ce que tu aimes aller au club de fitness / faire de l'exercice? Pourquoi?
4. Combien d'heures est-ce que tu restes au club de fitness / fais du sport?
5. Quels sont tes exercices préférés?
6. Qu'est-ce que tu fais avant de faire du sport? Et après?
7. Est-ce que tu pratiques un sport à l'air libre? Quel sport? Où?
8. Est-ce que tu préfères les sports individuels ou en équipe? Pourquoi?
9. Pourquoi est-ce que tu fais du sport / ne fais pas de sport?

Maintenant, regardez le sondage *(survey)* sur les pratiques sportives des Français pour comparer vos habitudes sportives avec celles des Français.

Les pratiques sportives en France

32% des Français pratiquent un sport au moins une fois par semaine.

63% des Français font du sport pour se détendre et arriver à un bien-être personnel.

20% des Français vont faire du sport dans un club de fitness.

Le sport en France est associé à des périodes de vacances ou de loisir *(leisure time)*.

L'été est la saison préférée des Français pour faire du sport.

Les femmes françaises pratiquent le sport de façon plus régulière que les hommes.

Les femmes françaises pratiquent des sports moins brutaux que les hommes.

50% des Français préfèrent pratiquer des sports individuels.

Plus de **50%** des Français qui pratiquent un sport le font de façon non compétitive.

iLrn Complete the diagnostic tests to check your knowledge of the vocabulary and grammar structures presented in this chapter.

B. Les sports aux États-Unis. Après avoir comparé vos habitudes sportives avec celles des Français, écrivez en groupe un rapport sur les pratiques sportives des Américains. Répondez aux questions suivantes.

1. Est-ce que les Américains pratiquent un sport pour améliorer leur bien-être personnel ou est-ce qu'ils le font d'une façon compétitive? Est-ce que les Américains préfèrent faire du sport dans un club de fitness ou à l'extérieur? Préfèrent-ils pratiquer des sports individuels ou en équipe?
2. Est-ce que les femmes américaines font du sport plus régulièrement que les hommes? Est-ce que les sports qu'elles pratiquent sont moins brutaux?

Les Français et le foot sont comme ça

Le football c'est le sport national français! En effet, c'est le sport que les Français préfèrent, avant le basket et le rugby. La télévision diffuse les matchs de foot les plus importants—la Coupe du Monde, la Coupe d'Europe, la Coupe de France et la CAN (la Coupe d'Afrique des Nations)—et une grande majorité des Français sont collés à leur écran de télévision! Il y a même une chaîne de télé dédiée exclusivement aux sports où le foot est le sport le plus diffusé et le plus regardé. Les Français qui le peuvent vont au stade—par exemple, au Parc des Princes ou au Stade de France à Paris—pour assister aux matchs.

Les supporters sont nombreux et beaucoup suivent leur équipe préférée de ville en ville et de pays en pays. On appelle «les Bleus» les joueurs qui sont dans l'équipe française de foot parce qu'ils portent des tee-shirts—les maillots—de couleur bleue. Leur tenue de sport est tricolore—bleu, blanc, rouge—comme le drapeau français. Parfois, il y a des bagarres sur le terrain de foot entre les supporters de différentes équipes et la police doit intervenir. À la différence des matchs américains, en France il n'y a pas de *cheerleaders* pour animer le public. Quand «les Bleus» gagnent un match, les fans vont dans les rues des villes en chantant, en buvant et en célébrant la victoire jusqu'à très tard le soir. La vie intime des joueurs de foot est révélée dans la presse people et elle intéresse beaucoup les supporters. Le rêve de beaucoup de jeunes Français est d'entrer dans l'équipe de France de foot car c'est un sport très bien payé et qui a beaucoup de succès. C'est facile de devenir une star et d'apparaître dans les journaux et la télévision quand on est dans l'équipe de France!

Réfléchissons!

1. Vous venez de lire que le foot c'est le sport préféré des Français. Quel est le sport préféré aux États-Unis?

2. Y a-t-il des bagarres pendant les matchs de football américain où la police doit intervenir? Est-ce que le public réagit de la même façon quand son équipe gagne?

3. Comme il n'y a pas de *cheerleaders* dans les matchs français, comment croyez-vous que le public s'amuse pendant les pauses?

4. Comment sont les joueurs de football américains en comparaison avec les joueurs français? Deviennent-ils aussi des stars?

À vous de lire!

A. Stratégies. _Skimming and Scanning._ Earlier, you learned that skimming a text to get a general impression of what it is about is an important strategy when reading, as it helps us to make predictions about the text and thus aids the reading process. An equally important strategy, with a different focus, is that of scanning. When you scan a text, you are trying to determine if the text contains certain information that is of interest to you. If you find the information you are looking for, you may decide to read the text more carefully. If not, you may choose to pass on to another text. We often use scanning (as well as skimming) while reading newspapers and other expository prose: we look for key words and phrases to signal the presence of the information we seek.

Scan the text of **Innovations technologiques: Le tunnel sous la Manche** and determine if it would be a good source of the following information.

1. the history of the Channel Tunnel between France and England
2. prices for taking the tunnel train
3. the speed of the tunnel train, and the amount of time it takes to go from Paris to London
4. alternative means of traveling between Paris and London
5. the types of cabins offered on the tunnel train

B. Avant de lire

Considérons le sujet. Le passage suivant concerne le tunnel qui relie la Grande-Bretagne à l'Europe continentale. Avant de lire le passage, faites une liste des informations que vous vous attendez à voir dans un texte de cette sorte. Quelles informations techniques, historiques ou culturelles est-ce que vous pensez que les auteurs vous donneront?

Considérons le vocabulaire. Étant donné le sujet de ce passage, essayez de deviner ce que les mots et expressions suivants veulent dire, et écrivez une définition ou traduction.

1. une traversée en mer _____
2. avoir le pied marin _____
3. faire preuve d'imagination _____
4. bateau sous-marin _____
5. pont ferroviaire _____
6. à vive allure _____
7. foré sous la mer _____
8. un havre de sécurité _____

C. Lisons! Lisez maintenant le texte et puis répondez aux questions qui le suivent.

Innovations technologiques: Le tunnel sous la Manche

Il y a quelques 10 000 ans, une parcelle de terre reliait l'Angleterre à la France. Peu à peu, la mer a pris ses droits et la Manche a fait de la Grande-Bretagne une île.

Depuis plus de deux siècles, une grande question technique et politique se posait: comment relier à nouveau les deux pays sans les inconvénients d'une traversée en mer. Même la Reine Victoria qui n'avait pas le pied marin encourageait les projets: «en mon nom et celui de toutes les ladies d'Angleterre».

Les idées ne manquaient pas et des ingénieurs ont fait preuve d'imagination, à la manière parfois des écrivains de science-fiction. Parmi les propositions, on trouve la construction d':

- un bateau sous-marin sur rail (1869)
- un pont ferroviaire posé sur des piliers à 90 mètres au-dessus de la mer pour laisser passer les navires (1882)

Autant de projets tombés à l'eau en attendant le tunnel sous la Manche que nous connaissons. Commencé en 1988, il a été inauguré le 6 mai 1994 par la reine d'Angleterre et François Mitterrand, le président de la République française d'alors.

Grâce à cette fantastique œuvre humaine, l'Europe se tient... par la Manche. La Grande-Bretagne est devenue une presqu'île: il faut compter 20 minutes de traversée à 40 mètres sous le fond de la mer. Londres (Waterloo Station) se trouve à trois heures de Paris (Gare du Nord) par Eurostar: le train qui peut accueillir 774 voyageurs. Ce TGV «transmanche» atteint une vitesse de pointe de 300 kilomètres/heure. Le «shuttle,» drôle de train-navette, permet aux voitures, bus, camions de se ranger sur de gros wagons pour traverser la Manche à vive allure aussi.

Le tunnel sous la Manche a une longueur de 50 kilomètres; les 39 kilomètres forés sous la Manche en font le plus long tunnel sous-marin au monde. Le système de transport Eurotunnel est formé de trois tunnels: deux tunnels, réservés à la circulation ferroviaire (navettes et trains), reliés à un troisième tunnel de service central. Le tunnel de service, unique au monde, joue le rôle d'un havre de sécurité; il est en effet maintenu en état de surpression d'air, restant ainsi à l'abri des fumées en cas d'incendie.

Cinquante-sept millions de personnes, ce qui équivaut à la population totale de la Grande-Bretagne, ont emprunté le tunnel sous la Manche par des navettes Eurotunnel, entre 1994 et 2000.

1. Quand est-ce qu'on a commencé à penser à relier l'Europe continentale et la Grande-Bretagne?
2. Est-ce qu'on a pensé tout de suite à faire un tunnel? Sinon, quelles ont été les autres suggestions données?

3. Ces suggestions sont comparées à quoi?

4. Quand est-ce qu'on a commencé à creuser le tunnel? Quand est-ce qu'on l'a terminé? Est-ce que cela vous paraît long? Expliquez votre réponse en citant quelques données technologiques concernant le tunnel.

5. Qu'est-ce qu'il y a d'unique concernant ce tunnel? Pourquoi est-ce que c'est important?

6. Est-ce que le tunnel sous la Manche est beaucoup ou peu utilisé, selon vous? Expliquez votre réponse.

JTB Photo/agefotostock

D. Après la lecture. Imaginez que vous allez voyager de Paris à Londres (ou vice versa) par le train. Que ferez-vous? Que verrez-vous? Avec qui est-ce que vous voyagerez? Écrivez un paragraphe où vous décrivez votre journée, en employant le futur.

MODÈLE: *Je me lèverai tôt le matin, et j'irai à la gare avec mon amie Séverine. Nous prendrons le tunnel sous la Manche pour aller à Londres. Le voyage sera court! À Londres, nous visiterons...*

Lexique

Mon vocabulaire

Les technologies

Les ordinateurs *Computers*

une carte Wi-FI	*Wi-Fi card*	le mémoire	*memory*
un clavier	*keyboard*	un microphone	*microphone*
une clé Bluetooth	*Bluetooth connection*	un modem	*modem*
une connexion haut débit	*high-speed connection*	un moniteur	*monitor*
un écran	*screen*	un (ordinateur) portable	*laptop computer*
un graveur / lecteur de CD / DVD	*CD / DVD player / burner*	le processeur	*processor*
un haut-parleur	*speaker*	un routeur	*router*
une imprimante	*printer*	un scanner	*scanner*
un logiciel	*software program*	une souris	*mouse*
		une webcam	*webcam*

D'autres gadgets technologiques

une adresse électronique	*e-mail address*	le home cinéma	*home theater*
un agenda	*daily planner*	un mobile / un téléphone portable	*cell phone*
un appareil photo numérique	*digital camera*	un smartphone	*smartphone*
un assistant personnel	*PDA*	un SMS / un texto	*text message*
un baladeur numérique	*digital portable audio player*	le Net / le Web / la Toile	*World Wide Web*

Des activités technologiques

avoir un mot de passe	*to have a password*	recevoir un courriel / un e-mail	*to receive an e-mail*
cliquer	*to click*	sauvegarder (un document)	*to save (a document)*
envoyer		surfer sur Internet / être sur Internet	*to surf the Internet*
un courriel / un e-mail	*to send an e-mail*		
quelque chose en pièce jointe	*an attachment*	télécharger (de la musique / des films)	*to download (music / films)*
un SMS / un texto	*a text*		
graver un CD / un DVD	*to burn a CD / a DVD*	utiliser un moteur de recherche	*to use a search engine*
naviguer sur le Web / sur la Toile	*to navigate the Web*	utiliser un traitement de texte	*to use a word processor*
numériser	*to digitize*		

Les sports en vol libre ou en chute libre *Free-fly or free-fall sports*

le deltaplane	*hang-gliding*	le parapente	*paragliding*
le parachute ascensionnel	*parasailing*	le saut à l'élastique	*bungee jumping*

Les sports d'hiver *Winter sports*

l'escalade *(f.)* glaciaire	*ice-covered mountain climbing*	le ski alpin	*downhill skiing*
l'héliski *(m.)*	*heli-skiing*	le ski de fond	*cross-country skiing*
la luge	*sledding*	le snowboard	*snowboarding*

Les sports nautiques *Water sports*

le jet ski	*Jet Ski™*	la planche à voile	*windsurfing*
la pêche	*fishing*	le rafting	*rafting*
la pêche au gros (requin, thon, etc.)	*deep-sea fishing (shark, tuna, etc.)*	le ski nautique	*waterskiing*

D'autres sports

l'alpinisme (m.)	mountain climbing	le VTT	cross-country biking
la varappe	rock-climbing		

Au club de fitness / Activités sportives

les cabines (f.) de bronzage	tanning booths	le jacuzzi	Jacuzzi
courir	to run	un masseur / une masseuse	masseur / masseuse
un court de tennis	tennis court	marcher	to walk
s'échauffer	to warm up	les tapis (m.)	mats
s'entraîner / une entraîneuse	to train / trainer	nager	to swim
s'étirer	to stretch	pédaler	to pedal
faire des abdominaux (m.) (faire des abdos)	to do sit-ups	la piscine	swimming pool
		des poids (m.)	weights
faire des exercices (m.) au sol	to do floor exercises	pratiquer un sport	to do a sport
faire des exercices d'échauffement	to warm up	se raffermir	to tone
faire des exercices d'étirement	to stretch	ramer	to row
faire des fessiers (m.)	to do buttock exercises	la salle de musculation (la salle de muscu)	weight room
faire du jogging	to jog	le sauna	sauna
se faire masser	to get a massage	sauter à la corde	to jump rope
faire de la musculation (faire de la muscu)	to do muscle-building exercises	le step	step machine
		le tapis de course	treadmill
faire de la natation	to swim	le vélo-rameur	pedaling and rowing machine
faire des haltères (f.)	to lift weights		
faire des pompes (f.)	to do push-ups	le vélo statique	stationary bike
faire du stretching	to stretch	le vestiaire	locker room

L'équipement sportif

les balles (f.) de golf	golf balls	une piste de ski	ski slope
le ballon de basket	basketball	la raquette	racket
le ballon de foot	soccer ball	les rollers (m.)	roller blades
les clubs (m.) de golf (le terrain / le parcours de golf)	golf clubs / golf course	les skis (m.)	skis
		le terrain de basket	basketball
la patinoire	ice skating rink	le terrain de foot	soccer field
les patins (m.) à glace	ice skates		

Mon bien être et ma santé

Courtesy of Véronique Anover and Theresa A. Antes

Are you generally healthy or unhealthy? Do you take good care of yourself? What are some of the most common illnesses that you suffer from? In this chapter, you will learn how to talk about your health and about what you do to stay healthy (mentally and physically). You will be able to give advice to a friend or to your family so that they can be as healthy as ever! Finally, you will learn how to express your own opinions regarding health issues using the subjunctive mood.

VOCABULARY

- Health, including common illnesses and remedies
- Impersonal expressions to express your opinion
- Expressing emotions
- Expressing volition, doubt, and certainty

STRUCTURES

- The present subjunctive of regular verbs with impersonal expressions
- The present subjunctive of irregular verbs
- Usage of the subjunctive vs. an infinitive
- The subjunctive with expressions of emotion and volition
- The subjunctive with expressions of doubt

CULTURE

- How the French pamper themselves to attain well-being
- What traditional medicine is like in Africa

iLrn

◀))) Audio

🌐 www.cengagebrain.com

RESSOURCES

Passage 1

Chez le docteur

Bernard va chez le docteur.

BERNARD: Docteur, je suis malade depuis plusieurs jours. J'ai très, très mal à la tête, j'ai extrêmement mal au ventre et j'ai la nausée.

DOCTEUR: Est-ce que vous avez de la fièvre?

BERNARD: Non, je ne crois pas, mais je n'ai pas de thermomètre.

DOCTEUR: Il vaut mieux avoir un thermomètre à la maison. C'est plus pratique. Quand vous avez mal à la tête, est-ce que la douleur est localisée sur le crâne ou sur le front?

BERNARD: Plutôt sur le crâne. J'ai envie de vomir aussi.

DOCTEUR: Qu'est-ce que vous avez mangé dernièrement?

BERNARD: Rien, justement. Mais il faut que je vous dise que j'ai beaucoup bu parce que je fais la fête tous les soirs depuis que ma femme m'a quitté.

DOCTEUR: Ah! Eh bien il ne faut pas être surpris de vous sentir mal! Si vous continuez à boire comme ça, vous allez avoir une cirrhose.

BERNARD: Qu'est-ce qu'une cirrhose? C'est grave?

DOCTEUR: C'est une maladie du foie[1] et c'est très sérieux. Il est indispensable que vous ne buviez plus d'alcool. Vous verrez, vous n'aurez plus mal à la tête, ni envie de vomir.

BERNARD: Alors, voilà, je ne peux plus m'amuser! Il est indispensable d'écouter le docteur, n'est-ce pas?

DOCTEUR: Oui, si vous voulez être en bonne santé!

Vous avez bien compris?

Dites si les phrases suivantes sont vraies ou fausses.

1. Bernard a une migraine.
2. Bernard ne sait pas s'il a de la fièvre.
3. Bernard n'a pas envie de vomir.
4. Le docteur conseille à Bernard de boire du vin.
5. Bernard est en bonne santé.
6. Le docteur lui dit qu'il va avoir une maladie du foie.

[1]liver

→ Mon vocabulaire ←

Les parties internes du corps

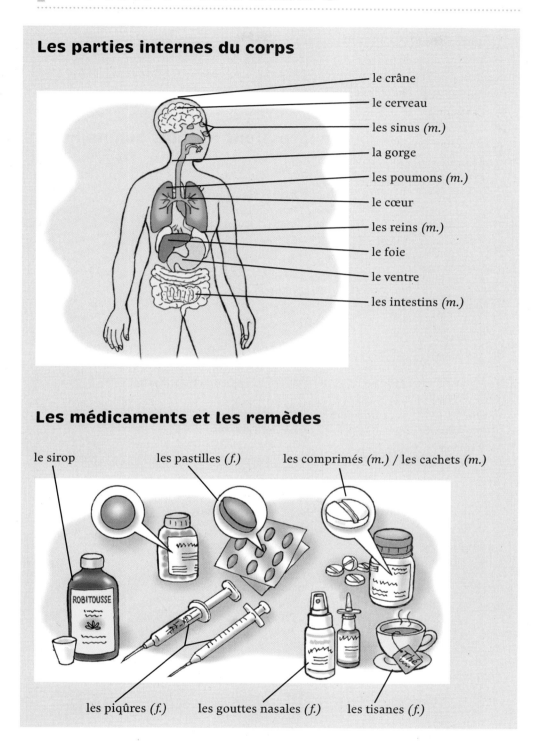

le crâne

le cerveau

les sinus (m.)

la gorge

les poumons (m.)

le cœur

les reins (m.)

le foie

le ventre

les intestins (m.)

Les médicaments et les remèdes

le sirop

les pastilles (f.)

les comprimés (m.) / les cachets (m.)

ROBITOUSSE

les piqûres (f.)

les gouttes nasales (f.)

les tisanes (f.)

D'autres médicaments

les antibiotiques *(m.)*
les antihistaminiques *(m.)*
l'aspirine *(f.)*
les médicaments *(m.)*
les remèdes *(m.)* homéopathiques (ou naturels)
un somnifère *sleeping pill*
les vitamines *(f.)*

Les maladies et les expressions les plus communes

avoir mal à la tête	
avoir une migraine	
avoir le nez bouché	*to have a stuffy nose*
avoir le nez qui coule	*to have a dripping nose*
avoir mal à la gorge	*to have a sore throat*
avoir de la fièvre	
avoir mal au dos	
avoir la nausée = avoir mal au cœur = avoir envie de vomir	
avoir une rage de dents	*to have a toothache*
avoir un rhume / être enrhumé(e)	*to have a cold*
avoir la grippe	*to have the flu*
avoir une crise de foie	*to have digestive problems*
avoir une crise cardiaque	*to have a heart attack*
avoir une infection	
tousser	*to cough*
se sentir mal / bien	*to feel bad / well*
être en bonne santé / en mauvaise santé	*to be in good health / bad health*
avoir une santé de fer	*(literally to have an iron health) to be extremely healthy, to have an iron constitution*
être malade / tomber malade	*to be sick / to fall sick*
être guéri(e) / guérir de	*to be healed (from)*
se soigner	*to take care (of oneself)*
un thermomètre	

Au Chapitre 9, vous avez vu **les parties externes du corps.** Révisez ce vocabulaire avant de faire les activités suivantes.

À vous!

A. Les remèdes. Quand est-ce qu'on prend les remèdes suivants?

1. le sirop
2. les gouttes nasales
3. l'aspirine
4. les antibiotiques
5. les tisanes
6. un somnifère

B. Cause et effet. Reliez les maladies de la colonne de gauche aux questions logiques de la colonne de droite à poser dans chaque cas.

> **MODÈLE:** J'ai une crise de foie.
>
> *Vous avez mangé beaucoup de chocolat?*

1. J'ai mal au ventre.
2. Je tousse.
3. J'ai la nausée.
4. J'ai mal au dos.
5. J'ai mal à la tête.
6. J'ai de la fièvre.

a. Vous attendez un enfant?
b. Vous avez transporté des objets lourds?
c. Vous avez trop mangé?
d. Vous fumez beaucoup de cigarettes?
e. Vous avez une infection?
f. Vous avez bu trop de vin?

C. Mes petits remèdes. Avec un(e) partenaire, dites quels symptômes vous avez quand vous êtes malades, quels remèdes vous prenez et ce que vous faites pour vous sentir mieux.

> **MODÈLE:** avoir mal au dos
>
> *Qu'est-ce que tu fais quand tu as mal au dos?*
> *Je me couche. / Je prends de l'aspirine. / Je m'étire.*

1. être enrhumé(e)
2. avoir une rage de dents
3. avoir mal à la tête
4. avoir mal à la gorge
5. avoir une crise de foie
6. avoir la nausée

iStockphoto.com/manuel velasco

STRUCTURE 1

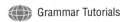 Grammar Tutorials

You have learned three *moods* so far: the indicative, the imperative, and the conditional. The indicative, which is made up of most verb tenses (the present, **passé composé, imparfait,** and **futur**), is objective and expresses the facts. The imperative is used to give orders and commands, and the conditional expresses what would, could, or should happen.

The *subjunctive* mood is subjective. It is used to express the speaker's opinion, emotion, desire, need, or doubt. There is a present and past tense subjunctive; however, you will only be learning the present tense in *À vous.*

La formation du subjonctif des verbes réguliers

To form the present subjunctive of regular **-er, -ir,** and **-re** verbs, take the third person plural **(ils)** form of the present tense and drop the **-ent** to find the stem.

ils mangent → **mang-**	ils finissent → **finiss-**	ils vendent → **vend-**

Then add the appropriate endings: **-e, -es, -e, -ions, -iez,** and **-ent.**

manger	finir	vendre
Il faut que…		
je mang**e**	je finiss**e**	je vend**e**
tu mang**es**	tu finiss**es**	tu vend**es**
il / elle / on mang**e**	il / elle / on finiss**e**	il / elle vend**e**
nous mang**ions**	nous finiss**ions**	nous vend**ions**
vous mang**iez**	vous finiss**iez**	vous vend**iez**
ils / elles mang**ent**	ils / elles finiss**ent**	ils / elles vend**ent**

Notice that the **nous** and **vous** forms are the same as those in the **imparfait,** and the **ils/elles** form is the same as the third person plural form in the present indicative.

L'emploi du subjonctif

- There are three rules for using the subjunctive.

1. The subjunctive is always found in the second part of the sentence and follows the word **que.**

   Il faut **que** je **parte**.   *It is necessary that I leave.*

2. The subjects in the two parts of the sentence must be different.

   Il faut que **je** parte.   *It is necessary that I leave.*

3. An expression in the first part of the sentence *triggers* the subjunctive and is always followed by the word **que.** In the example above, **il faut que** is an expression of necessity, and thus triggers the subjunctive.

- A common trigger of the subjunctive are impersonal expressions of necessity. These expressions are called *impersonal* because they only exist in the third person singular.

Les expressions de nécessité:

Expressions	Translations	Examples Pour être en bonne santé...
il faut que...	*it is necessary that . . .*	**il faut que** tu manges beaucoup de fruits et légumes.
il est nécessaire que...	*it is necessary that . . .*	**il est nécessaire que** tu dormes huit heures par nuit.
il est essentiel que...	*it is essential that . . .*	**il est essentiel que** tu aimes ton travail.
il est indispensable que...	*it is indispensable that . . .*	**il est indispensable que** tu ne stresses pas trop.
il vaut mieux que...	*it is better that . . .*	**il vaut mieux que** tu choisisses un style de vie équilibré.

 VÉRIFIEZ votre compréhension

1. Go back to *Passage 1.* What subjunctive verbs can you find? Underline them and give their infinitive.
2. Why is the subjunctive used instead of the indicative in these sentences?

CD 2
Track 41

À l'écoute!

Petits Tuyaux! In order to determine if the speaker is using present subjunctive or indicative, pay attention to the appearance of an expression of necessity in the sentence as in **il faut que** or **il est indispensable que** and the additional "i" in the **nous** and **vous** forms.

Subjonctif ou indicatif? Listen to the following sentences and determine if they are in present subjunctive or indicative.

	Subjunctive	Indicative
1.	_____	_____
2.	_____	_____
3.	_____	_____
4.	_____	_____
5.	_____	_____
6.	_____	_____

Pratiquons!

A. Pour bien faire. Refaites chaque phrase en conjuguant les verbes au subjonctif avec les différents pronoms.

1. Pour ne plus avoir de fièvre, il faut que *tu guérisses*. (nous / on / je / vous)
2. Pour être en bonne santé, il faut que *j'écoute* mon docteur. (tu / mes parents / nous / on / vous)
3. Pour ne pas avoir une crise de foie, il est essentiel que *nous mangions* sain, que nous ne *consommions* pas d'alcool et que nous *choisissions* des aliments bio *(organic)* si possible (je / vous / mon frère / tu)
4. Pour bien guérir, il est important que *je finisse* tous les antibiotiques. (mes amis / tu / il / vous)

B. Avec ou sans effort? Choisissez les affirmations qui vous décrivent le mieux. Complétez les phrases qui s'appliquent à votre cas. Discutez de vos choix avec vos camarades. Est-ce que vous réussissez à faire les choses dans la vie sans effort ou, au contraire, avec beaucoup d'effort?

1. a. Il faut que j'_____ (étudier) beaucoup pour réussir en cours.
   b. Il ne faut pas que j'_____ (étudier) beaucoup pour réussir en cours.

2. a. Il est nécessaire que je _____ (travailler) à plein temps pour me payer mes études.
   b. Il n'est pas nécessaire que je _____ (travailler) à plein temps pour me payer mes études.

3. a. Il faut que je _____ (rendre) à mes parents l'argent qu'ils me prêtent.
   b. Il ne faut pas que je _____ (rendre) à mes parents l'argent qu'ils me prêtent.

4. a. Il est indispensable que je _____ (choisir) bien les aliments que je mange pour être en bonne santé.
   b. Il n'est pas indispensable que je _____ (choisir) bien les aliments que je mange pour être en bonne santé.

5. a. Il est nécessaire que je _____ (maigrir *[to lose weight]*) pour être en bonne santé.
   b. Il n'est pas nécessaire que je _____ (maigrir) pour être en bonne santé.

STRUCTURE 2

La formation du subjonctif des verbes irréguliers

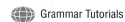 Grammar Tutorials

- Many verbs that are irregular in the present indicative are regular in the subjunctive. That is, you drop the **-ent** of the third person plural form of the present and add the subjunctive endings.

connaître
Il est nécessaire que...
je connaisse
tu connaisses
il / elle / on connaisse
nous connaissions
vous connaissiez
ils / elles connaissent

- There are two verbs that are completely irregular: **être** and **avoir**.

être		avoir	
Il faut que...			
je **sois**	nous **soyons**	j'**aie**	nous **ayons**
tu **sois**	vous **soyez**	tu **aies**	vous **ayez**
il /elle / on **soit**	ils / elles **soient**	il / elle **ait**	ils / elles **aient**

- Three verbs have an irregular stem for all their conjugations: **faire, pouvoir, savoir.**

faire	pouvoir	savoir
Il faut que...		
je **fasse**	je **puisse**	je **sache**
tu **fasses**	tu **puisses**	tu **saches**
il / elle / on **fasse**	il / elle **puisse**	il / elle **sache**
nous **fassions**	nous **puissions**	nous **sachions**
vous **fassiez**	vous **puissiez**	vous **sachiez**
ils / elles **fassent**	ils / elles **puissent**	ils / elles **sachent**

- Some verbs have regular **nous** and **vous** forms, but have a different stem for all the other forms. Take a look at the conjugation of **boire,** for example

Il faut que...	
je **boive** du lait.	nous **buvions** du lait.
tu **boives** du lait.	vous **buviez** du lait.
il / elle / on **boive** du lait.	ils / elles **boivent** du lait.

Here are some other stem-changing verbs in the subjunctive.

aller	que j'**aille**	que nous **allions**
croire	que je **croie**	que nous **croyions**
devoir	que je **doive**	que nous **devions**
prendre	que je **prenne**	que nous **prenions**
venir	que je **vienne**	que nous **venions**
vouloir	que je **veuille**	que nous **voulions**

 VÉRIFIEZ votre compréhension

1. Go back to *Passage 1* (p. 442), and find all the irregular the verbs in the subjunctive.
2. Do these verbs have regular or irregular stems in the subjunctive? Are the endings regular or irregular?

 À l'écoute!

CD 2
Track 42

Quel est le mode verbal? Écoutez les phrases suivantes attentivement. Ensuite, indiquez le mode verbal que vous entendez.

1. _____ subjonctif _____ indicatif
2. _____ subjonctif _____ indicatif
3. _____ subjonctif _____ indicatif
4. _____ subjonctif _____ indicatif
5. _____ subjonctif _____ indicatif
6. _____ subjonctif _____ indicatif
7. _____ subjonctif _____ indicatif
8. _____ subjonctif _____ indicatif

Pratiquons!

A. Une bonne discipline. Récrivez chaque phrase avec les sujets indiqués. Faites bien attention aux formes des verbes (subjonctif et indicatif) dans chaque phrase.

1. Avant un examen, il est nécessaire que l'[1]*on fasse* toutes les activités du cahier d'exercices. (je / vous / ils / mes sœurs)
2. Si *je veux* être de bonne humeur le matin, il est indispensable que *je dorme* huit heures. (mon prof / nous / mes frères / tu)
3. Si *tu veux* apprendre le français, il faut que *tu sois* bien discipliné(e) et que *tu viennes* en cours tous les jours! (on / vous / ils)
4. Le week-end, il est absolument nécessaire que *nous allions* au cinéma. Il faut aussi que *nous nous amusions* de temps en temps! (je / tu / vous / mes amis)

B. Un docteur exigeant. Complétez les phrases suivantes avec la forme nécessaire des verbes entre parenthèses pour exprimer ce que le médecin demande à ses patients.

1. Le docteur dit: «Il est nécessaire que mes patients __arrivent__ (arriver) toujours à l'heure à ma consultation *(doctor's office)*.»
2. «Il faut que l'on __veuille__ (vouloir) vraiment changer ses mauvaises habitudes.»
3. «Il vaut mieux que vous __ne mangiez plus__ (ne... plus manger) au fast-food.»
4. «Il est indispensable que mes patients __fassent__ (faire) des changements dans leur mode de vie avant de tomber malade.»
5. «Il vaut mieux que vous __buviez__ (boire) assez d'eau, et que vous __preniez__ (prendre) des vitamines tous les jours.»
6. «Il est important que mes patients __viennent__ (venir) faire leur check-up tous les ans.»

C. Vous êtes docteur aussi: que faut-il faire d'autre? Continuez l'Activité B, en ajoutant au moins trois phrases. Ensuite, comparez vos idées à celles d'un(e) partenaire.

1. _____
2. _____
3. _____

D. Que faut-il faire pour avoir une santé de fer? Choisissez la réponse la plus logique pour terminer les phrases suivantes. Comparez vos réponses avec celles d'un(e) partenaire. Êtes-vous d'accord?

1. Pour ne pas faire une crise cardiaque, il faut que l'on...
2. Pour ne jamais avoir une rage de dents, il faut que tu...
3. Pour éviter d'avoir un rhume, il est indispensable que tu...
4. Pour avoir plus d'énergie, il est nécessaire que nous...
5. Pour prévenir le mal de dos, il vaut mieux que l'on...
6. Pour guérir plus rapidement, il est important que nous...

[1]This "l" is only for phonetic purposes; it is neither a direct object pronoun nor an article. It sounds better to add an "l" after "que" and before "on."

À vous de parler!

A. Chez le docteur. Vous êtes hypocondriaque et vous allez chez le médecin très fréquemment. Imaginez: a.) vos conversations dans la salle d'attente avec d'autres patients aussi hypocondriaques que vous ou b.) votre conversation avec votre docteur dans la salle de consultation.

B. La prévention est la solution. Vous savez tous que la prévention peut être la solution pour éviter de nombreuses maladies. Vous travaillez au ministère de la Santé publique au Québec. Faites une brochure sur la prévention de certaines maladies comme la crise cardiaque, certains cancers (le cancer du poumon, par exemple), l'obésité chez les enfants, le cholestérol, etc. Utilisez le subjonctif autant que possible. Adressez-vous au public à la deuxième personne du pluriel **(vous).** Une fois que vous avez terminé, présentez votre brochure à la classe.

> **MODÈLE:** *Pour prévenir le diabète, il faut absolument que vous fassiez attention à votre consommation de sucre. Il est indispensable que vous fassiez de l'exercice régulièrement et que vous buviez moins de boissons alcoolisées (elles contiennent beaucoup de sucre)...*

Tyler Olson/Shutterstock.com

Le bien-être s'obtient comme ça en France

Les Français consacrent beaucoup de temps et d'argent à leur bien-être—pas seulement le bien-être physique mais le mental aussi pour arriver à une harmonie entre corps et esprit. Déjà au dix-huitième siècle, Voltaire parlait de l'importance de cultiver son «jardin intérieur», sans oublier le «jardin extérieur», bien sûr. Les Français ont plusieurs choix pour arriver à un bien-être parfait entre le corps et l'esprit.

- **Le thermalisme ou les cures thermales.** Comme son nom l'indique, la méthode utilisée dans les cures thermales se base sur la chaleur et le froid pour obtenir différents résultats. Les curistes font des bains d'eau chaude, de vase tiède[1] ou d'algues marines froides pour se détendre (l'esprit) et se sentir mieux physiquement (le corps). Les personnes qui se rendent dans les cures thermales ont souvent des problèmes de rhumatisme, de digestion, de peau[2], de respiration ou de circulation. Les cures thermales se trouvent dans des endroits privilégiés (la mer, la montagne) en contact avec la nature. La durée d'une cure thermale est de deux à trois semaines. Pour garantir la prise en charge par la sécurité sociale, il faut que le médecin traitant prescrive la cure et choisisse la station thermale où le patient va séjourner.

- **La thalassothérapie (ou la thalasso).** Le principe de la thalasso, c'est d'appliquer des soins et des traitements à base d'eau de mer. Les établissements se situent tous sur les côtes. Les soins[3] ou les cures en thalasso sont multiples. La cure la plus populaire est la remise en forme. Mais il y a également la cure antistress, la cure postnatale ou prénatale, les cures antitabac, minceur / diététique (soins anticellulite, aquagym, drainage lymphatique, régime alimentaire, musculation en salle de gym), ménopause, jambes lourdes, la spéciale dos (avec des hydromassages ou des bains de boue) ou la spéciale homme. Le but[4] de la thalasso est de procurer un bon équilibre biologique. On va en thalassothérapie pour améliorer sa forme plutôt que pour se soigner.

[1]warm mud   [2]skin   [3]treatments   [4]goal

- **Les instituts de beauté ou les centres de bien-être.** Ce sont des centres esthétiques. Généralement dans ces centres il y a un salon de coiffure, un espace sauna, un espace manucure et pédicure et des esthéticiennes spécialistes du maquillage permanent, du drainage lymphatique ou de l'épilation laser ou à la cire.[1]

- **L'homéopathie (ou la médecine douce).** L'homéopathie soigne par le pouvoir des plantes. Bon nombre de Français préfèrent traiter les symptômes d'une maladie comme le rhume, les migraines ou le stress à l'aide de l'homéopathie plutôt[2] qu'avec les remèdes de la médecine traditionnelle. L'homéopathie est différente de la médecine tradition-nelle car elle s'occupe aussi bien de la psychologie du patient que des symptômes physiques (migraines, insomnies, mal au dos). La plupart des traitements homéopathiques sont couverts par la sécurité sociale.

Réfléchissons!

1. Est-ce que les Américains sont aussi préoccupés que les Français par leur bien-être? Pourquoi? Expliquez votre réponse.

2. Est-ce que dans votre pays il y a autant de centres dédiés au bien-être? Y a-t-il des centres similaires aux centres français? Donnez des exemples.

3. Où vont les Américains pour atteindre une harmonie entre corps et esprit? Que font les Américains pour réduire le stress, par exemple? Pour combattre les migraines?

4. Avez-vous été étonné(e) de la prise en charge par la sécurité sociale des soins homéopathiques, des cures thermales et des thalassothérapies? Pourquoi? Pensez-vous qu'il est nécessaire que ces soins soient remboursés par la sécurité sociale? Justifiez votre réponse.

[1]wax [2]rather than

CD 2
Track 43

Passage 2

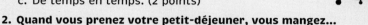

Quel est votre mode de vie?

Faites le test suivant sur vos habitudes alimentaires et votre style de vie. Quand vous aurez terminé, comptez vos points et déterminez si le régime alimentaire que vous suivez est optimal ou non.

1. **Prenez-vous le petit-déjeuner tous les matins?**
   a. Oui, toujours. (1 point)
   b. Non, jamais. (3 points)
   c. De temps en temps. (2 points)

2. **Quand vous prenez votre petit-déjeuner, vous mangez...**
   a. des céréales avec du lait écrémé.[1] (1 point)
   b. des tartines avec du beurre et de la confiture. (2 points)
   c. des œufs avec du bacon. (3 points)

3. **Que buvez-vous le matin?**
   a. Du chocolat chaud avec du lait entier.[2] (3 points)
   b. Un à deux cafés crème. (2 points)
   c. Un jus de fruit. (1 point)

4. **Pour le déjeuner, vous mangez...**
   a. au fast-food. (3 points)
   b. un repas léger–une salade, un yaourt, des fruits, etc. (1 point)
   c. rien du tout. (3 points)

5. **Pour vous déplacer...**
   a. vous allez à pied. (1 point)
   b. vous prenez votre bicyclette. (1 point)
   c. vous prenez votre voiture ou un moyen de transport public. (3 points)

6. **En général, vous pratiquez un sport ou vous faites de l'exercice...**
   a. jamais. (3 points)
   b. tous les jours. (1 point)
   c. deux à trois fois par semaine. (2 points)

7. **Pour le dîner, vous préparez votre repas avec...**
   a. des aliments biologiques et maigres (des légumes et des fruits). (1 point)
   b. des aliments surgelés (des plats préparés, comme des pizzas). (2 points)
   c. des aliments gras–des frites, du bœuf, du poulet frit. (3 points)

8. **Est-ce que vous mangez beaucoup de fruits et de légumes chaque jour?**
   a. Non, je suis carnivore, je ne mange que de la viande et des féculents.[3] (3 points)
   b. Oui, je suis végétarien(-ne); la base de mon alimentation, ce sont les fruits et les légumes. (2 points)
   c. Oui, j'essaie de manger équilibré, c'est-à-dire, un peu de tout. (1 point)

[1] reduced fat milk   [2] whole milk   [3] or "hydrates de carbone" (more scientific)

9. **Consommez-vous des boissons alcoolisées?**
   a. Rarement ou jamais. (1 point)
   b. En abondance. (3 points)
   c. Avec modération. (2 points)

10. **Après le dîner, le soir...**
    a. vous restez vautré(e)[1] sur le fauteuil, la télécommande à la main. (3 points)
    b. vous faites du sport ou une activité physique. (1 point)
    c. vous allez chercher le courrier ou vous sortez le chien. (2 points)

Résultats

De 10 à 15 points: Vous menez une vie bien équilibrée. Nous recommandons que vous ne changiez rien. Vous savez qu'il est important d'être attentif(-ve) à votre poids et à votre santé. Il faut continuer ce mode de vie. Il est peu probable que vous tombiez souvent malade.

De 16 à 22 points: Il faut absolument que vous amélioriez votre style de vie. Il est préférable de faire quelques changements dans votre régime alimentaire et dans vos activités de tous les jours. Nous sommes navrés que vous deviez changer votre mode de vie. Il est regrettable que vous ne preniez pas assez soin de vous.

De 23 à 30 points: Il est dangereux de vivre comme vous le faites. Il faut que vous fassiez des changements immédiats, sinon vous allez le regretter. Nous sommes vraiment désolés que vous soyez obligé(e) de changer vos habitudes. Il est clair que vous allez avoir des maladies graves à l'avenir si vous restez comme vous êtes.

Vous avez bien compris?

Répondez aux questions suivantes, selon le texte.

1. Si vous avez un score de 28, est-ce qu'il faut changer quelque chose dans votre style de vie? Pourquoi ou pourquoi pas? Comment pourriez-vous avoir un score moins élevé?
2. Selon le test, est-ce que c'est bien de ne pas déjeuner? Est-ce que c'est mieux de manger dans les fast-foods? Pourquoi?
3. Selon le test, combien de fois par semaine faut-il prendre le petit-déjeuner? Que faut-il prendre pour avoir une vie plus saine?
4. Est-ce que c'est mieux d'être végétarien(ne) que de manger équilibré, selon le test? Pourquoi pensez-vous que les auteurs disent cela?
5. Si vous avez un score de 12, qu'est-ce que les auteurs du test recommandent?

[1]spread out

Mon vocabulaire

Les émotions

être déprimé(é),
être malheureux(-euse),
être insatisfait(e)

être comblé(e), être satisfait(e),
être aux anges

être navré(e), être gêné(e)

être épaté(e), être
choqué(e); être surpris(e)

être fâché(e), être en
colère, être en rage

Le régime alimentaire

Des aliments *(m.)* riches en matières grasses

Des aliments maigres
(sans matières grasses),
des produits (m.) allégés,
des produits de régime

Des produits bio
(biologiques)

Des produits surgelés

Quelques expressions verbales utiles

être costaud( ) = être musclé(e) = être fort(e) = être gros (grosse)

être mince = être maigre

être au régime = vouloir perdre du poids

grossir = prendre du poids

maigrir = perdre du poids

garder la ligne = ne pas prendre de poids

manger sain = manger équilibré

À vous!

A. Rappelons-nous. Au Chapitre 12 (p. 368) et maintenant dans ce chapitre vous avez vu les expressions d'émotion suivantes. Indiquez sous chaque photo l'expression qui correspond le mieux. Ensuite, trouvez un synonyme pour autant d'expressions que possible.

_____ _____ _____ _____ _____

_____ _____ _____ _____ _____

_____ _____ _____ _____ _____

1. être heureux (heureuse)
2. être étonné(e)
3. être furieux (furieuse)
4. être soulagé(e)
5. être triste
6. avoir honte
7. être content(e)
8. être ravi(e)
9. être navré(e)

B. Le contraire. Trouvez une expression qui exprime le contraire des expressions suivantes.

1. Je suis au régime.
2. Je suis déprimé(e).
3. Elle prend du poids.
4. Elle est aux anges.
5. Je garde ma ligne.
6. Nous mangeons des aliments maigres.

 C. Comment se sentent-ils? Avec un(e) partenaire, nommez des personnages de romans ou de films qui éprouvent les émotions suivantes. Ensuite comparez votre liste avec celles de vos camarades.

1. malheureux
2. déprimé
3. épaté
4. fâché
5. comblé
6. déçu

STRUCTURE 3

Le subjonctif vs. l'infinitif

You may have noticed in the test results in *Passage 2* that an expression of necessity wasn't always followed by the subjunctive.

- Remember, in order for the subjunctive to occur, there must be a *different* subject in the second part of the sentence. This change in subject personalizes the need, desire, emotion, opinion, or doubt expressed in the first part of the sentence.

  Il faut que **je** parte.   *It is necessary that I leave.*

- If the speaker is using an expression of necessity to make a general statement (and there is no change in subject), then an infinitive is used.

  Il faut **partir.**   *It is necessary to leave.*

- The preposition **de** is inserted before the infinitive when the expression of necessity in the first part of the sentence ends in *an adjective.*

  Il est **nécessaire de** choisir des   *It's necessary to choose light foods*
  produits allégés pour maigrir.   *to lose weight.*
  Il est **important de** manger des   *It's important to eat organic*
  produits bio pour être en   *products to be in good health.*
  bonne santé.

Note that the infinitive directly follows **il faut** and **il vaut mieux;** the preposition **de** is not used.

  Il **vaut mieux être** satisfait dans la vie.   *It's best to be satisfied in life.*

VÉRIFIEZ votre compréhension

1. Go back to the test results in Passage 2 on pages 455–456, and find all the expressions of necessity that are followed by an infinitive. Why is an infinitive used and not a clause with a subjunctive?
2. Find the sentences that have the preposition **de** before an infinitive and the ones that do not, and explain why.

Pratiquons!

A. Différences irréconciliables! Charlotte va vous parler des différences entre Isabelle, sa colocataire, et elle. Complétez le paragraphe avec le subjonctif ou l'infinitif, selon le cas.

Isabelle et moi, nous sommes des personnes très différentes! Elle pense qu'il faut (étudier) (1) _____étudier_____ pendant des heures chaque soir; moi, je trouve qu'il est nécessaire de (se préparer) (2) _____me préparer_____ seulement un peu avant les examens. D'après *(according to)* Isabelle, il est essentiel que j(e) (aller) (3) _____aille_____ plus fréquemment à la bibliothèque.

Elle répète souvent qu'il faut (être) (4) _____être_____ sérieux, si l'on veut réussir. Mais moi, je trouve qu'il est important de (connaître) (5) _____connaître_____ les autres étudiants des cours aussi et qu'il est nécessaire de (sortir) (6) _____sortir_____ avec eux pour s'amuser. Je pense qu'il est indispensable que les étudiants (être) (7) _____soient_____ sociables pour avoir beaucoup d'amis et pour mieux comprendre les cours! Isabelle est plutôt solitaire. Il faut qu'elle (sortir) (8) _____sorte_____ un peu plus et qu'elle (travaille) (9) _____travaille_____ un peu moins. Isabelle dit que nous ne pouvons pas vraiment travailler dans un café. Il faut qu'elle (avoir) (10) _____ait_____ du silence pour bien travailler. Et vous, êtes-vous d'accord avec elle ou avec moi?

Maintenant, répondez à la question de Charlotte!

B. Que faut-il? Dites ce qu'il faut faire pour ressentir (ou non) les émotions suivantes.

> **MODÈLE:** pour être heureux
> *Pour être heureux, il faut penser de façon positive.*

1. pour ne pas être déprimé
2. pour être comblé dans son couple
3. pour ne pas être malheureux dans son travail
4. pour être satisfait de sa vie
5. pour ne pas être déçu par ses amis
6. pour ne jamais regretter ses choix

C. Jeu de rôles. Avec un(e) partenaire, jouez les jeux de rôles suivants. (La personne qui est le professeur dans le premier jeu de rôles sera le/la client[e] dans le deuxième.)

> **MODÈLE:** LE PROF: *Il faut compléter les activités dans le cahier d'exercices.*
> L'ÉTUDIANT(E): *Est-ce qu'il faut que je fasse les activités orales dans le cahier aussi?*
> LE PROF: *Oui, bien sûr! Il faut que tu les fasses aussi.*

1. Vous êtes professeur et étudiant(e). Le professeur va expliquer à l'étudiant(e) ce qu'il faut faire (de façon générale) pour préparer l'examen. Ensuite, l'étudiant(e) va poser des questions précises.
2. Vous êtes docteur et patient(e). Le docteur va dire au patient (à la patiente) ce qu'il faut faire (de façon générale) pour rester en bonne santé. Ensuite, le/la patient(e) va poser des questions spécifiques à son cas.

Quelles émotions exprime le jeune homme sur la photo devant sa tasse de chocolat chaud? Et vous, quelle est la boisson qui vous procure le plus de plaisir le matin? L'après-midi? Et le soir?

Portrait personnel

D'après la réponse de votre camarade de classe, dites s'il/si elle est un(e) étudiant(e) comme Charlotte ou comme Isabelle. Élaborez votre réponse.

> **MODÈLE:** *Robert est comme Isabelle parce qu'il pense qu'il faut... et qu'il est important de...*

STRUCTURE 4

Le subjonctif avec les expressions d'émotion et de volonté

As mentioned in *Structure 1* of this chapter, the subjunctive is used when the speaker wishes to express an emotion regarding an action or a desire for something to happen. The verb or expression of emotion or desire occurs in the first part of the sentence and is followed by **que**. It *triggers* the use of the subjunctive in the second part of the sentence when there is a change in subject.

Je suis contente **que** Marc **vienne** ce soir. *I'm happy Marc is coming tonight.*
Je veux **que** Marc **vienne** ce soir. *I want Marc to come tonight.*

- Following are common expressions of emotion and volition (desire) in addition to those you learned in **Mon vocabulaire** on pp. 457–458.

trigger

Les expressions d'émotion	
avoir honte	*to be ashamed*
avoir peur	*to be afraid*
cela (ça) m'agace	*it bothers me*
être déçu(e)(s)	*to be disappointed*
être désolé(e)(s)	*to be sorry*
être étonné(e)(s)	*to be surprised*
être furieux(-euse)	*to be furious*
être heureux(-euse)	*to be happy*
être ravi(e)(s)	*to be delighted*
être triste	*to be sad*
être soulagé(e)(s)	*to be relieved*
être surpris(e)(s)	*to be surprised*
regretter	*to regret, be sorry*

Les expressions de volonté	
demander	*to ask*
exiger	*to demand*
insister	*to insist*
recommander	*to recommend*
vouloir	*to want*

- If the subject is the same in the first and second parts of the sentence, use an infinitive instead of the subjunctive. Insert the preposition **de** before the infinitive if the expression ends in an adjective.

Je **veux aller** au cinéma. BUT **Je** veux que **nous** allions au cinéma.
I want to go to the movies. *I want us to go to the movies.*

Elle **est ravie de partir** en vacances. BUT **Elle** est ravie que **tu** partes en vacances.
She's delighted to leave on vacation. *She's delighted you are leaving on vacation.*

1 VÉRIFIEZ votre compréhension

Now look back at the test results in **Passage 2** (pp. 455–456). Underline all the uses of the subjunctive and all the infinitives that you find. With which types of expressions do these verb forms occur?

Pratiquons!

A. Réactions et recommandations. Imaginez que vous êtes le prof et que vos étudiants vous disent les choses suivantes. Trouvez des réactions possibles, en utilisant les expressions d'émotion ou de volonté suggérées, et le subjonctif.

> MODÈLE: Je n'ai pas passé l'examen hier, parce que j'étais malade.
>
> *Je suis content* que vous ne *soyez* plus malade. **ou**
> *J'insiste pour* que vous *passiez* l'examen demain.

1. Je ne peux pas parler en cours, parce que j'ai très mal à la gorge.
   Je suis désolé(e) / Je ne veux pas
2. Je ne suis pas préparé(e); j'avais d'autres choses à faire hier!
   J'insiste pour que / Je voudrais
3. Je ne veux pas lire le texte—j'ai une migraine.
   Je regrette / Je recommande
4. Si je m'endors en cours, c'est parce que je suis enrhumé(e)!
   Je suis furieux (furieuse) / Je suis désolé(e)
5. J'aime bien les voyelles nasales aujourd'hui—j'ai le nez bouché!
   Je suis ravi(e) / Je recommande

B. Une réaction compréhensible. Vous êtes à l'université depuis deux semaines. Votre mère vous téléphone pour vous donner des nouvelles de la famille. Réagissez à ce qu'elle vous dit.

> MODÈLE: «Papa va en Chine, pour travailler.»
>
> *Je suis étonné(e) que Papa aille en Chine.*

1. «Mamie est à l'hôpital.»
2. «Ta sœur dort maintenant dans ta chambre.»
3. «Papi commence à boire.»
4. «J'arrête de fumer.»
5. «Tonton Michel veut être président des États-Unis.»
6. «Ta sœur et moi, nous venons te voir la semaine prochaine!»

C. Votre réaction personnelle. Refaites l'Activité B avec un(e) partenaire? mais cette fois-ci, parlez des événements qui ont lieu *(occur)* en ce moment. Pour commencer, écrivez cinq phrases.

> **MODÈLE:** *Il y a des guerres dans le monde.*

Ensuite, dites ce que vous avez écrit à votre partenaire. Il/Elle va exprimer ses réactions pour chaque situation.

> **MODÈLE:** *Je suis déçu(e) qu'il y ait des guerres.*

Portrait personnel

Après avoir fait l'Activité C, écrivez un paragraphe où vous décrivez ce dont vous avez parlé avec votre partenaire, et les réactions de celui-ci (celle-ci).

> **MODÈLE:** *Sarah est étonnée qu'il y ait beaucoup de pauvres aux États-Unis. Elle est triste que le gouvernement américain ne fasse rien pour résoudre le problème....*

D. Des conversations entre amis. Vous parlez de la vie universitaire avec des amis, qui donnent leurs opinions sur les phrases et les questions suivantes. Indiquez votre point de vue, en utilisant des expressions telles que: **je veux / voudrais, je ne veux pas / je ne voudrais pas, j'insiste pour, je recommande, j'aimerais, j'exige,** etc.

> **MODÈLE:** On devrait aller en cours le samedi.
> *Oui, je recommande qu'on aille en cours le samedi.* **ou**
> *Mais non, je ne veux pas aller en cours le samedi!*

1. Le professeur devrait nous donner plus de devoirs écrits.
2. Les étudiants devraient passer moins de temps à s'amuser.
3. On devrait payer moins pour nos cours à l'université.
4. On devrait avoir des vacances d'hiver plus longues.
5. Qu'est-ce que tu recommandes pour le problème du parking sur le campus?
6. Qu'est-ce qu'il faut faire pour résoudre le problème des étudiants qui trichent *(cheat)*?
7. Comment peut-on améliorer les restaurants universitaires?

STRUCTURE 5

Le subjonctif pour exprimer le jugement et le doute

The subjunctive is also used when the speaker wishes to express a judgment (opinion) regarding an action or a doubt that something will happen . Like with expressions of need, emotion, and desire, the verb or expression of judgement or doubt occurs in the first part of the sentence, is followed by **que**, and it *triggers* the subjunctive in the second part of the sentence when a change in subject occurs.

C'est dommage **qu'elle** ne maigrisse pas.

It's a shame she hasn't lost weight.

Il est possible **qu'elle** ne soit jamais heureuse.

It's possible she will never be happy.

- Following are some expressions that state opinions. **C'est** is commonly used in conversation; **Il est** is a bit more formal.

Les expressions de jugement			
c'est / il est agaçant	*it's bothersome*	c'est / il est injuste	*it's unfair*
c'est / il est agréable	*it's pleasant*	c'est / il est juste	*it's fair*
c'est / il est bizarre	*it's strange*	c'est / il est préférable	*it's preferable*
c'est / il est bon	*it's good*	c'est / il est regrettable	*it's regrettable, a shame*
c'est / il est dommage	*it's a shame*	c'est / il est ridicule	*it's ridiculous*
c'est / il est étonnant	*it's surprising*	c'est / il est stupide	*it's stupid*
c'est / il est inacceptable	*it's unacceptable*	c'est / il est surprenant	*it's surprising*

- Using the subjunctive to express the speaker's doubt can be tricky. If an expression implies a great deal of doubt or some incertainty, the subjuctive is used. If however, the expression implies certainty, then the indicative is used.

Il est possible qu'il pleuve ce soir. (It might not.)

It's possible it will rain tonight.

BUT

Il est probable qu'il pleut ce soir.

It's likely it will rain tonight.

- Following are some expressions that state doubt and require the subjunctive.

Les expressions de doute			
c'est / il est douteux	*it's doubtful*	c'est / il n'est pas certain	*it's not certain*
c'est / il est faux	*it's false*	c'est / il n'est pas clair	*it's clear*
c'est / il est impossible	*it's impossible*	c'est / il n'est pas possible	*it's not possible*
c'est / il est improbable	*it's improbable*	c'est / il n'est pas probable	*it's not likely*
c'est / il est peu possible	*there's little possibility*	c'est / il n'est pas vrai	*it's not true*
c'est / il est peu probable	*it's not very likely*	douter	*to doubt*
c'est / il est possible	*it's possible*	il se peut	*it's possible*

- Following are expressions that express certainty and require the indicative.

Les expressions de certitude			
c'est / il est certain	*it's certain*	c'est / il est sûr	*it's sure*
c'est / il est clair	*it's clear*	c'est / il est vrai	*it's true*
c'est / il est évident	*it's obvious*	c'est / il n'est pas douteux	*it's not doubtful*
c'est / il est probable	*it's likely*	ne... pas douter	*to not doubt*

- The verbs **penser** and **croire** used in the affirmative express certainty, and therefore take the indicative. When used in the negative or in a question, they imply doubt and require the subjunctive.

Je **pense** que le président **est** peu rémunéré. Je **crois** que nous **devons** lui donner un plus gros salaire. (affirmative = certainty → indicative)
I think the president is poorly paid. I believe we need to give him a bigger salary.

BUT

Est-ce que vous pensez que le président **soit** peu rémunéré?
Do you think the president is poorly paid?
(question = doubt → subjunctive)

Je **ne pense pas** que le président **soit** peu rémunéré. Je **ne crois pas** que nous **devions** lui donner un plus gros salaire.
I don't think the president is poorly paid. I don't believe we should give him a bigger salary.
(negative = doubt → subjunctive)

 VÉRIFIEZ votre compréhension

Reread the test results in *Passage 2,* and underline all the expressions of judgment, doubt, and certainty that you find in it. Explain which moods are used with these forms, and why.

 À l'écoute!

CD 2
Track 44

Doute ou non? Écoutez les phrases suivantes, et dites si le deuxième verbe est au subjonctif ou à l'indicatif.

1. _____ subjonctif _____ indicatif
2. _____ subjonctif _____ indicatif
3. _____ subjonctif _____ indicatif
4. _____ subjonctif _____ indicatif
5. _____ subjonctif _____ indicatif
6. _____ subjonctif _____ indicatif
7. _____ subjonctif _____ indicatif
8. _____ subjonctif _____ indicatif

[1]These expressions may also use "c'est" instead of "il est."

Pratiquons!

A. Vos opinions. Quel est votre jugement concernant les situations suivantes?

MODÈLE: Les étudiants américains doivent payer leurs études.

*Il est injuste (**ou** normal) que les étudiants doivent payer leurs études.*

1. On doit étudier une langue étrangère à l'université.
2. On peut obtenir un diplôme en quatre ans.
3. Il y a des étudiants qui trichent.
4. Les étudiants connaissent bien leurs professeurs.
5. Les manuels de classe coûtent cher.
6. Il y a beaucoup d'étudiants par cours.

Maintenant, exprimez trois opinions personnelles concernant la vie universitaire.

B. Jugements et doutes. Récrivez les phrases suivantes, avec les expressions données, en faisant attention à l'usage du subjonctif ou de l'indicatif.

1. *Il est clair que* nous avons un super prof de français! (il est peu probable / il est vrai / il est évident / elle doute)
2. *Je doute que* les étudiants fassent les devoirs de mathématiques en cours de français! (il est certain / il se peut / il est probable / pensez-vous...?)
3. *Il est impossible que* tu maigrisses avec ce régime. (il est bien probable / je crois / il est douteux / il est possible)

C. Transformations. Posez les questions suivantes à un(e) camarade de classe pour savoir comment il/elle envisage *(contemplates)* son futur. Votre camarade va répondre avec des expressions de doute ou de certitude.

MODÈLE: Dans dix ans, est-ce que tu habiteras toujours ici?

Il est peu probable que j'habite ici dans dix ans.

1. Dans dix ans, est-ce que tu seras marié(e)?
2. Auras-tu des enfants? Si oui, est-ce que tu garderas la ligne?
3. Est-ce que tu mangeras mieux? Est-ce que tu achèteras exclusivement des produits allégés ou biologiques?
4. Est-ce que tu habiteras aux États-Unis? Où?
5. Seras-tu satisfait(e) de ta vie? Pourquoi ou pourquoi pas?
6. Quand tu obtiendras ton premier poste, est-ce que tu seras stressé(e)? Pourquoi ou pourquoi pas?

Portrait personnel

Écrivez un paragraphe dans lequel vous comparerez les opinions de votre partenaire avec vos propres opinions. Est-ce que vous aurez une vie semblable ou différente dans dix ans?

À vous de parler!

 A. Régime alimentaire. Donnez des exemples pour les catégories suivantes. Ensuite, dites à votre partenaire quels sont les produits que vous consommez le plus souvent. Finalement, faites une enquête dans la classe pour savoir quels sont les produits que vos camarades consomment le plus ou le moins.

> **MODÈLE:** des produits surgelés
> *des pizzas, des plats préparés*

1. des aliments riches en matières grasses
2. des produits bio
3. des aliments maigres
4. des produits allégés
5. des produits diététiques

Dans l'ensemble, quelles sont les habitudes alimentaires des étudiants de la classe? Qui mange mieux et plus équilibré? Pourquoi?

B. Le stress et moi. Avec un(e) partenaire, discutez de ce qu'il faut faire pour éviter le stress et rester en bonne santé.

1. Quand vous avez trop de travail (devoirs, examens, responsabilités familiales, etc.), qu'est-ce qu'il est important de faire pour réduire le stress?
2. Est-il prioritaire que vous mangiez de façon équilibrée? Que vous mangiez des produits biologiques? Est-ce que vous le faites?
3. À votre avis, est-il important que vous vous vacciniez régulièrement? Pourquoi ou pourquoi pas?
4. Est-il essentiel de faire une activité physique tous les jours? Quelle activité est-ce que vous faites de façon régulière?
5. Combien d'heures faut-il que vous dormiez chaque nuit? Est-ce que vous le faites?
6. Est-il important que vous limitiez votre consommation d'alcool et de tabac? Pourquoi?

iLrn Complete the diagnostic tests to check your knowledge of the vocabulary and grammar structures presented in this chapter.

C. Conseils. Votre meilleur(e) ami(e) est très stressé(e) par la vie qu'il/elle mène: il/elle est déprimé(e), travaille trop, boit trop, fume trop, tousse toujours, ne dort pas assez, mange comme quatre, etc. Vos amis et vous allez vous occuper un peu de lui/elle. Vous organisez pour lui/elle un plan beauté et santé en lui donnant des conseils de nutrition et de mode de vie.

La médecine traditionnelle est comme ça en Afrique

En Afrique de l'Ouest, la majorité de la population (85%) utilise la médecine traditionnelle africaine, c'est-à-dire, les guérisseurs et les herboristes. Ceci est dû en partie au coût très élevé de la médecine moderne et de son accès difficile surtout dans les milieux ruraux, mais aussi au fait que la médecine moderne n'a pas une approche holistique, si importante pour les Africains. En effet, la médecine traditionnelle africaine est centrée autour des bienfaits des plantes, mais aussi de tout un système de symboles et de rites. D'ailleurs, les guérisseurs sont réputés pour deviner[1] la cause des maladies avant de les traiter. Cependant il n'y a pas de législation qui contrôle ces guérisseurs ce qui fait que parfois il y a des abus (erreurs de diagnostics et de traitements). Le texte suivant répond à la question: Quand est-ce qu'un guérisseur est perçu comme un charlatan ou au contraire comme un bon praticien?

Jim Holmes/Panos Pictures

Guérisseurs ou charlatans?

Les guérisseurs ne prétendent pas soigner, mais soulager les symptômes de certaines maladies. Ceux qui prétendent soigner des maladies graves et complexes comme le SIDA[2] ont tendance à être vus comme des charlatans par le milieu médical, étant donné que même la médicine moderne a du mal à traiter les malades du SIDA.

Il y a un autre groupe de guérisseurs appelés les marabouts (ou médiums-voyants) qui se disent doter de pouvoirs spéciaux—basés sur la culture religieuse—qu'ils ont hérités de leur famille. Les guérisseurs soignent avec des plantes et des décoctions et les marabouts (ou médiums) avec des potions, des prières et des talismans (ou amulettes, des petits objets qui portent bonheur). Les marabouts sont souvent considérés comme des magiciens qui ont un don[3] surnaturel. Les charlatans existent, bien sûr, parce que les pratiques des marabouts ne sont pas réglementées et parfois n'importe qui[4] peut se déclarer marabout ou guérisseur. L'OMS (Organisme Mondial de la Santé) s'efforce depuis quelques années de réglementer la médecine traditionnelle en Afrique pour qu'il y ait moins d'abus.

Réfléchissons!

1. Que pensez-vous des guérisseurs? Sont-ils des médecins légitimes? Pourquoi?

2. Est-ce que vous vous feriez soigner par un guérisseur? Expliquez votre réponse.

3. Et les marabouts? Qu'en pensez-vous? Sont-ils des charlatans? Pourquoi?

4. Dans votre pays, y a-t-il des pratiques similaires? Est-ce que les patients se font soigner par des guérisseurs semblables aux guérisseurs africains? Élaborez votre réponse.

[1]guess [2]AIDS [3]gift [4]whoever

À vous d'écrire!

A. Stratégies. Vous êtes journaliste et chargé(e) d'écrire un article sur les excès ou les addictions de la société actuelle. Voici un exemple d'article—«Droguées au sport»—qui parle d'une addiction aux sports.

Image copyright Andresr, 2010. Used under license from Shutterstock.com

- Lisez l'article une première fois pour en comprendre le sens général.

Droguées au sport

Si vous êtes du genre à nager, courir, ramer, suer[1] quelle que soit[2] l'heure ou l'humeur, vous êtes peut-être devenue [...] un(e) «sport addict». Comme souvent en matière d'excès, c'est aux États-Unis que le phénomène «dépendance du sportif» a été pour la première fois observé. En 1976, dans le cadre d'une étude de coureurs de fond, le docteur William Glasser a constaté que certains joggeurs ne peuvent plus se passer de[3] leur sport quotidien, malgré la fatigue et parfois les blessures. La faute aux endorphines (neuromédiateurs du système nerveux central) capables, grâce à leurs propriétés calmantes et euphorisantes, de provoquer, au bout d'une demi-heure d'effort cardio-vasculaire intense (course à pied, natation, vélo, cardio-training), une sensation de bien-être et d'apaisement proche de la béatitude. Une décharge d'endorphines qui se traduit, dans le cerveau, par une activité biochimique similaire à celle provoquée par la morphine ou l'héroïne.

Pratiquer une activité physique de manière intense et répétitive est donc un moyen pour un sportif accro[4] de recréer ces sensations fortes. En sachant que douze minutes de crawl ou vingt de stretching suffisent rarement à atteindre le nirvana... Cependant, les sportifs en herbe[5] sont aussi concernés, puisque, selon une étude réalisée dans les

[1]transpirer [2]regardless [3]abandonner, arrêter [4]accroché (dependant) [5]les non-professionnels

grandes salles de sport parisiennes, plus de 10% des personnes inscrites s'entraînent quotidiennement. À commencer par certaines femmes qui n'hésitent pas à venir transpirer quatre heures par jour, obnubilées[1] par le sacro-saint culte du corps.

Chez les femmes, le surentraînement (quatre-vingt-dix minutes par jour) fait chuter la production d'hormones, provoquant du même coup une fragilisation des os et un risque accru[2] d'ostéoporose. Sans oublier la fameuse «mort subite[3]», responsable chaque année en France du décès de 1 500 personnes. On l'aura compris: dans le sport il n'y a pas que[4] le dopage qui ruine la santé.

- Maintenant, répondez aux questions suivantes pour vous concentrer sur les points du texte les plus importants.

  1. Comment est-ce qu'on devient un(e) «sport addict»?

  2. Pourquoi est-ce que certains joggeurs ne peuvent plus s'arrêter de courir?

  3. Quels sont les effets biochimiques que provoque une pratique cardio-vasculaire intense régulière?

  4. Est-ce que les professionnels sportifs sont les seuls à être affectés? Qui d'autre est affecté?

  5. Quelles sont les conséquences d'une pratique sportive poussée à l'extrême?

B. Organisons-nous! Lisez l'article une seconde fois et regardez comment sont donnés les exemples (avec chiffres à l'appui), les explications (ou le développement du sujet) et la conclusion. Par exemple, la conclusion est annoncée par une phrase courte mais qui synthétise bien le problème: «On l'aura compris: dans le sport il n'y a pas que le dopage qui ruine la santé.»

C. Pensons-y!

- Avec un(e) partenaire, pensez aux activités que la société fait en excès, au point d'être dépendante de ces activités. Faites une liste des «addictions» les plus courantes.

- Comparez votre liste avec la classe. Quelles activités avez-vous trouvées en commun?

D. Écrivons! Choisissez une activité qui est pratiquée en excès par la société et composez un paragraphe en vous inspirant de l'article **«Droguées aux sports».** Justifiez vos affirmations et vos arguments avec des exemples précis et/ou des chiffres. N'oubliez pas d'écrire votre conclusion!

E. Révisons! Lisez l'article de votre partenaire et posez-vous les questions suivantes.

1. Est-ce que le sujet choisi traite un excès? Lequel?

2. Est-ce que les arguments sont clairs et bien présentés? Sont-ils justifiés? Comment?

3. Pouvez-vous ajouter *(add)* d'autres arguments?

4. Comment est la conclusion? Est-ce une bonne conclusion? Pourrait-elle être mieux? Comment?

[1]obsédées   [2]plus grand   [3]sudden   [4]not only

Lexique 🔊

Les parties internes du corps *Internal organs*

le cœur	*heart*	les intestins *(m.)*	*intestines*
le crâne	*skull*	les poumons *(m.)*	*lungs*
le foie	*liver*	les sinus *(m.)*	*sinuses*
la gorge	*throat*	le ventre	*stomach*

Les médicaments et les remèdes *Medications and remedies*

les cachets *(m.)*	*tablets*	les piqûres *(f.)*	*shots*
les comprimés *(m.)*	*tablets*	le sirop	*cough syrup*
les gouttes *(f.)* nasales	*nasal spray*	les tisanes *(f.)*	*herbal teas*
les pastilles *(f.)*	*lozenges*		

D'autres médicaments *More medications*

les antibiotiques *(m.)*	*antibiotics*	les remèdes *(m.)* homéopathiques (ou naturels)	*homeopathic remedies*
les antihistaminiques *(m.)*	*antihistamines*		
l'aspirine *(f.)*	*aspirin*		
les médicaments *(m.)*	*medication*	un somnifère	*sleeping pill*
le paracétamol	*acetaminophen (like Tylenol- to reduce fever and aches)*	les vitamines *(f.)*	*vitamins*

Les maladies et les expressions les plus communes *Common illnesses*

avoir mal à la tête	*to have a headache*	avoir une crise cardiaque	*to have a heart attack*
avoir une migraine	*to have a migraine*	avoir une infection	*to have an infection*
avoir le nez bouché	*to have a stuffy nose*	avoir une santé de fer	*(literally an iron health) to be extremely healthy, to have an iron constitution*
avoir le nez qui coule	*to have a dripping nose*		
avoir mal à la gorge	*to have a sore throat*		
avoir de la fièvre	*to have a fever*	être en bonne santé / en mauvaise santé	*to be in good health / bad health*
avoir mal au dos	*to have a backache*		
avoir la nausée = avoir mal au cœur	*to be nauseous*	être guéri(e) / guérir de	*to be healed (from) / to feel better*
avoir envie de vomir	*to want to throw up*	être malade / tomber malade	*to be sick / to fall sick*
avoir une rage de dents	*to have a toothache*	se sentir mal / bien	*to feel bad / well*
avoir un rhume / être enrhumé(e)	*to have a cold*	se soigner	*to take care (of oneself)*
		un thermomètre	*a thermometer*
avoir la grippe	*to have the flu*	tousser	*to cough*
avoir une crise de foie	*to have digestive problems*		

Le régime alimentaire *Daily diet*

des aliments *(m.)* riches en matières grasses	*rich foods*	des produits *(m.)* bio (biologiques)	*organic foods*
des aliments maigres (sans matières grasses)	*fat-free foods*	des produits allégés	*diet foods*
		des produits de régime	*diet aids*
		des produits surgelés	*frozen foods*

Les émotions

être choqué(e)	*to be shocked*	être fâché(e)	*to be angry*
être comblé(e)	*to be very happy*	être gêné(e)	*to be embarrassed*
être déprimé(e)	*to be depressed*	être insatisfait(e)	*to be dissatisfied*
être en colère	*to be angry*	être navré(e)	*to be sorry*
être en rage	*to be enraged*	être satisfait(e)	*to be satisfied*
être épaté(e)	*to be dumbfounded*		

Quelques expressions verbales utiles

être costaud(e)	*to be stocky*	grossir	*to gain weight*
être fort(e)	*to be strong / to be chubby*	maigrir	*to lose weight*
être gros (grosse)	*to be fat*	manger équilibré	*to eat a balanced diet*
être maigre	*to be skinny*	manger sain	*to eat healthy*
être mince	*to be thin*	perdre du poids	*to lose weight*
être musclé(e)	*to be muscular*	prendre du poids	*to gain weight*
être au régime	*to be on a diet*	vouloir perdre du poids	*to want to lose weight*
garder la ligne	*to maintain one's weight*		
ne pas prendre de poids	*not to gain weight*		

Les expressions de nécessité *Expressions of necessity*

il est essentiel que	*it is essential that*	il faut que	*one must; it is necessary that*
il est indispensable que	*it is indispensable that*	il vaut mieux que	*it is better that*
il est nécessaire que	*it is necessary that*		

Les expressions d'émotion *Expressions of emotion*

avoir honte	*to be ashamed*	être heureux (heureuse),	*to be happy / glad*
avoir peur	*to be afraid*	être content(e)	
cela (ça) m'agace	*it bothers me*	être ravi(e)	*to be delighted*
être déçu(e)	*to be disappointed*	être soulagé(e)	*to be relieved*
être désolé(e)	*to be sorry*	être surpris(e)	*to be surprised*
être étonné(e)	*to be surprised / shocked*	être triste	*to be sad*
être furieux (furieuse)	*to be furious*	regretter	*to regret, to be sorry*

Les expressions de volonté *Expressions of volition*

demander	*to ask / to require*	recommander	*to recommend*
exiger (= insister)	*to demand*	vouloir / ne... pas vouloir	*to want / not to want*
insister pour	*to insist (on)*		

Les expressions de jugement *Expressions of judgment*

il est agaçant	*it's bothersome*	il est juste	*it's fair*
il est agréable	*it's enjoyable / it's agreeable*	il est normal	*it's normal*
il est bizarre	*it's bizarre*	il est préférable	*it's preferable*
il est bon	*it's good*	il est regrettable	*it's regrettable / it's unfortunate*
il est dommage	*it's a pity*		
il est étonnant	*it's stunning / shocking*	il est ridicule	*it's ridiculous*
il est inacceptable	*it's unacceptable*	il est stupide	*it's stupid / it's dumb*
il est injuste	*it's unfair*	il est surprenant	*it's surprising*

Les expressions de doute *Expressions of doubt*

douter	*to doubt*	il est possible	*it's possible*
il est douteux	*it's doubtful*	il n'est pas certain	*it's not certain*
il est faux	*it's false*	il n'est pas clair	*it's not clear / obvious*
il est impossible	*it's impossible*	il n'est pas possible	*it's not possible*
il est improbable	*it's improbable*	il n'est pas probable	*it's not probable*
il est peu possible	*it's not very likely*	il n'est pas vrai	*it's not true*
il est peu probable	*it's not very probable*	il se peut que	*it's possible*

Les expressions de certitude *Expressions of certainty*

il est certain	*it's certain*	il est sûr	*it's certain / sure*
il est clair	*it's obvious / clear*	il est vrai	*it's true*
il est évident	*it's evident*	il n'est pas douteux	*it is not doubtful*
il est probable	*it's probable*	ne... pas douter	*not to doubt*

La province de Québec

🌐 Visit La province de Québec on Google Earth!

À vous de découvrir!

© GFC Collection / Alamy

La fresque des Québecois—une murale historique à Québec

Un peu d'histoire. En 1534, Jacques Cartier explore le golfe du fleuve Saint-Laurent (au nord-est de ce qui est aujourd'hui[1] la ville de Québec) dans l'espoir de trouver un passage vers la Chine et l'Inde. En 1535, Cartier revient au golfe du fleuve Saint-Laurent et arrive à Hochelaga (Montréal de nos jours). Mais comme il y trouve beaucoup de résistance (et contrairement à ce qu'il pensait il n'y a ni métaux précieux, ni grandes richesses) la colonie qu'il espérait y établir échoue[2]. Au XVIe siècle, les pêcheurs normands, basques et bretons reviennent dans cette région et commencent alors un commerce entre les autochtones[3] et les Français et se lancent dans de nouvelles explorations. En 1608, Samuel de Champlain fonde la ville de Québec, première ville française en Nouvelle-France (aujourd'hui le Canada). La ville de Montréal est fondée sous le régime du cardinal de Richelieu en 1642. Après de nombreuses batailles, la Nouvelle-France devient une colonie de la Grande-Bretagne en 1769 (jusqu'en 1867). En 1774 avec l'Acte de Québec, les Canadiens-Français revendiquent[4] leur religion (catholique), leur code civil (français), leur région et leur langue (le français). Le Québec est de nos jours une province du Canada.

[1]of what is today [2]fails [3]the indigenous people [4]claimed

Courtesy of Véronique Anover and Theresa A. Antes

Depuis 1976, il y a deux partis politiques qui se partagent le pouvoir: Le Parti québécois (indépendantiste) et le Parti libéral du Québec (qui n'est pas pour l'indépendance du Québec). Il y a eu des référendums pour l'indépendance du Québec, mais la majorité des Québécois ont voté contre. Le grand défi[1] du Québec est de protéger la langue et la culture françaises de l'influence de l'anglais et de sa culture. Les deux plus grandes villes de la province de Québec sont Montréal (une ville plutôt moderne) et Québec (une ville plutôt traditionnelle).

Avez-vous compris?

1. Est-ce que Jacques Cartier réussit à coloniser la Nouvelle-France? Pourquoi?
2. Quand commencent de nouvelles explorations dans cette région et pourquoi?
3. Quel est le but *(goal)* de l'Acte de Québec?
4. Quelle est la différence entre les deux partis politiques?
5. Quelle est la différence entre Montréal et Québec?

À vous d'apprécier!

Explorations gastronomiques

La cuisine québécoise a gardé les influences des cuisines française et irlandaise. Le Canada est un grand producteur de sirop d'érable[2] et de bleuets[3]. Voici une recette avec des bleuets. Très facile à faire!

Milk-shake aux bleuets

Courtesy of Véronique Anover and Theresa A. Antes

- 1 banane
- ¾ de tasse de bleuets
- ¼ de tasse de yaourt à la vanille
- ¾ de tasse de lait écrémé
- ½ de tasse de glace pilée

Mettez tous les ingrédients dans un mixeur. Couvrez et mélangez bien. À déguster tout de suite!

Explorations architecturales

Le château Frontenac est devenu le symbole de la ville de Québec de par[4] son passé, chargé d'histoire. La construction du château Frontenac commence en 1892 par l'architecte new-yorkais Bruce Price. La tour centrale de dix-sept étages a été construite en 1924 et la dernière aile[5] en 1993. Le château n'a jamais été habité par des rois (des princes ou des princesses!) mais par de nombreux hôtes[6] puisque c'est un hôtel. L'hôtel a plus de 600 chambres et parmi les hôtes qui y ont séjourné il y a de nombreux personnages célèbres: Charles de Gaulle, Alfred Hitchcock, la princesse Grâce de Monaco, Bing Crosby et quelques membres de la famille royale britannique pour n'en citer que quelques-uns[7]. Les Alliés pendant la Seconde Guerre mondiale (en 1943 et en 1944) s'y sont réunis pour discuter la stratégie à adopter pour lutter contre l'Occupation

Courtesy of Véronique Anover and Theresa A. Antes

[1]challenge [2]maple syrup [3]blueberries (**myrtilles** in France) [4]due to / because of [5]wing [6]guests [7]to name only a few

allemande. Le château Frontenac doit son nom à Louis de Buade de Frontenac, ancien gouverneur de la Nouvelle-France (en 1672).

Et aux États-Unis, est-ce qu'il y a des châteaux-hôtels comme le château Frontenac? Quel est le château le plus célèbre aux États-Unis? Pourquoi? Est-ce qu'il y a un château qui symbolise une ville? Si oui, laquelle?

À vous de réagir!

La féerie des glaces[1] à Mont-Tremblant (mi-février à début mars tous les ans)

La féerie des glaces est un festival qui célèbre l'hiver. C'est un évènement familial où petits et grands s'amusent en participant à des activités sur la neige (ou à base de neige et glace). Par exemple, il y a des ateliers de sculpture sur glace pour les enfants et pour les adultes où on apprend à façonner la glace pour faire des sculptures. Il y a aussi des concours de bonhommes de neige[2]. Il y a également des aires de jeux avec des glissades, des labyrinthes en glace et du patinage. Et puis à ne pas manquer, les traîneaux à chiens[3]!

Est-ce que vous pensez que c'est une bonne idée de célébrer l'hiver? Pourquoi? Est-ce que votre ville (ou pays) célèbre l'arrivée d'une nouvelle saison? Laquelle? Comment?

Mon blog

Salut tout le monde! Je m'appelle Jean et je suis canadien. Le mois dernier j'ai voyagé en France (je suis allé un peu partout, en Normandie, à Paris, à Strasbourg et sur la Côte d'Azur). C'était un super voyage et comme je parle français, je n'ai eu aucun problème de communication. Bon, ce n'est pas tout à fait vrai. Les Français et les Québécois ont un lexique différent pour certains termes ainsi qu'un accent différent. Il y avait des Français qui avaient du mal à[4] me comprendre! Par exemple, quand j'ai dit à mes amis français que la blonde de mon fils était très jolie, ils n'ont pas très bien compris. Comment dit-on «la blonde / une blonde» en France? Ensuite, j'ai voulu faire du magasinage et personne n'a compris ce que je voulais dire. Est-ce que quelqu'un sait comment on dit en France «faire du magasinage»? J'ai encore un mot à vous demander: lorsqu'on m'a servi du vin, j'ai dit que ce breuvage était délicieux. On m'a regardé comme si j'étais un extraterrestre! Comment dit-on «breuvage» en France?

À vous de décider: Le français pour quoi faire? 🌐

Meet Melanie, a fellow French student. We interviewed her to find out how she intends to use her French in the entertainment industry. Go to the *À vous* online resources to find out what she said! ✈

[1]The ice festival   [2]snowman contests   [3]dog sledge   [4]**avoir du mal à:** to have a hard time

Reference
Section

Appendice A

En cours de français

À vous de parler au/à la prof:

Que veut dire «plage»?	*What does* plage *mean?*
Comment écrit-on «plage»?	*How does one write* plage?
Comment épelle-t-on «plage»?	*How does one spell* plage?
Comment dit-on «*beach*» en français?	*How does one say* beach *in French?*
C'est à quelle page?	*What page is it on?*
C'est quelle activité?	*Which activity is it?*
Pouvez-vous répéter?	*Could you repeat?*
Quels sont les devoirs?	*What is the homework assignment?*
C'est pour quel jour les devoirs?	*What day is the homework due?*
Je ne comprends pas.	*I don't understand.*
Je ne sais pas.	*I don't know.*
Désolé(e).	*Sorry.*
S'il vous plaît.	*Please.*
Merci.	*Thank you.*
D'accord!	*All right!*

Le/La prof vous parle:

Ouvrez le livre à la page 4.	*Open the book to page 4.*
Fermez le livre.	*Close the book.*
Écoutez.	*Listen.*
Ne répétez pas.	*Do not repeat.*
Répétez.	*Repeat.*
Silence, taisez-vous!	*Quiet, don't speak!*
Prenez une feuille de papier.	*Take out a sheet of paper.*
Regardez le tableau / l'écran.	*Look at the board / screen.*
Ne regardez pas le livre.	*Don't look at the book.*
Levez-vous!	*Stand up!*
Asseyez-vous!	*Sit down!*
Circulez dans la classe.	*Walk around the classroom.*
Faites l'Activité B à la page 4.	*Do Activity B on page 4.*
Faites l'Activité B avec un(e) partenaire.	*Do Activity B with a partner.*
Faites l'Activité B par écrit.	*Write Activity B.*
Faites l'Activité B oralement.	*Do Activity B orally.*
Ne faites pas l'Activité B par écrit.	*Don't write Activity B.*
Cherchez un(e) partenaire.	*Look for a partner.*
Travaillez avec un(e) partenaire.	*Work with a partner.*
Formez des groupes de trois.	*Form groups of three.*
Je cherche un(e) volontaire pour corriger l'Activité B.	*I'm looking for a volunteer to go over Activity B.*
Lisez le texte.	*Read the text.*
Répondez aux questions.	*Answer the questions.*
Répondez par des phrases complètes.	*Answer in complete sentences.*

Your turn to talk to the instructor:

The instructor talks to you:

Très bien!	*Very good!*
Excellent!	*Excellent!*
Parfait!	*Perfect!*
Non... qui peut l'aider?	*No . . . who can help him/her?*
Les devoirs sont à faire pour mardi.	*The homework is to be done for Tuesday.*
Les devoirs sont à rendre mardi.	*The homework is to be turned in on Tuesday.*

À vous de parler aux autres étudiants:

Your turn to speak to your fellow students:

Tu veux travailler avec moi?	*Do you want to work with me?*
Tu veux être dans mon groupe?	*Do you want to be in my group?*
Tu sais faire l'Activité B?	*Do you know how to do Activity B?*
Je peux travailler avec toi?	*Can I work with you?*
C'est moi qui donne la réponse?	*Is it up to me to give the answer?*
C'est à moi?	*Is it my turn?*
C'est à toi.	*It's your turn.*
Qu'est-ce qu'il a dit, le/la prof?	*What did the instructor say?*
Qu'est-ce que le/la prof a dit?	*What did the instructor say? (more formal)*
Tu comprends le/la prof?	*Do you understand the instructor?*
À demain!	*See you tomorrow!*
À plus!	*See you (later)!*

Appendice B

Les États-Unis et le Canada

Les États-Unis

ÉTAT	*in or to*	ÉTAT	*in or to*
l'Alabama (*m.*)	dans l'Alabama / en Alabama	le Maine	dans le Maine
l'Alaska (*m.*)	dans l'Alaska / en Alaska	le Maryland	dans le Maryland
l'Arizona (*m.*)	dans l'Arizona / en Arizona	le Massachusetts	dans le Massachusetts
l'Arkansas (*m.*)	dans l'Arkansas / en Arkansas	le Michigan	dans le Michigan
la Californie	en Californie	le Minnesota	dans le Minnesota
la Caroline du Nord	en Caroline du Nord	le Mississippi	dans le Mississippi
la Caroline du Sud	en Caroline du Sud	le Missouri	dans le Missouri
le Colorado	dans le Colorado / au Colorado	le Montana	dans le Montana
le Connecticut	dans le Connecticut	le Nebraska	dans le Nebraska
le Dakota du Nord	dans le Dakota du Nord	le Nevada	dans le Nevada
le Dakota du Sud	dans le Dakota du Sud	le New Hampshire	dans le New Hampshire
le Delaware	dans le Delaware	le New Jersey	dans le New Jersey
la Floride	en Floride	l'état de New York	dans l'état de New York
la Géorgie	en Géorgie	le Nouveau-Mexique	au Nouveau-Mexique
Hawaii (*m.*)	à Hawaii / aux îles Hawaii	l'Ohio (*m.*)	dans l'Ohio
l'Idaho (*m.*)	dans l'Idaho	l'Oklahoma (*m.*)	dans l'Oklahoma
l'Illinois (*m.*)	dans l'Illinois / en Illinois	l'Oregon (*m.*)	dans l'Oregon
l'Indiana (*m.*)	dans l'Indiana	la Pennsylvanie	en Pennsylvanie
l'Iowa (*m.*)	dans l'Iowa	le Rhode Island	dans le Rhode Island
le Kansas	dans le Kansas	le Tennessee	dans le Tennessee
le Kentucky	dans le Kentucky	le Texas	au Texas
la Louisiane	en Louisiane	l'Utah (*m.*)	dans l'Utah
		le Vermont	dans le Vermont
		la Virginie	en Virginie
		la Virginie-Occidentale	en Virginie-Occidentale
		l'État de Washington	dans l'État de Washington
		le Wisconsin	dans le Wisconsin
		le Wyoming	dans le Wyoming

Le Canada

PROVINCE	*in or to*	TERRITOIRE	*in or to*
l'Alberta	dans l'Alberta	le Nunavut	au Nunavut
la Colombie-Britannique	en Colombie-Britannique	les Territoires du Nord-Ouest	dans les Territoires du Nord-Ouest
l'île du Prince-Édouard	dans l'île du Prince-Édouard	le Yukon	au Yukon
le Manitoba	au Manitoba		
le Nouveau-Brunswick	au Nouveau-Brunswick		
la Nouvelle-Écosse	en Nouvelle-Écosse		
l'Ontario	dans l'Ontario		
le Québec	au Québec		
le Saskatchewan	au Saskatchewan		
Terre-Neuve	à Terre-Neuve		

Appendice C

L'alphabet phonétique international (API)

Consonants

/ p /	*P*ierre		/ v /	*v*ous
/ t /	*t*u		/ z /	bi*s*e
/ k /	*c*omme		/ ʒ /	*b*onjour
/ b /	*b*onjour		/ l /	*l*a
/ d /	*d*e		/ ʀ /	ga*r*çon
/ g /	*g*arçon		/ m /	*m*ain
/ f /	*f*ille		/ n /	A*nn*e
/ s /	mer*c*i, profe*ss*eur		/ ɲ /	poi*gn*ée
/ ʃ /	*ch*ez		/ ŋ /	parki*ng*

Vowels

/ i /	b*i*se		/ y /	*u*ne
/ e /	caf*é*		/ ø /	*d*e, p*eu*
/ ɛ /	app*e*lle		/ œ /	h*eu*re
/ a /	v*a*		/ ɛ̃ /	b*ien*, *un*, m*ain*
/ ɔ /	c*o*mme		/ ɑ̃ /	conn*an*ssance
/ o /	*au*		/ õ /	fais*ons*
/ u /	v*ous*			

Semivowels

/ j /	P*i*erre
/ w /	*ou*i
/ ɥ /	n*u*it

Mute e

/ ə /	j*e*, f*e*rai

Appendice D

Conjugaison des verbes

Les verbes réguliers

A. Conjugaison régulière

| | INDICATIF | | |
Infinitif	Présent	Passé composé	Imparfait
Verbes en **-er** **parler**	je parle tu parles il/elle/on parle nous parlons vous parlez ils/elles parlent	j'ai parlé tu as parlé il a parlé nous avons parlé vous avez parlé ils ont parlé	je parlais tu parlais il parlait nous parlions vous parliez ils parlaient
Verbes en **-ir** **finir**	je finis tu finis il/elle/on finit nous finissons vous finissez ils/elles finissent	j'ai fini tu as fini il a fini nous avons fini vous avez fini ils ont fini	je finissais tu finissais il finissait nous finissions vous finissiez ils finissaient
Verbes en **-re** **répondre**	je réponds tu réponds il/elle/on répond nous répondons vous répondez ils/elles répondent	j'ai répondu tu as répondu il a répondu nous avons répondu vous avez répondu ils ont répondu	je répondais tu répondais il répondait nous répondions vous répondiez ils répondaient
Verbes pronominaux **se laver**	je me lave tu te laves il/on se lave elle se lave nous nous lavons vous vous lavez ils se lavent elles se lavent	je me suis lavé(e) tu t'es lavé(e) il s'est lavé elle s'est lavée nous nous sommes lavé(e)s vous vous êtes lavé(e)(s) ils se sont lavés elles se sont lavées	je me lavais tu te lavais il se lavait elle se lavait nous nous lavions vous vous laviez ils se lavaient elles se lavaient

Indicatif	Conditionnel	Subjonctif	Impératif
Futur	Présent	Présent	
je parler**ai**	je parler**ais**	que je parl**e**	
tu parler**as**	tu parler**ais**	que tu parl**es**	parl**e**
Il/elle/on parler**a**	il parler**ait**	qu'il/elle/on parl**e**	
nous parler**ons**	nous parler**ions**	que nous parl**ions**	parl**ons**
vous parler**ez**	vous parler**iez**	que vous parl**iez**	parl**ez**
Ils/elles parler**ont**	ils parler**aient**	qu'ils/elles parl**ent**	
je finir**ai**	je finir**ais**	que je finiss**e**	
tu finir**as**	tu finir**ais**	que tu finiss**es**	fini**s**
Il/elle/on finir**a**	il finir**ait**	qu'il/elle/on finiss**e**	
nous finir**ons**	nous finir**ions**	que nous finiss**ions**	fin**issons**
vous finir**ez**	vous finir**iez**	que vous finiss**iez**	fin**issez**
Ils/elles finir**ont**	ils finir**aient**	qu'ils/elles finiss**ent**	
je répondr**ai**	je répondr**ais**	que je répond**e**	
tu répondr**as**	tu répondr**ais**	que tu répond**es**	répond**s**
Il/elle/on répondr**a**	il répondr**ait**	qu'il/elle/on répond**e**	
nous répondr**ons**	nous répondr**ions**	que nous répond**ions**	répond**ons**
vous répondr**ez**	vous répondr**iez**	que vous répond**iez**	répond**ez**
Ils/elles répondr**ont**	ils répondr**aient**	qu'ils/elles répond**ent**	
je me laverai	je me laverais	que je me lave	
tu te laveras	tu te laverais	que tu te laves	lave-toi
il/elle/on se lavera	il se laverait	qu'il/on se lave	
elle se lavera	elle se laverait	qu'elle se lave	
nous nous laverons	nous nous laverions	que nous nous lavions	lavons-nous
vous vous laverez	vous vous laveriez	que vous vous laviez	lavez-vous
ils se laveront	ils se laveraient	qu'ils se lavent	
elles se laveront	elles se laveraient	qu'elles se lavent	

B. Verbes à modification orthographique

| Infinitif | INDICATIF | | |
	Présent	Passé composé	Imparfait
acheter	j'ach**è**te	j'ai ach**e**té	j'ach**e**tais
	tu ach**è**tes		
	il/elle/on ach**è**te		
	nous ach**e**tons		
	vous ach**e**tez		
	ils/elles ach**è**tent		
préférer	je préf**è**re	j'ai préf**é**ré	je préf**é**rais
	tu préf**è**res		
	il/elle/on préf**è**re		
	nous préf**é**rons		
	vous préf**é**rez		
	ils/elles préf**è**rent		
payer	je pa**i**e/je paye	j'ai pa**y**é	je pa**y**ais
	tu pa**i**es / tu payes		
	il/elle/on pa**i**e/paye		
	nous pa**y**ons		
	vous pa**y**ez		
	ils/elles pa**i**ent/payent		
appeler	j'appe**ll**e	j'ai appe**l**é	j'appe**l**ais
	tu appe**ll**es		
	il/elle/on appe**ll**e		
	nous appe**l**ons		
	vous appe**l**ez		
	ils/elles appe**ll**ent		
commencer	je commen**c**e	j'ai commen**c**é	je commen**ç**ais
	tu commen**c**es		tu commen**ç**ais
	il/elle/on commen**c**e		il/elle/on commen**ç**ait
	nous commen**ç**ons		nous commen**c**ions
	vous commen**c**ez		vous commen**c**iez
	ils/elles commen**c**ent		ils/elles commen**ç**aient
manger	je mang**e**	j'ai mang**é**	je mang**e**ais
	tu mang**es**		tu mang**e**ais
	il/elle/on mang**e**		il/elle/on mang**e**ait
	nous mang**e**ons		nous mang**i**ons
	vous mang**ez**		vous mang**i**ez
	ils/elles mang**ent**		ils/elles mang**e**aient

Futur	Conditionnel Présent	Subjonctif Présent	Impératif
j'ach**è**terai	j'ach**è**terais	que j'ach**è**te que tu ach**è**tes qu'il/elle/on ach**è**te que nous ach**e**tions que vous ach**e**tiez qu'ils/elles ach**è**tent	ach**è**te ach**e**tons ach**e**tez
je préf**é**rerai	je préf**é**rerais	que je préf**è**re que tu préf**è**res qu'il/elle/on préf**è**re que nous préf**é**rions que vous préf**é**riez qu'ils/elles préf**è**rent	préf**è**re préf**é**rons préf**é**rez
je pa**i**erai	je pa**i**erais	que je pa**i**e que tu pa**i**es qu'il/elle/on pa**i**e que nous pa**y**ions que vous pa**y**iez qu'ils/elles pa**i**ent	pa**i**e pa**y**ons pa**y**ez
j'appe**ll**erai	j'appe**ll**erais	que j'appe**ll**e que tu appe**ll**es qu'il/elle/on appe**ll**e que nous appe**l**ions que vous appe**l**iez qu'ils/elles appe**ll**ent	appe**ll**e appe**l**ons appe**l**ez
je commen**c**erai	je commen**c**erais	que je commen**c**e que tu commen**c**es qu'il/elle/on commen**c**e que nous commen**c**ions que vous commen**c**iez qu'ils/elles commen**c**ent	commen**c**e commen**ç**ons commen**c**ez
je mangerai	je mangerais	que je mange que tu manges qu'il/elle/on mange que nous mangions que vous mangiez qu'ils/elles mangent	mange mang**e**ons mangez

Les verbes auxiliaires

Infinitif	INDICATIF Présent		Passé composé	Imparfait
avoir	j'ai		j'ai eu	j'avais
	tu as			
	il/elle/on a			
	nous avons			
	vous avez			
	ils/elles ont			
être	je suis		j'ai été	j'étais
	tu es			
	il/elle/on est			
	nous sommes			
	vous êtes			
	ils/elles sont			

Les verbes irréguliers

Infinitif	INDICATIF Présent		Passé composé	Imparfait
aller	je vais	nous allons	je suis allé(e)	j'allais
	tu vas	vous allez		
	il/elle/on va	ils/elles vont		
s'asseoir	je m'assieds	nous nous asseyons	je me suis assis(e)	je m'asseyais
	tu t'assieds	vous vous asseyez		
	il/elle/on s'assied	ils/elles s'asseyent		
boire	je bois	nous buvons	j'ai bu	je buvais
	tu bois	vous buvez		
	il/elle/on boit	ils/elles boivent		
conduire	je conduis	nous conduisons	j'ai conduit	je conduisais
	tu conduis	vous conduisez		
	il/elle/on conduit	ils/elles conduisent		

Futur	Conditionnel Présent	Subjonctif Présent	Impératif
j'aurai	j'aurais	que j'aie que tu aies qu'il/elle/on ait que nous ayons que vous ayez qu'ils/elles aient	aie ayons ayez
je serai	je serais	que je sois que tu sois qu'il/elle/on soit que nous soyons que vous soyez qu'ils/elles soient	sois soyons soyez

Futur	Conditionnel Présent	Subjonctif Présent	Autres verbes ayant une conjugaison semblable
j'irai	j'irais	que j'aille que nous allions	
je m'assiérai	je m'assiérais	que je m'asseye que nous nous asseyions	
je boirai	je boirais	que je boive que nous buvions	
je conduirai	je conduirais	que je conduise que nous conduisions	

Appendices

Infinitif	**INDICATIF** Présent		Passé composé	Imparfait
connaître	je connais	nous connaissons	j'ai connu	je connaissais
	tu connais	vous connaissez		
	il/elle/on connaît	ils/elles connaissent		
courir	je cours	nous courons	j'ai couru	je courais
	tu cours	vous courez		
	il/elle/on court	ils/elles courent		
croire	je crois	nous croyons	j'ai cru	je croyais
	tu crois	vous croyez		
	il/elle/on croit	ils/elles croient		
devoir	je dois	nous devons	j'ai dû	je devais
	tu dois	vous devez		
	il/elle/on doit	ils/elles doivent		
dire	je dis	nous disons	j'ai dit	je disais
	tu dis	vous dites		
	il/elle/on dit	ils/elles disent		
écrire	j' écris	nous écrivons	j'ai écrit	j'écrivais
	tu écris	vous écrivez		
	il/elle/on écrit	ils/elles écrivent		
envoyer	j' envoie	nous envoyons	j'ai envoyé	j'envoyais
	tu envoies	vous envoyez		
	il/elle/on envoie	ils/elles envoient		
faire	je fais	nous faisons	j'ai fait	je faisais
	tu fais	vous faites		
	il/elle/on fait	ils/elles font		
falloir	il faut		il a fallu	il fallait
lire	je lis	nous lisons	j'ai lu	je lisais
	tu lis	vous lisez		
	il/elle/on lit	ils/elles lisent		

Futur	Conditionnel Présent	Subjonctif Présent	Autres verbes ayant une conjugaison semblable
je connaîtrai	je connaîtrais	que je connaisse que nous connaissions	
je courrai	je courrais	que je coure que nous courions	
je croirai	je croirais	que je croie que nous croyions	
je devrai	je devrais	que je doive que nous devions	
je dirai	je dirais	que je dise que nous disions	prédire (vous prédisez)
j'écrirai	j'écrirais	que j'écrive que nous écrivions	décrire récrire
j'enverrai	j'enverrais	que j'envoie que nous envoyions	renvoyer
je ferai	je ferais	que je fasse que nous fassions	
il faudra	il faudrait	qu'il faille	relire
je lirai	je lirais	que je lise que nous lisions	

Infinitif	INDICATIF Présent		Passé composé	Imparfait
mettre	je mets tu mets il/elle/on met	nous mettons vous mettez ils/elles mettent	j'ai mis	je mettais
ouvrir	j'ouvre tu ouvres il/elle/on ouvre	nous ouvrons vous ouvrez ils/elles ouvrent	j'ai ouvert	j'ouvrais
partir	je pars tu pars il/elle/on part	nous partons vous partez ils/elles partent	je suis parti(e)	je partais
pleuvoir	il pleut		il a plu	il pleuvait
pouvoir	je peux tu peux il/elle/on peut	nous pouvons vous pouvez ils/elles peuvent	j'ai pu	je pouvais
prendre	je prends tu prends il/elle/on prend	nous prenons vous prenez ils/elles prennent	j'ai pris	je prenais
recevoir	je reçois tu reçois il/elle/on reçoit	nous recevons vous recevez ils/elles reçoivent	j'ai reçu	je recevais
savoir	je sais tu sais il/elle/on sait	nous savons vous savez ils/elles savent	j'ai su	je savais

Futur	Conditionnel Présent	Subjonctif Présent	Autres verbes ayant une conjugaison semblable
je mettrai	je mettrais	que je mette que nous mettions	admettre permettre promettre
j'ouvrirai	j'ouvrirais	que j'ouvre que nous ouvrions	rouvrir
je partirai	je partirais	que je parte que nous partions	dormir (j'ai dormi) s'endormir (je me suis endormi) sentir (j'ai senti) servir (j'ai servi) sortir (je suis sorti)
il pleuvra	il pleuvrait	qu'il pleuve	
je pourrai	je pourrais	que je puisse que nous puissions	
je prendrai	je prendrais	que je prenne que nous prenions	apprendre comprendre
je recevrai	je recevrais	que je reçoive que nous recevions	
je saurai	je saurais	que je sache que nous sachions	

	INDICATIF			
Infinitif	**Présent**		**Passé composé**	**Imparfait**
venir	je viens	nous venons	je suis venu(e)	je venais
	tu viens	vous venez		
	il/elle/on vient	ils/elles viennent		
vivre	je vis	nous vivons	j'ai vécu	je vivais
	tu vis	vous vivez		
	il/elle/on vit	ils/elles vivent		
voir	je vois	nous voyons	j'ai vu	je voyais
	tu vois	vous voyez		
	il/elle/on voit	ils/elles voient		
vouloir	je veux	nous voulons	j'ai voulu	je voulais
	tu veux	vous voulez		
	il/elle/on veut	ils/elles veulent		

Futur	Conditionnel Présent	Subjonctif Présent	Autres verbes ayant une conjugaison semblable
je viendrai	je viendrais	que je vienne que nous venions	devenir (je suis devenu) revenir (je suis revenu) se souvenir (je me suis souvenu)
je vivrai	je vivrais	que je vive que nous vivions	
je verrai	je verrais	que je voie que nous voyions	prévoir (je prévoirai)
je voudrai	je voudrais	que je veuille que nous voulions	

French-English Vocabulary

The French-English vocabulary list contains all productive and receptive vocabulary that appears in the student text. Productive vocabulary includes words and expressions that appear in the *Mon vocabulaire,* **Passages,** *Expressions utiles,* and *Vocabulaire utile* sections, and in charts and word lists that are part of the **Structure** explanations. Receptive vocabulary consists of words and phrases that are given an English gloss in textual material throughout the book: readings, photo captions, exercises, activities, and authentic documents. Productive vocabulary entries are followed by the number of the chapter in which they are first introduced.

The following abbreviations are used:

adj.	adjective	*fam.*	familiar	*n.*	noun
adv.	adverb	*form.*	formal	*pl.*	plural
conj.	conjunction	*inv.*	invariable	*pron.*	pronoun
f.	feminine	*m.*	masculine	*sing.*	singular
f. pl.	feminine plural	*m. pl.*	masculine plural	*v.*	verb

A

à to, 4; in, 11; at, 12
　~ bientôt see you soon, 1
　~ bord on board, 12
　~ côté (de) next to, 4; beside, 12
　~ demain see you tomorrow, 1
　~ droite (de) to the right (of), 4
　~ gauche (de) to the left (of), 4
　~ la mode hip, fashionable, 9
　~ la radio *f.* on the radio, 7
　~ la télé *f.* on TV, 7
　~ la une on the front page (of the newspaper), 7
　~ l'extérieur *m.* outside, 12
　~ l'intérieur *m.* inside, 12
　~ mi-temps part-time, 10
　~ mon aise *f.* as I please
　~ plein temps full-time, 10
　~ plus (tard) see you later, 1
　~ qui le tour? whose turn is it?, 5
　~ table! Dinner / Lunch is ready!, 6
　~ temps complet full-time, 10
　~ temps partiel part-time, 10
　~ tout ~ l'heure see you in a while, 1
abdominal *m. (pl.* **abdominaux)** sit-up, 13
abdos *m. pl.* sit-ups, 13
abonné(e) *n.* subscriber, 7
abonnement *m.* magazine / newspaper subscription, 7

abricot *m.* apricot, 6
absolument absolutely, 6
s'accepter to accept oneself, 9
accident *m.* accident, 7
accouchement *m.* labor, 9
accoucher to give birth, 9
accro (accroché[e]) addict
accueillant(e) cozy, 4
achat *m.* purchase, 5
acheter to buy, 2
activité *f.* activity, 13
actualités *f. pl.* news, 7
actuel (actuelle) current
adjectif *m.* adjective, 2
admirer to admire, 12
adolescence *f.* adolescence, 9
adolescent(e) (ado *fam.)* adolescent, 9
adopté(e) adopted, 3
adorer to adore, 2
adresse *f.* **électronique** e-mail address, 13
adverbe *m.* adverb, 6
aéroport *m.* airport, 12
affirmer to assert, 9
　~ sa personnalité to assert one's own personality, 9
　~ son individualité to assert one's own individuality, 9
agaçant(e) bothersome, 14
agacer to bother, 14
âge *m.* age
agenda *m.* desk calendar / planner, 13
　~ électronique electronic planner

agent *m.* agent
　~ au sol ground personnel, 12
　~ de police police officer
　~ de voyage travel agent, 3
agréable enjoyable, agreeable, 14
aider to help, 5
aile *f.* wing, 12
aimer to like, to love, 2
　~ à la folie to love madly, 8
　s'~ to love each other, 8
aîné(e) oldest (child)
ainsi que as well as
ajouter to add
alcoolisme *m.* alcoholism, 9
aliment *m.* food, 14
　~s bios organic foods
　~s maigres fat-free foods, 14
　~s riches en matières grasses rich foods, 14
　~ sans matières grasses fat-free foods, 14
aller to go, 4
　allons-y let's go, 4
　billet *m.*
　~-retour round-trip ticket, 12
　(billet *m.)* **~ simple** one-way ticket, 5
　Je vais bien, et toi? I'm doing well, and you?; I'm good, and you?, 1
　Je vais bien, merci I'm doing well, thank you, 1
　s'en ~ to leave, 6
alliance *f.* union, alliance
　par ~ by marriage
alors so; then, 5

alpinisme *m.* mountain climbing, 13

améliorer to improve

amer (amère) bitter

ami(e) friend, 3

amicale amicable, friendly, 8

amitiés *f. pl.* best wishes (closing for letter)

amour *m.* love, 8
    grand ~ true love, 8
    mon ~ my love, 8

amoureux (amoureuse) in love, 3

amoureux *n. m. pl.* lovebirds, lovers, 8

amusant(e) amusing, funny, 2

s'amuser to have fun, 8

analphabétisation *f.* illiteracy

ange *m.* angel
    être aux ~s to be in seventh heaven, 12

anglais *m.* English (language)

animal *m. (pl.* **animaux***)* animal
    ~ domestique pet, 2

animateur (animatrice) DJ, host (hostess), 7

animer to announce, to host (a show), 7

anneau *m.* ring

année *f.* year, 3
    l'~ dernière last year, 7

anniversaire *m.* birthday, 3
    ~ de mariage wedding anniversary, 3

annonce *f.* announcement
    une petite ~ classified ad

annoncer to announce

anorexie *f.* anorexia, 9

antibiotique *m.* antibiotic, 14

antihistaminique *m.* antihistamine, 14

antipathique unfriendly, 2

août *m.* August, 3

appareil photo *m.* **numérique** digital camera, 13

appartement *m.* apartment, 4

appeler to call, 2
    s'~ to be named, 1

apporter to bring

apprendre to learn, 5

approfondi(e) expanded

après after

après-midi *f.* afternoon, 4
    de l'~ in the afternoon, 4

après-shampooing *m.* conditioner, 11

aquagym *f.* water aerobics

arachide *f.* peanut

arbre *m.* tree, 12

architecte *m./f.* architect, 2

arête *f.* **de poisson** fish bone

argent *m.* money, 11; silver

arithmétique *f.* math

arme *f.* **à feu** firearm

armoirie *f.* coat of arms

arrêter to stop
    s'~ to stop

arriver to arrive, 7

article *m.* article, 7

ascenseur *m.* elevator, 4

asperge *f.* asparagus, 6

aspirateur *m.* vacuum cleaner, 4

aspirine *f.* aspirin, 14

s'asseoir to sit (down), 6

assez enough, 6
    ~ de enough of, 5

assiette *f.* plate, 6
    ~ à dessert dessert plate
    ~ à soupe soup bowl, 6
    ~ creuse soup bowl, 6

assis(e) seated

assistant(e) *m./f.* assistant, 2

assistant *m.* **personnel** PDA, 13

assister à to attend

assurance *f.* **maladie** medical insurance, 10

athlétisme *m.* track and field, 3

attelage *m.* **de chiens** dogsled

attendre to wait, 5
    ~ son tour to wait one's turn, 5
    ~ un enfant to be pregnant, 9

atterrir to land, 12

atterrissage *m.* landing, 12

au (= à + le)
    ~ carré bob, square-cut (hair), 11
    ~ centre-ville downtown, 10
    ~ coin in / on the corner, 5; in time-out, 9
    ~ cours de laquelle during which
    ~ début *m.* at first, 8
    ~ four baked
    ~ moins at least
    ~ régime on a diet, 14
    ~ revoir good-bye, 1
    ~ travail *m.* let's get to work, 13
    au-dessus (de) above, over, 4

augmenter to rise

aujourd'hui today, 1

auquel (= à + lequel) to which

aussi also
    ~ ... que as . . . as, 11

autant de... (que) as many (as), as much (as), 11

automne *m.* autumn, 4

autour (de) around

autre other

avance *f.* advance, 12

avant (de) before

avantages *m. pl.* **(sociaux)** (social) benefits, 10

avec with, 6
    Et ~ ceci? Anything else?, 5

avenir *m.* future

avion *m.* airplane, 12

avocat(e) lawyer, 2

avoir to have, 2
    ~ besoin (de) to need, 6
    ~ chaud to be hot, 6
    ~ de la chance to be lucky, 6
    ~ des ronds to be loaded (financially)
    ~ envie (de) to want / to feel like, 6
    ~ faim to be hungry, 6
    ~ froid to be cold, 6
    ~ honte to be ashamed, 14
    ~ l'air to seem, 6
    ~ le vertige to be dizzy
    ~ lieu to occur, to take place
    ~ mal to have pain, to be in pain, 14
    ~ peur to be afraid, 6
    ~ raison to be right, 6
    ~ soif to be thirsty, 6
    ~ sommeil to be sleepy, 6
    ~ tort to be wrong, 6
    ~ une bonne grossesse to have an easy pregnancy, 9
    ~ une déception amoureuse to have one's heart broken, 8
    ~ une grossesse difficile to have a difficult pregnancy, 9

avortement *m.* abortion

avril *m.* April, 3

B

bac *m.* college entrance exam

bagage *m.* **à main** carry-on luggage, 12

bagarre *f.* fight, 9

baguette *f.* loaf of French bread, 5
    ~ bien cuite well-baked loaf, 5
    ~ pas trop cuite not too dark loaf, 5

baigner to bathe
    se ~ to take a bath; to go for a swim, 8

baignoire *f.* bathtub, 4

baiser *m.* kiss on the cheek or mouth

baiser to have intercourse *(slang)*

baisse *f.* decline
    à la ~ declining

baladeur *m.* **numérique** digital portable audio player, 13

balayage *m.* highlights, 11

balcon *m.* balcony, 4

balle *f.* **de golf** golf ball, 13

ballon *m.* ball,
~ **de basket** basketball, 13
~ **de foot** soccer ball, 13

banane *f.* banana, 6

banc *m.* bench, 12

banlieue *f.* suburb, 4

banque *f.* bank, 11

base-ball *m.* baseball, 2

basket *m.* basketball, 2
ballon *m.* **de** ~ basketball, 13
terrain *m.* **de** ~ basketball court, 13

bâtir to build, 4

bavard(e) talkative, 2

beau (belle) beautiful, handsome, 2

beaucoup (de) a lot (of), 5

beau-frère *m.* brother-in-law, 3

beau-père *m.* stepfather, father-in-law, 3

bébé *m./f.* baby, 2

beige beige, 2

belle *f.* beautiful, 2

Belle au Bois Dormant Sleeping Beauty

belle-mère *f.* stepmother; mother-in-law, 3

belle-sœur *f.* sister-in-law, 3

besoin *m.* need

bête silly
Ne sois pas ~! Don't be silly!, 5

beurre *m.* butter, 6

beurré(e) drunk *(slang)*, 12

bibliothèque *f.* library

bicyclette *f.* bicycle

bidet *m.* bidet, 4

bien well, 6
~ **cordialement** cordially (closing of a letter), 4

bien-être *m.* well-being, 14

bienvenue welcome
Bienvenue chez moi! Welcome to my place!

bière *f.* beer, 5

bijou *m.* *(pl.* **bijoux***)* jewel

bijouterie *f.* jewelry store

billet *m.* ticket, 12; bill (banknote), 11
~ **aller-retour** round-trip ticket, 12
~ **d'avion** plane ticket, 12
~ **doux** love letter
~ **première classe** *f.* first class ticket, 12

~ **seconde classe** *f.* second class ticket, 12

bio(logique) organic, 14

biscuit *m.* cookie, 6
~ **salé** cracker

bise *f.* kiss (on the cheek)

bisou *m.* kiss on the cheek or mouth

bistro *m.* café, pub

bizarre bizarre, 14

blanc (blanche) white, 2

bleu(e) blue, 2

blond(e) blond, 2

bœuf *m.* beef, 5

boire to drink, 6
~ **un pot** to have a drink

boisson *f.* beverage, 6

boîte *f.* *(slang)* workplace; box, 5
~ **aux lettres** mailbox, 4
~ **de nuit** nightclub, 9

bol *m.* bowl, 6

bon(ne) good, 14
bon well, 3
bon *m.* **d'abonnement** subscription form, 7
bon marché *inv.* cheap, affordable, 5

bonbon *m.* candy

bonhomme *m.* **de neige** snowman

bonjour hello, 1

bosser (dans) *(slang)* to work (in), 10

botte *f.* boot, 5

bouche *f.* mouth, 9

boucher (bouchère) butcher

boucherie *f.* butcher shop, 5

bouclé curly, 2

boulangerie *f.* bakery, 5

boule *f.* **campagnarde** round loaf of bread

boulette *f.* **de viande** meatball, 6

boulot *m.* *(slang)* job, 10

bouquet *m.* bouquet, 6

bourré(e) drunk *(slang)*, 12

bourse *f.* scholarship, 11

bouteille *f.* bottle, 5

boutique *f.* shop, store, 5

branché(e) *(slang)* hip, tech-savvy, 13

braquage *m.* bank robbery

bras *m.* arm, 9

brasserie *f.* brewery, 5

bricolage *m.* repair work, 4

briquet *m.* cigarette lighter, 7

brocoli *m.* broccoli, 6

brosser to brush
se ~ **les dents** to brush one's teeth, 8

brouillon *m.* draft

brun(e) brown, 2

buffet *m.* sideboard, 4

bulletin *m.* **d'abonnement** subscription form, 7

bureau *m.* desk; office, 4
~ **de change** currency exchange office
~ **de tabac** tobacco store, 5

but *m.* goal

C

ça it; that, 1
~ **m'agace** it bothers me, 14
~ **peut aller** it could be better, 1
~ **te dit?** What do you say about it?, 5
~ **va.** It's going okay / well., 1
~ **va?** How's it going?, 1
~ **va bien.** It's going well., 1
~ **va pas mal.** It's going all right., 1

cabine *f.* **de bronzage** tanning booth, 13
~ **d'essayage** fitting room, 5

cabinet *m.* office, 10

cachet *m.* tablet, 14

café *m.* coffee
~ **au lait** coffee with milk, 6
~ **crème** coffee with cream, 6
~ **noir** black coffee, 6

caisse *f.* teller window, cash drawer, 11

caissier (caissière) cashier, 5; bank teller, 11

caleçon *m.* man's underwear, 5

calme calm, 12

calmer to calm
se ~ to calm oneself down, 8

cambriolage *m.* burglary, break-in, 7

cambriolé(e) burglarized, 7

campagne *f.* country

canapé *m.* couch, 4

canard *m.* duck

candidat(e) candidate, 10

canoë *m.* canoeing, 3

cantine *f.* cafeteria, 9

car *conj.* because

carnet *m.* **de chèques** checkbook, 11

carotte *f.* carrot, 6

carrefour *m.* corner, crossroads, 10

carte *f.* menu, 6
~ **d'accès à bord / d'embarquement** boarding pass, 12
~ **de crédit** credit card, 11

Carte Bleue debit / credit card, 11

~ **Flying Blue** frequent flyer card, 12

~ **Wi-Fi** Wi-Fi card, 13

carton *m.* box

casquette *f.* cap, 5

causer to cause, 7

CD *m. inv.* CD

ce *pron.* this; it, 1 (see also **c'est**)

~ **que** what

~ **qui** that which

ce *adj.* this, that, 1

cela m'agace it bothers me, 14

céleri *m.* celery, 6

célibataire single, 3

centre *m.* center

~ **de remise en forme** fitness center, 13

~ **ville** downtown, 4

ce qu'on what one

céréales *f. pl.* cereal, 6

cerise *f.* cherry, 6

certain(e) certain, 14

certitude *f.* certainty

cerveau *m.* brain, 14

ces these, those

c'est it's; this is, 1

~ **tout** that is all, 5

cette *f. adj.* this

chacun(e) each one

chaîne *f.* channel, 7

~ **hi-fi** stereo, 4

chaise *f.* chair, 4

chambre *f.* room; bedroom, 4

~ **d'hôtel** hotel room, 12

champignon *m.* mushroom, 6

chance *f.* luck

changer to change, 7

~ **de fréquence** to change the radio station, 7

chanson *f.* song

chanter to sing, 2

chapeau *m.* hat

chargé(e) busy

chariot *m.* shopping cart, 5

chasser to hunt

chat(te) cat, 2

châtain *inv. (agrees in number)* light brown (hair), 2

chatouiller to tickle

chaud(e) hot, 6

chaussette *f.* sock, 5

chaussure *f.* shoe, 5

~ **de sport** sneaker, 5

chauve bald, 11

chef *m.* **d'entreprise** head of a company, 10

chef *m.* **de syndicat** *m.* union leader

chemise *f.* man's shirt, 5

chemisier *m.* woman's shirt, 5

chèque *m.* check, 11

chéquier *m.* checkbook, 11

cher (chère) expensive, 5

chercher to look for, 3

chéri(e) darling

mon / ma ~ my darling, 8

cheveu *m. (pl.* **cheveux)** hair, 2

chez elle/lui/vous at her/his/ your place

~ **le traiteur** at the caterer's, 6

chien(ne) dog, 2

chiffre *m.* number, 3

~**s à l'appui** supporting numbers

chignon *m.* hair up (in a bun), 11

chinois *m.* Chinese language

chocolat *m.* chocolate, 5

chocolaterie *f.* chocolate shop, 5

chocolatier *m.* chocolate shop, 5

chez le ~ at the chocolate store, 5

~-**confiseur** artist who specializes in making chocolate, 10

choisir to choose, 4

chômage *m.* unemployment, 10

chômeur (chômeuse) unemployed person, 10

être ~ to be unemployed, 10

choqué(e) shocked, 12

chorale *f.* choir, 7

chou *m.* cabbage

mon ~ my dear (*lit:* my cabbage), 8

chouette cool, nice, 4

chou-fleur *m.* cauliflower, 6

Chut! Shh!, Hush!, 5

chute *f.* **libre** free fall, 13

ciao see you, 1

cigarette *f.* cigarette, 5

cinéma *m.* movies, 3

cire *f.* wax

cité *f.* housing project

~ **universitaire** dormitory

citron *m.* lemon, 6

clair(e) clear (color), 11; clear, obvious, 14

classe *f.* **économique** coach class, 12

classique classic, 2

clavier *m.* keyboard, 13

clé *f.* key

~ **Bluetooth** Bluetooth connection, 13

client(e) customer; client, 10

clientèle *f.* clientele, 10

cliquer to click, 13

club *m.* nightclub, 9

~ **de fitness** fitness center, 13

~ **de golf** golf club, 13

~ **de gym** fitness center,13

Coca *m.* Coke™, 6

cochon *m.* **d'Inde** guinea pig, 2

cœur *m.* heart, 14

mon ~ my sweetheart, 8

coffre-fort *m.* safe(-deposit box), 11

coiffeur (coiffeuse) hair stylist, 11

coiffure *f.* hair style, 11

coin *m.* corner, 9

colère *f.* anger

en ~ angry, 14

collaborateur (-trice) contributor

collège *m.* middle school, junior high school, 9

colocataire *m./f.* roommate, 4

coloré(e) colored (hair), 11

combien (de) how many, how much, 5

C'est ~? How much is it?, 5

~ **de temps?** how long?

comblé(e) very happy, 14

comédie *f.* comedy, 3

~ **musicale** musical comedy, 3

~ **romantique** romantic comedy, 3

comédien actor

comédienne actress

comique comic, 3

commande *f.* order

commander to order

comme like; as, 2

~ **ci,** ~ **ça** so-so, 1

commencer to begin, 2

comment how, 9

~ **allez-vous / vas-tu?** How are you?, 1

~ **ça va?** How is it going?, 1

~ **dit-on... ?** How do you say . . . ?

~ **t'appelles-tu?** What's your name (fam.)?, 1

~ **tu t'appelles?** What's your name *(fam.)*?, 1

~ **vous appelez-vous?** What is your name *(form.)*?, 1

commerce *m.* business, 10

commère *f.* person who gossips

commettre un crime to commit a crime, 7

commode *f.* chest of drawers, 4

commun(e) common, 14

communisme *m.* communism

compagne *f.* partner (female), 8

compagnie *f.* company, 10

compagnon *m.* partner (male), 8
complexé(e): être ~ to have a complex, 9
composter to validate, 12
compréhensif(-ive) understanding
comprendre to understand, 5
comprimé *m.* tablet, 14
comptabilité *f.* accounting, 10
compte *m.* account
   ~ courant checking account, 11
   ~ en banque bank account, 11
   ~ épargne savings account, 11
concert *m.* concert, 3
condiment *m.* seasoning, 6
confiture *f.* jam, 6
congés payés *m. pl.* paid holidays, 10
conjuguer to conjugate
connaissance *f.* **de** knowledge of
connaître to know (to be familiar with), 13
connexion *f.* **haut-débit** high-speed connection, 13
conseil *m.* advice
console *f.* **de jeux vidéo** video game system, 4
constamment constantly, 6
consultation *f.* doctor's office
conte *m.* tale
content(e) happy, 2
continent *m.* continent
continuer to continue, 10
conversation *f.* conversation
contrôle *m.* **sûreté** security gate, 12
convaincant(e) convincing
copain (copine) boyfriend (girlfriend), 8
coquille *f.* **Saint-Jacques** scallop, 6
corde *f.* rope, 13
corps *m.* body, 9
correctement correctly, 4
costaud(e) stocky, 14
costume *m.* man's suit, 5
côté *m.* side
Côte d'Ivoire *f.* Ivory Coast
cou *m.* neck, 9
se coucher to go to bed, 8; to lie down, 12
couleur *f.* color, 2
   de quelle ~ est... ? what color is . . . ?
couloir *m.* aisle, 12
country *f.* country music, 3
coup *m.* blow
   ~ de foudre love at first sight, 8
coupable guilty, 12

coupe *f.* (hair) cut, 11
couper to cut
couple *m.* couple
courage *m.* courage
courageux (courageuse) courageous, brave, 2
couramment fluently
courir to run, 13
couronne *f.* crown; loaf of bread with hole in the middle
courriel *m.* e-mail, 13
courrier *m.* snail mail
   ~ des lecteurs letter to the editor, 7
cours *m.* class
course *f.* race
   ~ d'attelage de chiens dog-sled race
   ~ en canoë *m.* ice-canoe race
courses *f. pl.* shopping, 4
   faire les ~ to run errands, 4; to do the shopping
court(e) short, 2
court *m.* **de tennis** tennis court, 13
cousin(e) cousin, 3
couteau *m.* knife, 6
coûter to cost
couturière *f.* seamstress
couverts *m. pl.* cutlery
crâne *m.* skull, 14
cravate *f.* tie, 5
crème *f.* cream, 2
   ~ brûlée crème brûlée, 6
crémerie *f.* cheese store, 5
crêpe *f.* crepe, 6
crevette *f.* shrimp, 5
crier to scream, shout, 9
crime *m.* crime, 7
crise *f.* **cardiaque** heart attack, 14
crise *f.* **de foie** stomach / digestive problem, 14
croire to believe, to think
croissance *f.* growth
croissant *m.* croissant, 5
cuillère *f.* spoon
   ~ à café teaspoon, 6
   ~ à soupe tablespoon, 6
cuisine *f.* cooking; kitchen, 4
cuisinière *f.* stove, 4
culotte *f.* woman's underwear (briefs), 5
cultures maraîchères *f. pl.* market gardening
cultures vivrières *f. pl.* food production
culturel(le) cultural, 7

D

d'abord first, 5
dans in, 4
   ~ les premiers temps at the beginning, 8
   ~ quelques années in a few years
danser to dance, 2
d'après according to
   ~ vous in your opinion
datte *f.* date *(fruit)*
d'autres choses *f. pl.* other things, 6
de *art.* any, some, 5; *prep.* from, 11; of
   ~ quelle couleur what color
   ~ rien you're welcome, 10
   ~ tout everything, 5
début *m.* beginning
décéder to die, 7
décembre *m.* December, 3
déception *f.* **amoureuse** heartbreak, 8
décollage *m.* take-off, 12
décoller to take off, 12
décompresser to relax, to decompress
décorateur (-trice) d'intérieur interior decorator, 4
décorer to decorate, 4
découvrir to discover, 12
déçu(e) disappointed, 12
défi *m.* challenge
défilé *m.* parade, 7
déguster les vins to taste wines
déjà already
déjeuner *m.* lunch, 6
déjeuner to have lunch
de l' (see **du/de la/de'l/des**)
de la (see **du/de la/de'l/des**)
délinquance juvénile *f.* juvenile crime, 9
délit *m.* misdemeanor
deltaplane *m.* hang-gliding, 1
demander to ask, to require, 14
   ~ son chemin to ask directions, 10
demandeur (demandeuse) d'emploi job applicant, 10
se démaquiller to remove one's makeup, 8
démarches *f. pl.* steps
démêlant *m.* anti-tangle cream, 11
demi *m.* glass of draft beer
demi(e) half
   et ~ half past, 4
demi-frère *m.* half-brother, stepbrother, 3

demi-sœur *f.* half-sister, stepsister, 3
démoralisé(e) demoralized, 12
dent *f.* tooth, 9
dentiste *m./f.* dentist, 2
département *m.* department
se dépêcher to hurry (up), 8
dépenser to spend, 11
dépenses *f. pl.* spending
dépensier (dépensière) spendthrift, 11
déposer to deposit
　　~ de l'argent to deposit money (in the bank), 11
　　~ un chèque to deposit a check (in the bank), 11
déprimé(e) depressed, 14
depuis since; for, 14
　　~ deux ans for two years
dernier (dernière) last, 8
dernièrement lately
derrière behind, in back of, 4
des (see **du/de la/de'l/des**)
dès as early as
dès que as soon as
descendre to get down, to go down, 5
descriptif (descriptive) descriptive, 2
désespéré(e) desperate, 12
se déshabiller to remove one's clothes, 8
désirer to like, 5
désolé(e) sorry, 12
dessert *m.* dessert, 6
dessin *m.* drawing
　　~ animé cartoon, 7
se détendre to relax
détester to hate, 2
　　se ~ to hate each other, 8
dette *f.* debt, 11
devant in front of, 4
devenir to become, 11
deviner to guess
devoir to have to, must
devoirs *m. pl.* homework, 4
d'habitude usually, 4
diarrhée *f.* diarrhea
difficulté *f.* difficulty, 9
diffuser to broadcast, 7
dimanche *m.* Sunday, 3
dîner *m.* dinner, 6
dire to say, 7
direction *f.* direction, 10
discothèque *f.* disco (theque)
diseur (diseuse) de bonne aventure fortune-teller
disponible available

se disputer to argue (with each other), 8
divertissements *m. pl.* TV games, 7
divorcé(e) divorced, 3
divorcer to get a divorce, 8
document *m.* document, 13
documentaire *m.* documentary, 7
doigt *m.* finger, 9
don *m.* gift
donc therefore, so
données *f. pl.* data
donner to give, 7
　　~ des coups de pied to kick
　　~ la fessée to spank, 9
　　~ sur to overlook, 12
　　~ un baiser to kiss (on the lips), 8
　　~ un concert to perform a concert, 7
　　~ une conférence to present a paper, 7
dont whose, 12
dortoir *m.* dormitory, 9
dos *m.* back, 9
dot *f.* dowry
douane *f.* customs, 12
double queen-size bed, 12
douche *f.* shower, 4
doute *m.* doubt
douter to doubt, 14
douteux (douteuse) doubtful, 14
doux (douce) sweet, soft
douzaine *f.* dozen, 5
draguer to flirt
drapeau *m.* flag
se droguer to use drugs, 9
droite *f.* right
　　à ~ on the right
du/de la/de l'/des *art.* some, 5
dur(e) hard

E

eau *f.* water
　　~ gazeuse carbonated water, 6
　　~ plate mineral water, 6
s'échauffer to warm up, 14
échec *m.* **scolaire** failure in school, 9
école *f.* school, 9
　　~ primaire elementary school, 9
économe thrifty, 11
économies *f. pl.* savings
économiser to save, 11

écouter to listen to, 2
　　~ une conférence to listen to a lecture, 7
écran *m.* screen, 7
s'écraser to crash, 12
écrire to write, 7
écrivain(e) writer
effondré(e) devastated, 12
effrayé(e) scared, 12
électro *f.* electronic music, 3
élégant(e) elegant, 2
élève *m./f.* student (elementary / middle school), 9
élever to raise, 9
elle she, it, 1; her, 13
elle-même herself
elles they, 1; them, 13
e-mail *m.* e-mail, 13
embarquement *m.* boarding, 12
embauché(e) hired, 10
embaucher to hire, 10
embêter to annoy, 9
embrasser to kiss
　　s'~ to kiss (each other), 8
émission *f.* program, 7
émotion *f.* emotion
émouvant(e) moving
emplette *f.* purchase
emploi *m.* job, 10
employé(e) employee, 10
emprunter (à) to borrow (from), 11
　　~ de l'argent à la banque to ask for a loan, 11
en in, 5; of it / of them, 5
　　~ bonne santé healthy, 14
　　~ brosse spiky (hair), crew-cut, 11
　　~ colère angry, 14
　　~ direct live, 7
　　~ face (de) across from, facing, 4; across, 5
　　~ herbe budding
　　~ mauvaise santé in bad health, 14
　　~ provenance de from
　　~ rage enraged, 14
　　~ sens *m.* **inverse** the wrong way, 9
　　~ solde on sale, 5
enceinte pregnant, 9
enchanté(e) happy, pleased, 12
　　Enchanté(e). It's nice to meet you, 1
endetté(e) in debt, 11
s'endormir to fall asleep, 8
énervé(e) nervous, 12
s'énerver to get upset, 8
enfance *f.* childhood, 9

enfant *m./f.* child, 3
   ~ **gâté(e)** spoiled child, 9
   ~ **bien élevé(e)** well-behaved child, 9
   ~ **mal élevé(e)** badly behaved child, 9
enfant-roi *m./f.* child-king
engager to hire, 10
s'ennuyer to be bored, 8
ennuyeux (ennuyeuse) boring, 2
énorme enormous
enquête *f.* survey
enregistrement *m.* **des bagages** check-in, 12
enrhumé(e): être ~ to have a cold, 14
enseigne *f.* label, brand
ensemble together, 8
ensemble *m.* set, group
entendre to hear, 5
   s'~ bien to get along well, 8
   s'~ mal not to get along, 8
entier (entière) whole
entourer to surround, 7
s'entraîner to train, 13
entraîneur (entraîneuse) trainer, 13
entre between, 4
entrée *f.* appetizer, 6
entrepreneur (entrepreneuse) businessman / business-woman, 2
entreprise *f.* company, 10
entrer (dans) to come (into); to enter, 7
entretien *m.* interview
   avoir un ~ to have an interview, 10
   passer un ~ to have an interview, 10
envisager to contemplate
envoyer to send, 13
épanoui(e) fulfilled
épargner to save, 11
épaté(e) dumbfounded, 14
épeler to spell
   Comment ça s'épelle? How do you spell it?
épicé(e) spicy
épicerie *f.* grocery store, 5
s'épiler to remove hair (women), 8
épinards *m. pl.* spinach, 6
s'époumoner to shout oneself hoarse
époux (épouse) spouse, 8
équipe *f.* team
équipement *m.* equipment, 13
érable *m.* maple

escalade *f.* **glaciaire** ice-covered mountain climbing, 13
escalier *m.* stairs, 4
espagnol *m.* Spanish language
espoir *m.* hope
essayer to try on, 5
essence *f.* gas
essentiel(le) essential, 14
essuyer to wipe
est (See **être**) (he, she, it) is, 1
et and
   ~ **avec ceci?** Anything else?, 5
   ~ **toi?** and you?, 1
   ~ **voilà...** and here is . . . , 1
étage *m.* floor, 4
   au premier ~ *m.* on the second floor, 4
   au deuxième ~ *m.* on the third floor, 4
États-Unis *m. pl.* United States
été *m.* summer, 4
s'étirer to stretch, 13
étonnant(e) stunning, 14
étonné(e) surprised / shocked, 14
étranger (étrangère) foreign
être to be, 1
   ~ **à la mode** to be hip, fashionable, 9
   ~ **à la recherche de** to seek, 9
   ~ **à la retraite** to be retired, 10
   ~ **amoureux (amoureuse) de quelqu'un** to be in love with someone, 8
   ~ **au chômage** to be unemployed, 10
   ~ **aux anges** to be in seventh heaven, 12
   ~ **bien dans sa peau** to feel good
   ~ **cambriolé(e)** to be burglarized, 7
   ~ **complexé(e) par son look** to have a complex about one's appearance, 9
   ~ **de** to be from (a place), 1
   ~ **enrhumé(e)** to have a cold, 14
   ~ **fou (folle) de joie** to be extremely happy / excited, 12
   ~ **gourmand(e)** to have a sweet tooth
   ~ **pénible** to be a pain, 5
   ~ **sur le point de** (+ *inf.*) to be about to
   ~ **volé(e)** to be robbed, 7
étudiant(e) student, 2
étudier to study, 2
euro *m.* unit of currency in European Union

euphorique euphoric, 12
eux them, 13
eux-mêmes themselves
événement *m.* event, 7
évident(e) evident, 14
évier *m.* kitchen sink, 4
éviter to avoid
examen *m.* test
Excusez-moi. Excuse me, 1
exercices *m. pl.* **au sol** floor exercises, 13
exiger to insist, 14
exprès *m.* espresso, 6
extérieur outside, 12
   à l'~ outside, 12
extrême extreme

F

fabrication *f.* production, 10
fac(ulté) *f.* university
fâché(e) angry, 12
se fâcher to get mad, 8
faciliter to make easy
fascisme *m.* fascism
facteur (factrice) postal worker
faire to do, to make
   ~ **de la natation** to swim, 13
   ~ **des bêtises** *f.* to be naughty, 9
   ~ **des caprices** *m.* to throw a tantrum, 9
   ~ **des chatouilles** to tickle
   ~ **des exercices d'échauffement** to warm up, 13
   ~ **des exercices d'étirement** to stretch, 13
   ~ **des haltères** *f.* to lift weights, 13
   ~ **des investissements** *m.* to have investments, 11
   ~ **(un gros) do-do** to go night-night
   ~ **du lèche-vitrine** to go window-shopping, 5
   ~ **du shopping** to go shopping, 12
   ~ **du stretching** to stretch, 13
   ~ **du zapping** to channel surf, 7
   ~ **l'appel** *m.* to call the roll, 1
   ~ **la bise** to kiss (on the cheek), 8
   ~ **la cuisine** to cook, 4
   ~ **la grasse matinée** to sleep in
   ~ **la grève** to be on strike, 10
   ~ **la queue** to wait in line
   ~ **le mur** to sneak out, 9
   ~ **le pitre** to be silly

~ les courses to run errands, 4; to do the shopping
~ les magasins to go shopping, 5
~ les valises to pack suitcases, 4
~ taire to keep someone else quiet
~ un emprunt to take a loan, 11
~ une fête to have a party, 1
~ une fugue to run away, 9
~ un gâteau to make a cake, 4
~ un gros bisou to give a big kiss, 9
~ un stage to have an internship, 10
~ un voyage to take a trip, 4
se ~ la bise to kiss each other (on the cheeks), 8
se ~ masser to get a massage, 13
falloir to be necessary
famille *f.* family, 3
fauché(e) *(slang)* broke
faussement falsely, 6
fauteuil *m.* armchair, 4
faux (fausse) false, 14
Fcfa (franc CFA) unit of currency
féculent *m.* starchy food, 6
fée *f.* fairy
femme *f.* wife, 3
~ au foyer housewife
~ de sa vie one's soulmate (female), 8
~ médecin *f.* doctor, 2
fenêtre *f.* window, 4
fermier (fermière) farm-raised, 5
fesses *f. pl.* buns, the rear, 9
fessiers *m. pl.* buttock exercises, 14
fête *m.* party, 9
fêter to celebrate
feuilleton *m.* soap opera, 7
février *m.* February, 3
fiançailles *f. pl.* engagement, 3
fiancé(e) engaged, 3; *m./f.* fiancé(e), 8
se fiancer to get engaged, 8
ficelle *f.* long thin loaf of bread; string
fidèle faithful, 8
fier (fière) proud, 12
fièvre *f.* fever, 14
figure *f.* face, 9
filer to weave
fille *f.* girl; daughter, 3
~ unique only child (female), 3

film *m.* movie, 3
~ d'aventure adventure movie, 3
~ d'horreur horror movie, 3
~ de guerre war movie, 3
~ de science-fiction science fiction movie, 3
~ dramatique drama, 3
~ historique historical movie, 3
~ policier detective film, 3
fils *m.* son, 3
~ unique only child (male)
fin *f.* end
fin(e) fine, thin
finances *f. pl.* finances, 11
finir to finish, 4
flûte *f.* long thin loaf of bread; flute
foie *m.* liver, 14
fois *f.* time
combien de ~ ? how many times?
folie *f.* crazy thing
foncé(e) dark (color), 11
foot *m.* soccer, 3
ballon de ~ soccer ball, 13
terrain de ~ soccer field, 13
football *m.* soccer, 3
~ américain football, 3
formation *f.* training
~ littéraire specialization in the humanities, 10
~ scientifique specialization in the sciences, 10
forme *f.* shape
être en ~ to be in shape
fort(e) strong, 2; chubby, 14
forum *m.* **de discussion** chat room
fou (folle) crazy, 12
foulard *m.* scarf, 5
foule *f.* crowd
four *m.* oven, 4
~ à micro-ondes microwave, 4
fourchette *f.* fork, 6
fourré(e) stuffed
foyer *m.* household
fraise *f.* strawberry, 6
français *m.* French language
frange *f.* bangs, 11
fréquence *f.* (radio) station
fréquent(e) frequent, 9
frère *m.* brother, 3
~ jumeau twin brother
frisé(e) very curly, 2
frites *f. pl.* French fries, 6
froid(e) cold (temperature), 6
fromage *m.* cheese, 5
fromagerie *f.* cheese store, 5

fruit *m.* fruit, 5
~s de mer seafood, 5
fruité(e) flavored with fruit
fumer to smoke, 2
furieux (furieuse) furious, 14
fuseau *m.* needle; spindle
futon *m.* futon, 4
futur *m.* future

G

gadget *m.* gadget, 13
gagnant(e) winner
gagner to earn; to win
garçon *m.* boy
garder la ligne to maintain one's weight, 14
gare *f.* train station, 10
gare à be aware of
gas essence *f.*
gaspiller to waste, 11
gastronomique gastronomic, 6
gâté(e) spoiled, 9
gâteau *m.* cake, 4
~ au chocolat chocolate cake, 6
gâter to spoil, 9
gauche *f.* left
à ~ on the left, 4
gêné(e) embarrassed, 14
généreux (généreuse) generous
gens *m. pl.* people, 12
gentil(le) nice, 2
gentillesse *f.* kindness
gérant(e) manager, 10
gérer to manage, 10
gestion *f.* management, 10
gilet *m.* cardigan sweater
glace *f.* ice cream, 6
~ à la fraise strawberry ice cream, 6
~ à la vanille vanilla ice cream, 6
~ au chocolat chocolate ice cream, 6
golf *m.* golf, 3
club de ~ golf club, 14
terrain / parcours de ~ golf course, 14
gorge *f.* throat, 14
gourmand(e) person who likes to eat
être ~ to have a sweet tooth
gourmet *m.* person who likes good food
goût *m.* taste, 6
goûter *m.* afternoon snack, 6; *v.* to taste, 12; to snack
goutte *f.* **nasale** nasal spray, 14

grâce à thanks to
gramme *m.* gram, 5
grand(e) big, tall, 2
   ~e surface *f.* supermarket, 5
   le (la) plus ~ the tallest
grand-mère *f.* grandmother, 3
grand-père *m.* grandfather, 3
gras (grasse) oily, 11
graver un CD / DVD to burn a
   CD / DVD, 13
graveur *m.* de CD / DVD CD /
   DVD burner, 13
grenier *m.* attic
grève *f.* strike, 10
grippe *f.* flu, 14
gris(e) gray, 2
grisaille *f.* gray weather, 12
gros(se) big, fat, 2
grossesse *f.* pregnancy, 9
   une bonne ~ an easy
   pregnancy, 9
   une ~ difficile a difficult
   pregnancy, 9
grossir to gain weight, 14
groupe *m.* group; band, 7
guéri(e) healed, feel better, 14
guérir de to be healed (from), to
   feel better, 14
guichet *m.* ticket counter, 12
   ~ automatique ATM, 11
   ~ de caisse teller window, 11
   ~ vente à emporter take out
   window
guide *m.* guide
   ~ des programmes télévisés
   television guide, 7
   ~ télé TV guide, 7
gymnase *m.* gymnasium, 9

H

habiller to dress
   s'~ to get dressed, 8
habiter to live, 2
habitude(s) *f.* alimentaire(s)
   dietary habit(s)
haltère *f.* weight, dumbbell, 14
hamster *m.* hamster, 2
haricot *m.* bean, 6
   ~s verts green beans, 6
haut-parleur *m.* speaker, 13
hebdomadaire *m.* weekly
   magazine, 7
héliski *m.* heli-skiing, 13
henné *m.* henna
heure *f.* time; hour, 4
   à...(s) ~ at ... o'clock, 4
   ~ de pointe rush hour
   une ~ one o'clock, 4

heureux (heureuse) happy, 12
hier yesterday, 7
   avant-~ the day before
   yesterday, 7
   ~ après-midi yesterday
   afternoon, 7
   ~ matin yesterday morning, 7
   ~ soir last night, 7
hip-hop *m.* hip-hop, 3
histoire *f.* history, 12
historique historical, 2
hit-parade *m.* top music hits, 7
hiver *m.* winter, 4
HLM (habitation à loyer modéré)
   f. subsidized housing
home cinéma *m.* home theater, 13
homéopathique homeopathic, 14
homme *m.* de sa vie one's
   soulmate (male), 8
hôpital *m.* hospital
horaire *m* schedule
   ~ de travail work schedule, 10
   ~ des trains train
   schedule, 12
horrifié(e) horrified, 12
hors-d'œuvre *m. inv.* appetizers, 6
hôtel *m.* hotel, 10
hôtesse *f.* au sol ground
   personnel, 12
hôtesse *f.* de l'air flight
   attendant, 12
huile *f.* oil
huître *f.* oyster, 6
humain(e) human, 9

I

ici here
   d'~ from here
identité *f.* identity, 9
il he; it, 1
   ~ est... it is ... (time), 4
   ~ est (elle est) de... he is
   (she is) from ... , 1
   ~ est dommage it's a pity, 14
   ~ fait beau it's nice out, 4
   ~ fait chaud it's warm out, 4
   ~ fait du soleil it's sunny, 4
   ~ fait du vent it's windy, 4
   ~ fait frais it's cool out, 4
   ~ fait froid it's cold out, 4
   ~ faut (que) one must / it is
   necessary (that), 14
   ~ se peut (que) it's possible
   (that), 14
   ~ vaut mieux que it is better
   that, 14
   ~ y a there is, there are, 3;
   ago, 8

ils they, 1
immeuble *m.* building, 4
impossible impossible, 14
imprimante *f.* (couleur) (color)
   printer, 13
improbable improbable, 14
inacceptable unacceptable, 14
indication *f.* information
indigné(e) outraged, 12
indispensable essential, 14
infection *f.* infection, 14
infirmière *f.* nurse
informations (les infos) *f. pl.*
   news, newscast, 7
   ~ routières traffic report, 7
informatique *f.* computing, 10
informer to inform
   s'~ to get information
ingénieur (ingénieure) engineer, 2
injuste unfair, 14
inquiet (inquiète) worried, 12
insatisfait(e) dissatisfied, 14
insister to demand, 14
   ~ (pour) to insist (on), 14
instituteur (institutrice) elementary school teacher
intelligemment intelligently, 6
intelligence *f.* intelligence
intelligent(e) intelligent, 2
interdire to prohibit
intérêt *m.* interest, attention
intérieur inside
   à l'~ inside, 12
international(e) (*m. pl.* internationaux) international, 10
internaute *m./f.* Internet user
Internet *m.* Internet, 13
intestin *m.* intestine, 14
investir to invest, 11
investissements *m. pl.* investments, 11
inviter to invite
ivre drunk, 12
ivresse *f.* intoxication, 12
ivrogne *m./f.* drunkard, lush

J

jacuzzi *m.* Jacuzzi, 13
jaloux (jalouse) jealous, 12
jamais never
   ne... ~ never, 6
jambe *f.* leg, 9
jambon *m.* ham, 6
janvier *m.* January, 3
jardin *m.* garden, 12
jardinage *m.* gardening, 4
jaune yellow, 2

jazz *m.* jazz, 3
je I, 1
    ~ m'appelle… My name is . . . , 1
    ~ me permets de vous contacter parce que je… I'm contacting you because . . . , 4
    ~ n'ai pas un rond I don't have a penny
    ~ peux vous aider? Can I help you?, 5
    ~ suis de… I'm from . . . , 1
    ~ vais bien. I'm doing well / I'm good, 1
    ~ voudrais… I would like . . . , 5
    ~ vous en prie. You're welcome, 10
jean(s) *m.* jeans, 5
jet ski *m.* Jet Ski, 13
jeu *m.* (*pl.* **jeux**) TV games, 7
jeudi *m.* Thursday, 3
jeune young, 2
job *m.* job, 10
jogging *m.* sweat suit, 5
joli(e) pretty, 2
joue *f.* cheek, 9
jouer à to play (a game or sport), 2
jour *m.* day, 3
journal *m.* (*pl.* **journaux**) newspaper, 7
    ~ télévisé (le JT) television news, 7
journaliste *m./f.* journalist, 7
journée *f.* day
judo *m.* judo, 3
juge *m./f.* judge, 2
jugement *m.* judgement
juillet *m.* July, 3
juin *m.* June, 3
jumeau *m.* (*pl.* **jumeaux**) twin (brother)
jumelle *f.* twin (sister), 3
jupe *f.* skirt, 5
jusqu'à as far as; until, 10
juste right, fair, 14

K

karaté *m.* karate, 3
kilo *m.* kilo, 5
kitchenette *f.* kitchenette, 4

L

la (see **le/la/l'/les**) **lac** *m.* lake, 12
laid(e) ugly, 2
laisser to leave, 10
    en laissant leaving, 12

lait *m.* milk, 6
    ~ écrémé skim milk, 14
    ~ entier whole milk, 14
lampe *f.* lamp, 4
lancer to launch
langue *f.* tongue, 9
lapin *m.* rabbit, 2
lasagnes *f. pl.* lasagna, 6
lavabo *m.* bathroom sink, 4
laver to wash
    se ~ to wash, 8
lave-linge *m.* washing machine, 4
lave-vaisselle *m.* dishwasher, 4
le/la/l'/les *art.* the, 2; *pron.* him, her, it, them, 11
lèche-vitrine *m.* window shopping, 5
lecteur (lectrice) reader, 7
    lecteur de CD CD player, 13
    lecteur de DVD DVD player, 4
légume *m.* vegetable, 5
lentement slowly, 6
lentille *f.* lentil, 6
les (see **le/la/l'/les**)
lessive *f.* laundry
lettre *f.* letter
leur their, 3, to them, 13
lever son verre *m.* to raise his/her glass, 12
se lever to get up, 8
lèvre *f.* lip, 9
libre free, 1
licencié(e) fired, 10
licencier to lay off, 10
lieu *m.* place
limonade *f.* carbonated lemon-lime soda, 6
linge *m.* laundry
lire to read, 7
lisse straight, 2
liste *f.* list, 5
    ~ des courses shopping list, 5
lit *m.* bed, 4
    ~ double queen bed, 12
litre *m.* liter, 5
livre *m.* book, 7
livrer to deliver
livreur (livreuse) delivery person
locataire *m./f.* tenant, 4
logement *m.* housing, 4
logiciel *m.* software, 13
loin (de) far (from), 4
loisir *m.* leisure activity
long(ue) long, 2
louer to rent, 4
loyer *m.* rent, 4
luge *f.* sledding, 13
lui he; him, 13; (to) him, her, 13
lumineux (lumineuse) sunny, 4

lundi *m.* Monday, 3
lune *f.* moon
    ~ de miel honeymoon, 12
lycée *m.* high school, 9
lycéen (lycéene) high school student, 9

M

Madame *f.* ma'am, 1
Mademoiselle *f.* miss, young lady, 1
magasin *m.* store, 5
magazine *m.* magazine, 7; exposé, 7
    ~ d'actualité news magazine, 7
    ~ de santé health magazine, 7
    ~ people entertainment magazine, 7
mai *m.* May, 3
maigre slim; skinny, 14
maigrir to lose weight, 14
maillot *m.* **de bain** one-piece bathing suit, 5
main *f.* hand, 9
maintenant now, 5
maire *m.* mayor
mais but
maison *f.* house, 4
mal poorly, badly, 6
    avoir ~ à la gorge to have a sore throat, 14
    avoir ~ à la tête to have a headache, 14
    avoir ~ *m.* **au dos** to have a backache, 14
    avoir ~ au cœur to be nauseous, 14
malade sick, 14
maladie *f.* illness, 14
malgré cela in spite of this
malheureux (malheureuse) unhappy, 12
maman *f.* mother
manger to eat, 2
    ~ équilibré to eat a balanced diet, 14
    ~ sain to eat healthy foods, 14
manifestation *f.* demonstration, 7
manquer to miss, 10
manteau *m.* coat, 5
maquette *f.* layout, format
se maquiller to put on makeup, 8
marchand(e) vendor
    ~ de journaux newsstand, 7

marcher to walk, 13; to work

mardi *m.* Tuesday, 3

mari *m.* husband, 3

marié(e) married, 3

marier to marry

    se ~ (avec) to get married (to), 8

marmaille *f.* gang of brats

Maroc *m.* Morocco

marque *f.* brand

marquer to mark

marron *inv.* chestnut brown, 2

mars *m.* March, 3

masser to massage

    se faire ~ to get a massage, 14

masseur (masseuse) masseur (masseuse), 13

match *m.* game, 3

matin *m.* morning, 1

    du ~ in the morning

matraquage *m.* hype

mauvais(e) bad, 6

me to me, 13

méchant(e) mean, 2

médecin *m.* doctor, 2

médias *m. pl.* media

médicament *m.* medicine, 5; medication, 14

meilleur(e) que *adj.* better than, 11

    le (la/les) meilleur(e) (s) *adj.* the best, 11

    ~ ami(e) best friend

mèl *m.* email

melon *m.* cantaloupe, 6

membre *m.* member

même(s) same

mémoire *m.* (computer) memory, 13

mémorable memorable, 7

ménage *m.* housecleaning, 4; couple; household

mensonge *m.* lie

mensuel *m.* monthly magazine, 7

mentir to lie

mer *f.* sea, 12

merci thank you, 5

mercredi *m.* Wednesday, 3

mère *f.* mother, 3

météo *f.* weather report, 7

métro *m.* subway

mettre to put; to put on, 5; to place, 9

    ~ à la porte to kick out, to fire, 10

    ~ au coin to place a child in time out, 9

    ~ la table to set the table, 6

meubler to furnish, 4

meubles *m. pl.* furniture

micro-ondes *m.* microwave, 4

microphone *m.* microphone, 13

midi *m.* noon, 4

miel *m.* honey

mieux que *adv.* better than, 11

    le mieux (de) *adv.* the best (of), 11

mignon(ne) cute, 2

migraine *f.* migraine, 14

milieu *m.* middle

mi-long shoulder-length (hair), 2

mince thin, 2

minuit *m.* midnight, 4

miroir *m.* mirror, 4

mis(e) à la porte fired, kicked out, 10

mi-temps: à ~ part-time, 10

mobile *m.* cell phone, 13

mode *m.* **de vie** life style

modem *m.* modem, 13

moderne modern, 2

moi me, 13

    ~ aussi! me too!

    ~ c'est... my name is . . ., me, I'm . . ., 1

moins (de) less (of), 5

    ~ le quart quarter to, 4

    ~ (de)... que less . . . than, 11

mois *m.* month, 3

    le ~ dernier last month, 7

monde *m.* world

    le ~ entier all over the world

moniteur *m.* (computer) monitor, 13

moniteur (monitrice) instructor, 13

Monsieur *m.* sir, 1

montant *m.* amount; balance

monter to go up, to climb, 7

montrer to show

monument *m.* monument, 12

morceau *m.* piece, 5

mordre to bite, 5

mort *f.* death

mot *m.* word

    ~ de passe password, 11

    ~s tendres tender words, pet names, 8

moteur *m.* **de recherche** search engine, 13

moule *f.* mussel, 5

mourir to die, 7

moyenne *f.* average

mur *m.* wall, 4

musclé(e) muscular, 14

muscu(lation) *f.* weightlifting, 3; muscle-building

musée *m.* museum, 12

musical(e) musical, 7

musique *f.* music, 3

    ~ classique classical music, 3

    ~ électronique electronic music, 3

    ~ techno techno music, 3

N

nager to swim, 13

naissance *f.* birth, 9

naître to be born, 7

nappe *f.* tablecloth, 6

natation *f.* swimming, 3

    faire de la ~ to swim, 13

national(e) national, 12

nausée *f.* nausea, 14

naviguer sur to navigate, 13

navré(e) sorry, 14

ne (n') not, 2

    ~ ... jamais never, 6

    ~ ... ni... ni neither . . . nor

    ~ ... pas not, 2

    ~ ... pas encore not yet, 6

    ~ ... personne nobody, not anyone, 6

    ~ ... plus no longer, 6

    ~ ... que only

    ~ ... rien nothing, not anything, 6

n'importe qui whoever

né(e) born

nécessaire necessary, 14

nécessité *f.* necessity, 14

négatif (négative) negative, 7

neiger to snow, 4

Net *m.* World Wide Web, 13

nettoyer to clean

neveu *m.* nephew, 3

nez *m.* nose, 9

    ~ bouché stuffy nose, 14

    ~ qui coule runny nose, 14

nièce *f.* niece, 3

night-clubs *m. pl.* nightclubs

noir(e) dark, 2; black, 2

nombril *m.* navel, 9

non plus neither

normal(e) normal, 14

nous we, 1; (to) us, 13; us, 13

    ~ voudrions... we would like . . ., 5

novembre *m.* November, 3

numérique digital, 12

numériser to digitize, 13

numéro *m.* number, 1

    ~ de téléphone/de mobile phone number / cell number, 1

O

obéir (à) to obey, 4
obnubilé(e) obsessed
s'occuper de to take care of
octobre *m.* October, 3
odorat *m.* smell, 12
œil *m.* (*pl.* **yeux**) eye, 2
    Mon ~! Yeah, right!
œuf *m.* egg, 5
oignon *m.* onion, 6
oiseau *m.* bird, 3
omelette *f.* omelet, 6
on people; one; we, 1
    ~ y va? shall we go?, 4
    ~ y va toujours! We always go there!, 5
oncle *m.* uncle, 3
ondes *f. pl.* airwaves, 7
ondulé(e) wavy, 11
opéra *m.* opera, 3
optimiste optimistic, 2
orange *f.* orange, 6
orange *adj. inv.* orange, 2
orchestre *m.* orchestra, 7
ordinateur *m.* computer, 4
    ~ portable laptop computer, 13
ordonnance *f.* prescription
oreille *f.* ear, 9
orteil *m.* toe, 9
ou or
    ~ plus or more
où where, 9; when, 12
    ~ se trouve... ? where is . . . located?, 5
ouais yeah, 5
outil *m.* tool
outré(e) outraged, 12

P

pain *m.* bread, 5
pantalon *m.* pants, 5
paparazzi *m./f.* paparazzi, 7
papier *m.* paper
paquet *m.* pack, 5
par by; via
    ~ contre however
    ~le biais through the installation of
paracétamol *m.* acetaminophen, 14
parachute *m.* **ascensionnel** parasailing, 13
parapente *m.* paragliding, 13
parc *m.* park, 12
parce que because, 4
parcours *m.* **de golf** golf course, 13

pardon excuse me, 1
pardonnez-moi pardon me, 1
parfois occasionally, sometimes, 6
parking *m.* parking lot, 12
parler to speak, 2
participer to participate
    ~ à un défilé to march / participate in a parade, 7
    ~ à un match sportif to play in a match / game, 7
    ~ à une manifestation to take part in a demonstration, 7
partie *f.* part, 12
    ~s (internes) du corps internal organs, 14
partir to leave (for an undetermined period of time), 8
    ~ loin to go far away, 10
pas not
    ne ~ not, 2
    ne... ~ encore not yet, 6
    ~ mal not bad, 1
    ~ mal de quite a lot of, 5
passer to run (the vacuum), 4; to broadcast, 7; to go by, 12
    ~ l'aspirateur *m.* to vacuum, 4
    ~ un entretien to have an interview, 10
    se ~ de (*+ chose*) to do without (a thing)
passe-temps *m.* hobby
pastèque *f.* watermelon, 6
pastille *f.* lozenge, 14
pâté *m.* **de campagne** pâté, 6
pâtes *f. pl.* pasta, 6
patin *m.* **à glace** ice skate, 13
patinoire *f.* (ice-)skating rink, 9
pâtisserie *f.* pastry shop, bakery, 5; pastry, 5
patron(ne) boss, employer, 10
pauvre poor, 2
pays *m.* country
paysage *m.* landscape
PDG (président directeur général) *m.* CEO, 10
peau *f.* skin
pêche *f.* peach, 6; fishing, 13
    ~ au gros deep-sea fishing, 13
pédaler to pedal, 13
peigner to comb
    se ~ les cheveux to comb one's hair, 8
peindre to paint, 4
peine *f.* have a hard time; penalty
    ~ de mort death penalty
peinture *f.* painting, 12
pendant during, for
    ~ que while, 6
pénible: être ~ to be a pain, 5

penser (à) to think (about)
pension *f.* boarding school, 9
pensionnaire *m./f.* boarding school student, 9
perdre to lose, 5
    ~ du poids to lose weight, 14
    ne... pas ~ de poids not to lose weight, 14
    se ~ to get lost
    ~ un match to lose a match / game, 7
père *m.* father, 3
personnalité *f.* personality, 9
personne *f.* person
    ne... ~ no one, nobody, not anyone, 6
    ~ ne no one, nobody, 6
personnel(le) personal
pessimiste pessimistic, 2
petit(e) small, 2
petit ami *m.* boyfriend, 3
Petit Chaperon Rouge Little Red Riding Hood
petit déjeuner *m.* breakfast, 6
petite amie *f.* girlfriend, 3
petits pois *m. pl.* peas, 6
peu not very, 14
    ~ de little, few, 5
    ~ possible not very likely, 14
    ~ probable not very probable, 14
    un ~ a little bit, 2
peut-être maybe, 6
pharmacie *f.* pharmacy, 5
philosophie *f.* philosophy
photo *f.* photo, 12
    ~ en couleur color photo, 12
    ~ en noir et blanc black-and-white photo, 12
    ~ numérique digital photo, 12
photographe *m./f.* photographer, 7
pichet *m.* pitcher, 6
pièce *f.* play, 3; room, 4
    ~ ci-jointe attachment, 11
    ~ comique comic play, 3
    ~ de monnaie coin, 11
    ~ d'identité proof of identity, 12
    ~ dramatique drama, 3
    ~ musicale musical play, 3
pied *m.* foot, 9
piège *m.* pitfall, trap
pilote *m./f.* pilot, 2
piqûre *f.* shot, injection, 14; prick (of needle)
pire que worse than, 11
    le/la/les pire(s) (de) the worst of, 11

piscine *f.* swimming pool, 14
piste *f.* slope
  ~ **de ski** ski slope, 13
pizza *f.* pizza, 6
placard *m.* closet, 4
placards kitchen cupboards, 4
place *f.* place; square, 12
placer son argent to invest one's
  money, 11
plan *m.* map
  ~ **(de maison** *f.*) blueprint
  (of a house), 4
planche *f.* **à voile** windsurfing, 14
plante *f.* plant
plat *m.* dish, 12
  ~ **principal** entrée, main
  dish, 6
plateau *m.* tray
plein(e) de full (of), 5
pleurer to cry, 9
pleuvoir to rain, 4
plongée *f.* **sous-marine** diving
plus (de) more (of), 5; plus
  ne... ~ not anymore, no
  longer, 6
  ~ **(de)... que** more (-er) . . .
  than, 11
  ~ **tard** later, 4
plusieurs several
plutôt que rather than
poème *m.* poem, 7
poids *m. pl.* weights, 13
poignet *m.* wrist
poilu(e) hairy, 2
poire *f.* pear, 6
poisson *m.* fish, 5
  ~ **rouge** goldfish, 2
poissonnerie *f.* fish market, 5
poivre *m.* pepper, 6
poivron *m.* **rouge** red pepper, 6
policier (policière) police
  officer, 2
pomme *f.* apple, 6
  ~ **de terre** potato, 6
pompes *f. pl.* push-ups, 13
porc *m.* pork, 6
portable *m.* laptop (computer), 13
porte *f.* door; (airport) gate, 12
porter to wear; to carry, 5
  ~ **à** to bring (to someone), 5
positif (positive) positive, 12
posséder to possess
possible possible, 14
poste *f.* post office, 5
poste *m.* position, 10
postulant(e) candidate, 10
postuler to apply, 10
potins *m. pl.* pieces of gossip
pouce *m.* thumb, 12

poulet *m.* chicken, 5
  ~ **fermier** farm-raised
  chicken, 5
poumon *m.* lung, 14
pour for, 12; in order to
pourboire *m.* tip
pouce *m.* thumb, 9
pourquoi why, 9
Pourriez-vous me dire... ? Could
  you tell me . . . ?, 10
pouvoir to be able to, can, 6
pratiquer to practice, to
  participate in, 3
  ~ **un sport** to do (a sport), 13
précoce early, 9
prédire to predict
préférable preferable, 14
préférence *f.* preference
préférer to prefer, 2
première classe *f.* first class, 12
prendre to take, 5
  ~ **des photos** *f.* to take
  photos, 12
  ~ **du poids** to gain weight, 14
  ~ **soin** to take care
  ~ **un pot** to have a drink
prénom *m.* first name
préparation *f.* production, 10
préparer to prepare, 2
près (de) close (to), near, 4
**présentateur (présentatrice)
  de télévision** television
  anchor, 7
présenter to introduce, 1; to
  present, 7
  Je te / vous présente... This
  is . . . , 1
présentation *f.* introduction
presse *f.* **people** entertainment
  magazines, 7
se presser to hurry (up), 8
pression *f.* draft beer, 6
prétendant(e) future spouse
prétendre to claim, 7
prêter to lend, 11
prier to pray
prime *f.* bonus
printemps *m.* spring, 4
privé(e) private, 10
prix *m.* prize, 7
  ~ **Nobel** Nobel Prize
probable probable, 14
problème *m.* problem, 9
processeur *m.* processor, 13
proche near
proches *m. pl.* loved ones
produit *m.* product
  ~s **alimentaires** food items, 5
  ~ **allégé** diet food, 14

  ~ **bio(logique)** organic
  food, 14
  ~ **de régime** diet aid, 14
  ~ **laitier** dairy product, 5
  ~ **surgelé** frozen food, 14
professeur (professeure) professor, 2; high school or college
  teacher
profession *f.* profession, 2
professionnel (professionelle)
  professional, 7
programme *m.* program, 7
  ~ **télé** television guide, 7
se promener to go for a walk, 8
promouvoir to promote
provisions *f. pl.* food supplies, 5;
  funds, 11
**provocateur (provoca-
  trice)** provocative, 2
prudemment carefully,
  prudently, 6
psy *m. (slang)* "shrink"
  (psychiatrist)
public (publique) public, 4
publicité *f.* advertisement, 7
publier to publish, 7
puce *f.* flea
puis then, 4
pull(-over) *m.* pullover, sweater, 5
punir to punish, 4
punition *f.* punishment, 9
pyjama *m.* pajamas

Q

quai *m.* platform, 12
quand when, 9
quart *m.* quarter
  et ~ quarter past, 4
  moins le ~ quarter to, 4
que what, 9; that, 12
  ~ **désirez-vous?** What would
  you like?, 5
quel(le) what, which, 6
  à quelle heure *f.*? At what
  time?
  **Quel est ton / votre
  numéro de téléphone / de
  mobile?** What's your phone
  number / cell number?, 1
  quelle que soit regardless of
  Quel temps fait-il? What's
  the weather like?, 4
quelques a few, some
quelque chose something
  ~ **en pièce jointe** an
  attachment, 13
quelque part somewhere, 7
quelquefois sometimes, 3

quelqu'un someone, 7
qu'est-ce que what, 1
queue *f.* **de cheval** ponytail, 11
qui who, 1
　~ est-ce? who is it?
　~ es-tu? / ~ êtes-vous? who are you?, 1
quiche *f.* quiche, 6
quitter to leave (someone or something), 8
　se ~ to leave each other, 8
quoi what (*object of verb*)
quotidien *m.* daily newspaper, 7

R

radin(e) stingy
radio *f.* radio, 7
raffermir to tone, 13
rafting *m.* rafting, 13
rage *f.* **de dent** toothache, 14
raie *f.* part (hair), 11
　~ au milieu in the middle, 11
　~ sur le côté on the side, 11
raisin *m.* grapes, 6
ramasser to pick up (person or object)
ramer to row, 14
ranger to arrange, 7
rap *m.* rap, 3
râpé(e) grated, 6
rapidement quickly, 4
rappeler to remind, 1
raquette *f.* racket, 13
rarement rarely, 3
se raser to shave, 8
rater le vol to miss the flight, 12
ravi(e) delighted, 14
rayon *m.* department, 5
　~ boucherie meat department, 5
　~ crémerie dairy department, 5
　~ poissonnerie seafood department, 5
réagir to react
réalisateur (réalisatrice) movie director
se rebeller to rebel, 9
recevoir to receive, 13
recherché(e) sought after
récipient *m.* serving dish
réciproque reciprocal
recommander to recommend, 14
se réconcilier (avec) to reconcile, 8
reconnaissant(e) grateful
récré(ation) *f.* recess, 9
réfléchi(e) reflexive

réfrigérateur *m.* refrigerator, 4
regarder to watch, 2; to look at, 12
　se ~ to look at each other, 8
reggae *m.* reggae, 3
régime *m.* **alimentaire** daily diet, 14
régional(e) regional, 12
regrettable regrettable, unfortunate, 14
regretter to regret, to be sorry, 14
rein *m.* kidney, 14
relations *f. pl.* **sexuelles précoces** early sexual relations, 9
relevé *m.* statement
remèdes *m. pl.* remedies, 14
　~ homéopathiques homeopathic remedies, 14
　~ naturels natural remedies, 14
remplir un chèque to write a check, 11
rencontrer to meet (each other), 8
　se ~ to meet (each other), 8
rendre to pay; to return, to give back, 5
　~ visite à to visit (someone)
renseignement *m.* information
rentrer to come home, 7; to go back
repas *m.* meal, 6
repassage *m.* ironing, 4
répondeur *m.* answering machine, 4
répondre (à) to respond, to answer, 5
réponse *f.* answer, response
reportage *m.* report, 7
se reposer to rest, to relax, 8
répugnant(e) repulsive, 12
requin *m.* shark, 13
RER *m.* regional train system in Paris, 7
réserver to reserve, 12
restaurant *m.* restaurant, 12
　~ universitaire cafeteria
restes *m. pl.* leftovers
retourner to return, 7
retraite *f.* retirement, 10
　toucher la ~ to receive a pension, 10
retraité(e) retiree, 10
　être ~ to be retired, 10
réussir (à) to succeed (in); to pass (a test), 4
rêve *m.* dream, 12
se réveiller to wake up, 8
revenir to come back, 7
revue *f.* magazine
　~ de cuisine cooking magazine, 7

　~ de mode fashion magazine, 7
　~ de sport sports magazine, 7
rez-de-chaussée *m.* ground floor
rhume *m.* cold (illness), 14
riche rich, 2
　~ en matières grasses rich, fatty, 14
rideau *m.* curtain, 4
ridicule ridiculous, 14
rien nothing
　de ~ you're welcome, 10
　ne... ~ nothing, not anything, 6
rigoler to laugh, 7
risquer sa tête to put oneself in danger
riz *m.* rice, 6
robe *f.* dress, 5
rock *m.* rock, 3
　~ indé(pendant) indie music, 3
rollers *m. pl.* rollerblades, 14
rompre to break up
se ronger les ongles to bite one's nails, 8
rose pink, 2
rôti(e) roasted, 6
rouge red, 2
rouler un patin / une pelle to give someone a French kiss
routeur *m.* router, 13
routine *f.* routine, 8
roux (rousse) red (hair), 2
rude harsh
rue *f.* street, 10
　~ piétonne pedestrian street, 5
rugby *m.* rugby, 3
rupture *f.* breakup, 3

S

sable *m.* sand, 12
sac *m.* bag, 5
sage well-behaved, 9
saison *f.* season, 4
salade *f.* salad, 6
salaire *m.* salary, 10
　~ minimum minimum wage, 10
salarié(e) a salaried employee, 10
salé(e) salty, 6
salir to dirty, 4
salle *f.* room
　~ à manger dining room, 4
　~ de bains bathroom, 4
　~ de muscu(lation) weight room, 13
　~ de séjour family room, 4

~ **de sports** fitness center, 13

~ **de livraison des bagages** baggage claim, 12

salon *m.* living room, 4

~ **de coiffure** hairdresser's, 11

salut *(inf.)* hi, bye, 1

salutation *f.* greeting

samedi *m.* Saturday, 3

sandales *f. pl.* sandals, 5

sandwich *m.* sandwich, 6

~ **au jambon-fromage** ham and cheese sandwich, 6

santé *f.* health

~ **de fer** iron constitution, healthy, literally "an iron health," 14

saoul(e) drunk, 12

sapin *m.* fir tree

satisfait(e) satisfied, 14

saumon fumé *m.* smoked salmon, 6

sauna *m.* sauna, 14

saut *m.* **à l'élastique** bungee jumping, 13

sauter to jump

~ **à la corde** to jump rope, 13

sauvegarder un document to save a document, 13

sauver to save

~ **la vie à quelqu'un** to save someone's life, 7

savoir to know (how), to know a fact, 13

savonneux (savonneuse) soapy

savoureux (savoureuse) tasty

scanner *m.* scanner, 13

science-fiction *f.* science fiction, 2

scolarité *f.* schooling

sculpture *f.* sculpture, 12

se himself, herself, itself, themselves, 8

sec (sèche) dry, 11

sécher to dry

~ **les cours** to skip school, 9

se ~ **les cheveux** to dry one's hair, 8

secrétaire *m./f.* secretary, 2

seins *m. pl.* chest

sel *m.* salt, 6

selon according to, depending on

semaine *f.* week, 3

la ~ **dernière** last week, 8

semestre *m.* semester

sens *m.* sense

sentir to smell

~ **bon** to smell good, 6

~ **mauvais** to smell bad, 6

se ~ **bien / mal** to feel well / bad, 8

séparé(e) separated, 3

se séparer to be apart, to separate, 8

septembre *m.* September, 3

série *f.* **(télévisée)** TV series, 7

série *f.* **d'exercices** exercise repetition

se serrer la main to shake hands

serveur (serveuse) waiter (waitress)

service *m.*

~ **après-vente** customer service, 10

~ **aux clients** customer service, 10

~ **client** customer service, 10

serviette *f.* napkin, 6

servir to serve

seulement only

shampooing *m.* shampoo, 5

short *m.* shorts, 5

si as, so; if, 13; yes

sida *m.* AIDS

siècle *m.* century

siège *m.* seat, 12

silencieusement silently, 6

s'il te plaît please, 10

s'il vous plaît please, 10

sinus *m.* sinus, 14

sirop *m.* syrup, 14

ski *m.* skiing; ski, 13

~ **alpin** downhill skiing, 13

~ **de fond** cross-country skiing, 13

~ **nautique** waterskiing, 13

smartphone *m.* smartphone, 13

SMIC *m.* minimum wage, 10

smicard(e) minimum wage earner, 10

SMS *m.* text message, 13

snowboard *m.* snowboarding, 13

sobre sober, 14

sociable out-going, 2

société *f.* corporation, 10

sœur *f.* sister, 3

~ **jumelle** twin sister, 3

sofa *m.* sofa, 4

soigner to heal

se ~ to take care (of oneself), 14

soin *m.* treatment

avec ~ carefully, 4

soir *m.* night; evening, 1

du ~ in the evening, at night

soirée *f.* party, 9

soldé(e) on sale, 5

soldes *f. pl.* sales, 5

sommeil *m.* sleep, 6

somnifère *m.* sleep aid, 14

son *m.* sound

sondage *m.* poll, survey

sont (see **être**) (they) are, 1

sort *m.* spell

sortir **(de)** to go out; to get out of, to leave (for a short time), 8

~ **avec** to go out with

souk (Tunisia) *m.* market

soulagé(e) relieved, 12

se soûler to get drunk, 9

souligner to underline

soupe *f.* soup, 6

souris *f.* mouse, 13

sous under, 4

soutien-gorge *m.* (*pl.* **soutiens-gorge**) bra, 5

souvenir *m.* memory; souvenir, 12

se ~ **de** to remember

souvent often, 6

spécialité *f.* specialty, 12

sport *m.* sport, 3

~ **d'hiver** winter sport / snow sport, 13

~ **nautique** water sport, 13

sportif (sportive) athletic, 2

stade *m.* stadium, 9

stage *m.* internship, 10

stagiaire *m./f.* trainee, 10

statue *f.* statue, 12

step *m.* step machine, 13

steward *m.* flight attendant, 12

stimulant(e) challenging, 13

stupide stupid, 2

subit(e) sudden

succès *m.* success

sucre *m.* sugar, 6

sucré(e) sweet

suer to sweat

suis (see **être**) (I) am, 1

Suisse *f.* Switzerland

suivant following

sujet *m.* topic

super super, 1

supervision *f.* supervision, 10

sur on top of, 4; on, 12

~ **les ondes** on the airwaves, 7

~ **mesure** custom-made

sûr(e) certain, sure, 14

surf *m.* surfing, 3

~ **des neiges** snowboarding, 13

surfer sur Internet to surf the Internet, 13

surprenant(e) surprising, 14

surpris(e) surprised, 12

surtout especially

survêtement *m.* jogging suit, sweatsuit, 5

sweat *m.* sweatshirt, 5

sympathique friendly, 2

T

tabac *m.* tobacco; tobacco shop, 5
tabagisme *m.* smoking addiction, 9
table *f.* table, 4
   ~ **de nuit** nightstand, 4
tableau *m.* painting, 4
taffe *f.* drag (on a cigarette)
tailleur *m.* woman's suit, 5
talk-show *m.* talk show, 7
tante *f.* aunt, 3
tapis *m.* rug, 4; mat, 13
   ~ **de course** treadmill, 13
tarte *f.* pie, 5
   ~ **salée** quiche, 6
tartelette *f.* mini tart, 6
tartine *f.* toast, 6
tasse *f.* **à café** coffee cup, 6
taux *m.* rate, 11
tchatcher to chat, to yack
te to you, 13
technicien (technicienne) technician, 2
techno *f.* techno music, 3
technologie *f.* technology, 12
tee-shirt *m.* T-shirt, 5
tel (telle) such
télécharger to download, 13
télécommande *f.* remote control, 7
téléfilm *m.* TV movie, 7
téléphone *m.* phone, 4
   ~ **portable** cell phone, 13
   ~ **sans fil** cordless phone, 4
téléphoner (à) to telephone, 2
télé-réalité *f.* reality show, 7
téléviseur *m.* television set, 4
télévision *f.* television, 6
temps *m.* time; weather, 4
   à plein ~ full-time, 10
   à ~ **complet** full-time, 10
   à ~ **partiel** part-time, 10
   Quel ~ **fait-il?** What's the weather like?, 4
tendre moitié *f.* better half
tennis *m.* tennis, 3; *f. pl.* tennis shoes, 5
tenue *f.* **de sport** sporting gear
terminal *m.* terminal, 12
terminer to finish, 2
terrain *m.* field, course, court
   ~ **de basket** basketball court, 13
   ~ **de foot** soccer field, 13
   ~ **de golf** golf course, 13
tête *f.* head, 9
teuf *f. (slang)* party
texto *m.* text message, 13
thé *m.* tea

   ~ **au citron** tea with lemon, 6
   ~ **nature** plain tea, 6
théâtre *m.* theater, 3
   ~ **classique** classic theater, 3
   ~ **moderne** modern theater, 3
thermomètre *m.* thermometer, 14
thon *m.* **(grillé)** (grilled) tuna, 6
thriller *m.* thriller, 3
timbre *m.* stamp, 5
timide timid, shy, 2
ti-punch *m.* drink made with rum, 12
tire-bouchon *m.* bottle opener, corkscrew, 6
tirer leur première taffe to take their first drag
tisane *f.* herbal tea, 14
titre *m.* title
toi you, 13
Toile *f.* World Wide Web, 13
toilettes *f. pl.* toilet, restroom, 4
toit *m.* roof
tomate *f.* tomato
   ~**s provençales** stuffed baked tomatoes, 6
tomber to fall, 7
   ~ **amoureux (amoureuse) (de quelqu'un)** to fall in love (with someone), 8
   ~ **dans les pommes** *(slang)* to faint, 14
   ~ **malade** to get sick, 14
   ~ **raide mort(e)** to fall over dead
toucher to receive, 10
   ~ **la retraite** to receive a pension, 10
   ~ **le chômage** to receive unemployment, 10
   ~ **le SMIC** to earn minimum wage, 10
   ~ **un bon / mauvais salaire** to receive a good / bad salary, 10
   ~ **un chèque** to cash a check, 11
toujours always, 6
tour *m.* turn, 5
touriste *m./f.* tourist, 12
tourner to turn, 10
tourteau *m.* oil cake (for cattle feed)
tousser to cough, 14
tout *adv.* very
   du~ at all
   ~ **de suite** right away
   ~ **droit** straight (through), 10
   ~ **entier** whole, the entire
   ~ **le temps** all the time
tout *pron.* everything
tout/toute/tous/toutes all,

every, each
   tout chaud sorti du four hot out of the oven, 7
   ~ **le monde** everyone, 1
   tous les deux both
   tous les jours every day
   ~ **petit(e)** very little, 2
toxicomanie *f.* drug addiction, 9
traditionnel(le) traditional, 12
train *m.* train, 12
   ~**-couchettes** sleeper train, 12
traîneau *m.* **à chiens** dogsled
traitement *m.* **de texte** word processor, 13
traiter de to deal with
traiteur *m.* caterer, 6
trajet *m.* commute; voyage, trip
tranche *f.* **(de)** slice (of), 5
transport *m.* transportation, 5
travail *m.* job, work 10
travailler (dans) to work (in), 2
travaux *m. pl.* **ménagers** household chores, 4
traverser to cross, 10
trentaine *f.* about thirty
très very, 6
   ~ **bien** very good / well, 1
tresses *f. pl.* braids (braided hair), 11
tressé(e) braided
tribunal *m.* courthouse
tricher to cheat
trinquer to make a toast, 12
triste sad, 2
tromper (quelqu'un) to cheat (on someone), 8
trop too, too much, 5
troubles *m. pl.* problems
   ~ **alimentaires** eating disorders, 9
   ~ **familiaux** family problems, 9
trouver to find, 2
   se ~ to be located, 10
tu *(fam.)* you, 1
   ~ **es... ?** Are you . . ?, 1
   ~ **es comment?** what are you like?
   ~ **es libre?** Are you free (to do something)?, 1
tubes *m. pl.* hit songs, 7
turbulences *f. pl.* turbulence, 12
tuyau *m.* hint
typique typical, 12

U

un(e) one, a, 2
université *m.* university
utile useful
utiliser to use, 13

V

vaisselle *f.* dishes, 6
valise *f.* suitcase, 12
vanille *f.* vanilla, 6
varappe *f.* rock-climbing, 13
vase tiède *f.* warm mud
vautré(e) spread out, 14
vélo *m.* bicycle
   ~-rameur *m.* pedaling and rowing machine, 13
   ~ statique stationary bike, 13
vendeur (vendeuse) salesperson, 2
vendre to sell, 5
vendredi *m.* Friday, 3
venir to come, 7
   ~ chercher to come get someone or something, 11
   ~ de to come from, 11
   ~ de *(+ verb)* to have just done something, 11
vente *f.* sale, 10
ventre *m.* stomach, 9
verbe *m.* verb
vers around (time), 4
verre *m.* glass
   ~ à eau water glass, 6
   ~ à vin wine glass, 6
vert(e) green, 2
veste *f.* jacket, 5
vestiaire *m.* locker room, 14
vestibule *m.* foyer, 4
vêtement *m.* garment, article of clothing, 5
veuillez *(subj. of* **vouloir***)* please, 10; pay attention

viande *f.* meat, 5
victime *f.* victim, 7
vide *m.* emptiness, 13
vie *f.* life, 7
vieux (vieille) old, 2
vilain(e) bad, naughty, 9
ville *f.* town, 5
vin *m.* wine, 5
   ~ rouge / blanc red / white wine, 5
   ~ rosé blush wine, 6
violet(te) purple, 2
virgule *f.* comma
visage *m.* face, 9
visiter to visit, 12
vitamine *f.* vitamin, 14
vite rapidly, quickly, 6
vitesse *f.* speed
vitre *f.* window, 4
voici here is
voie *f.* railroad track, 12
voilà there is
voir to see, 7
voiture *f.* car, 7
   en ~ by car, 7
   ~-restaurant restaurant car, 12
voix *f.* voice
vol *m.* flight, 12; robbery, theft, 7
   ~ libre free fall, 13
   ~ en provenance de flight from, 12
volaille *f.* poultry, 6
volé(e) robbed, 7
volet *m.* shutter, 4
voleur (voleuse) thief
volley *m.* volleyball, 3
volonté *f.* volition, wish, will

vomir to vomit, 14
vouloir to want, 6
   ~ dire to mean
vous you, 1; (to) you, 13; you, 13
   ~ êtes… ? Are you . . . ?, 1
   ~ êtes libre(s)? Are you free (to do something)?, 1
voyage *m.* trip, 3
voyager to travel, 2
voyant(e) fortune-teller
vrai(e) real; true, 14
vraiment really, 6
VTT *m.* cross-country biking, 13

W

wagon-lit *m.* sleeper train, 12
W.-C *m. pl.* toilet, restroom, 4
Web *m.* World Wide Web, 13
webcam *f.* webcam, 13
week-end *m.* weekend, 1
western *m.* western, 3

Y

y it; there, to there, 5
   il ~ a there is, there are, 3
yaourt *m.* yogurt, 6
yeux *m.* *(sing.* **œil***)* eyes, 2
yoga *m.* yoga, 3

Z

zapper to channel surf, 7
zéro zero, 1

English-French Vocabulary

The English-French vocabulary list contains all productive and receptive vocabulary that appears in the student text. Productive vocabulary includes words and expressions that appear in the *Mon vocabulaire,* **Passages,** *Mots utiles* and *Expressions utiles,* and in charts and word lists that are part of the **Structure** explanations. Receptive vocabulary consists of words and phrases that are given an English gloss in textual material throughout the book: readings, photo captions, exercises, activities, and authentic documents.

The following abbreviations are used:

adj.	adjective	*inf.*	informal	*n.*	noun
adv.	adverb	*interj.*	interjection	*pl.*	plural
conj.	conjunction	*inv.*	invariable	*pron.*	pronoun
f.	feminine	*m.*	masculine	*sing.*	singular
f. pl.	feminine plural	*m. pl.*	masculine plural	*v.*	verb

A

a un(e)
  ~ lot (of) beaucoup (de)
abortion avortement *m.*
about thirty trentaine *f.*
above au-dessus (de), ci-dessus
absolute absolu(e)
absolutely absolument
accept agréer
  ~ oneself s'accepter
accident accident *m.*
according to d'après, selon
account compte *m.*
accounting comptabilité *f.*
acetaminophen paracétamol
across (from) en face (de)
activity activité *f.*
actor comédien *m.*
actress comédienne *f.*
add ajouter
addict accroché(e), (accro)
address adresse *f.*
adjective adjectif *m.*
admire admirer
admit avouer
adolescence adolescence *f.*
adolescent ado, adolescent(e)
adopted adopté(e)
adore adorer
advance avance *f.*
advantages (social) avantages *m. pl.* (sociaux)
adventure aventure *f.*
adverb adverbe *m.*
advertisement publicité *f.*

advice conseil *m.*
affordable bon marché
after après
afternoon après-midi *f.*
  ~ snack goûter *m.*
age âge *m.*
ago il y a
  a month ~ il y a un mois
agree être d'accord
agreeable agréable
AIDS sida *m.*
airplane avion *m.*
airport aéroport *m.*
air waves ondes *f. pl.*
aisle couloir *m.*
alcoholism alcoolisme *m.*
all tout(e)(s), tous
  ~ over the world le monde entier
  ~ right d'accord
  ~ the time tout le temps
already déjà
also aussi
although bien que
always toujours
am suis (see **être**)
  I ~ doing well, and you? Je vais bien, et toi?
amount montant *m.*
amuse amuser
amusing amusant(e)
and et
  ~ here is . . . et voilà...
  ~ you? et toi?
angel ange *m.*
anger colère *f.*

angry en colère, fâché(e)
animal animal *m.*
anniversary anniversaire *m.* de mariage
announce animer; annoncer
annoy embêter
anorexia anorexie *f.*
answer réponse *n.*; répondre *v.*
answering machine répondeur *m.*
antibiotic antiobiotique *m.*
antihistamine antihistaminique *m.*
anti-tangle cream démêlant *m.*
any de
anything else? et avec ceci?
apartment appartement *m.*
appetizer entrée *f.,* hors-d'œuvre *m.*
apple pomme *f.*
apply postuler
apricot abricot *m.*
April avril *m.*
architect architecte *m./f.*
Are you . . . ? Tu es... ? / Vous êtes...?
Are you free (to do something)? Tu es libre? / Vous êtes libre(s)?
argue (with each other) se disputer
arm bras *m.*
armchair fauteuil *m.*
armoire armoire *f.*
around autour (de); (time) vers
arrange ranger
arrive arriver
article article *m.*

as si; comme
- **~ ... as** aussi... que
- **~ before** comme avant
- **~ early as** dès
- **~ far ~ as** jusqu'à
- **~ I please** à mon aise *m.*
- **~ many ... as** autant de... que
- **~ much ... as** autant... de
- **~ soon ~** dès que
- **~ well ~** ainsi que

ask demander
- **~ directions** demander son chemin
- **~ for a loan** emprunter de l'argent à la banque

asparagus asperge *f.*
aspirin aspirine *f.*
assert affirmer
assistant assistant(e) *m./f.*
at à
- **~ all** du tout
- **~ first** au début
- **~ her/his/your place** chez elle/lui/toi/vous
- **~ least** au moins
- **~ night** du soir
- **~ the beginning** dans les premiers temps
- **~ the caterer's** chez le traiteur
- **~ the end** au fond
- **~ the latest** au plus tard
- **~ what time** à quelle heure
- **~ will** à son gré

athletic sportif (sportive)
ATM guichet *m.* automatique
attachment (quelque chose en) pièce *f.* ci-jointe
attend assister à
attention *intérêt m.*
attic grenier *m.*
attract attirer
August août *m.*
aunt tante *f.*
autumn automne *m.*
available disponible
average moyenne *f.*; en moyenne
avoid éviter

B

baby bébé *m./f.*
back dos *m.*
backache: to have a backache avoir mal *m.* au dos
bad mauvais(e); vilain(e)
badly mal
- **~ behaved child** enfant *m./f.* mal élevé(e)

bag sac *m.*
baggage claim salle *f.* de livraison des bagages
baked au four
bakery boulangerie *f.*
- **~ and pastry shop** boulangerie-pâtisserie *f.*

balance montant *m.*
balcony balcon *m.*
bald chauve
banana banane *f.*
band groupe *m.*
bangs frange *f.*
bank banque *f.*
- **~ account** compte *m.* en banque
- **~ robbery** braquage *m.*
- **~ teller** caissier (caissière) *m./f.*

baseball base-ball *m.*
basketball basket *m.*; ballon *m.* de basket
- **~ court** terrain de basket *m.*

bathe baigner
bathing suit maillot *m.* de bain
bathroom salle *f.* de bains
- **~ sink** lavabo *m.*

bathtub baignoire *f.*
be être
- **~ able to** pouvoir
- **~ about to** être sur le point de (+ *inf.*)
- **~ afraid** avoir peur
- **~ apart** se séparer
- **~ ashamed** avoir honte
- **~ aware of** gare à
- **~ bored** s'ennuyer
- **~ born** naître
- **~ burglarized** être cambriolé(e)
- **~ cold** avoir froid
- **~ dizzy** avoir le vertige
- **~ enraged** être en rage
- **~ extremely happy / excited** être fou (folle) de joie
- **~ from** *(a place)* être de
- **~ healed from** guérir de
- **~ hot** avoir chaud
- **~ hungry** avoir faim
- **~ in love with someone** être amoureux(-euse) de quelqu'un
- **~ in pain** avoir mal
- **~ in seventh heaven** être aux anges
- **~ in shape** être en forme
- **~ loaded** *(financially)* avoir des ronds

- **~ located** se trouver
- **~ lucky** avoir de la chance
- **~ named** s'appeler
- **~ naughty** faire des bêtises
- **~ nauseous** avoir mal au cœur
- **~ necessary** être nécessaire, falloir
- **~ on strike** faire la grève
- **~ pregnant** attendre un enfant
- **~ retired** être à la retraite, être retraité(e)
- **~ right** avoir raison
- **~ robbed** être volé(e)
- **~ silly** faire le pitre
- **~ sleepy** avoir sommeil
- **~ sore** avoir des crampes
- **~ sorry** regretter
- **~ thirsty** avoir soif
- **~ unemployed** être chômeur (chômeuse)
- **~ wrong** avoir tort

bean haricot *m.*
beautiful beau (belle)
because parce que, car
become devenir
bed lit *m.*
bedroom chambre *f.*
bedspread couvre-lit *m.*
beef bœuf *m.*
beer bière *f.*
before avant (de)
begin commencer
beginning début *m.*
behave se comporter
behind derrière
beige beige
believe croire
bench banc *m.*
benefits avantages *m. pl.*
beside à côté (de)
best *adj.* le/la/les meilleur(e)(s); *adv.* le mieux (de)
- **~ friend** meilleur(e) ami(e)
- **~ wishes** amitiés *f. pl.*

better (than) *adj.* meilleur(e)(s) (que); *adv.* mieux (que)
- **~ half** tendre moitié *f.*

between entre
beverage boisson *f.*
bicycle bicyclette *f.*, vélo *m.*
bidet bidet *m.*
big grand(e); *(overweight)* gros(se)
bill *(banknote)* billet *m.*
bird oiseau *m.*
birth naissance *f.*
birthday anniversaire *m.*

bite mordre; ronger
   ~ one's nails se ronger les ongles
bitter amer (amère)
bizarre bizarre
black noir(e)
   ~ and white photo photo *f.* en noir et blanc
blond blond(e)
blow coup *m.*
blue bleu(e)
blueprint (of house) plan *m.* de maison
Bluetooth connection clé *f.* Bluetooth
boarding embarquement *m.*
boarding: ~ pass carte *f.* d'accès à bord, carte d'embarquement
   ~ school pension *f.*
   ~ school student pensionnaire *m./f.*
bob (haircut) au carré
body corps *m.*
bonus prime *f.*
book livre *m.*
boot botte *f.*
boring ennuyeux (ennuyeuse), barbant(e)
born né(e)
borrow (from) emprunter (à)
boss patron(-ne)
both tous les deux
bother agacer
bothersome agaçant(e)
bottle bouteille *f.*, flacon *m.*
bouquet bouquet *m.*
bowl bol *m.*
box boîte *f.*, carton *m.*
boy garçon *m.*
boyfriend copain *m.*, petit ami *m.*
bra soutien-gorge *m.* (*pl.* soutiens-gorge)
braided tressé(e)
braids tresses *f. pl.*
brain cerveau *m.*
brand enseigne *f.*, marque *f.*
brave courageux (courageuse)
bread pain *m.*; boule *f.* de campagnarde (*round loaf*)
break-in cambriolage *m.*
break-up rupture *f.*; *v.* rompre
breakfast petit déjeuner *m.*
brewery brasserie *f.*
bring amener, apporter
   ~ to someone porter à
broadcast diffuser, passer
broccoli brocoli *m.*
broke fauché(e) (*slang*)

brother frère *m.*
brother-in-law beau-frère *m.*
brown brun(e) (*hair color*); (*light brown*) châtain *inv.* (*hair color*); marron *inv.*
brush brosser
   ~ one's teeth se brosser les dents
budding en herbe
build bâtir
building bâtiment *m.*, immeuble *m.*
bungee jumping saut *m.* à l'élastique
buns (buttocks) fesses *f. pl.*
burglary cambriolage *m.*
burn brûler
   ~ a CD / DVD graver un CD / DVD
business commerce *m.*
businessman entrepreneur *m.*
businesswoman entrepreneuse *f.*
busy chargé(e)
but mais
butcher boucher (bouchère) *m./f.*
butcher shop boucherie *f.*
   ~ and deli boucherie-charcuterie *f.*
butter beurre *m.*
buttock exercises fessiers *m. pl.*
buy acheter
by par, en
   ~ car en voiture
   ~ marriage par alliance *f.*
   ~ the way au fait
bye salut

C

cabbage chou *m.*
cabin (*of plane*) cabine *f.*
café café *m.*, bistro *m.*
cafeteria cantine *f.*; restaurant *m.*, universitaire
cake gâteau *m.*
call appeler
   ~ each other se téléphoner
   ~ roll faire l'appel
calm calme
   ~ (oneself) down se calmer
camel chameau *m.*
camera appareil photo *m.*
   digital ~ appareil photo *m.* numérique
can (to be able to) pouvoir
   ~ I help you? Je peux vous aider?

can (of food) boîte *f.* de conserve
candidate candidat(e) *m./f.*, postulant(e) *m./f.*
candy bonbon *m.*
canoe canoë *m.*
canoeing canoë *m.*
cantaloupe melon *m.*
cap casquette *f.*
car voiture *f.*
cardigan gilet *m.*
carefully prudemment, avec soin
carrot carotte *f.*
carry porter
carry-on luggage bagage *m.* à main
cartoon dessin *m.* animé
cash: ~ a check toucher un chèque
   ~ drawer caisse *f.*
cashier caissier (caissière) *m./f.*
cat chat(te) *m./f.*
caterer traiteur *m.*
cauliflower chou-fleur *m.*
cause *v.* causer
CD CD *m. inv.*
   ~ burner graveur *m.* de CD
   ~ player lecteur *m.* de CD
celebrate fêter
celery céleri *m.*
cell phone téléphone *m.* portable, mobile *m.*
   ~ number numéro *m.* de mobile
center centre *m.*
century siècle *m.*
CEO PDG (président directeur général) *m.*
cereal céréales *f. pl.*
certain certain(e), sûr(e)
certainty certitude *f.*
chair chaise *f.*
challenge défi *m.*
challenging stimulant(e)
change changer
   ~ the radio station changer de fréquence
changing room cabine *f.* vestiaire *m.*
channel chaîne *f.*
   ~ surf faire du zapping, zapper
chat chatter
chat room forum de discussion *m.*
cheap bon marché
cheat tricher
   ~ (on someone) tromper (quelqu'un)
check chèque *m.*
   ~ book chéquier *m.*, carnet *m.* de chèques **check-in** enregistrement *m.* (des bagages)

English-French Vocabulary

checking account compte *m.* courant

cheek joue *f.*

cheese fromage *m.*
  ~ store fromagerie *f.*, crémerie *f.*

cherry cerise *f.*

chest seins *m. pl.*
  ~ of drawers commode *f.*

chestnut brown marron *inv.*

chicken poulet *m.*

child enfant *m./f.*

child-king enfant-roi *m./f.*

childhood enfance *f.*

Chinese *(language)* chinois *m.*

chocolate chocolat *m.*
  ~ cake gâteau au chocolat *m.*
  ~ shop chocolaterie *f.*

choir chorale *f.*

choose choisir

chubby fort(e)

cigarette cigarette *f.*
  ~ lighter briquet *m.*

claim *v.* prétendre

class classe *f.*

classic *adj.* classique
  ~ theater théâtre *m.* classique

classical classique
  ~ music musique classique *f.*

classified ad petite annonce *f.*

clean nettoyer

clear clair(e)

clerk vendeur (vendeuse) *m./f.*

click cliquer

client client(e) *m./f.*

clientele clientèle *f.*

climb monter

close (to) *adj.* près (de)

closet placard *m.*

clothing (article of) vêtement *m.*
  ~ store boutique *f.* de vêtements

coach (class) classe *f.* économique

coat manteau *m.*

coffee café *m.*
  black ~ café noir
  ~ cup tasse *f.* à café
  ~ with milk café au lait
  ~ with cream café crème

coin pièce *f.* de monnaie

Coke™ Coca *m.*

cold *adj.* froid(e)
  it's ~ (out) il fait froid
  to be ~ avoir froid

cold *n.* rhume *m.*
  to have a ~ être enrhumé(e)

college entrance exam bac *m.*

color couleur *f.*
  ~ photo photo *f.* en couleur

colored (hair) coloré(e)

comb peigner
  ~ one's hair se peigner les cheveux

come venir
  ~ back revenir
  ~ back from rentrer de
  ~ from venir de
  ~ get someone or something venir chercher
  ~ home rentrer
  ~ in entrer

comedy comédie *f.*

comic comique
  ~ play pièce *f.* comique

comma virgule *f.*

commit a crime commettre un crime

common commun(e)

communism communisme *m.*

commute trajet *m.*

company société *f.*; compagnie *f.*; entreprise *f.*

computer ordinateur *m.*
  laptop ~ ordinateur *m.* portable

computing informatique *f.*

concert concert *m.*

conditioner après-shampooing *m.*

conjugate conjuguer

constant constant(e)

constantly constamment

constipated constipé(e)

contemplate envisager

continent continent *m.*

continue continuer

contributor collaborateur (collaboratrice) *m./f.*

conversation conversation *f.*

conveyor belt tapis *m.* roulant

convincing convaincant(e)

cook *v.* faire la cuisine

cookie biscuit *m.*

cooking cuisine *f.*
  ~ magazine revue *f.* de cuisine

cool frais (fraîche); chouette *(slang)*
  it's ~ (out) il fait frais

cordially bien cordialement

corkscrew tire-bouchon *m.*

corner coin *m.*

corporation société *f.*

correctly correctement

cost coûter

couch canapé *m.*

cough *v.* tousser

could you tell me . . . ? pourriez-vous me dire... ?

country pays *m.*; campagne *f.*
  ~ music country *f.*

couple couple *m.*, ménage *m.*

courage courage *m.*

courageous courageux (courageuse)

course *(golf)* terrain *m.*

court *(basketball)* terrain *m.*

courthouse tribunal *m.*

cousin cousin(e)

cozy accueillant(e)

cracker biscuit salé *m.*

crash *v.* s'écraser

crazy fou (folle)
  ~ thing folie *f.*

cream crème *f.*

credit card carte *f.* de crédit; Carte Bleue *f.*

crew équipage *m.*

crew-cut (cheveux) en brosse

crime crime *m.*

cross traverser

cross-country biking VTT *m.*

cross-country skiing ski *m.* de fond

crossroads carrefour *m.*

crowd foule *f.*

cry pleurer

cultural culturel (culturelle)

curly frisé(e); bouclé(e)

currency exchange office bureau *m.* de change

current actuel (actuelle)

curtain rideau *m.*

custom made sur mesure

customer client(e)

customer service service *m.* après-vente, service aux clients, service client

customs douane *f.*

cut *n.* coupe *f.*; *v.* couper

cute mignon(ne)

cutlery couverts *m. pl.*

D

daily: ~ diet régime *m.* alimentaire
  ~ newspaper quotidien *m.*

dairy: ~ product produit *m.* laitier
  ~ department rayon *m.* crémerie

dance danser

dark noir(e); foncé(e) *(dark color)*

darling chéri(e)

data données *f. pl.*

date *(fruit)* datte *f.*

daughter fille *f.*

day jour *m.*, journée *f.*
  ~ before yesterday
  avant-hier
deal with traiter de
death mort *f.*
  ~ penalty peine *f.* de mort
debit card Carte Bleue *f.*
debt dette *f.*
December décembre *m.*
decline baisse *f.*
declining à la baisse
decompress décompresser
decorate décorer
deep profond(e)
deep-sea fishing pêche *f.* au gros
delicious délicieux (délicieuse)
delighted ravi(e)
deliver livrer
delivery person livreur (livreuse)
  m./f.
demand insister
demonstration manifestation *f.*
demoralized démoralisé(e)
dentist dentiste *m./f.*
department rayon *m.*,
  département *m.*
depending on selon
deposit déposer
  ~ a check (in the bank)
  déposer un chèque
  ~ money (in the bank)
  déposer de l'argent
depressed déprimé(e)
descriptive descriptif
  (descriptive)
designer couturier *m.*
desk bureau *m.*
  ~ calendar agenda *m.*
desperate désespéré(e)
dessert dessert *m.*
detective film film *m.* policier
devastated effondré(e)
devil démon *m.*
diarrhea diarrhée *f.*
die décéder / mourir
diet: ~ aid produit *m.* de régime
  ~ food produit *m.* allégé /
  light
dietary habit habitude *f.*
  alimentaire
difficulty difficulté *f.*
digestive problem crise *f.* de foie
digital numérique
  ~ camera appareil photo *m.*
  numérique
  ~ photo photo numérique *f.*
  ~ portable audio player
  baladeur *m.* numérique

digitize numériser
dining room salle *f.* à manger
dinner dîner *m.*
  ~ is ready! à table!
direction direction *f.*
dirty *adj.* sale
dirty *v.* salir
disappointed déçu(e)
discotheque discothèque *f.*
discover découvrir
dish plat *m.*
  main ~ plat *m.* principal
dishes vaisselle *f.*
dishwasher lave-vaisselle *m.*
dissatisfied insatisfait(e)
diving plongée *f.* sous-marine
divorced divorcé(e)
DJ animateur (animatrice) *m./f.*
do faire
  ~ a sport pratiquer un sport
  ~ homework faire les
  devoirs
  ~ the dishes faire la vaisselle
  ~ the (food) shopping faire
  les courses
  ~ the housecleaning faire le
  ménage
  ~ the laundry faire la lessive,
  faire le linge
  ~ sit-ups faire des abdominaux *m. pl.* (abdos)
  ~ without *(a thing)* se passer
  de *(+ chose)*
doctor médecin *m.*; femme
  médecin *f.*
doctor's office consultation *f.*
document document *m.*
documentary documentaire *m.*
dog chien(ne)
dogsled attelage *m.* de chiens,
  traîneau *m.* à chiens
  ~ race course *f.* d'attelage de
  chiens
door porte *f.*
dormitory cité *f.* universitaire,
  dortoir *m.*
doubt *v.* douter; *n.* doute *m.*
doubtful douteux (douteuse)
down hill skiing ski *m.* alpin
download télécharger
downtown au centre-ville
dowry dot *f.*
dozen douzaine *f.*
draft brouillon *m.*
  ~ beer pression *f.*
drag (on a cigarette) taffe *f.*
drama film *m.* dramatique; pièce
  f. dramatique

drawing dessin *m.*
dream rêve *m.*
dress *n.* robe *f.*; *v.* habiller
dressing room cabine *f.* d'essayage
drink boire
drug addiction toxicomanie *f.*
drunk beurré(e) *(slang)*, ivre,
  saoul(e)
drunkard ivrogne *m./f.*
dry sec (sèche)
dry sécher
  ~ one's hair se sécher les
  cheveux
duck canard *m.*
dumbbell haltère *f.*
dumbfounded épaté(e)
during pendant
  ~ which au cours duquel / de
  laquelle
DVD burner graveur *m.* de DVD
  ~ player lecteur *m.* de DVD

E

each tout(e)(s), tous
  ~ one chacun(e)
ear oreille *f.*
early précoce
  ~ sexual relations relations
  f. pl. sexuelles précoces
earn toucher, recevoir, gagner
  ~ minimum wage toucher le
  SMIC
eat manger
  ~ a balanced diet manger
  équilibré
  ~ healthy foods manger sain
eating disorders troubles *m. pl.*
  alimentaires
egg œuf *m.*
eight huit
eighteen dix-huit
eighty quatre-vingts
electronic électronique
  ~ music électro *f.*, musique
  électronique *f.*
  ~ planner agenda *m.*
  électronique
elegant élégant(e)
elementary school école *f.* primaire
  ~ teacher instituteur
  (institutrice)
elevator ascenseur *m.*
eleven onze
elsewhere ailleurs
e-mail e-mail *m.*, courriel *m.*, mèl *m.*
  ~ address adresse *f.*
  électronique

embarrassed gêné(e)
emotion émotion *m.*
employee employé(e)
employer patron (patronne)
emptiness vide *m.*
end fin *f.*
engaged fiancé(e)
engagement fiançailles *f. pl.*
engineer ingénieur *m.*
English *(language)* anglais *m.*
enjoyable agréable
enormous énorme
enough (of) assez (de)
enraged en rage
enter entrer (dans)
entertainment magazine(s)
   presse *f.* people
entire tout entier
entrée plat *m.* principal
equipment équipement *m.*
especially surtout
essential essentiel(le);
   indispensable
espresso exprès *m.*
euphoric euphorique
evening soir *m.*
event événement *m.*
every tout(e)(s), tous
   ~ day tous les jours
everyone tout le monde
everything (de) tout
evident évident(e)
exam examen *m.*
excuse me excusez-moi,
   pardon
exercise exercice *m.*
   ~ rep(etition)s série *f.*
   d'exercices
expanded approfondi(e)
expect s'attendre à
expensive cher (chère)
exposé magazine *m.*
eye œil *m.* (*pl.* yeux)

F

face figure *f.*, visage *m.*
facing en face (de)
failure échec *m.*
   ~ in school échec scolaire
faint *v.* tomber dans les
   pommes *(slang)*
fair *adj.* juste
fairy fée *f.*
faithful (to someone) fidèle
   (à quelqu'un)
fall tomber
   ~ asleep s'endormir

~ in love (with) tomber
   amoureux (amoureuse) (de)
~ over dead tomber raide
   mort(e)
false faux (fausse)
falsely faussement
family famille *f.*
   ~ problems troubles *m. pl.*
   familiaux
   ~ room salle *f.* de séjour
far (from) loin (de)
farm-raised fermier (fermière)
fascism fascisme *m.*
fashion magazine revue *f.*
   de mode
fashionable à la mode
fat gros(se)
father père *m.*
father-in-law beau-père *m.*
fatty riche en matières grasses
February février *m.*
feel se sentir
   ~ better guéri(e); *v.* guérir
   ~ good (in one's skin) être
   bien dans sa peau
   ~ like (doing something)
   avoir envie de
   ~ well / bad se sentir bien /
   mal
fever fièvre *f.*
few peu (de); quelques
fiancé(e) fiancé(e)
field terrain *m.*
fifteen quinze
fifty cinquante
fight bagarre *f.*
finances finances *f. pl.*
find trouver
fine fin(e)
finger doigt *m.*
finish finir, terminer
fir (tree) sapin *m.*
fire *v.* mettre à la porte
firearm arme *f.* à feu
fired licencié(e), mis(e) à la porte
first premier (première)
   ~ class première classe
   ~ class ticket billet *m.*
   première classe
   ~ name prénom *m.*
fish *n.* poisson *m.*
   ~ bone arête *f.*
   ~ market poissonnerie *f.*
fishing pêche *f.*
fitness center club *m.* de gym /
   fitness, salle *f.* de sports,
   centre *m.* de remise en
   forme

fitting room cabine *f.*
   d'essayage
five cinq
flag drapeau *m.*
flea puce *f.*
flight vol *m.*
   ~ attendant steward *m.*,
   hôtesse *f.* de l'air
   ~ from vol en provenance de
flirt draguer
floor étage *m.*
   ~ exercises exercices *m. pl.*
   au sol
   ground ~ rez-de-chaussée
   (m.)
   second ~ premier étage
   third ~ deuxième étage
flu grippe *f.*
fluently couramment
following *adj.* suivant(e)
food aliment *m.*
   fat-free ~ aliment maigre,
   aliment sans matières grasses
   ~ items produits *m. pl.*
   alimentaires
   ~ supplies provisions *f. pl.*
   frozen ~ produit *m.* surgelé
   organic ~ produit *m.* bio
   ~ production cultures
   vivrières *f. pl.*
   starchy ~ féculent *m.*
foot pied *m.*
football football *m.* américain
for pour, depuis, pendant
   ~ sure à coup sûr
   ~ two years depuis deux
   ans
foreign étranger (étrangère)
fork fourchette *f.*
format maquette *f.*
fortune-teller diseur
   (diseuse) de bonne
   aventure, voyant(e)
forty quarante
four quatre
fourteen quatorze
foyer vestibule *m.*
free libre
   ~ fall chute *f.* libre
   ~ fly vol *m.* libre
French fries frites *f. pl.*
French *(language)* français *m.*
frequent fréquent(e)
frequent flyer card
   Carte Flying Bleue *f.*
Friday vendredi *m.*
friend ami(e)
friendly amicale, sympathique

from de; en provenance de *(flight)*
   ~ here d'ici
frozen food produit surgelé *m.*
fruit fruit *m.*
fruit-flavored fruité(e)
fulfilled épanoui(e)
full bondé(e)
   ~ (of) plein(e) (de)
full-time *adv.* à plein temps, à temps complet
funds provisions *f. pl.*
funny amusant(e)
furious furieux (furieuse)
furnish meubler
furniture meubles *m. pl.*
futon futon *m.*
future avenir *m.;* futur *m.*
   ~ spouse prétendant(e)

G

gadget gadget *m.*
gain weight grossir, prendre du poids
game match *m.*
gang *(of brats)* marmaille *f.*
garden jardin *m.*
gardening jardinage *m.*
garlic ail *m.*
garment vêtement *m.*
gastronomic gastronomique
gate porte *f.*
generous généreux (généreuse)
get: ~ a divorce divorcer
   ~ along well s'entendre bien
   ~ a massage se faire masser
   ~ down descendre
   ~ dressed s'habiller
   ~ drunk se soûler
   ~ engaged se fiancer
   ~ information s'informer
   ~ lost se perdre
   ~ mad se fâcher
   ~ married (to) se marier (avec)
   ~ nervous s'énerver
   ~ out of sortir de
   ~ sick tomber malade
   ~ up se lever
   not to ~ along s'entendre mal
gift don *m.*
girl fille *f.*
girlfriend copine *f.,* petite amie *f.*
give donner
   ~ a big kiss faire un gros bisou
   ~ a French kiss rouler un patin / une pelle

~ back rendre
~ birth accoucher
glass verre *m.*
   ~ of draft beer demi *m.*
go aller
   ~ by passer
   ~ down descendre
   ~ far away partir loin
   ~ for a swim se baigner
   ~ for a walk se promener
   ~ night-night faire (un gros) do-do
   ~ out (with) sortir (avec)
   ~ shopping faire les magasins, faire du shopping
   ~ to bed se coucher
   ~ up monter
   ~ window-shopping faire du lèche-vitrine
goal but *m.*
goldfish poisson *m.* rouge
golf golf *m.*
   ~ ball balle *f.* de golf
   ~ club club *m.* de golf
   ~ course terrain *m.*/parcours *m.* de golf
good bon(ne)
   it's ~ c'est bon
good-bye au revoir
gossip *n.* commère
gossip items potins *m. pl.*
gram gramme *m.*
grandfather grand-père *m.*
grandmother grand-mère *f.*
grapes raisins *m. pl.*
grated râpé(e)
grateful reconnaissant(e)
gray gris(e)
   ~ weather grisaille *f.*
green vert(e)
   ~ beans haricots *m. pl.* verts
greeting salutation *f.*
grilled tuna thon *m.* grillé
grocery store épicerie *f.*
ground: ground floor rez-de-chaussée *m.*
   ~ personnel agent *m.*/ hôtesse *f.* au sol
group groupe *m.,* ensemble *f.*
   ~ of tickets carnet *m.*
growth croissance *f.*
guess deviner
guide guide *m.*
guilty coupable
guinea pig cochon *m.* d'Inde
gym(nasium) gymnase *m.*

H

hair cheveux *m. pl.*
   ~ in a bun chignon *m.*
   ~ up chignon *m.*
hairdresser's salon *m.* de coiffure
hair style coiffure *f.*
hair stylist coiffeur (coiffeuse) *m./f.*
hairy poilu(e)
half demi(e)
   ~ past et demi(e)
half-brother demi-frère *m.*
half-sister demi-sœur *f.*
ham jambon *m.*
   ~ and cheese sandwich sandwich *m.* au jambon-fromage
hamster hamster *m.*
hand main *f.*
handsome beau (belle)
hang-gliding deltaplane *m.*
happiness bonheur *m.*
happy content(e), enchanté(e), heureux (heureuse)
hard dur(e)
harsh rude
hat chapeau *m.*
hate détester
   ~ each other se détester
have avoir
   ~ a cold être enrhumé(e)
   ~ a complex (about one's appearance) être complexé(e) (par son look)
   ~ a difficult pregnancy avoir une grossesse difficile
   ~ a drink boire un pot, prendre un pot
   ~ an easy pregnancy avoir une bonne grossesse
   ~ a hard time avoir du mal, avoir de la peine à
   ~ an internship faire un stage
   ~ an interview passer un entretien
   ~ a party faire une fête
   ~ a sweet tooth être gourmand(e)
   ~ fun s'amuser
   ~ investments faire des investissements
   ~ just venir de *(+verb)*
   ~ one's heart broken avoir une déception
   ~ pain avoir mal
   ~ to devoir
he il; lui

head tête *f.*
   ~ of a company chef *m.* d'entreprise
headache: to have a ~ avoir mal à la tête
heal soigner
healed guéri(e)
health santé *f.*
   ~ magazine magazine de santé
healthy en bonne santé
hear entendre
heart cœur *m.*
   ~ attack crise *f.* cardiaque
heartbreak déception *f.* amoureuse
heli-skiing héliski *m.*
hello bonjour
help aider
help! au secours!
henna henné *m.*
her elle; la, l'
herbal tea tisane *f.*
here ici
   ~ is voici
herself elle-même; se
hi salut
high school lycée *m.*
   ~ student lycéen(ne)
   ~ teacher professeur (professeure) *m./f.*
highlights balayage *m.*
high-speed (Internet) connection connexion *f.* haut-débit
him il; le, l'; lui
himself lui-même, se
hint tuyau *m.*
hip *adj.* branché(e) *(slang);* à la mode
hip-hop hip-hop *m.*
hire embaucher, engager
hired embauché(e)
historical historique
history histoire *f.*
hit songs tubes *m. pl.*
hobby passe-temps *m.*
home theater home cinéma *m.*
homeopathic homéopathique
   ~ remedies remèdes *m. pl.* homéopathiques
homework devoirs *m. pl.*
honey miel *m.*
honeymoon lune *f.* de miel
hope espoir *m.*
horrified horrifié(e)
hospital hôpital *m.*
host *v.* animer; *n.* animateur (animatrice) *m./f.*

hot chaud(e)
   it's ~ (out) il fait chaud
   ~ out of the oven tout chaud sorti du four
   to be ~ avoir chaud
hotel hôtel *m.*
   ~ room chambre *f.* d'hôtel
hour heure *f.*
house maison *f.*
   ~ cleaning ménage *m.*
household foyer *m.*, ménage *m.*
   ~ chores travaux *m. pl.* ménagers
housewife femme *f.* au foyer
housing logement *m.*
   ~ project cité *f.*
how comment
   ~ are you? / ~'s it going? Comment vas-tu / allez-vous?, Ça va?
   ~ do you say . . . ? Comment dit-on... ?
   ~ do you spell it? Comment ça s'épelle?
   ~ long . . . ? combien de temps... ?
   ~ many *(+ noun)*? combien de... ?
   ~ much combien de... ?
   ~ much is it? c'est combien?
however par contre
human humain(e)
hundred cent
hunt chasser
hurry (up) se dépêcher, se presser
husband mari *m.*
hush! chut!
hype matraquage *m.*

I je
   ~ am contacting you because . . . je me permets de vous contacter parce que je...
   ~ am doing (very) well, thank you. Je vais (très) bien, merci.
   ~ don't have a penny. Je n'ai pas un rond.
   ~ would like . . . je voudrais...
ice: ~ cream glace *f.*
   chocolate ~ cream glace au chocolat

   ~-covered mountain climbing escalade *f.* glaciaire
   ~ skate patin *m.* à glace; *v.* faire du patin à glace
   strawberry ~ cream glace à la fraise
   vanilla ~ cream glace à la vanille
ice canoe race course *f.* en canoë
identity identité *f.*
if si
illiteracy analphabétisation *f.*
illness maladie *f.*
imagine se figurer
impossible impossible
improbable improbable
improve améliorer
in à; dans; en
   ~ a few years dans quelques années
   ~ back of derrière
   ~ bad health en mauvaise santé
   ~ debt endetté(e)
   ~ front of devant
   ~ love amoureux (amoureuse)
   ~ order to pour
   ~ spite of this malgré cela
   ~ the corner au coin
   ~ the evening du soir
   ~ time-out au coin
   ~ your opinion d'après vous
increased accru(e)
indie music rock *m.* indé(pendant)
individuality individualité *f.*
infection infection *f.*
inform informer
information indication *f.*, renseignement *m.*
injection piqûre *f.*
inside (à l')intérieur
insist exiger
insist (on) insister (pour)
inspire oneself s'inspirer
instead of au lieu de
instructor moniteur (monitrice) *m./f.*
intelligence intelligence *f.*
intelligent intelligent(e)
intelligently intelligemment
interest intérêt *m.*
interior decorator décorateur (decoratrice) *m./f.*

internal organs parties *f. pl.* internes du corps
international international(e) (*m. pl.* internationaux)
Internet Internet *m.*
~ **user** internaute *m./f.*
internship stage *m.*
interview entretien *m.*
to have an ~ avoir / passer un entretien
intestines intestin *m.*
intoxication ivresse *f.*
introduce présenter
introduction présentation *f.*
invest investir
~ **money** placer de l'argent
investment investissement *m.*
invite inviter
iron constitution (excellent health) santé *f.* de fer
ironing repassage *m.*
it il, elle; ça, cela, ce; le, la, l'; y
~ **bothers me** ça m'agace
~ **could be better** ça peut aller
~ **does not matter** ça n'a pas d'importance
~ **is . . .** (time) il est...
~ **is better that** il vaut mieux que
~ **is going alright** ça va pas mal
~ **is going ok / well** ça va (bien)
~ **is necessary (that)** il faut (que)
~**'s** c'est
~**'s a pity** il est dommage
~**'s going okay / well / all right** ça va / ça va bien / ça va pas mal
~**'s nice out** il fait beau
~**'s nice to meet you.** Enchanté(e).
~**'s possible (that)** il se peut (que)
~**'s raining** il pleut
~**'s snowing** il neige
~**'s sunny** il fait du soleil
~**'s warm out** il fait chaud
~**'s windy** il fait du vent
itself se
Ivory Coast Côte d'Ivoire *f.*

J

jacket veste *f.*
Jacuzzi jacuzzi *m.*
jam confiture *f.*
January janvier *m.*

jazz jazz *m.*
jealous jaloux (jalouse)
jeans jean(s) *m.*
Jet Ski jet ski *m.*
jewelry bijoux *m. pl.*
~ **store** bijouterie *f.*
job emploi *m.*, job *m.*, travail *m.*, boulot *m. (slang)*
~ **applicant** demandeur (demandeuse) d'emploi
jogging suit survêtement *m.*
journalist journaliste *m./f.*
judge juge *m./f.*
judo judo *m.*
July juillet *m.*
jump sauter
~ **rope** sauter à la corde
June juin *m.*
junior high school collège *m.*
juvenile crime délinquance juvénile *f.*

K

karate karaté *m.*
keep:
~ **(someone else) quiet** faire taire
key clé *f.*
keyboard clavier *m.*
kick donner des coups de pied
kick out mettre à la porte
kicked out mis(e) à la porte
kidney rein *m.*
kilo kilo *m.*
kindness gentillesse *f.*
kiss bise *f. (on the cheek)*, bisou *m. (on the cheek or mouth);* embrasser
~ **each other** s'embrasser
~ **each other on the cheek** *v.* se faire la bise
~ **on the cheek** *v.* faire la bise
~ **on the lips** donner un baiser
kitchen cuisine *f.*
~ **cupboards** placards *m. pl.*
~ **sink** évier *m.*
kitchenette kitchenette *f.*
knife couteau *m.*
know connaître, savoir
~ **how** savoir
knowledge of connaissance *f.* de

L

label enseigne *f.*
labor *(pregnancy)* accouchement *m.*
lady dame *f.*

lake lac *m.*
lamp lampe *f.*
land atterrir
landing atterrissage *m.*
landscape paysage *m.*
laptop (computer) (ordinateur) portable *m.*
lasagna lasagnes *f. pl.*
last dernier (dernière)
~ **night** hier soir *m.*
~ **week** la semaine *f.* dernière
lately dernièrement
later plus tard
laugh rigoler
launch lancer
lawyer avocat(e) *m./f.*
lay off licencier
layout maquette *f.*
lead amener
learn apprendre
leave laisser; *(someone or something)* quitter; *(for an undetermined period of time)* partir, s'en aller; *(for a short time)* sortir
~ **each other** se quitter
leaving en laissant
left gauche *f.*
leftovers restes *m. pl.*
leg jambe *f.*
leisure activity loisir *m.*
lemon citron *m.*
lemon-lime soda limonade *f.*
lend prêter (à)
lentil lentille *f.*
less (of) moins (de)
~ **of . . . than** moins de... que
let's get to work! au travail!
letter lettre *f.*
~ **to the editor** courrier *m.* des lecteurs
lie *n.* mensonge *m.*
lie *v.* mentir
lie down se coucher
library bibliothèque *f.*
life vie *f.*
~ **style** mode *m.* de vie
lift weights faire des haltères
like *prep.* comme
like *v.* aimer; désirer
lip lèvre *f.*
list liste *f.*
listen (to) écouter
~ **to a lecture** écouter une conférence
liter litre *m.*
little petit(e), peu de
a ~ un peu (de)

Little Red Riding Hood Petit Chaperon Rouge

live *adj.* en direct (*broadcasting*)

live *v.* habiter; loger

liver foie *m.*

living room salon *m.*

loaf of French bread baguette *f.*

    not too dark ~ baguette *f.* pas trop cuite

    well-baked ~ baguette *f.* bien cuite

locker room vestiaire *m.*

long long(ue)

look (at) regarder

    ~ **at each other** se regarder

    ~ **for** chercher

lose perdre

    ~ **weight** maigrir, perdre du poids

loudspeaker haut-parleur *m.*

love *n.* amour *m.*

    ~ **affair** aventure *f.*

    ~ **at first sight** coup *m.* de foudre

love *v.* aimer

    ~ **each other** s'aimer

    ~ **madly** aimer à la folie

lovebirds amoureux *m. pl.*

love letter billet doux

loved ones proches *m. pl.*

lovers amoureux *m. pl.*

lozenge pastille *f.*

luck chance *f.*

lunch déjeuner *m.*; **lunch** *v.* déjeuner

lung poumon *m.*

lush ivrogne *m./f.*

M

ma'am Madame (Mme)

magazine revue *f.*, magazine *m.*

    monthly ~ mensuel *m.*

    weekly ~ hebdomadaire *m.*

mail courrier *m.*

mailbox boîte *f.* aux lettres

maintain one's weight garder sa ligne

make faire

    ~ **a toast** trinquer

    ~ **easy** faciliter

man homme *m.*

manage gérer

management gestion *f.*

manager gérant(e) *m./f.*

map plan *m.*

maple érable *m.*

March mars *m.*

march in a parade participer à un défilé

mark marquer

market marché *m.*, souk *m.* (*Tunisia*)

    ~ **gardening** cultures maraîchères *f. pl.*

married marié(e)

marry marier

massage masser

masseur (masseuse) masseur (masseuse) *m./f.*

mat tapis *m.*

match match *m.*

math maths *f. pl.*

math test examen *m.* d'arithméthique

May mai *m.*

maybe peut-être

mayor maire *m.*

me moi; me, to me

    ~**, my name is . . .** Moi, c'est...

    ~ **too!** moi aussi!

meal repas *m.*

mean *adj.* méchant(e); *v.* vouloir dire

meat viande *f.*

    ~ **department** rayon *m.* boucherie

meatball boulette *f.* de viande

media médias *m. pl.*

medical insurance assurance *f.* maladie

medication médicament *m.*

medicine médicament *m.*

meet (each other) (se) rencontrer

member membre *m.*

memorable mémorable

memory souvenir *m.*; (*computer*) mémoire *f.*

menu carte *f.*

microphone microphone *m.*

microwave (four *m.* à) micro-ondes *m.*

middle milieu *m.*

    ~ **school** collège *m.*

midnight minuit *m.*

migraine migraine *f.*

milk lait *m.*

    skim ~ lait écrémé

    whole ~ lait entier

minimum wage SMIC *m.*, *salaire m. minimum*

    ~ **earner** smicard(e)

mini tart tartelette *f.*

mirror miroir *m.*

misdemeanor délit *m.*

miss Mademoiselle (Mlle)

miss *v.* manquer

    ~ **a flight** rater un vol

modem modem *m.*

modern moderne

    ~ **theater** théâtre *m.* moderne

Monday lundi *m.*

money argent *m.*

monitor (*computer*) moniteur *m.*

month mois *m.*

    last ~ le mois dernier

monument monument *m.*

moon lune *f.*

more (of). . . than plus (de)... que

moreover d'ailleurs

morning matin *m.*

    in the ~ du matin

Morocco Maroc *m.*

most (the most) le/la/les plus...

mother mère *f.*, maman *f.*

mother-in law belle-mère *f.*

motto devise *f.*

mountain climbing alpinisme *m.*

    ice ~ escalade *f.* glaciaire

mouse souris *f.*

mouth bouche *f.*

movie film *m.*

    adventure ~ film d'aventure

    historical ~ film historique

    horror ~ film d'horreur

    ~ **director** réalisateur (réalisatrice)

    romantic comedy comédie *f.* romantique

    science-fiction ~ film de science-fiction

    the ~s cinéma *m.*

    TV ~ téléfilm *m.*

    war ~ film de guerre

moving émouvant(e)

muscle-building muscu (lation) *f.*

muscular musclé(e)

museum musée *m.*

mushroom champignon *m.*

music musique *f.*

    ~ **hits** hit-parade *m.*

musical musical(e)

    ~ **comedy** comédie *f.* musicale

    ~ **play** pièce *f.* musicale

    ~ **program** émission *f.* musicale

mussel moule *f.*

must devoir; il faut

my mon/ma/mes
  ~ dear mon chou *m.* (*lit.* my cabbage)
  ~ name is . . . je m'appelle...

N

napkin serviette *f.*
nasal spray gouttes *f. pl.* nasales
national national(e)
natural: natural remedies remèdes *m. pl.* naturels
naughty vilain
nausea mal *m.* au cœur, nausée *f.*
navel nombril *m.*
navigate naviguer sur
near près (de), proche
  ~ by à proximité
  ~ future futur *m.* proche
necessary nécessaire
necessity nécessité *f.*
neck cou *m.*
need *n.* besoin *m.*; *v.* avoir besoin
needle aiguille *f.* fuseau *m.*
negative négatif (négative)
neighborhood quartier *m.*
neither non plus
neither . . . nor ne... ni... ni
nephew neveu *m.*
nervous nerveux, -euse
never jamais, ne... jamais
news actualités *f. pl.*, informations (infos) *f. pl.*
  ~ magazine magazine *m.* d'actualité
newscast informations (infos) *f. pl.*
newspaper journal *m.* (*pl.* journaux)
  ~ vendor marchand(e) de journaux
newsstand marchand(e) de journaux
next prochain(e)
next to à côté de
nice gentil(le)
niece nièce *f.*
night nuit *f.*; soir *m.*
nightclub boîte *f.* de nuit, club *m.*, night-clubs *m. pl.*
nightstand table *f.* de nuit
nightmare cauchemar *m.*
nine neuf
nineteen dix-neuf
ninety quatre-vingt-dix
no longer ne... plus
Nobel Prize prix *m.* Nobel

nobody personne, personne ne, ne... personne
noon midi *m.*
normal normal(e)
nose nez *m.*
not pas, ne... pas
  ~ anyone ne... personne
  ~ anymore ne... plus
  ~ anything ne... rien
  ~ bad pas mal
  ~ very peu
  ~ very likely peu possible
  ~ very probable peu probable
  ~ yet ne... pas encore
nothing (ne...) rien
November novembre *m.*
now maintenant
number chiffre *m.*, numéro *m.*
nurse infirmière *f.*

O

obey obéir (à)
obsessed obnubilé(e)
obvious clair(e)
occasionally parfois
o'clock: at . . . o'clock à... heure(s) *f.*
October octobre *m.*
of it en
office bureau *m.*; cabinet *m.*
often souvent
of them en
oh, really? ah bon?
oil huile *f.*
  ~ cake (cattle feed) tourteau *m.*
oily gras (grasse)
old vieux (vieille)
oldest child aîné(e)
omelet omelette *f.*
on sur
  ~ a diet au régime
  ~ board à bord
  ~ sale soldé(e), en solde
  ~ the air waves sur les ondes
  ~ the corner au coin
  ~ the front page à la une
  ~ the left à gauche
  ~ the radio à la radio, sur les ondes
  ~ the right à droite
  ~ top of sur
  ~ TV à la télé
one *adj. (number)* un(e)
  ~-piece bathing suit maillot *m.* de bain
  ~-way aller-simple *m.*
one *pron.* on

onion oignon *m.*
only seulement, ne... que
  ~ child fils *m.*/fille *f.* unique
opera opéra *m.*
optimistic optimiste
or ou
  ~ more ou plus
orange *adj.* orange *inv.*
orange *n.* orange *f.*
orchestra orchestre *m.*
order *n.* commande *f.*
order *v.* commander
organic bio(logique)
  ~ food produit bio(logique)
other autre
  ~ than ailleurs que
  ~ things d'autres choses *f. pl.*
outdoors à l'air libre
out-going sociable
outraged outré(e), indigné(e)
outside (à l')extérieur
oven four *m.*
overlook *v.* donner sur
oyster huître *f.*

P

pack *n.* paquet *m.*; *v.*
pack suitcases faire les valises
paid holidays congés payés *m. pl.*
pain: to be a ~ être pénible
paint peindre
painting tableau *m.*, *peinture f.*
pajamas pyjama *m.*
pants pantalon *m.*
paparazzi paparazzi *m./f.*
paper papier *m.*
parade défilé *m.*
paragliding parapente *m.*
parasailing parachute *m.* ascensionnel
pardon me pardonnez-moi
park *n.* parc *m.*
parking lot parking *m.*
part partie *f.*; raie *f. (hair)*
  ~ in the middle raie *f.* au milieu
  ~ on the side raie *f.* sur le côté
participate (in) participer (à), pratiquer
partner compagnon (compagne) *m./f.*
part-time à mi-temps, à temps partiel
party fête *f.*, soirée *f.*, *(slang)* teuf *f.*
pass (a test) réussir à
password mot *m.* de passe

English-French Vocabulary

pasta pâtes *f. pl.*

pastry pâtisserie *f.*

    ~ shop pâtisserie *f.*

pâté pâté de campagne *m.*

pay rendre

    ~ attention faire...

PDA assistant *m.* personnel

peach pêche *f.*

peas petits pois *m.*

peanut cacahouète *f.*, arachide *f.*

pear poire *f.*

pedal pédaler

pedaling and rowing
    machine vélo-rameur *m.*

pedestrian street rue *f.* piétonne

penalty peine *f.*

people gens *m. pl.*

people on *pron.*

pepper poivre *m. (spice)*;
    poivron *m. (vegetable)*

perform a concert donner un
    concert

person personne *f.*

personal personnel(le)

    ~ banker banquier *m.*

personality personnalité *f.*

pessimistic pessimiste

pet animal *m. (pl.* animaux)
    domestique(s)

    ~ names mots tendres *m. pl.*

pharmacy pharmacie *f.*

philosophy philosophie *f.*

photo photo *f.*

photographer photographe *m./f.*

pick up *(person or object)*
    ramasser

pie tarte *f.*

piece morceau *m.*

    ~s of gossip potins *m. pl.*

pilot pilote *m./f.*

pink rose

pitcher pichet *m.*

pitfall piège *m.*

pizza pizza *f.*

place *n.* lieu *m.*, place *f.*; *v.* mettre

    ~ a child in time out mettre
    au coin

plane avion *m.*

    ~ ticket billet *m.* d'avion

planned prévu(e)

plant plante *f.*

plate assiette *f.*; **(plates)**
    vaisselle *f.*

    dessert ~ assiette *f.* à dessert

platform quai *m.*

play *n.* pièce *f.*; *v.* jouer; *(a sport)*
    jouer à... ; *(in a match / game)*
    participer à un match/un jeu

please *interj.* s'il vous plaît, s'il
    te plaît; veuillez...

pleased enchanté(e)

plus plus

poem poème *m.*

police officer agent *m.* de
    police, policier (policière)
    m./f.

poll sondage *m.*

ponytail queue *f.* de cheval

poor pauvre

poorly mal

pork porc *m.*

position poste *m.*

positive positif (positive)

possess posséder

possible possible

possibly peut-être

postal worker facteur
    (factrice) *m./f.*

post office poste *f.*

potato pomme *f.* de terre

poultry volaille *f.*

practice pratiquer

pray prier

predict prédire

prefer préférer

preferable préférable

preference préférence *f.*

pregnancy grossesse *f.*

    a difficult ~ une grossesse
    difficile

    a easy ~ une bonne
    grossesse

pregnant enceinte

prepare préparer

prescription ordonnance *f.*

present présenter

    ~ a paper donner une
    conférence

pretty joli(e)

prick *(of a needle)* piqûre *f.*

primary school école
    primaire *f.*

printer imprimante *f.*

private privé(e)

prize prix *m.*

probable probable

problem problème *m.*

    family ~s troubles *m. pl.*
    familiaux

processor processeur *m.*

product produit *m.*

production fabrication *f.*; pré-
    paration *f.*

profession profession *f.*

professional professionnel
    (professionnelle)

professor professeur
    (professeure)

program émission *f.*;
    programme *m.*

prohibit interdire

promote promouvoir

proof of identity pièce *f.*
    d'identité

proud fier (fière)

provocative provocateur
    (provocatrice)

prudently prudemment

pub bistro *m.*

public public (publique)

publish publier

pullover pull-over *(also* pull) *m.*

punish punir

punishment punition *f.*

purchase achat *m.*, emplette *f.*

purple violet(te)

push-ups pompes *f. pl.*

put mettre

    ~ on makeup se maquiller

    ~ on *(clothing)* mettre

    ~ oneself in danger risquer
    sa tête

Q

quarter quart *m.*

    ~ past et quart

    ~ to moins le quart

queen-size bed lit double *m.*

quiche quiche *f.*, tarte *f.* salée

quickly vite, rapidement

quite assez

    ~ a lot of pas mal de

R

rabbit lapin *m.*

race course *f.*

racket raquette *f.*

radio radio *f.*

    ~ station fréquence *f.*

rafting rafting *m.*

railroad track voie *f.*

rain pleuvoir

    it's ~ing il pleut

rainbow arc-en-ciel *m.*

raise élever

    ~ his/her glass lever son
    verre *m.*

rallying cry cri *m.* de ralliement

rap rap *m.*

rapidly vite

rarely rarement

rate taux *m.*

rather assez
    ~ than plutôt que
react réagir
read lire
reader lecteur (lectrice) *m./f.*
real vrai(e)
reality show télé-réalité *f.*
really vraiment
rear *(behind)* derrière
rear *(buttocks)* fesses *f. pl*
rebel *v.* se rebeller
receive recevoir; toucher
    ~ a good / bad salary toucher un bon / mauvais salaire
    ~ a pension toucher la retraite
    ~ unemployment toucher le chômage
recess récréation *(also récré) f.*
reciprocal réciproque
recommend recommander
reconcile se réconcilier (avec)
red rouge; *(hair)* roux (rousse)
    ~ pepper poivron *m.* rouge
    ~ wine vin *m.* rouge
reflexive réfléchi(e)
refrigerator réfrigérateur *m.*
reggae reggae *m.*
regardless of quelle que soit
regional régional(e)
    ~ train system in Paris RER *m.*
regret regretter
regrettable regrettable
relax se détendre, se reposer, décompresser
relieved soulagé(e)
remedies remèdes *m. pl.*
remember se souvenir (de)
remind rappeler
remote control télécommande *f.*
remove: ~ one's clothes se déshabiller
    ~ hair *(women)* s'épiler
    ~ one's makeup se démaquiller
rent *n.* loyer *m.*
rent *v.* louer
repair work bricolage *m.*
report reportage *m.*
repulsive répugnant(e)
require demander
reserve réserver
respond répondre
response réponse *f.*
rest se reposer
restaurant restaurant *m.*
    ~ car voiture-restaurant *f.*
restroom W.-C *m. pl.*, toilettes *f. pl.*
retiree retraité(e)

retirement retraite *f.*
return *(an item)* rendre; *(go back)* revenir
rice riz *m.*
rich riche; *(fatty)* riche en matières grasses
ridiculous ridicule
right *(direction)* droite *f.*; juste *adj.*
    ~ away tout de suite
    on the ~ à droite
ring anneau *m.*
rise augmenter
roasted rôti(e)
robbed volé(e)
robbery vol *m.*
rock rock *m.*
rock-climbing varappe *f.*
roller blades rollers *m. pl.*
romantic comedy comédie *f.* romantique
roof toit *m.*
room salle *f.*, pièce *f.*, chambre *f.*
roommate colocataire *m./f.*
rope corde *f.*
round-trip ticket billet aller-retour *m.*
router routeur *m.*
routine routine *f.*
row ramer
rug tapis *m.*
rugby rugby *m.*
run courir; *(broadcast)* passer
    ~ away faire une fugue
    ~ errands faire les courses
    ~ into heurter
    ~ (the vacuum) passer l'aspirateur *m.*
runny nose nez *m.* qui coule
rush hour heure *f.* de pointe

S

sad triste
safe *n.* coffre-fort *m.*
    ~-deposit box coffre-fort *m.*
salad salade *f.*
salaried employee salarié(e)
salary salaire *m.*
sale soldes *f. pl.*; vente *f.*
salesperson vendeur (vendeuse) *m./f.*
salt sel *m.*
salty salé(e)
same même
sand sable *m.*
sandbox bac *m.* à sable
sandals sandales *f. pl.*
sandwich sandwich *m.*

satisfied satisfait(e)
Saturday samedi *m.*
sauna sauna *m.*
save économiser; épargner; sauver
    ~ a document sauvegarder un document
    ~ someone's life sauver la vie à quelqu'un
savings économies *f. pl.*
    ~ account compte *m.* épargne
say dire
scallop coquille *f.* Saint-Jacques
scanner scanner *m.*
scared effrayé(e)
scarf foulard *m.*
schedule horaire *m.*
scholarship bourse *f.*
school école *f.*
schooling scolarité *f.*
science fiction science-fiction *f.*
scream *v.* crier
screen écran *m.*
sculpture sculpture *f.*
sea mer *f.*
seafood fruits *m. pl.* de mer
    ~ department rayon *m.* poissonnerie
seamstress couturière *f.*
search engine moteur *m.* de recherche
season saison *f.*
seasoning condiment *m.*
seat siège *m.*
seated assis(e)
second deuxième
    ~ class ticket billet deuxième class
secretary secrétaire *m./f.*
security gate contrôle *m.* sûreté
see voir
    ~ you ciao
    ~ you in a while à tout à l'heure
    ~ you later à plus (tard)
    ~ you soon à bientôt
    ~ you tomorrow à demain
seek one's own identity être à la recherche de son identité
seem avoir l'air
sell vendre
seller marchand(e) *m./f.*
semester semestre *m.*
send envoyer
sense sens *m.*
separate se séparer
separated séparé(e)
September septembre *m.*
serve servir

serving dish récipient *m.*
set ensemble *m.*
set the table mettre la table
seven sept
seventeen dix-sept
seventy soixante-dix
several plusieurs
sexual relations relations *f. pl.*
  sexuelles
shake hands se serrer la main
shall we go? on y va?
shampoo shampooing *m.*
shape forme *f.*
shark requin *m.*
shave se raser
she elle
shh! chut!
shirt *(man's)* chemise *f.*;
  (woman's) chemisier *m.*
shocked surpris(e), étonné(e),
  choqué(e)
shoe chaussure *f.*
shop boutique *f.*; commerçant *m.*
shopping les courses *f. pl.*
  ~ cart chariot *m.*
  (à provisions)
  ~ list liste *f.* des courses
short court(e)
shorts short *m.*
shot piqûre *f.*
shoulder-length hair cheveux
  mi-longs
shout crier
  ~ oneself hoarse
  s'époumoner
show *n.*: **reality ~** télé-réalité *f.*
show *v.* montrer
shower douche *f.*
shrimp crevette *f.*
shrink (psychiatrist) psy *m. (slang)*
shutter volet *m.*
shy timide
sick malade
side côté *m.*
sideboard buffet *m.*
silently silencieusement
silly bête
silver argent *m.*
since depuis
sing chanter
single célibataire
sinus sinus *m.*
sir Monsieur (M.)
sister sœur *f.*
sister-in-law belle-sœur *f.*
sit (down) s'asseoir
sit-up abdominal *m.* (*pl.* abdominaux); abdo *m.* (*pl.* abdos)

six six
sixteen seize
sixty soixante
skating rink patinoire *f.*
ski ski *m.*
  ~ boot botte *f.* de ski
  ~ slope piste *f.* de ski
skiing ski *m.*
  water ~ ski nautique
skim écrémé(e)
skin peau *f.*
skinny maigre
skip school faire l'école buis-
  sonnière, sécher les cours
skirt jupe *f.*
skull crâne *m.*
skydiving parapente *m.*
sledding luge *f.*
sleep dormir *v.*; *n.* sommeil *m.*
  ~ aid somnifère *m.*
  ~ in faire la grasse matinée
sleeper train wagon-lit *m.*
Sleeping Beauty Belle *f.* au Bois
  Dormant
slice (of) tranche *f.* de
slim maigre; mince
slope piste *f.*
slow lent(e)
slowly lentement
small petit(e)
smartphone smartphone *m.*
smell *n.* odorat *m.*; *v.* sentir
  ~ bad sentir mauvais
  ~ good sentir bon
smoke fumer
smoked salmon saumon *m.* fumé
smoking addiction tabagisme *m.*
snack *n.* goûter *m.*; *v.* goûter
sneak out faire le mur *(slang)*
sneaker chaussure *f.* de sport
snow *n.* neige *f.*
snowboarding surf *m.* des
  neiges / snowboard *m.*
snowman bonhomme *m.* de
  neige
so alors, donc, si
  ~ what! et alors!
soap opera feuilleton *m.*
  romantique
soapy savonneux (savonneuse)
sober sobre
soccer football (*also* foot) *m.*
  ~ ball ballon *m.* de foot
  ~ field terrain *m.* de foot
  ~ game match *m.* de foot
sock chaussette *f.*
sofa sofa *m.*
soft doux (douce)

software logiciel *m.*
some de, du, de la, de l', des;
  quelques
someone quelqu'un
something quelque chose
sometimes quelquefois, parfois
somewhere quelque part
son fils *m.*
sore throat: to have a sore throat
  avoir mal *m.* à la gorge
song chanson *f.*
sorry désolé(e), navré(e)
so-so comme ci, comme ça
sought after recherché(e)
soul âme *f.*
soulmate homme / femme de
  sa vie
sound son *m.*
soup soupe *f.*
  ~ bowl assiette *f.* à soupe
souvenir souvenir *m.*
Spanish (*language*) espagnol
spank donner la fessée (à)
speak parler
speaker haut-parleur *m.*
specialization: **~ in the
  humanities** formation *f.*
  littéraire
  ~ in the sciences formation
  f. scientifique
specialty spécialité *f.*
speed vitesse *f.*
spell *v.* épeler; *n.* sort *m.*
spend dépenser
spending dépenses *f. pl.*
spendthrift dépensier
  (dépensière) *m./f.*
spinach épinards *m. pl.*
spindle fuseau *m.*
spoil gâter
spoiled gâté(e)
  ~ child enfant *m.* gâté
spoon cuillère *f.*
sport sport *m.*
sports magazine revue *f.* de sport
sporting gear tenue *f.* de sport
spouse époux (épouse) *m./f.*
spread out *adj.* vautré(e)
spring (*season*) printemps *m.*
square place *f.*
  ~ haircut au carré
stadium stade *m.*
stairs escalier *m.*
stamp timbre *m.*
starchy food féculent *m.*
statement relevé *m.*
stationary bike vélo *m.* statique
statue statue *f.*

step: ~ machine step *m.*
    ~s démarches *f. pl.*
stepfather beau-père *m.*
stepmother belle-mère *f.*
stereo chaîne *f.* stéréo
stingy radin(e)
stocky costaud(e)
stomach ventre *m.*
    ~ problems crise *f.* de foie
stop *v.* (s')arrêter
store magasin *m.*; boutique *f.*
stove cuisinière *f.*
straight lisse
    ~ through tout droit
strawberry fraise *f.*
street rue *f.*
stretch s'étirer, faire des
    exercices d'étirement,
    faire du stretching
strike grève *f.*
strong fort(e)
student *(high school and*
    college) étudiant(e);
    (elementary and middle school)
    élève *m./f.*
study étudier
stuffed fourré(e)
stuffy nose nez *m.* bouché
stunning étonnant(e)
stupid stupide
subscriber abonné(e)
subscription *(to a magazine /*
    newspaper) abonnement *m.*
subscription form bon *m./*
    bulletin *m.* d'abonnement
subsidized housing
    HLM (Habitation à
    Loyer Modéré) *f.*
suburb banlieue *f.*
subway métro *m.*
succeed (in) réussir (à)
success succès *m.*
such tel (tell)
sudden subit(e)
sugar sucre *m.*
suit *(man's)* costume *m.*;
    (woman's) tailleur *m.*
suitcase valise *f.*
summer été *m.*
Sunday dimanche *m.*
sunny lumineux (lumineuse)
    it's ~ il fait du soleil
super super
supermarket grande surface *f.*
supervision supervision *f.*
supporting numbers chiffres *m.*
    pl. à l'appui
sure sûr(e)

surf *v.* surfer
    ~ the Internet surfer sur
    Internet
surfing surf *m.*
surprised surpris(e), étonné(e)
surprising surprenant(e)
surround entourer
survey enquête *f.*, sondage *m.*
sweat suer
sweater pull(-over) *m.*
sweatshirt sweat *m.*
sweatsuit survêtement *m.*,
    jogging *m.*
sweet doux (douce); sucré(e)
sweetheart cœur *m.*
swim nager, faire de la natation
swimming natation *f.*
    ~ pool piscine *f.*
Switzerland Suisse *f.*
syrup sirop *m.*

T

table table *f.*
tablecloth nappe *f.*
tablespoon cuillère *f.* à soupe
tablet cachet *m.*, comprimé *m.*
take prendre
    ~ a bath se baigner
    ~ a loan faire un emprunt
    ~ a trip faire un voyage
    ~ care of prendre soin,
    s'occuper de, *(oneself)*
    se soigner
    ~-out window guichet vente
    à emporter
    ~ part (in) participer (à)
    ~ photos prendre des photos
    ~ place avoir lieu
    ~ take their first drag tirer
    leur première taffe *f.*
take off *v.* décoller; **take-off** *n.*
    décollage *m.*
tale conte *m.*
talk parler
    ~ show talk-show *m.*
talkative bavard(e)
tall grand(e)
tanning booth cabine *f.* de bron-
    zage
taste *n.* goût *m.*; *v.* goûter
taste wines déguster les vins
tasty savoureux (savoureuse)
tea thé *m.*
    herbal ~ tisane *f.*
    plain ~ thé nature
    ~ with lemon thé au citron
team équipe *f.*

teaspoon cuillère *f.* à café
tech-savvy branché(e)
technician technicien (techni-
    cienne) *m./f.*
techno music (musique) techno *f.*
technology technologie *f.*
telephone téléphoner à *v.*;
    téléphone *m.*
    cordless ~ téléphone sans fil
    ~ number numéro *m.* de
    téléphone
television télévision *f.*
    ~ anchor présentateur
    (présentatrice) de télévision
    ~ guide guide *m.* des
    programmes télévisés,
    programme *m.* télé
    ~ news journal *m.* télévisé
    (le JT)
    ~ set téléviseur *m.*
teller caissier (caissière) *m./f.*
teller window guichet *m.* de
    caisse; caisse *f.*
ten dix
tenant locataire *m./f.*
tender words mots *m. pl.*
    tendres
tennis tennis *m.*
    ~ court court *m.* de tennis
    ~ shoes tennis *m. pl.*
terminal *(airport)* terminal *m.*
text message SMS *m.*, texto *m.*
thank you merci
thankful reconnaissant(e)
thanks to grâce à
that *adj.* ce (cette)
    ~ way ainsi que
that *pron.* ça, ce
    ~ is all, thank you. C'est
    tout, merci.
    ~ is why c'est pour cela / ça
    ~ which ce que
that *relative pron.* que
the le, la, l', les
    ~ one celui / celle
    ~ ones ceux / celles
    ~ tallest le (la) plus grand(e)
theater théâtre *m.*
theft vol *m.*
them les, leur; eux, elles
themselves eux-mêmes, se
then alors, puis
there là; y
    ~ is (~ are) il y a; voilà
therefore donc
thermometer thermomètre *m.*
these *adj.* ces
they ils (elles)

thief voleur (voleuse) *m./f.*
thin mince, fin(e)
think (about) croire, penser (à)
think penser (à), croire
thirteen treize
thirty trente
this *adj.* ce, cet, cette
   ~ is c'est, Je te / vous présente...
this *pron.* ce
those *adj.* ces
thousand mille *inv.*
three trois
thrifty économe
thriller thriller *m.*
throat gorge *f.*
through the installation of par le biais
throw a tantrum faire des caprices
thumb pouce *m.*
Thursday jeudi *m.*
ticket billet *m.*
   ~ counter guichet *m.*
tickle chatouiller
tie cravate *f.*
time temps *m.;* fois *f.;* heure *f.*
   how many ~s...? combien de fois...?
timid timide
tip pourboire *m.*
title titre *m.*
to à, en, dans
   ~ her lui
   ~ him lui
   ~ the left (of) à gauche (de)
   ~ the right (of) à droite (de)
   ~ them leur
   ~ there y
   ~ us nous
   ~ which auquel / à laquelle / auxquels / auxquelles
   ~ you te, vous
toast tartine *f.*
tobacco tabac *m.*
   ~ shop tabac *m.,* bureau *m.* de tabac
today aujourd'hui
toe orteil *m.*
together ensemble
toilet toilettes *f. pl.,* W.-C *m. pl.*
tomato tomate *f.*
tone *v.* raffermir
tongue langue *f.*
too trop
   ~ much trop
tool outil *m.*

tooth dent *f.*
toothache rage *f.* de dent
topic sujet *m.*
tourist touriste *m./f.*
town ville *f.*
track and field athlétisme *m.*
traditional traditionnel (traditionnelle)
traffic report informations *f. pl.* routières
train train *m.*
   ~ schedule horaire *m.* des trains
   ~ station gare *f.*
train *v.* s'entraîner
trainee stagiaire *m./f.*
trainer entraîneur (entraîneuse) *m./f.*
training formation *f.*
transportation transport *m.*
trap piège *m.*
travel voyager
   ~ agent agent *m.* de voyage
tray plateau *m.*
treadmill tapis *m.* de course
treatment soin *m.*
tree arbre *m.*
trip voyage *m.,* trajet *m.*
trout truite *f.*
true vrai(e)
   ~ love grand amour *m.*
try on essayer
T-shirt tee-shirt *m.*
Tuesday mardi *m.*
turbulence turbulences *f. pl.*
turn *n.* tour *m.; v.* tourner
TV télé *f.*
   ~ games divertissements *m. pl.,* jeux *m. pl.*
   ~ guide guide *m.* télé
   ~ movie téléfilm *m.*
   ~ series série *f.* (télévisée)
twelve douze
twenty vingt
twin jumeau (jumelle) *m./f.*
   ~ brother frère *m.* jumeau
   ~ sister sœur *f.* jumelle
two deux
typical typique

U

ugly laid(e)
unacceptable inacceptable
uncle oncle *m.*
under sous
underline souligner
understand comprendre

understanding compréhensif (compréhensive)
underwear *(man's)* caleçon *m.; (woman's)* culotte *f.*
unemployed person chômeur (chômeuse) *m./f.*
unemployment chômage *m.*
unfair injuste
unfortunate regrettable
unfriendly antipathique
unhappy malheureux (malheureuse)
union alliance *f.*
   ~ leader chef de syndicat *m.*
United States États-Unis *m. pl.*
university fac(ulté) *f.,* université *f.*
until jusqu'à
us nous
use utiliser
   ~ drugs se droguer
useful utile
usually d'habitude

V

vacuum *v.* passer l'aspirateur
vacuum cleaner aspirateur *m.*
validate (a ticket) composter (un billet)
vanilla vanille *f.*
vegetable légume *m.*
vendor marchand(e) *m./f.*
verb verbe *m.*
very très, tout
   ~ good / well très bien
   ~ happy comblé(e)
   ~ little tout(e) petit(e)
via par
victim victime *f.*
video game system console *f.* de jeux vidéo
visit visiter
   ~ (someone) rendre visite à
vitamin vitamine *f.*
voice voix *f.*
volition volonté *f.*
volleyball volley *m.*
vomit vomir
voyage trajet *m.*

W

wait attendre
   ~ in line faire la queue
   ~ one's turn attendre son tour
waiter serveur *m.*

waitress serveuse *f.*
wake up se réveiller
walk aller à pied, marcher
wall mur *m.*
want vouloir; avoir envie (de)
warm mud vase tiède *f.*
warm up faire des exercices
    d'échauffement, s'échauffer
wash laver
    ~ oneself se laver
washing machine lave-linge *m.*
waste gaspiller
watch regarder
water eau *f.*
    carbonated ~ eau gazeuse
    ~ glass verre *m.* à eau
    mineral ~ eau plate
    ~ aerobics aquagym *f.*
    ~ sport sport *m.* nautique
watermelon pastèque *f.*
water-skiing ski *m.* nautique
wavy ondulé(e)
wax cire *f.*
way off éloigné(e)
we nous, on
    ~ always go there! On y va
    toujours!
    ~ would like . . . nous
    voudrions...
wear porter
weather temps *m.*
    ~ report météo *f.*
weave filer
webcam webcam *f.*
Wednesday mercredi *m.*
week semaine *f.*
weekend week-end *m.*
weekly hebdomadaire *adj.*
weight poids *m.*; haltère *f.*
    ~ room salle *f.* de
    muscu(lation)
weightlifting muscu(lation) *f.*
welcome accueil *m.*;
    accueillir
    ~ to my place! bienvenue
    chez moi!
well bien
    ~ -behaved sage
    ~ -behaved child enfant bien
    élevé(e)
    ~! bon!
well-being bien-être *m.*
western western *m.*

what que; quel / quelle / quels /
    quelles; ce que;
    qu'est-ce que; quoi *(object*
    of verb)
    ~ are you like?
    Comment tu es?
    ~ color is . . .? de quelle
    couleur est... ?
    ~ do you say (about it)?
    Ça te dit?
    ~ is it? Qu'est-ce que c'est?
    ~'s the weather like? Quel
    temps fait-il?
    ~'s your name? Comment
    vous appelez-vous? / Comment
    tu t'appelles?
    ~'s your phone / cell
    number? Quel est ton / votre
    numéro de téléphone /
    mobile?
    ~ would you like? Que
    désirez-vous?
when quand
when *pron.* où
where où
    ~ is . . . located? Où se
    trouve... ?
which quel(s) (quelle[s])
while alors que, pendant que
white blanc(he)
    ~ wine vin *m.* blanc
who qui
    ~ are you? Qui es-tu? / Qui
    êtes-vous?
    ~ is it? Qui est-ce?
whole entier (entière), tout en-
    tier; tout / toute / tous / toutes
whose dont
    ~ turn is it? À qui le tour?
why pourquoi
wife femme *f.*
Wi-Fi card carte Wi-Fi *f.*
will volonté *f.*
win gagner
window fenêtre *f.*, vitre *f.*
    ~ shopping lèche-vitrine *m.*
windsurfing planche *f.* à voile
windy: it's ~ il fait du vent
wine vin *m.*
    red / white / blush ~ vin
    rouge / blanc / rosé
    ~ cellar cave *f.*
    ~ glass verre *m.* à vin

wing aile *f.*
winner gagnant(e) *m./f.*
winter hiver *m.*
    ~ sport sport *m.* d'hiver
wipe essuyer
wish volonté *f.*
with avec
without sans
word mot *m.*
word processor traitement de
    texte *m.*
work *n.* emploi *m.*; job *m.*; travail
    m.; boulot *m. (slang)*
work *v.* travailler, marcher,
    bosser *(slang)*
workplace boîte *f. (slang)*
work schedule horaire *m.* de
    travail
world monde *m.*
World Wide Web Web *m.*, Toile
    f., Net *m.*
worried inquiet (inquiète)
worse than pire que
worst : the worst of le / la / les
    pires (de)
wrist poignet *m.*
write écrire
    ~ a check remplir un chèque
writer écrivain(e) *m./f.*
wrong way en sens *m.* inverse

Y

yack tchatcher
yeah ouais
    ~, right! mon œil!
year année *f.*
yellow jaune
yesterday hier
    ~ afternoon hier après-midi
    ~ morning hier matin
    ~ night hier soir
yoga yoga *m.*
yogurt yaourt (*also* yahourt) *m.*
you vous; tu; te; toi
    ~'re welcome je vous (t')en
    prie, de rien
young jeune
youth jeunesse *f.*

Z

zero zéro

Index

A

à
- contractions of, 108, 111
- geographic locations with, 374–375, 429
- indirect objects/indirect object pronouns following, 428–429
- negation and, 111
- verbs followed by, 108, 111, 145, 157, 164

accents, 9, 242

activities
- fitness, 425, 426, 434, 440, 470–471 (*See also* sports)
- frequency of, 75
- leisure, 68–70, 99, 222, 224, 236, 278, 299
- verbs expressing, 52–53, 62–63
- weekend/household, 121–122, 135

adjectives
- adverbs formed from, 179
- agreement of, 34, 45–46, 85, 189, 351
- comparative, 351
- descriptive, 34, 40, 62
- gender forms of, 34, 45–46, 85, 189, 351
- interrogative, 189
- placement of, 45, 354
- possessive, 85, 292
- superlative, 354
- vowels changing, 46, 85

adolescents. *See* teenagers

adverbs
- commonly used, 201
- comparative, 351
- formation of, 179
- **passé composé** with, 226
- placement of, 75, 179
- superlative, 354

advertising, 302, 319, 378

advice, conditional expressing, 371

Africa. *See also specific countries by name*
- currency in, 19
- descriptions of people from, 49, 332
- eating habits/food in, 198, 331
- greetings in, 12

healthcare/medicine in, 469
- marriage customs in, 247
- Mothers' Day in, 95
- spending habits in, 360
- technology access in, 411
- teenagers in, 295
- working conditions in, 309–310

agreement. *See* gender; plurality

airplane travel, 379–381, 382–383, 396–397

aller
- + **à**, 108
- conditional of, 370, 487
- future tense of, 418, 487
- **imparfait** of, 486
- near future using, 108–109, 196, 245, 338
- **passé composé** of, 486
- present tense of, 108, 486
- **subjonctif** of, 450, 487
- **y** expressions with, 108, 159

alphabet, 9, 481

animals, 53, 63, 79

apartment buildings, 102–104, 114, 132–133

apostrophes, 9

apprendre, 164, 210, 491

architecture
- in Provence, France, 95, 203
- in Québec, Canada, 475–476

articles. *See* definite articles; indefinite articles; partitive articles

artistic endeavors. *See also* architecture; music
- in Guadeloupe, 65–66
- in Provence, France, 203–204
- in Wallonie, Belgium, 137–138

attendre, 146

aussi, 351

autant, 352

auxiliary verbs, in **passé composé**. *See* **avoir**; **être**

avoir
- conditional of, 370, 487
- **être** *vs.*, 43
- expressions with, 174, 201, 444
- future tense of, 418, 487
- **imparfait** of, 272, 486
- **impératif** of, 322, 487

passé composé with, 209–210, 226, 258, 342, 406–407
- past participle of, 210, 486
- present tense of, 42, 486
- **subjonctif** of, 449, 487

B

banking, 346–347, 348, 364

bathrooms, 104, 106, 115, 120

beau/bel, 389

beer, 151

Belgium
- artistic endeavors in, 137–138
- childhood in, 268
- currency in, 19
- descriptions of people from, 138
- food in, 137
- greetings in, 12–13
- housing in, 102, 114
- languages spoken in, 136, 268
- Wallonie region of, 136–138
- working conditions in, 309–310

bistros, 172–173, 174

blog-emploi, 326

body parts. *See also* hair; hands
- articles *vs.* possessive adjectives with, 292
- descriptions of, 39–40, 62
- vocabulary of, 287, 300, 443, 472

boire, 177, 210, 449, 486–487

bon/bien, 351, 354

books, 345

bories, 95

brasseries, 151

bread, 150, 182, 198, 344

buildings. *See* architecture; housing

C

Canada
- descriptions of people from, 49, 476
- food in, 475
- greetings in, 12
- holidays/celebrations in, 94, 131, 476
- province/territory names in, 480

être
  avoir *vs.*, 43
  conditional of, 370, 487
  expressions of emotion with,
    368, 396, 457, 462,
    472–473
  future tense of, 418, 487
  health-related expressions
    with, 444
  imparfait of, 272, 486
  impératif of, 322, 487
  indefinite articles and negation
    with, 57
  passé composé with, 218–219,
    226, 255–256, 258, 342
  past participle of, 210, 486
  present tense of, 21, 486
  subjonctif of, 449, 487
euro, 19
exercise, 425, 426, 434, 440,
    470–471. *See also* sports
expenses, 344–345, 360. *See also*
    finances
expressions
  of activity, 122, 124, 125, 135
  with **aller**, 108, 159
  with **avoir**, 174, 201, 444
  of being from somewhere, 21,
    30, 374–375
  of certainty, 465–466, 473
  of desire/wishfulness,
    462–463, 473
  of doubt, 465–466, 473
  education-related, 478–479
  of emotion, 368, 396, 457,
    462, 472–473
  with **faire**, 122–125, 135
  of geographic locations,
    374–375
  health-related, 444
  with **il y a,** 90, 160, 422
  impersonal, 460
  of judgment, 465, 473
  of love, 56, 250, 263
  of necessity, 446, 460, 473
  of past tense, 220, 221,
    251, 263
  of politeness, 321, 322, 329
  of quantity, 90, 148–149,
    160, 169
  shopping-related, 155, 170
  sports-related, 439–440
  of time of day, 16, 30,
    128, 135
  of timing of action, 110
  of weather, 123, 125, 135
  wine-related, 394
extreme sports, 412–413
eyes, 39–40, 62

F

faire
  conditional of, 370, 489
  expressions of activity using,
    122, 124, 125, 135
  expressions of weather using,
    123, 125, 135
  future tense of, 418, 489
  imparfait of, 488
  past participle of, 210, 488
  present tense of, 125, 488
  subjonctif of, 449, 489
families. *See also* children/
    childhood; teenagers
  family members, 80–81,
    83, 100
  marriage in, 97, 99,
    247–249, 254
  typical French, 97
  vocabulary related to, 99–100
le Festival d'Olivier, 332
la fête des mères, 95
**la Fête Nationale du
    Québec,** 94
films/movies, 70, 99, 222
finances
  banking, 346–347, 348, 364
  currency, 19, 102, 347
  lottery winning, 362
  spending habits, 344–345, 360
  vocabulary related to, 348, 364
finir, 272, 482–483
fitness clubs, 425, 426, 434, 440.
    See also exercise; sports
food
  advertising for, 378
  bread, 150, 182, 198, 344
  catering service offering,
    183–185
  cheese, 140, 182
  crêpes, 94, 184
  cultural differences in, 140,
    195, 198
  drinks, 142, 151, 174, 201,
    393–394
  in France, 203, 388, 399
  in Guadeloupe, 65
  health and, 455–456, 472
  in Louisiana, 265
  meals, 187
  in Normandy, 399
  in Provence, 203
  in Québec, Canada, 475
  restaurants serving, 151,
    172–173, 174, 201, 344
  shopping for, 140–144, 166,
    169, 182
  spending on, 344

table manners/eating habits,
    195, 198
table settings/utensils for, 182,
    194–195, 198, 201
in Tunisia, 331
vocabulary related to, 143–144,
    169, 174, 183–185, 186–187,
    195, 200–201, 457–458, 472
in Wallonie, Belgium, 137
wine, 142, 393–394
France
  advertising in, 378
  artistic endeavors in, 203–204
  bread in, 150, 182, 344
  Channel Tunnel between
    England and, 437
  cheese in, 140, 182
  children/teenagers in, 278,
    286–287, 295
  clothing sizes in, 152
  currency in, 19
  descriptions of people from,
    49, 60, 204
  education in, 24–29, 270
  families in, 97
  food in, 203, 388, 399
  gestures in, 2
  greetings in, 12–13
  health/well-being in, 453–454
  holidays in, 94
  housing in, 95, 102, 114,
    132–133, 344
  interracial/intercultural
    marriage in, 254
  job search/**blog-emploi** in, 326
  media in, 206–207, 222, 231,
    232–234
  Normandy region of, 398–400
  population of, 60
  Provence region of, 95,
    202–204
  religion in, 60, 202
  shopping in, 166
  soccer in, 435
  spending habits in, 344–345
  sports in, 24–25, 434, 435
  table manners in, 195
  teenagers in, 278, 295
  television in, 206–207, 222,
    232–234
  universities in, 24–29
  wine in, 393–394
  working conditions in, 128,
    309–310
Francophone world. *See also*
    specific countries
  24-hour clock in, 129
  artistic endeavors in, 65–66,
    137–138, 203–204

Credits

This page constitutes an extension of the copyright page. We have made every effort to trace the ownership of all copyrighted material and to secure permission from copyright holders. In the event of any question arising as to the use of any material, we will be pleased to make the necessary corrections in future printings. Thanks are due to the following authors, publishers, and agents for permission to use the material indicated.

Chapter 1

28: www.ccfs-sorbonne.fr **28:** www.univ-nantes.fr **29:** www.univ-montp1.fr

Chapter 7

234: www.planet.fr, Rita Santourian

Chapter 9

298: Marcel Pagnol, La Gloire de mon père, Editions de Fallois

Chapter 11

344–345: Le Journal du Net - Octobre 2008 **360:** Leïla Slimani, www.jeuneafrique.com

Chapter 13

411: "Kita (Mali), seconde capitale de l'empire Mandingue à l'heure du Net" from www.creatif-public.net

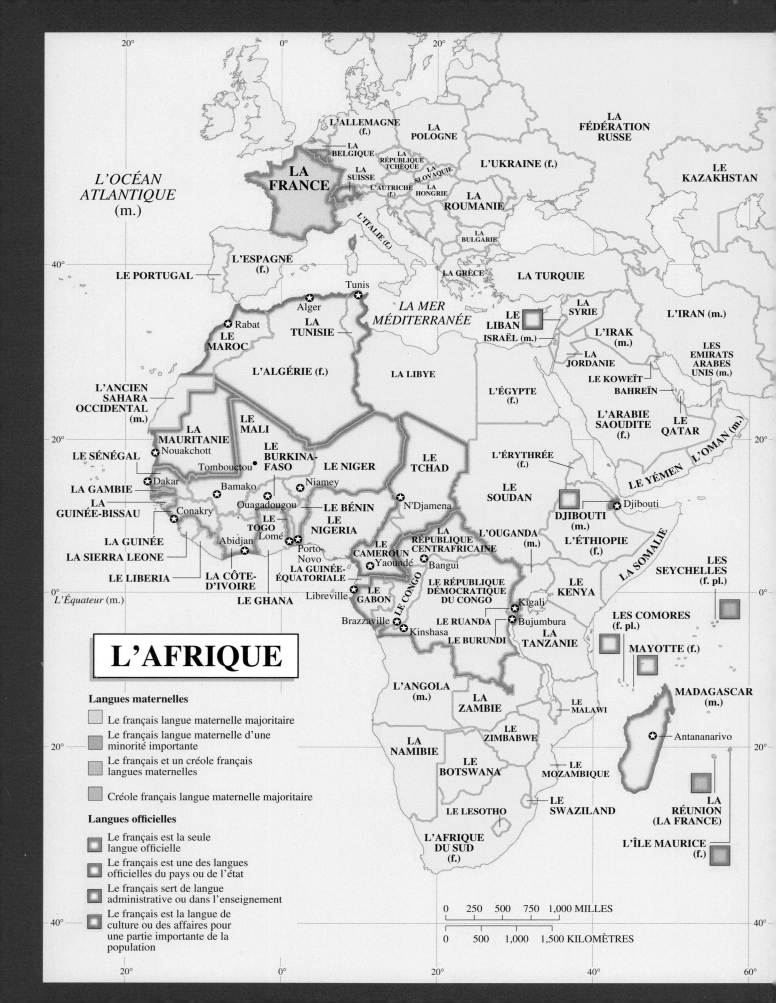

L'AFRIQUE

L'OCÉAN ATLANTIQUE (m.)

LA MER MÉDITERRANÉE

L'Équateur (m.)

Langues maternelles

- Le français langue maternelle majoritaire
- Le français langue maternelle d'une minorité importante
- Le français et un créole français langues maternelles
- Créole français langue maternelle majoritaire

Langues officielles

- Le français est la seule langue officielle
- Le français est une des langues officielles du pays ou de l'état
- Le français sert de langue administrative ou dans l'enseignement
- Le français est la langue de culture ou des affaires pour une partie importante de la population

Europe / Moyen-Orient

L'ALLEMAGNE (f.) · LA POLOGNE · LA FÉDÉRATION RUSSE · LA BELGIQUE · LA RÉPUBLIQUE TCHÈQUE · LA SLOVAQUIE · L'UKRAINE (f.) · LE KAZAKHSTAN · LA SUISSE · L'AUTRICHE (f.) · LA HONGRIE · LA ROUMANIE · L'ITALIE (f.) · LA BULGARIE · LA GRÈCE · LA TURQUIE · LE PORTUGAL · L'ESPAGNE (f.) · LE LIBAN · LA SYRIE · L'IRAN (m.) · ISRAËL (m.) · L'IRAK (m.) · LES EMIRATS ARABES UNIS (m.) · LA JORDANIE · LE KOWEÏT · BAHREÏN · L'ARABIE SAOUDITE (f.) · LE QATAR · L'OMAN (m.) · LE YÉMEN

Afrique

Tunis · Alger · Rabat · LE MAROC · LA TUNISIE · L'ALGÉRIE (f.) · LA LIBYE · L'ÉGYPTE (f.) · L'ANCIEN SAHARA OCCIDENTAL (m.) · LA MAURITANIE · LE MALI · LE BURKINA-FASO · LE NIGER · LE TCHAD · L'ÉRYTHRÉE (f.) · Nouakchott · Tombouctou · LE SÉNÉGAL · Dakar · LA GAMBIE · Bamako · Niamey · N'Djamena · LE SOUDAN · DJIBOUTI (m.) · Djibouti · LA GUINÉE-BISSAU · Conakry · Ouagadougou · LE BÉNIN · LE NIGERIA · LA RÉPUBLIQUE CENTRAFRICAINE · L'OUGANDA (m.) · L'ÉTHIOPIE (f.) · LA GUINÉE · LE TOGO · Lomé · Porto-Novo · LE CAMEROUN · LA SIERRA LEONE · Abidjan · Bangui · LE KENYA · LA SOMALIE · LES SEYCHELLES (f. pl.) · LE LIBERIA · LA CÔTE-D'IVOIRE · LA GUINÉE-ÉQUATORIALE · Yaoundé · LE RÉPUBLIQUE DÉMOCRATIQUE DU CONGO · LE GHANA · Libreville · LE GABON · LE CONGO · Kigali · LES COMORES (f. pl.) · Brazzaville · Kinshasa · LE RUANDA · Bujumbura · MAYOTTE (f.) · LE BURUNDI · LA TANZANIE · L'ANGOLA (m.) · LA ZAMBIE · LE MALAWI · MADAGASCAR (m.) · Antananarivo · LE ZIMBABWE · LA NAMIBIE · LE MOZAMBIQUE · LA RÉUNION (LA FRANCE) · LE BOTSWANA · LE SWAZILAND · L'ÎLE MAURICE (f.) · LE LESOTHO · L'AFRIQUE DU SUD (f.)

| 0 | 250 | 500 | 750 | 1,000 MILLES |

| 0 | 500 | 1,000 | 1,500 KILOMÈTRES |

L'AMÉRIQUE DU NORD

LE GROENLAND

L'OCÉAN ARCTIQUE (m.)

L'Alaska (m.)
(LES ÉTATS-UNIS)

le Yukon

les Territoires
du Nord-Ouest (m. pl.)

le Nunavut

60°

la Colombie
Britannique

l'Alberta
(m.)

la Saskat-
chewan

le Manitoba

Langues maternelles

- Le français langue
  maternelle majoritaire
- Le français langue maternelle d'une
  minorité importante
- Le français et un créole français
  langues maternelles
- Créole français langue maternelle
  majoritaire

Langues officielles

- Le français est la seule
  langue officielle
- Le français est une des langues
  officielles du pays ou de l'état
- Le français sert de langue
  administrative ou dans l'enseignement

LE CANADA

l'Ontario (m.)

le Québec

Terre-
Neuve (f.)

Saint-Pierre-
et-Miquelon
(LA FRANCE)

Québec

Montréal

Ottawa

Île du Prince-Edouard

la Nouvelle-Écosse (f.)

le Nouveau-Brunswick

le Maine

le New Hampshire

le Massachusetts

le Rhode Island

le Connecticut

**LES ÉTATS-UNIS
(m. pl.)**

le Vermont

40°

la Louisiane

*L'OCÉAN
ATLANTIQUE* (m.)

*GOLFE DU
MEXIQUE*

**LE
MEXIQUE**

LE BELIZE

CUBA
(m.)

**LES CARAÏBES
(m. pl.)**

20°

20°

**L'AMÉRIQUE
CENTRALE (f.)**

LA
JAMAÏQUE

**HAÏTI
(m.)**

Les Îles Hawaii (f. pl.)
(LES ÉTATS-UNIS)

LE GUATEMALA

LE SALVADOR

LE HONDURAS

LE NICARAGUA

LE COSTA RICA

LE PANAMA

**LA GUYANE
FRANÇAISE
(LA FRANCE)**

L'OCÉAN PACIFIQUE (m.)

**LE
VENEZUELA**

LA
COLOMBIE

Cayenne

CUBA
(m.)

**LA RÉPUBLIQUE
DOMINICAINE**

LES CARAÏBES (m.pl.)

L'Équateur (m.)

0°

LA GUYANA

LE SURINAM

**HAÏTI
(m.)**

PUERTO
RICO (m.)

la Guadeloupe
(LA FRANCE)

20°

**(LA RÉPUBLIQUE DE)
L'ÉQUATEUR
(m.)**

Port-au-
Prince

Pointe-à-
Pitre

LE
PÉROU

LE BRÉSIL

LA MER DES CARAÏBES

DOMINIQUE (f.)

15°

15° Fort-
de-
France

**L'AMÉRIQUE
DU SUD (f.)**

LA
BOLIVIE

MILLES

0   300

la Martinique
(LA FRANCE)

20°

0   450

KILOMÈTRES

SAINTE LUCIE (f.)

65°

60°

LE PARAGUAY

75°

0   200 400 600 800 MILLES

À 45°
LATITUDE

0   400   800   1,200 KILOMÈTRES

LE
CHILI

L'ARGENTINE
(f.)

L'URUGUAY (m.)

160°   140°   120°   100°   80°

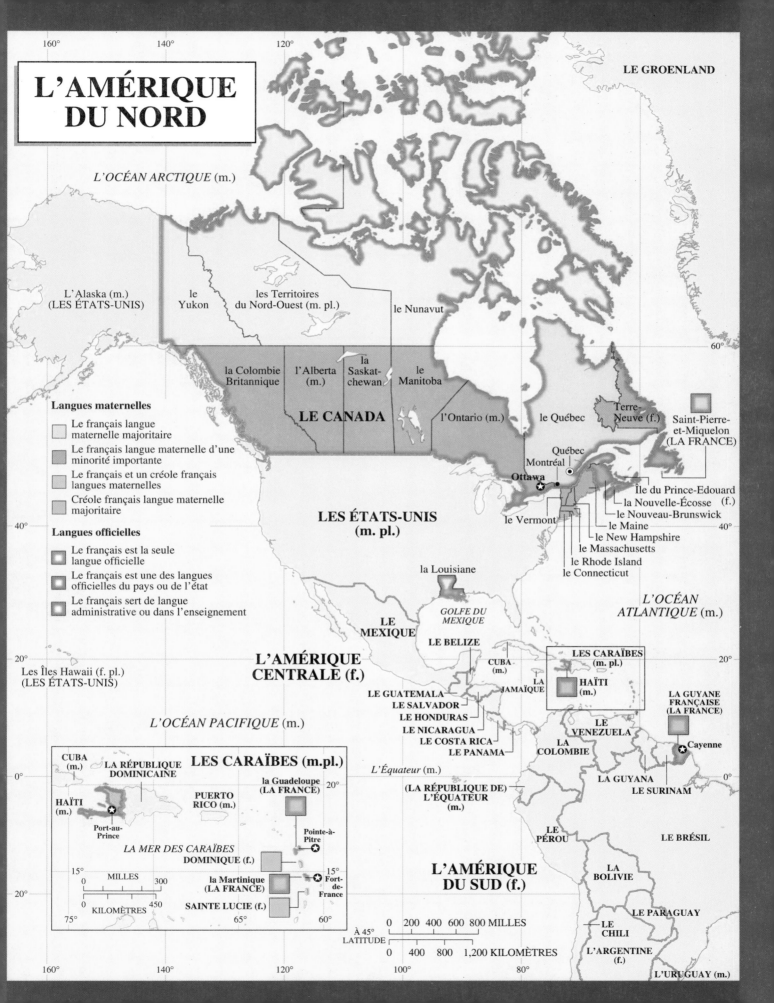

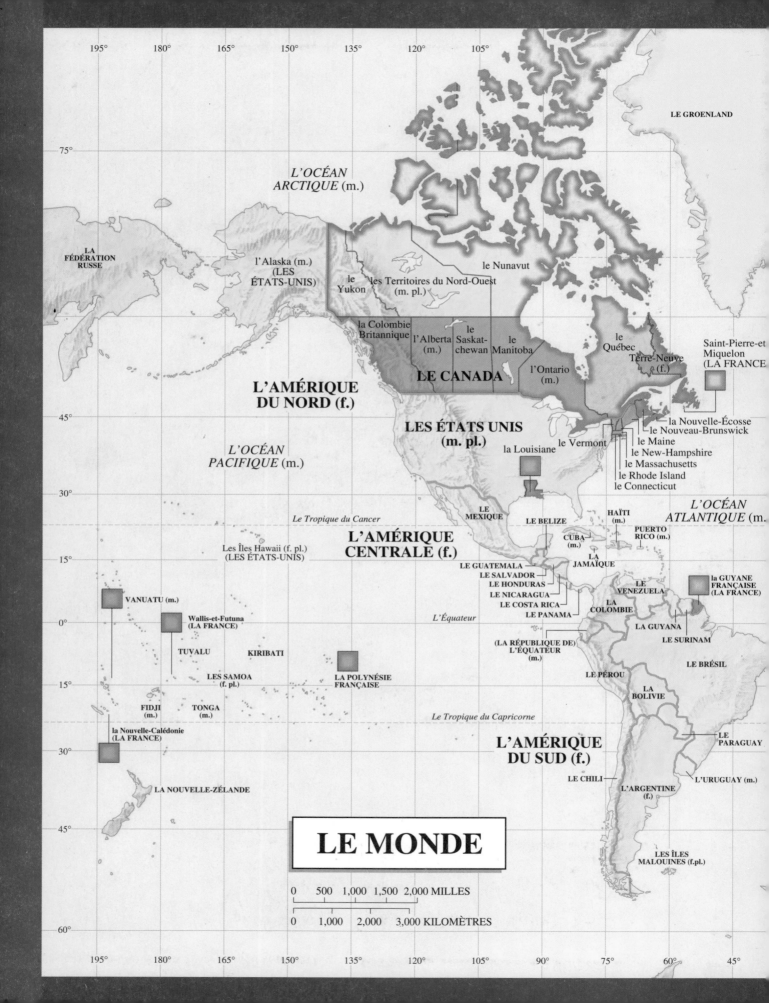

LE MONDE